贯彻落实教育规划纲要，推进教育体制改

中国特殊教育教师发展报告2018

王雁 朱楠 编著

北京师范大学出版集团
BEIJING NORMAL UNIVERSITY PUBLISHING GROUP
北京师范大学出版社

图书在版编目(CIP)数据

中国特殊教育教师发展报告.2018 / 王雁等编著. —北京：北京师范大学出版社，2020.7
ISBN 978-7-303-25957-1

Ⅰ.①中… Ⅱ.①王… Ⅲ.①特殊教育－师资培养－研究报告－中国－2018 Ⅳ.①G76

中国版本图书馆 CIP 数据核字(2020)第 105754 号

营 销 中 心 电 话 010-58802135　010-58802786
北师大出版社教师教育分社微信公众号　京师教师教育

ZHONGGUO TESHU JIAOYU JIAOSHI FAZHAN BAOGAO 2018

出版发行：北京师范大学出版社　www.bnup.com
北京市西城区新街口外大街 12-3 号
邮政编码：100088

印　　刷：	保定市中画美凯印刷有限公司
经　　销：	全国新华书店
开　　本：	787 mm×1092 mm　1/16
印　　张：	20.75
字　　数：	350 千字
版　　次：	2020 年 7 月第 1 版
印　　次：	2020 年 7 月第 1 次印刷
定　　价：	92.00 元

策划编辑：鲍红玉　　　　　责任编辑：薛　萌
美术编辑：李向昕　　　　　装帧设计：李向昕
责任校对：张亚丽　　　　　责任印制：马　洁

版权所有　侵权必究
反盗版、侵权举报电话：010-58800697
北京读者服务部电话：010-58808104
外埠邮购电话：010-58808083
本书如有印装质量问题，请与印制管理部联系调换
印制管理部电话：010-58805079

《中国特殊教育教师发展报告》编委会

顾　　　问：朴永馨　方俊明

编委会成员：李东梅　朱旭东　顾定倩　唐淑芬
　　　　　　李桂兰　许家成　王　雁　朱　楠
　　　　　　冯雅静　连福鑫　赵小红

主要撰稿人：王　雁　朱　楠　冯雅静　连福鑫

序

特殊教育是教育事业的重要组成部分，也是构建和谐社会的重要内容。《国家中长期教育改革和发展规划纲要（2010—2020年）》（以下简称《教育规划纲要》）将特殊教育单列一章，明确提出"特殊教育是促进残疾人全面发展、帮助残疾人更好地融入社会的基本途径"，要求各级政府加快发展特殊教育。在党和政府的关怀下，近几年来特殊教育发展很快。但要把特殊教育办好，必须有一支热爱特殊教育事业、充满爱心的专业教师队伍。我经常讲，如果说教师是太阳底下最光辉的职业，那么特殊教育的教师是更加光辉，更加可敬、可爱的职业。特殊教育的教师需要充满爱心，还要有耐心、细心及恒心，用自己的专业知识和技能全身心地投入这项仁爱的事业。

近些年来我国不断加快特殊教育师资队伍的建设步伐。截止2018年年底，全国有特殊教育教师近6万人，比改革开放初期的6000多人增长了数十倍，教师的质量也在稳步提高。但是，我国特殊教育起步晚，特殊教育教师队伍建设与普通教师队伍的发展还是存在一定的差距。特殊教育师资队伍短缺与质量不高仍然是特殊教育发展中亟须解决的问题。因此，加强特殊教育师资队伍建设刻不容缓。为了建设一支足够数量的、稳定的、高质量的、有较强专业能力的特殊教育教师队伍，需要对我国现有的特殊教育教师队伍有一个总体的了解，并提出加强队伍建设的政策性建议。

王雁教授是我国改革开放以后培养起来的特殊教育专家，对我国特殊教育及特殊教育教师队伍有较深的了解。2011年在国家社科基金资助下曾经出版《中国特殊教育教师培养研究》。2015年出版了《中国特殊教育教师发展报告2014》。现在这本《中国特殊教育教师发展报告2018》（以下简称《报告》）是她对特殊教育教师问题研究的再继续和深化。《报告》系统梳理了改革开放四十年中国特殊教育教师队伍建设的政策，分析了近十年我国特殊教育教师队伍建设的变化特征及发展现状，并围绕近年来特殊教育教师队伍建设中被广泛关注的热点问题进行了探讨，得出了有意义的结论，为加强新时代特殊教育教师队伍建设提供了非常有价值的参考。

当今我国教育正处在大变革时期，特殊教育也面临着前所未有的机遇和挑战。促进教育公平、提高教育质量是当前教育改革的两大任务。没有特殊教育的发展，就难以说得上教育公平。因此《教育规划纲要》中指出："各级政府要加快发展特殊教育，把特殊教育事业纳入当地经济社会发展规划，列入议事日程。全社会要关心支持特殊教育。"同时提出："加强特殊教育师资队伍建设，采取措施落实特殊教育教师待遇。"如何促使这些规定落到实处，有赖于对特殊教育事业的认识，有赖于对特殊教育教师队伍建设的政策、现状的充分了解，以及对特殊教育教师队伍的规模、结构、质量的分析，发现问题，找出规律。《报告》为我们清晰描绘出了改革开放以来我国特殊教育教师队伍建设的政策脉络，系统地展示了近十年来我国特殊教育教师队伍发展的状况，为今后特殊教育师资队伍建设提供了有益的建设性意见。《报告》不仅可以为教育决策部门"循证决策"提供依据，而且有利于特殊教育工作者提高认识和增强使命感，促进我国特殊教育事业的改革和发展。

2019 年 7 月 18 日

目 录

第一部分 中国特殊教育教师队伍建设的政策分析

第一章 特殊教育学校教师队伍建设的政策分析   2
    第一节 特殊教育学校教师队伍的发展概况   2
    第二节 特殊教育学校教师的培养政策分析   34
    第三节 特殊教育学校教师的培训政策分析   59

第二章 随班就读教师队伍建设的政策分析   82
    第一节 随班就读教师特殊教育素养职前培养的政策分析   83
    第二节 随班就读教师特殊教育素养职后培训的政策分析   97

第二部分 中国特殊教育教师发展现状

第三章 特殊教育教师数量   119
    第一节 特殊教育教师规模   119
    第二节 特殊教育教师结构特点   127
    总结与讨论   141

第四章 特殊教育教师质量   145
    第一节 特殊教育专任教师学历水平   146
    第二节 特殊教育专任教师职称状况   153
    第三节 特殊教育专任教师接受特殊教育专业培训的状况   162
    总结与讨论   176

第五章 特殊教育教师工作负担   179
    第一节 生师比   179
    第二节 班师比   181
    第三节 班　额   182

总结与讨论 184

第六章　特殊教育教师薪资待遇 186
　　第一节　全国特殊教育教师总体薪资水平 186
　　第二节　东、中、西部地区特殊教育教师薪资待遇水平差异 191
　　第三节　目前东、中、西部地区各省市区特殊教育教师薪资待遇差异 195
　　总结与讨论 199

第三部分　中国特殊教育教师发展热点专题

第七章　转型时期特殊教育学校教师的专业发展研究 204
　　第一节　转型时期特殊教育学校教师的角色变革 205
　　第二节　转型时期特殊教育学校教师专业发展内容的再研究 215

第八章　国际视野下特殊教育教师专业标准研究 237
　　第一节　美国特殊教育教师专业标准的演进及特征 237
　　第二节　我国特殊教育教师专业标准的解读 262

第九章　随班就读教师融合教育素养及培养研究 276
　　第一节　随班就读教师融合教育素养研究 276
　　第二节　随班就读教师融合教育素养现状及与课堂支持的关系研究 285
　　第三节　随班就读教师融合教育素养的培养 304

参考文献 317

第一部分
中国特殊教育教师队伍建设的政策分析

特殊教育教师主要指在各类特殊教育学校直接从事特殊儿童教育教学工作的专任教师（特殊教育学校教师）和承担普通学校附设的各类特殊班教育、教学工作的教师，以及承担随班就读教育教学和辅导工作的教师。[①] 特殊教育教师作为特殊教育的活动组织者和直接参与者，其工作性质的重要性自不待言。改革开放以来，特殊教育教师队伍建设取得了突出成就，在教师质量、教师配置水平方面都取得了明显进步。本部分基于改革开放四十多年特殊教育教师队伍建设的主要政策，审视我国特殊教育教师发展历程中出现的重要变化，展现我国特殊教育教师队伍发展取得的主要成就。

[①] 王雁、肖非：《中国特殊教育教师培养研究》，7页，北京，北京师范大学出版社，2012。

第一章

特殊教育学校教师队伍建设的政策分析

改革开放以来，我国特殊教育进入快速发展阶段，特殊教育教师队伍也经历了从"短缺"到"数量缓解"的变迁，提升特殊教育教师专业水平成为教师队伍建设的重要内容和任务。与此同时，20世纪80年代国际社会融合教育思想蓬勃发展，我国也正式提出在普通教育机构中对特殊儿童进行教育，即"随班就读"。发展至今，我国基本形成了以普通学校随班就读为主体、以特殊教育学校为骨干、以送教上门和远程教育为补充的特殊教育发展格局。在我国特殊教育发展的历史上，特殊教育学校在解决残疾儿童受教育、提高残疾儿童素质方面功不可没。改革开放以来，特殊教育学校数量呈现逐年递增的趋势，截至2017年，全国各地仍有2107所各类特殊教育学校发挥着重要作用，也是当前特殊教育的主战场。一系列政策的出台奠定了特殊教育学校教师队伍发展的基础，特别是进入21世纪后，一系列针对特殊教育教师队伍建设的政策，促使特殊教育学校教师建设水平、结构和功能发生了根本性变化。本章将围绕教师队伍建设中数量与质量、培养和培训等方面，以及基于特殊教育教师队伍建设的政策分析，审视特殊教育学校教师队伍的发展概况。

第一节 特殊教育学校教师队伍的发展概况

数量充足、配置合理、质量卓越是教师政策和管理工作追求的目标。改革开放后，各级政府对教师队伍建设的重心放在了保证特殊教育教师队伍的充分供给上。1989年国务院办公厅转发国家教委等部门《关于发展特殊教育的若干意见》中就指出:"各地应根据特教学校(班)的特点和实际需要,本着节约、精简的原则尽快制定各类特教学校(班)的公用费标准和人员编制比例。"其后,从国家层面的法律(《残疾人保障法》)和行政法规(《残疾人教育条例》)到部委联合颁布的规范性文件(《特殊教育学校暂行规程》《关于进一步加快特殊教育事业发展的意见》),以及地方性的政策文件,均成为特殊教育学校教师队伍建设的重要依据和保障。进入21世纪后,国家教育事业保障水平和保障能力不断提高,特殊教育学校教师建设的水平、结构和功能都发生了根本性的变化。本节首先对特殊教育学校教师队伍发展的政策基础进行梳理,而后围绕特殊教育学校师资队伍的数量和质量变迁,审视改革开放以来我国特殊教育学校教师队伍的发展概况。

一、特殊教育学校教师队伍发展的政策基础

改革开放以来,关于特殊教育教师的培养培训与管理政策,除了普通教育相关法律法规《中华人民共和国义务教育法》《中华人民共和国教师法》等之外,国家陆续出台了一系列特殊教育相关法律法规与文件,对特殊教育学校教师队伍的培养、培训及管理等方面进行了规定,国家层面的部分政策如表1-1所示。目前我国基本上形成了从中央到地方、从国家根本大法到地方法规多层级的政策体系,奠定了我国特殊教育学校教师队伍发展的政策基础。

1982年修订的《中华人民共和国宪法》首次对残疾人的特殊教育做出了规定。在宪法基础上,部分专项法律和行政法规也对特殊教育学校教师队伍建设做出了明确规定,如1990年颁布、2008年修订的《中华人民共和国残疾人保障法》和1994年颁布、2017年修订的《残疾人教育条例》对特殊教育教师的培养、培训、管理等提出了具体要求。国家行政部门对特殊教育学校教师的配置、培养、培训等也提出了明确要求。1989年国家教委联合多部门颁布的《关于发展特殊教育的若干意见》中强调加强师资队伍建设,并提出补充特殊教育学校教师队伍数量的具体建议,不仅包括设立特殊教育培养、培训机构培养特教师资,还指出为补充特殊教育急需师资,对普通教育机构教师进行转岗培训、补充到特教机构教师队伍当中。此外,还就特殊教育学校教师的待遇、编制等问

表 1-1　部分与特殊教育学校教师队伍发展相关的政策支持

颁布时间	名称	颁布部门	效力级别	内容（部分）
1982-12-04/2018-03-11	《中华人民共和国宪法》（2018年修正）	全国人民代表大会	宪法	第四十五条第三款"国家和社会帮助安排盲、聋、哑和其他有残疾的公民的劳动、生活和教育。"
1986-04-12	《中华人民共和国义务教育法》	全国人民代表大会	法律	第九条"地方各级人民政府为盲、聋哑和弱智的儿童、少年举办特殊教育学校（班）。"
1988-09-03	《中国残疾人事业五年工作纲要（1988—1992年）》	国务院批转国家计委等部门制定	国务院规范性文件	"43. 加强特教师资培训。各省应创造条件，兴办特殊师范专业；各地的普通中等师范学校部分高等师范院校开设特教专业；举办各种特教师资培训班。按照混班、混校的需要，对普通学校的教师进行特教知识培训。注意从残疾人中选拔，培养特教师资。通过多种途径，增加特教师资数量，提高质量。"
1989-05-04	《关于发展特殊教育的若干意见》	国务院转发国家教委、国家计委、民政部、财政部、人事部、劳动部、卫生部、中国残疾人联合会颁布	国务院规范性文件	三、领导与管理。"18. 加强师资队伍建设。各省、自治区、直辖市应根据本地特教事业发展的需要和实际情况，本着师资先行的原则，在五年内，积极创造条件筹办特教师资培训机构。可以单独设立特教师范学校，也可以在普通学校或普通师范部、特殊教育机构内附设特教师范班、特教班。为补充特殊教育急需师资，各地应统筹规划，选调一部分应届中师毕业生和普通中小学、儿童福利机构的在职教师进行专业培训。同时，还可选调一部分高中毕业生或民办教师参加特教专业培训，分配到特教机构任教。所需特教师资学生，由省、自治区、直辖市计划单列在国家下达的年度增加职工人数计划指标内解决。""19. 改善特教学校（班）和残疾儿童福利机构教职工的待遇，提高他们的社会地位。"各地在表彰教师时，要从特殊教育的实际出发，给予适当照顾。""20. 各地应根据特教学校（班）的特点和实际需要，本着节约、精简的原则尽快制定各类特教学校（班）的公用费标准和人员编制比例。"

—— 4 ——

第一部分 中国特殊教育教师队伍建设的政策分析

续表

颁布时间	名称	颁布部门	效力级别	内容（部分）
1990-12-28	《中华人民共和国残疾人保障法》	全国人民代表大会常务委员会	法律	我国保障残疾人权利的第一部专门法律。第三章共有九条关于残疾人教育的相关规定。残疾人教育的方针、特殊教育机构、特殊教育师资的培养的效力与培训等内容写入了国家的法律，保证了相关政策与政策的稳定性。第二章教育、专业、在普通师范院校附设特殊教育班（部）、培养、培训院校、专业、在普通师范院校开设特殊教育课程或者讲授有关内容，使普通教师掌握必要的特殊教育知识。特殊教育教师和手语翻译、享受特教津贴。"
1991-12-29	《中国残疾人事业"八五"计划纲要（1991—1995年）》	国务院批转国家计委等部门制定	国务院规范性文件	三、"八五"计划期间的主要任务、指标和措施。（二）教育"建立以特殊教育学校为骨干、普通学校附设特殊教育班和随普通班就读为主体的特殊教育格局。"在全国教委直属师范大学增加特殊教育专业的试点。每省（自治区、直辖市）要有一个特殊教育师资培养、培训基地。陆续在各级普通师范院校开设特殊教育课程。"
1992-03-14	《中华人民共和国义务教育法实施细则》	国家教委	部门规范性文件	第三十二条"盲、聋哑、弱智儿童就读情况根据实际情况组织培养。"
1992-05-12	《残疾儿童少年义务教育"八五"实施方案》	国家教委、中国残疾人联合会	部门工作文件	"各地要加强特殊教育教师（包括随班就读教师）岗前培训和在职培训工作。""残疾教育班和随班就读教师应发挥骨干、示范作用……对特殊教育学校的教师进行短期培训。"

— 5 —

续表

颁布时间	名称	颁布部门	效力级别	内容(部分)
1994-07-21	《关于开展残疾儿童少年随班就读工作的试行办法》	国家教委	部门规范性文件	五、师资培训。 "20. 随班就读班级的任课教师,应当遴选热爱残疾学生,思想好、业务水平较高的教师担任。他们应当具备特殊教育基础知识和基本技能,了解随班就读特殊教育教学的基本原则和方法。" "21. 地方各级教育行政部门应当把视力、听力语言和智力残疾儿童少年随班就读工作列入计划,设立培训基地,采取多种形式,对教师进行岗前和在职培训。普通中等师范学校要分期分批开设特殊教育课程,以保证从事随班就读教学新师资的来源。" "22. 省、市(地)级教育行政部门应组织有关专家,为县、乡两级培训残疾儿童少年的检测人员。" "23. 对随班就读教师工作的考核评估,应当包括普通教育和特殊教育两个方面,并应充分肯定他们为残疾学生付出的劳动。" "24. 地方各级教育行政部门和学校应当根据实际情况,制订奖励和补贴的办法,鼓励教师积极从事随班就读班级的教育教学工作。对表现突出的教师,应当给予表彰。"
1994-08-23	《残疾人教育条例》	国务院	行政法规	共九章五十二条。这是我国第一部有关残疾人教育的专项行政法规。 第六章 教师。第三十八条"残疾人特殊教育学校举办单位,应当依据残疾人特殊教育教师编制标准,为学校配备承担教学、康复等工作的教师。残疾人特殊教育学校教师编制标准,由国务院教育行政部门会同国务院其他有关行政部门制定。"

— 6 —

续表

颁布时间	名称	颁布部门	效力级别	内容（部分）
1996-05-09	《残疾儿童少年义务教育"九五"实施方案》	国家教委、中国残疾人联合会	部门工作文件	三、主要措施。"4. 师资队伍建设——师资培养：充实、调整有关师范大学特殊教育专业，增设专科及函授；对中等特殊教育师资培训机构，要加强领导、理顺关系，落实经费，充实师资，设备，提高办学水平；各级普通师范院校增设特殊教育课程或在有关课程中增加特殊教育内容，使毕业生能够适应随班就读工作的需要。——师资培训：各地教育行政部门应将在职特殊教育专业培训工作纳入当地教师培训计划，不断提高他们的特殊教育专业水平和教学能力；特殊教育学校要积极开展师范教学研究活动；调配到特殊教育学校工作的普通师范应届毕业生，实行'先培训，后上岗'的制度。——实行资格制度：制定特殊教育学校（班）教师资格条件，实行教师任职资格标准。"九五"期间使校（班）90%以上的中小学特殊教师资和80%以上的初中特殊教师资达到国家规定的学历合格标准；80%以上的中小学教师基本达到国家教师工资待遇，社会福利、住房等条件和公费医疗的各项政策措施，均应包括特殊教育学校（班）教职工，并给予适当优待，对特殊教育学校（班）教职工的特殊教育补贴，各地在可能的条件下，可给予提高。"

续表

颁布时间	名称	颁布部门	效力级别	内容（部分）
1998-12-02	《特殊教育学校暂行规程》	教育部	部门规章	第一部专门针对特殊教育学校的部门规章。从入学及学籍管理、教育教学工作、校长教师和其他人员、机构和日常管理、卫生保健及安全工作、校园、校舍、设备及经费、社会与家庭等方面对特殊教育学校的各方面工作展开做出了规定。其中，第四章对"校长、教师和其他人员"，对特殊学校教师的任职资格、管理、培训等工作做出了明确规定。 "第三十六条　特殊教育学校教师应具备国家规定的相应教师资格和任职条件，具有社会主义的人道主义精神，关心残疾学生，掌握特殊教育的专业知识和技能，遵守职业道德，完成教育教学工作，享受和履行法律规定的权利和义务。" "第三十九条　特殊教育学校教师要加强教师业务培训和继续教育，制定进修计划，积极为教师和其他人员的业务进修创造条件。教师和其他人员应根据实际工作需要，以任职、自学、所教学科和所从事工作为主。" "第四十条　特殊教育学校应建立健全考核奖惩制度和教师和其他人员考核档案，从德、能、勤、绩等方面全面、客观、公正地考核教师和其他人员的实绩工作表现和实绩，并根据考核结果优劣奖罚。"
2001-10-19	《关于"十五"期间进一步推进特殊教育改革和发展的意见》	国务院办公厅转发教育部、国家计委、民政部、财政部、人事部、劳动和社会保障部、卫生部、税务总局、中国残疾人联合会颁布	国务院规范性文件	"10．大力加强特殊教育教师的培养、培训工作。"十五"期间，要对特殊教育学校非特殊教育专业毕业的专任教师进行一次比较系统的特殊教育专业培训；……要加强特殊教育学校和招收残疾学生的普通学校校长的培训工作，不断提高校长对特殊教育的管理水平。"十五"期间，全国特殊教育学校校长也应当接受一次以上的培训，招收残疾儿童少年的普通学校的校长队伍的建设，努力提高特殊教育专业技术人员的素质。" "12．各地人民政府要保证特殊教育教职工的工资和特殊教育专业津贴按时足额发放，有条件的地方可根据本地实际，积极改善特殊教育学校教职工的生活水平。"

— 8 —

续表

颁布时间	名称	颁布部门	效力级别	内容（部分）
2003-02-09	《全国随班就读工作经验交流会议纪要》	教育部基础教育司、中国残疾人联合会教育就业部	部门规范性文件	第一部分，总结了随班就读工作开展以来的经验。例如，第三项："坚持发挥特殊学校在随班就读工作中的骨干辐射作用。我国的特殊教育体系已经形成了'以大量的随班就读和普通学校附设特教班为主体，以教育骨干学校为骨干'的体系，这是我国特殊教育发展的基本格局。在实施随班就读的过程中，特殊教育学校具有明显的资源优势，在十多年的随班就读过程中，许多特殊教育学校成了普通学校的资源中心，派出专业教师到普通学校巡回辅导，让学生定期回到特殊学校接受强化训练，向家长提供咨询和指导，这对提高普通学校的教育教学质量起到了非常关键的作用。" 第四项："坚持师资培训。通过初步掌握了残疾儿童的身心特点和基本的教学方法，为各普通学校实施随班就读做好了基础性工作。" 第三部分，围绕今后随班就读工作的共识展开。"形成省、地（市）教育局→乡镇中心小学校、特教中心→随班就读学校连接以县为单位的管理网络和县教师（或特教校）→随班就读学校配合教研室承担对本地区随班就读工作的教研究、指导培训，咨询辅导等。……特殊教育教学工作在随班就读中的骨干特教学校与普通学校要提高认识和发挥特殊教学校的功能和作用。" 第四项："强化随班就读的业务管理。""加强随班就读的业务培训，为他们提供资料，提供咨询，提供指导。各地要以县为单位，以县特殊教育学校为依托，县里没有特殊教育学校的有计划地开展特殊教育骨干教师的培训，要以县为单位，制度化、经常化，并做到指导、咨询、巡回指导工作。要以地市特教学校为依托，对县特教学校开展特殊教育骨干教师的指导咨询工作。"

— 9 —

续表

颁布时间	名称	颁布部门	效力级别	内容（部分）
2003-02-19	《教育部基础教育司关于开展建立随班就读工作支持保障体系实验县（区）工作的通知》（对《全国随班就读工作经验交流会议纪要》的工作落实）	教育部	部门工作文件	二、实验内容。"5. 县（区）要形成两个网络：县（区）教育局→乡镇中心学校→随班就读学校连接的管理网络；县（区）教研室（或教学中心）、教研员→乡（镇）中心校（骨干校教师）→随班就读点教师的教研和指导网络。保证随班就读工作管理上层层抓，层层落实，对本地区教师的教研和指导网络。保证随班就读工作进行研究、指导、咨询等。特殊教育要配合教研室承担起对全县各随班就读学校承担起重要作用。指导、检查、培训、为他们提供资料、提供咨询、咨询等任务。""10. 加强随班就读教师的业务培训，有计划地开展随班就读教师的业务培训，以县特殊教育学校为依托，有计划地开展随班就读教师的业务培训，并做到经常化、制度化。""12. 加强随班就读学校与普通学校的沟通，充分发挥特殊教学校在随班就读中的骨干指导作用。要充分发挥特殊教学校的功能和作用，要提高特教学校教师的业务水平，以胜任对普通学校随班就读教师的指导咨询工作。"
2006-06-29	《中华人民共和国义务教育法》（修订）	全国人民代表大会常务委员会	法律	新修订的《义务教育法》共八章六十三条，其中五条（6款）涉及了特殊教育。立足于促进义务教育均衡发展和保障残疾儿童、少年接受义务教育的高度，从政府责任、教育形式、教师待遇、经费投入和法律责任五个方面做出相关规定。例如，第四章"教师"第三十一条第三款规定："特殊教育教师享有特殊岗位补助津贴。"
2008-04-24	《中华人民共和国残疾人保障法》（修订）	全国人民代表大会常务委员会	法律	第三章 教育。第二十八条"国家有计划地举办各级各类特殊教育师范院校、专业，在普通院校附设特殊教育班，培养特殊教育师资。普通教师范院校开设特殊教育课程或者讲授有关特殊教育知识，使普通教师掌握必要的特殊教育知识。特殊教育教师和手语翻译，享受特殊教育津贴。"

续表

颁布时间	名称	颁布部门	效力级别	内容（部分）
2009-05-07	《关于进一步加快特殊教育事业发展的意见》	国务院办公厅转发教育部、发改委、民政部、财政部、人力资源社会保障部、卫生部、中央编办、中国残疾人联合会颁布	国务院规范性文件	四、加强特殊教育师资队伍建设，提高教师专业化水平。"16. 加强特殊教育教师培养培训工作。要适应残疾儿童少年教育普及水平提高的需要，加大特殊教育师范院校建设、统筹规划，合理布局，综合性院校举办特殊教育专业或开设支持各级师范院校与综合性院校举办特殊教育专业或开设特殊教育课程。各地在实施师范生免费教育时，要把特殊教育纳入培养计划。加大特殊教育师资培养力度。注重特殊教育专业培养质量，鼓励优秀高校毕业生到特殊教育学校、儿童福利机构等单位任教。各地要将特殊教育教师培训纳入教师继续教育培训计划，对在职教师实行轮训，重点抓好骨干教师特别是中青年骨干教师培训。要加强对在普通学校、儿童福利机构或其他特殊教育工作的教师和特殊教育专业课教师的培训。依托高等特殊教育院校和特殊教育专业机构建设'特殊教育教师培训基地'。""17. 配齐配足教师，确保特殊教育学校教学和管理工作。省级有关部门要根据特殊教育学校学生多、班额小、寄宿生多、教师需求量大的特点，合理确定特殊教育学校教职工编制并保障落实。""18. 要切实采取措施落实特殊教育教师待遇。《中华人民共和国义务教育法》明确规定的特殊教育教师享有特殊教育岗位补助津贴。各地要采取措施，确保国家规定的特殊教育教师工资待遇政策得到落实。要将承担随班就读教学与管理工作的特殊教育人员工作列入绩效考核内容。要在优秀教师和优秀教育工作者表彰中提高特殊教育教师和校长的比例。"

续表

颁布时间	名称	颁布部门	效力级别	内容（部分）
2011-10-08	《教师教育课程标准（试行）》	教育部	部门工作文件	将"特殊儿童教育"这一模块纳入在职教师教育课程中。
2012-09-20	《关于加强特殊教育教师队伍建设的意见》	教育部、中央编办、发展改革委、财政部、人力资源社会保障部	部门规范性文件	首次对特殊教育教师队伍建设做出全面部署。着力破解涉及教师队伍建设体制机制方面的瓶颈，全面加强特殊教育教师队伍建设。各地要根据特殊教育事业发展的实际需要，按照"分类规划、分步推进"原则，科学确定特殊教育教师职业吸引力增强，教育教师队伍建设的实际需要，按照"分类规划、分步推进"原则，特殊教育教师职业吸引力进一步增强，教育教师数量基本满足办学需要。到2020年，形成一支数量充足、结构合理、素质优良、富有爱心的特殊教育教师队伍。"第二部分："加大特殊教育教师培养力度，制订特殊教育学校教师专业标准，提高特殊教育教师的专业化水平。"第三部分："开展不少于360学时的全员培训。对特殊教育教师实行采取集中培训和远程培训相结合的方式，加大对全国特殊教育学校的教师5年一周期不少于360学时的全员培训，依托'国培计划'，采取集中培训和远程培训相结合的方式，加大对全国特殊教育学校教师和承担随班就读任务教师的全员培训。"第四部分："健全特殊教育教师管理制度。各级有关部门要落实特殊教育学校开展正常教学和管理工作所需编制，根据特殊教育学校学生少、班额小、寄宿生多等特点，可结合地方实际制定特殊教育学校教职工编制标准。

— 12 —

续表

颁布时间	名称	颁布部门	效力级别	内容（部分）
2014-01-08	《特殊教育提升计划（2014—2016年）》	国务院办公厅转发教育部、发展改革委、民政部、财政部、人力资源社会保障部、卫生计生委、中国残疾人联合会颁发	国务院规范性文件	在主要措施部分，明确提出："（五）加强特殊教师队伍建设。完善教师管理制度。各省（区、市）要落实特殊教育学校开展正常教学和管理工作所需编制，配足配齐特殊教育人员。针对特殊教育学校学生少、班额小、寄宿生多、残疾差异大、康复类专业人员需求多、承担学校教职工随班就读巡回指导任务等特点，可结合地方实际出台特殊教育教师专业标准，逐步实行特殊教育教师持证上岗。制订特殊教育教师专业标准。""提高教师专业水平。研究建立特殊教育教师专业资格证书制度，逐步实行特殊教育教师持证上岗。"
2014-08-18	《教育部关于实施卓越教师培养计划的意见》	教育部	部门工作文件	二、分类推进教师培养模式改革。"5. 卓越特殊教育教师培养。适应新时期特殊教育事业发展需要，重点探索特殊教育与医学院校联合培养机制，特殊教育知识技能与学科教育融合培养机制，坚持理论与实践结合，促进知识、技能、实践相统一，具有复合型知识技能及反成成效心、素质优良，具有复合型知识技能的卓越特殊教育教师。"
2016-01-20	《普通学校特殊教育资源教室建设指南》	教育部办公厅	部门规范性文件	八、管理规范。（四）指导评估。"区域内特殊教育指导中心或特教教研部门要加强对资源教室的业务指导和支持，定期委派专人为资源学校提供培训和业务支持，并对区域内资源运行及成效进行考核评价，并将结果上报主管教育行政部门。"
2017-02-01	《残疾人教育条例》（修订）	国务院	行政法规	第六章 教师。第四十三条"省、自治区、直辖市人民政府可以根据残疾人教育发展的需求，结合当地实际为特殊教育和指定招收残疾学生的普通学校制定教职工编制标准。县级以上地方人民政府教育行政部门其他有关部门应当会同编制部门，在核定的编制总额内，为特殊教育学校配备承担教学、康复等工作的普通教育教师和相关专业人员，在指定招收残疾学生的普通学校设置特殊教育教师等专职岗位。"

— 13 —

续表

颁布时间	名称	颁布部门	效力级别	内容（部分）
2017-07-17	《第二期特殊教育提升计划（2017—2020年）》	教育部、国家发展改革委、民政部、财政部、人力资源社会保障部、卫生计生委、中国残疾人联合会	部门工作文件	三、主要措施 "（五）加强专业化特殊教育教师队伍建设。支持师范类院校和其他高校扩大特殊教育专业招生培养规模，提高培养质量。加大特殊教育专业硕士、博士研究生培养力度。各地采取公费培养、学费减免、助学贷款代偿等措施，为中西部贫困地区定向培养特殊教育教师。鼓励有条件的高等院校加强学前、普通中及职业教育的特殊教育师资培养。普通师范院校和综合性院校的师范专业普遍开设特殊教育相关课程。在教师资格考试中要含有一定比例的特殊教育相关内容。到2020年，所有专业毕业并考核合格、非特殊教育专业的教师应取得省级教育行政部门组织的特殊教育教师资格证书。加大特殊教育师资培训力度，对特殊教育教师实行5年一周期不少于360学时的全员培训。"国培计划"加强特殊教育校长和骨干教师培训。省、地（市）级承担特殊教育学校教师培训，县、区级承担普通学校随班就读教师、资源教师和送教上门教师培训，增强培训的针对性和实效性。各省（区、市）可结合地方实际制定特殊教育学校教职工编制标准。加强康复治疗师、康复训练人员及其他专业人员的配备。落实并完善普通学校承担随班就读教学管理任务的教师、康复教师等相关人员的工资待遇工作。为招收特殊教育学生较多的普通学校配备专兼职资源教师。加强教职工配备。落实适当倾斜。多重残疾学生的普通学校承担随班就读教学管理任务的教师，核定绩效工资总量时适当倾斜，适当增加教师补助。对招收特殊教育学生较多的普通学校配备专兼职资源教师，在绩效工资分配上给予倾斜。完善特殊教育津贴政策，多重残疾学生的普通学校承担随班就读、送教上门教师，康复残疾承担教学管理任务的教师。根据特殊教育的特点，在职称（职务）评聘工作中建立分类评价标准。将上教师职务（职称）评聘规划、班班，评聘体系必要时给予适当倾斜，改善福利机构教师教育的特殊教育倾斜，拓宽晋升渠道。关心特殊教育教师的身心健康。表彰奖励教师教育向特殊教育倾斜。"
2018-02-21	《教师教育振兴行动计划（2018—2022年）》	教育部、国家发展改革委、财政部、人力资源社会保障部、中央编办	部门工作文件	三、主要措施 "（二）教师培养层次提升行动。扩大特殊教育专业招生规模，加大特殊教育领域硕士培养力度。"支持师范院校扩大"

— 14 —

题提出了要求。《中华人民共和国残疾人保障法》作为我国保障残疾人权利的第一部专门法律，第三章共有九条关于残疾人教育的相关规定，涉及残疾人的教育方针、残疾人实施教育的方式与机构、特殊教育师资的培养与培训等内容。1990—2000年，有一项行政法规和四项规范性文件对特殊教育学校教师的培养、培训、编制、待遇等方面做出了规定，其中，1994年颁布的《残疾人教育条例》是我国第一部也是唯一的有关残疾人教育的专项行政法规。21世纪以来，国家不仅对已颁布的具有较高效力的《中华人民共和国义务教育法》《中华人民共和国残疾人保障法》《残疾人教育条例》等法律和行政法规进行修订，更进一步强调提升特殊教育学校教师的待遇、完善编制配置及管理等制度；而且，另有九项国务院及部门规范性文件，涉及特殊教育学校教师专业发展及相关支持保障工作。尤为值得关注的是，部分文件结合当前随班就读发展的需要，对特殊教育学校教师队伍建设提出了新的要求。例如，2003年《全国随班就读工作经验交流会议纪要》中专门强调要"加强特殊教育学校与普通学校的沟通，充分发挥特教学校在随班就读中的骨干指导作用。要重新认识和发挥特教学校的功能和作用，要提高特教学校教师的业务水平，以胜任对普通学校随班就读教师的指导咨询工作"。2016年出台的《普通学校特殊教育资源教室建设指南》中也强调区域内特殊教育指导中心或特教学校应加强对资源教室的业务指导和评估。这些政策成为新时期我国特殊教育学校教师角色变革的重要依据和指南。

二、特殊教育学校教师队伍的规模及变动情况

从教学方式而言，教师规模反映了教师资源的配置水平，决定了教育教学过程的多样性和个性。从教学过程的角度而言，它反映了一个国家普遍存在的再组织教学过程中的技术水平。如果和班级规模、生师比合并考虑，就能更清晰地解释教师资源多寡与教学组织形式之间的关系，也就能更清晰地揭示教师资源配置水平的政策意义。教师规模会受到教师资源短缺程度的影响，教师资源供给和需求之间的均衡，可以用教师流动作为替代指标进行描述。当进入和流出教师比例在经过一定时期的较大差距后达到基本均等时，教师资源配置在

现有的教学标准下达到均衡状态。①

改革开放以来，相较于普通教育领域教师队伍规模"短缺—均衡—富裕（或超编）"的发展历程②，显然，作为特殊教育主力军的特殊教育学校教师的规模发展仍然是当前队伍建设中的重要任务。

（一）特殊教育学校教师的规模

1978年全国特殊教育学校教职工共有0.69万人，其中专任教师0.42万人③，到1989年，我国最早的专门对特殊教育事业发展做出全面部署的部门规范性文件《关于发展特殊教育的若干意见》颁布，特殊教育学校教师队伍整体规模扩张，上升到1.79万人，其中专任教师1.22万人，十余年间教职工规模增长1.10万人，专任教师规模增长约0.80万人。生师比则由1981年的6.52降低至1989年的5.01（见图1-1）。在此期间，各地也开始试办智力落后儿童教育。从1979年在上海成立我国第一所弱智少年儿童教育机构长宁辅读开始，智障教育蓬勃发展，20世纪80年代末已初具规模，成为我国特殊教育事业发展中必不可少的部分，也形成了我国以三类特殊教育学校为主的特殊教育学校发展格局。截至1989年，弱智儿童辅读学校合计179所，班级1 464个，在校生16 744人，教职工3 119人，其中专任教师2 682人，生师比为5.21，这一比例相较于1986年的6.34有了显著降低（见图1-2）。在听障、视障教育领域，从生师比来看，盲校和聋校生师比也从1981年的6.52降低至1989年的4.98（见图1-2）。这与我国1957年教育部所颁布的《关于办好盲童学校、聋哑学校的几点指示》（以下简称《指示》）不无关系，在《指示》中，对盲童学校、聋哑学校课堂教学的班级人数做出了具体规定，即"盲童学校每班学生名额以12人为宜。聋哑学校口语教学班的学生名额以12人为宜；手势教学班以15人为宜"，从政策上保证了两类特殊教育学校班级规模的大小及教师配置情况。

20世纪90年代，随着《关于发展特殊教育的若干意见》《中华人民共和国残疾人保障法》及《关于开展残疾儿童少年随班就读工作的试行办法》等法律政策的出台，特殊教育学校师资队伍规模也呈现出不同的变化态势。1990年，特殊

---

① 曾晓东：《中国中小学教师发展报告（2014）》，140页，北京，社会科学文献出版社，2015。
② 曾晓东：《中国中小学教师发展报告（2012）》，14页，北京，社会科学文献出版社，2012。
③ 张健：《中国教育年鉴（1949—1981）》，395页，北京，中国大百科全书出版社，1984。

教育学校教职工已达到2.03万人的规模,并且在十年间迅速增长,到2000年已增多1倍,增长至4.37万人。其中,专任教师的数量也从1990年的1.38万人增长至2000年的3.20万人,十年间增长了1.82万人。生师比由1990年的4.91降低至2000年的4.20(见图1-1);班师比由1990年的0.41上升至0.62。在三类特殊教育学校教师规模上,听障和视障教育教职工数量从1990年的1.65万人增加至2000年的3.16万人,其中听障教育专任教师的数量从1990年的0.97万人增长至2000年的2.05万人,视障教育专任教师的数量则从1990年的0.08万人增长至2000年的0.15万人。在智障教育领域,教职工数量从0.38万人增长至2000年的1.20万人,专任教师数量从1990年的0.32万人增长至2000年的0.93万人。若考察生师比(见图1-2)和班师比的变化,1990年盲校和聋校的生师比为4.81、班师比为0.37,2000年生师比降至3.75、班师比则略增至0.40。培智学校的生师比则从1990年的5.46升高至2000年的5.81,并且在十年间呈现先升高后降低的趋势,在1992—1996年维持在6.16以上(1993年除外);班师比从0.57升高至1.15,换言之,1990年1~2个教师负责1个培智班级,到2000年,则1个培智班级尚无法配置1名教师,反映出20世纪90年代我国培智教育规模迅速扩张的同时,智障教育专任教师配置的相对不足。

进入21世纪,尤其是近十年来《关于进一步加快特殊教育事业发展的意见》《关于加强特殊教育教师队伍建设的意见》及《特殊教育提升计划》等相关政策出台,成为进一步加速特殊教育学校教师队伍规模扩张的助力。2001年我国特殊教育学校专任教师已经达到2.85万人,占教职工总数的73.2%(教职工总数3.90万人);发展到2017年,教师队伍整体扩张,上升到5.60万人,占教职工总数的85.9%(教职工总数6.51万人),十余年间净增2.75万人。从生师比和班师比来看,21世纪以来特殊教育学校生师比基本维持在3.8~4.4,班师比维持在0.39~0.42(具体数据参见第二部分第五章)。换言之,2~3名教师负责1个班级的教学任务与相应工作,较20世纪90年代教师配置有了较大改善。

(二)特殊教育学校教师的流动

特殊教育专任教师流动可以作为教师资源供给和需求均衡与否的替代性指标,进而反映出特殊教育学校教师的规模变化。改革开放初期至20世纪90年代,我国尚未有官方统计数据记录特殊教育学校教师的流动情况。但是,从国家层面特殊教育教师相关政策,可对特殊教育学校教师的流入方式略见一斑。

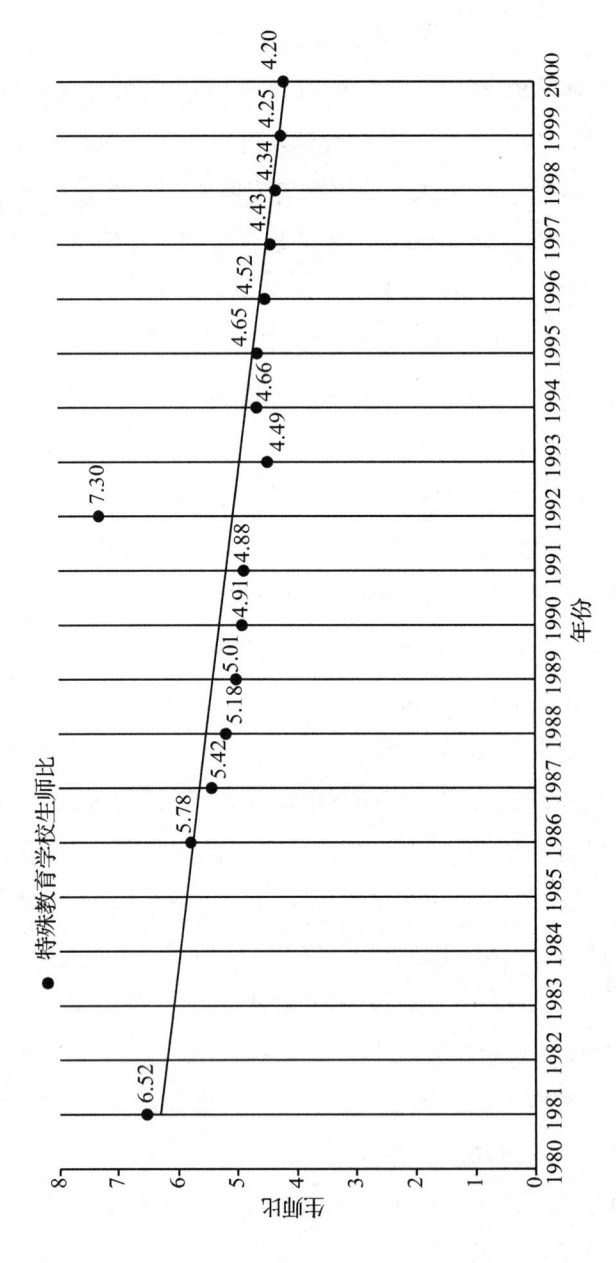

图 1-1 1980—2000 年特殊教育学校生师比*

* 图中学生与专任教师生师比计算公式为：生师比＝在校生人数/专任教师人数。
图中实线为特殊教育学校生师比趋势线。

第一部分 中国特殊教育教师队伍建设的政策分析

+ 盲校/聋校生师比   ● 培智学校生师比

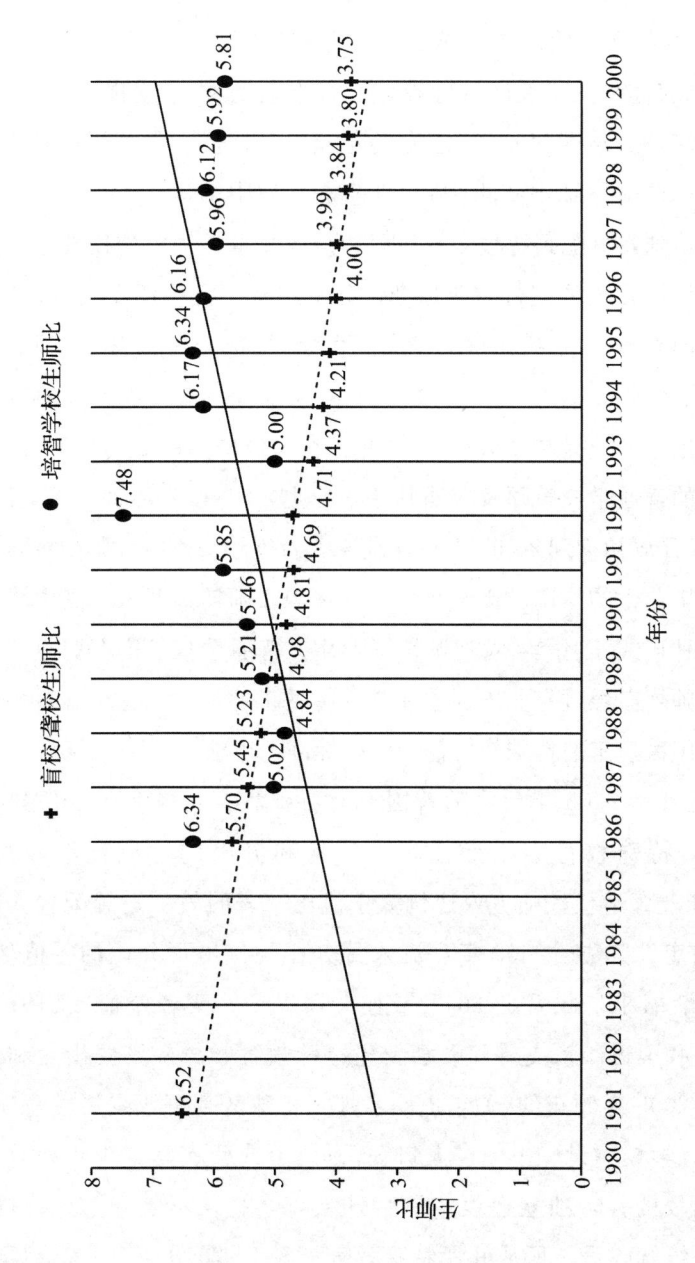

图 1-2 1980—2000 年各类特殊教育学校生师比*

* 1. 图中学生与专任教师生师比计算公式为：生师比＝在校生人数/专任教师人数。
  2. 图中虚线为盲校/聋校生师比趋势线，实线为培智学校生师比趋势线。
  3. 因培智学校相关数据 1986 年才被列入《中国教育统计年鉴》中，故相关数据从 1986 年起开始呈现。

— 19 —

例如，1988年国务院批转的国家计委等部门联合编制的《中国残疾人事业五年工作纲要(1988—1992年)》中强调"通过多种途径，增加特教师资数量，提高质量"，包括培养应届特教专业师范生（如兴办特教师范学校、开设特教专业）；普通教师进行特教知识培训；残疾人中选拔、培养特教师资等途径。1989年国家教委等多部门联合颁布的《关于发展特殊教育的若干意见》中不仅提出"积极创造条件筹办特教师资培训、培养机构"，还专门指出"为补充特殊教育急需的师资，各地应统筹规划，选调一部分应届中师毕业生和普通中小学、儿童福利机构的在职教师进行专业培训，分配到特教学校（班）和残疾儿童福利机构任教"及"选调一部分高中毕业生或民办教师进行专业培训，分配到特教机构任教"。1996年国家教委和中残联共同颁布的《残疾儿童少年义务教育"九五"实施方案》中强调要"充实、调整有关师范大学特殊教育专业，增设专科及函授；对中等特殊教育师资培养机构，要加强领导……提高办学水平"，并且在师资培训中专门指出"调配到特殊教育学校工作的普通学校教师及应届师范毕业生，实行'先培训，后上岗'的制度"。综上，改革开放初期到20世纪90年代末，特殊教育学校教师的主要流入方式包括应届师范毕业生的录用、普通教育机构在职教师转岗调入、高中毕业生或民办教师录用三种形式。但是，普通师范毕业生、普通教育机构在职教师及高中毕业生或民办教师均需经过专业培训才能进入特教机构任教，突出了对特殊教育学校教师应具备国家规定的特殊教育任职资格标准的要求。

21世纪以来，尤其是2003年后，随着国家对特殊教育学校教师队伍建设的政策和实践支持，特殊教育学校专任教师流入和流出的比例逐渐接近。2003—2017年，特殊教育学校教师流入比例大于流出，表明教师资源配置方向朝着增加教师的方向走。2003—2009年，流入百分比与流出百分比的差值（简称"流入—流出"）逐渐缩小，此后在2011年有大幅提升，两者差值又回升至6.53%。这一现象与我国近年来支持和鼓励新建特殊教育学校政策的出台和落实有着直接的关系。2009年颁布的《关于进一步加快特殊教育事业发展的意见》中指出"加强特殊教育学校建设。……在人口30万以上或残疾儿童少年相对较多，尚无特殊教育学校的县，独立建设一所特殊教育学校；不足30万人口的县，在地市范围内，统筹建设一所或几所特殊教育学校"。2010年《国家中长期教育改革和发展规划纲要（2010—2020年）》中再次强调"到2020年，基本实现地市和30万人口以上、残疾儿童较多的县都有一所特殊教育学校"。在这些政策的保障和刺激下，2010年开始各地兴办了大量的特殊教育学校，因此大量教师流入特殊教育学校，使得特殊教育学校专任教师"流入—流出"的差异扩大。随后在2012—2017年"流入—流出"的差异呈现波动性变化，但是相较于2011年的高峰有差异缩小的态势，均低于6%，并在2013年达到21世纪以来的最低值4.28%。这从侧面反映出改革开放以来各类特殊教育教师培养、培训及管理政策的执行效果。总之，21世纪以来特殊教育学校仍通过大量吸纳新进教师来缓解教师资源短缺，充分说明我国特殊教育学校对专任教师的需求量仍未得到充分满足，专任教师数量呈现明显扩张趋势。

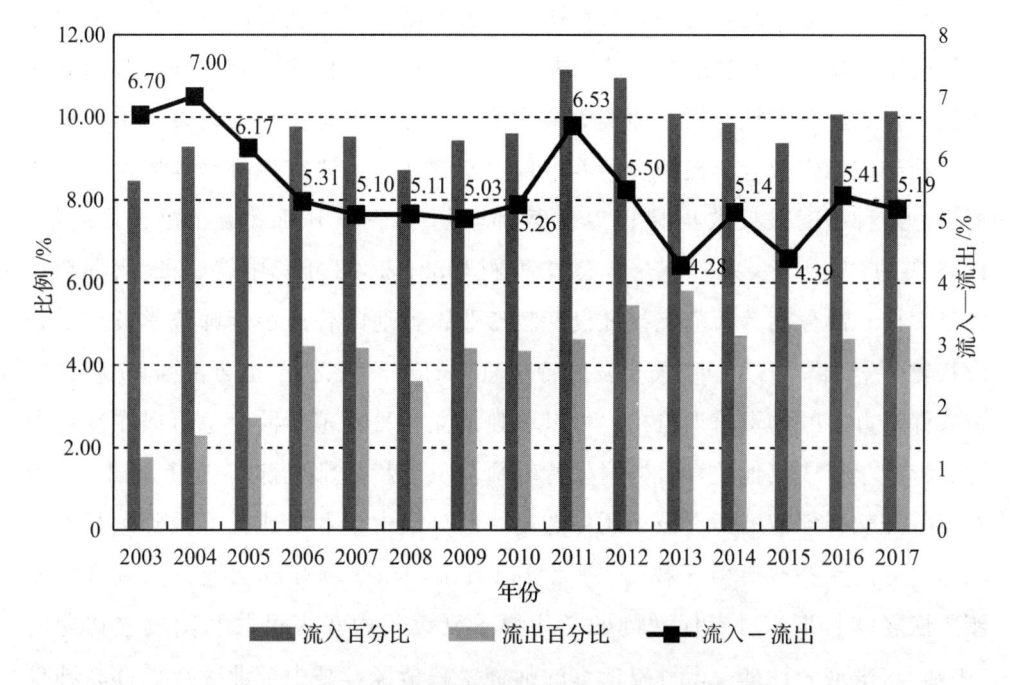

图1-3　2003—2017年特殊教育学校专任教师流动比例变化

三、特殊教育学校教师队伍的质量

教师质量是提高教育质量的关键环节，质量卓越是教师政策和管理工作追求的基本目标之一。由于影响教师质量的一些因素，如缺乏对职业的热爱、沟通能力欠缺等无法进入宏观教育指标的监测范畴，因此，借鉴已有教师发展报告中的指标，引入学历合格率和获得高于基准学历者所占比例、教师加权平均受教育年限等学历指标，辅以职称和专业培训情况两个指标描述特殊教育学校教师质量。

(一)特殊教育学校专任教师学历

规定教师最低学历标准是保证教育质量的重要措施。特殊教育学校专任教师的资格与普通学校教师学历标准的要求是一致的。1957年4月教育部发布的《办好盲童学校、聋哑学校的几点指示》中对特殊教育学校教师的准入制度的规定:"分配中等师范毕业生到盲童学校和聋哑学校见习半年或1年,然后正式担任教学工作;抽调具有一定教学经验的普通小学的教师到盲童学校和聋哑学校见习半年后任教……盲童学校可以吸收具有中等文化程度的少数盲人做教师。"这是最早的有关特殊教育学校专任教师的学历要求。

改革开放后,在普及义务教育初期,由于面临巨大教师缺口,新进教师的学历门槛很低。虽然从改革开放初期到20世纪90年代并没有公开出版的统计数据对特殊教育学校专任教师学历情况予以统计,但是从相关政策文本中仍然可以看到在特殊教育学校师资培养中从中专到本科、研究生等培养层次的不断提高,某种程度上反映出特校专任教师学历水平的不断发展、提升。例如,1988年的《中国残疾人事业五年工作纲要(1988—1992年)》中就要求"兴办特教师范学校;部分高等师范院校开设特教专业;各地的普通中等师范学校积极开设特教师资班"。1989年《关于发展特殊教育的若干意见》中也再次强调"积极创造条件筹办特教师资培训机构。可以单独设立特教师范学院,也可以在普通中师、特教学校或其他教育机构附设特教师范班、特教师范部",但是也指出"为补充特殊教育急需的师资……还可选调一部分高中毕业生或民办教师进行专业培训,分配到特教机构任教"。由此可以看出,在改革开放初期特殊教育事业刚刚恢复和起步,对专任教师的学历要求延续了中华人民共和国成立初期的"中师"水平这一标准,但针对严重的师资紧缺情况,高中毕业生或民办教师也成为补充特教学校专任教师队伍的重要力量。

进入20世纪90年代,随着教育事业的发展,对教师的管理也越来越正规。1994年施行的《中华人民共和国教师法》对小学教师及中学教师的学历合格要求做出了明确规定,即取得小学教师资格应当具备中等师范学校毕业及其以上学历;取得初级中学教师、初级职业学校文化、专业课教师资格,应当具备高等师范专科学校或其他大学专科毕业及其以上学历。1995年国务院颁布《教师资格条例》,规定了教师资格分类与适用、教师资格条件等。其中,教师学历仍然是教师资格的重要条件。在特殊教育领域,1991年《中国残疾人事业"八五"

计划纲要(1991—1995年)》专门提出"在国家教委直属师范大学增加特殊教育专业的试点"。1996年《残疾儿童少年义务教育"九五"实施方案》中强调"充实、调整有关师范大学特殊教育专业，增设专科及函授"，"'九五'期间使90%以上的小学特教师资和80%以上的初中特教师资达到国家规定的学历合格标准；80%左右的中小学教师基本达到国家规定的特殊教育任职资格标准"。依照《中华人民共和国教师法》及其他相关政策的要求，我国特殊教育学校专任教师的学历合格率也在逐步提升。2001年特殊教育学校专任教师中高中及以上学历的教师为98.08%，其中专科及以上学历的教师约为51%。这一数据不仅反映了经过20世纪90年代的发展教师学历水平有所提升，也反映出在21世纪初特殊教育学校专任教师的学历主体即已转变为大专及以上学历。

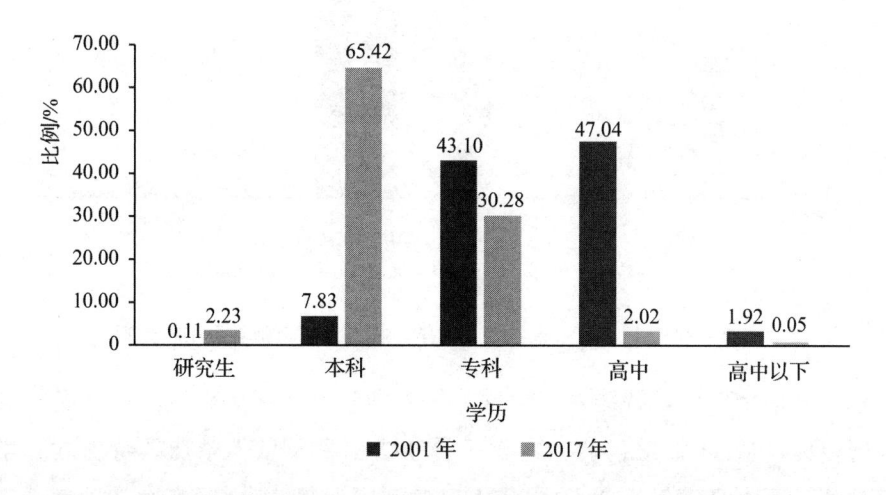

图1-4　2001年和2017年特殊教育学校专任教师学历结构情况

21世纪以来，相关政策的颁布与实施进一步促进了我国特殊教育教师学历水平的提升。例如，1999年《中共中央国务院关于深化教育改革，全面推进素质教育的决定》指出：2010年前后具备条件的地区力争使小学和初中阶段教育的专任教师的学历分别提升到专科和本科层次，经济发达地区高中阶段教育的专任教师和校长中获硕士学位者应达到一定比例。2011年发布的《教育部关于大力加强中小学教师培训工作的意见》中指出：到2012年，小学教师学历逐步达到专科以上水平，初中教师基本具备大学本科以上学历，高中教师中具有研究生学历的比例有明显提高。2017年全国特殊教育学校专任教师中专科及以上学历的人数达到 54 822 人，占专任教师总数的 97.93%，其中本科学历 65.42%；相较于 2001 年，专科及以上学历的人数比例增加了 46.89%，本科学历增加了 57.59%（见图 1-4）。相较于小学专任教师 2001 年 1.60% 的本科学历占比及 2017 年 54.12% 的本科学历占比（见图 1-5），从年度占比及增长速度来看特殊教育学校专任教师的学历提升速度是明显较快的。特殊教育教师较快速提升的学历水平，也进一步反映出 21 世纪以来我国特殊教育师资队伍建设的快速步伐及整体质量的稳步提升。

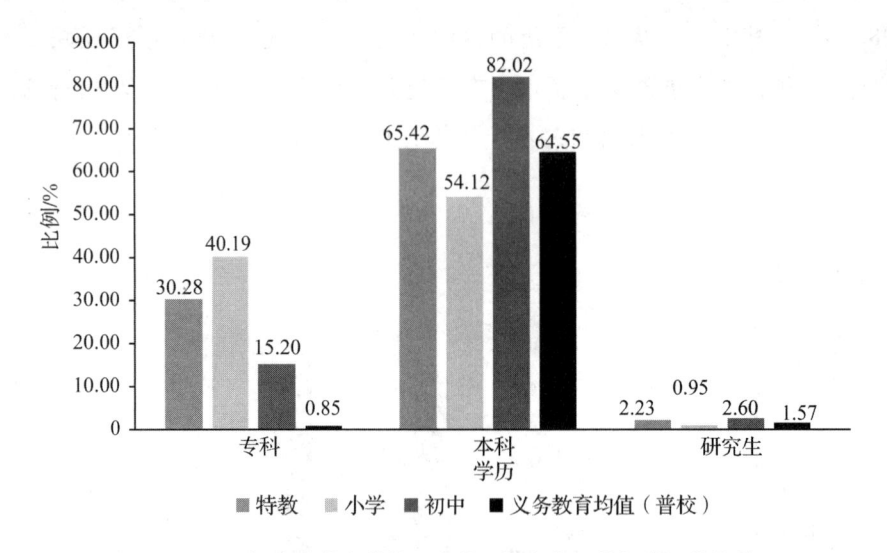

图 1-5　2017 年特殊教育学校、小学、初中专任教师学历结构情况

专科：特教 30.28、小学 40.19、初中 15.20、义务教育均值（普校）0.85
本科：特教 65.42、小学 54.12、初中 82.02、义务教育均值（普校）64.55
研究生：特教 2.23、小学 0.95、初中 2.60、义务教育均值（普校）1.57

总之，十余年间，特殊教育学校专任教师学历水平大幅提升，当前，教师的学历主体已从 21 世纪初的大专学历转变为本科及以上学历。特殊教育学校专任教师学历水平不仅达到了《中华人民共和国教师法》中国家对初中教师学历水平的基本标准；而且，也基本达到了《教育部关于大力加强中小学教师培训工作的意见》中对普通中小学教师学历水平的较高标准。但是，目前我国仍未制订特殊教育学校专任教师的资格证书制度，也没有专门相匹配的教师学历基本标准；现有教师资格证书的分类也是以普通学校类型和学科作为分类标准，这与特殊教育学校教师专业发展的特殊性是不一致的。特殊教育的特殊性决定了对特殊教育教师的专业要求与普通中小学教师的差异，特殊教育学校专任教师专业发展的需要应该得到尊重。

(二)特殊教育学校专任教师的平均受教育年限

以教师学历合格率和较高学历比例来判断教师质量,具有一定局限性。由于学历是等级变量,只能回答教师是否达到一定的等级,以及达到较高等级的程度,无法描述教师受教育程度的连续变化状态。因此,引入加权平均法计算教师的受教育年限①,并将之作为连续变量,考察特殊教育学校专任教师受教育程度的连续变化。②

改革开放后随着我国特殊教育学校教师职前培养层次的不断提高,某种程度上反映出特校专任教师受教育年限的提升。21世纪以来,教师平均受教育年限的增长更为明显。特殊教育学校教师的平均受教育年限从2001年的13.56年上升到2017年的15.68年(见图1-6)。与同时期的普通小学专任教师相比,特殊教育学校专任教师的受教育年限多出0.24~0.81年。与普通初中教师相比,特殊教育学校专任教师的受教育年限略低,但是从2001年到2017年这种差距逐渐缩小,从2001年落后1.27年逐年缩小至2017年的0.24年。

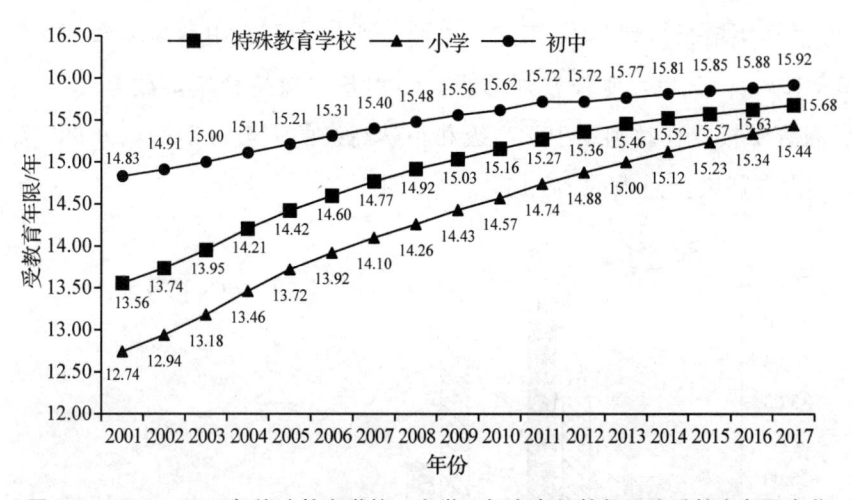

图1-6 2001—2017年特殊教育学校、小学、初中专任教师平均受教育年限变化

改革开放以来,我国特殊教育学校专任教师的学历状况已经有了根本改善,尤其是21世纪以来,专科学历已经成为基本标准,本科学历也越来越普遍。但是,站在国际比较的视角,从绝对水平来看,我国对特殊教育学校专任

---

① 编者注:本书将高中以下学历的受教育年限视为9年,高中学历视为12年,专科学历视为15年,本科学历视为16年,研究生学历视为19年进行加权平均。

② 曾晓东:《中国中小学教师发展报告(2014)》,158页,北京,社会科学文献出版社,2015。

教师的学历要求还有一定差距。一是对特殊教育教师的质量要求，以美国为代表，大部分发达国家对特殊教育教师的学历最低要求为本科。二是学历作为保证教师质量的措施，其适用范围是有限度的，仅是最基本的要求。当学历达标后，特殊教育教师专业的其他标准应该替代学历成为教师质量保证的主要措施。以美国为例，美国特殊儿童委员会（Council for Exceptional Children，CEC）作为美国最大并且具有重要国际影响力的组织，制定了系统、全面的特殊教育教师专业标准，成为特殊教育教师任职资格中最重要的准则。

（三）特殊教育学校专任教师的职称

特殊教育学校教师队伍质量提升的另一个方面体现于职称结构的不断改善。改革开放以来，尤其是进入21世纪，特殊教育学校专任教师中中学高级和小学高级职称的人数稳步增长。从现有的关于特殊教育学校专任教师的职称结构的统计数据中发现，2001年特殊教育学校专任教师中中学高级和小学高级的教师共占全体特殊教育学校专任教师总数的37.13%。其后十年，以每年约3%的幅度逐年增长。到2012年这一比例达到58.27%（中学高级8.12%，小学高级50.15%）。其后，专任教师的职称结构基本保持稳定，截至2017年，全国特殊教育学校专任教师中中学高级和小学高级的人数分别达到6 699人和25 292人，占专任教师总数的57.15%。（见图1-7）

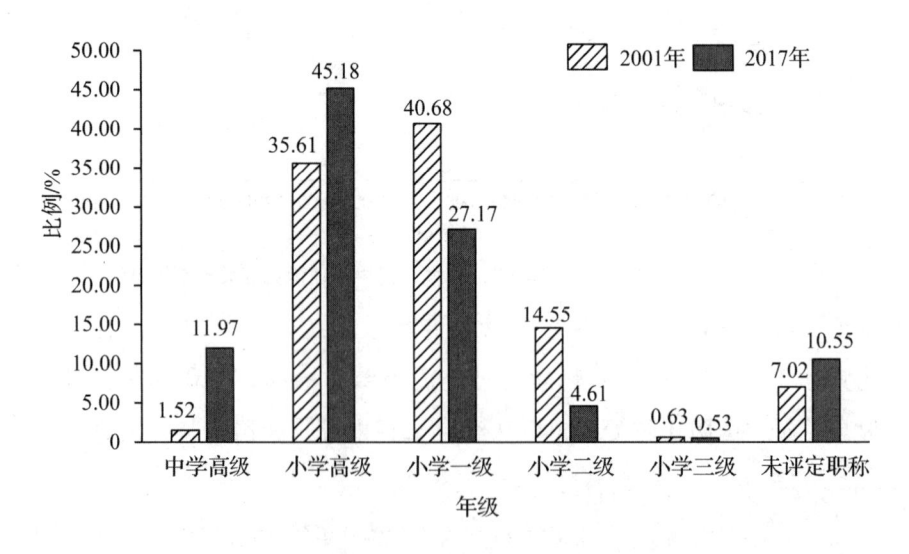

图1-7 2001年与2017年特殊教育学校教师职称结构情况

相较于同期普通中小学教师的职称水平，特殊教育学校中小学高级及以上职称的专任教师占比高于普通小学（2001年29.74%，2017年50.17%），而且这种趋势从2001年始就体现了出来。这也体现了21世纪以来尤其是近年来相关政策中所提出的"教师职务（职称）评聘向特殊教育教师倾斜"。小学高级及以上职称的特殊教育学校教师成为21世纪我国特殊教育学校教育的主力军，进一步反映出21世纪以来我国特殊教育师资队伍的发展与质量的提升。

四、特殊教育学校教师队伍的结构

队伍的结构主要包括人类学特征、地理特征、社会特征、经济特征。地理特征体现为分省区和分城乡的各类指标中，教师的经济特征由教师工资指标体现。教师职业的社会特征并不适合用统计数据反映。[①] 根据学校学生的类别，我国的特殊教育学校分为盲校、聋校、培智学校、综合类特殊教育学校四类，相应的，对于专任教师类别的统计也分为视障教育教师、听障教育教师及智障教育教师。因此，考虑特殊教育的特殊性，队伍的结构性指标选取专任教师的规模和比例、性别、类别三个指标来反映队伍结构。

（一）特殊教育学校专任教师的规模及比例

特殊教育教师类型指的是按照特殊教育教职工各自职能及人事关系进行划分，分为专任教师、行政、教辅及工勤人员四种类型[②]。专任教师是学校中直接从事教育、教学工作的专业人员，是特殊教育教师队伍的生力军。改革开放初期，特殊教育学校专任教师数量快速增长。1978年，特殊教育学校专任教师数量为0.42万人，到1989年专任教师的数量增长至1.22万人，十余年间增长了0.8万人；专任教师所占比例也逐渐提高，从60.87%提高至67.86%。

20世纪90年代，特殊教育学校专任教师所占比例基本维持在65%~70%，但是在规模上有了显著的增长，从1990年的1.38万人增长到1999年的

---

① 曾晓东：《中国中小学教师发展报告（2012）》，16页，北京，社会科学文献出版社，2012。

② 编者注：依据2001年以后《中国教育统计年鉴》统计指标划分。

3.14万人。规模的显著增长和专任教师占比的稳定性反映出这一时期特殊教育学校教师队伍的稳步发展,也折射出《关于发展特殊教育的若干意见》《中华人民共和国残疾人保障法》及《残疾儿童少年义务教育"九五"实施方案》等法律政策对于特殊教育学校教师队伍发展的保障作用。

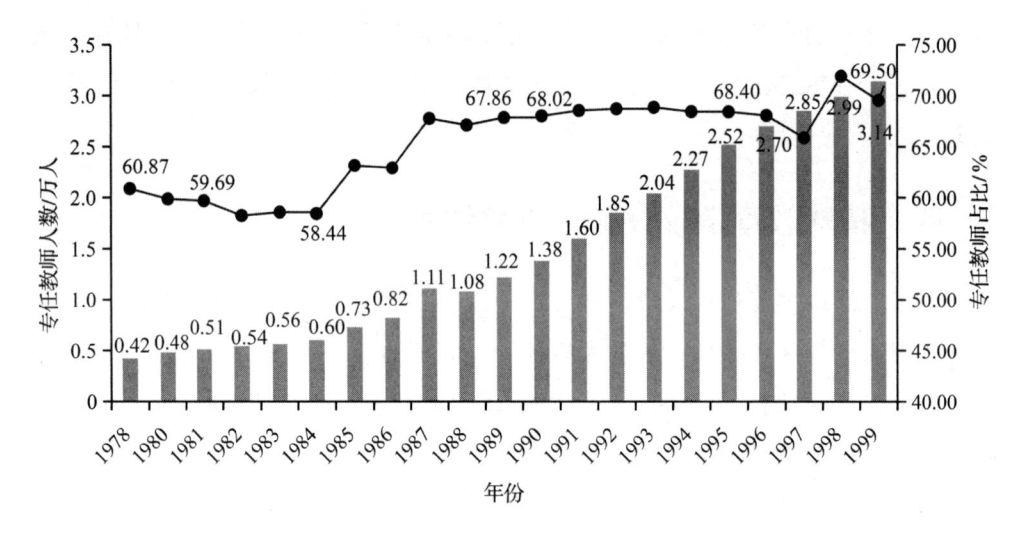

图 1-8　1978—1999 年特殊教育学校专任教师数量基本情况

进入 21 世纪,特殊教育学校专任教师的占比超过了 70%,2000 年我国特殊教育学校专任教师已经达到 3.2 万人,占教职工总数的 73.20%;发展到 2016 年,专任教师队伍整体扩张,规模上升到 5.60 万人,占教职工总数的 85.94%。十余年间,特殊教育专任教师的整体规模继续扩张的同时,专任教师的占比也稳步提升,呈现出特殊教育学校教师配置的专业性和合理性的提升。但是,距我国普通中小学专任教师占教师总数比例的相关标准还有一定的差距。《中小教职工编制标准》中明确规定,非专任教师占教师的比例,小学一般不超过 9.00%,初中一般不超过 15%。换言之,专任教师占教师总数比例,小学一般不低于 91.00%,初中一般不低于 85.00%。而专任教师数量的不足也直接加重了教师的工作负担,进入 21 世纪后特殊教育学校生师比有逐年升高趋势,自 2003 年生师比为 4.06,2003—2017 年处于 3.86~4.33。因此,在特殊教育学校教师队伍数量稳步增长的基础上,进一步促进专任教师数量的增长将是当前特殊教育规模发展的重要任务。

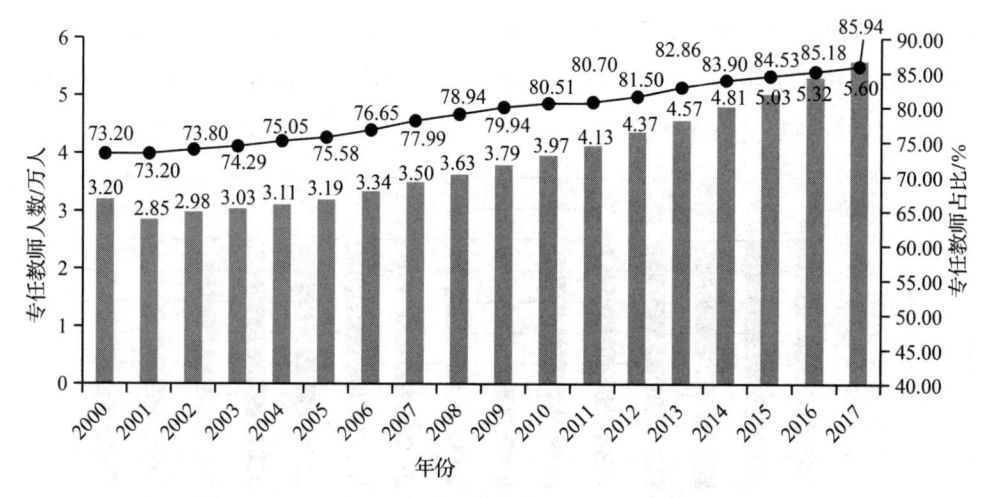

图 1-9 2000—2017 年特殊教育学校专任教师数量基本情况

(二)分类别特殊教育学校专任教师的规模及比例

分类别考察专任教师队伍的规模和比例,反映了不同类别特殊教育学校教师队伍的发展格局。改革开放初期,智障教育兴起且蓬勃发展,1986 年智障教育已初具规模,成为我国特殊教育事业发展中必不可少的部分,也形成了我国以三类特殊教育学校为主的特殊教育学校发展格局。在其后的十几年间,智障教育专任教师人数迅速增长。据统计,1986 年智障教育专任教师 1 027 人,占特殊教育专任教师总人数的 12.58%,这一比例在 1989 年超过 20%,人数达到 2 682 人。其后十年间,智障教育专任教师的规模持续稳步增长,2000 年时已达 9 300 人,在特殊教育学校专任教师中的占比达到 29.08%①(见图 1-10)。听障教育和视障教育的专任教师规模也在不断扩大,但是,随着智障教育规模的扩大,听障和视障教育专任教师所占的比例在逐渐下降。

21 世纪以来,虽然在《中国教育统计年鉴》中未再分类统计专任教师中三种类别的教师规模及比例,但是视障/听障学生数量减少、智障及其他发展障碍等学生数量的快速增长是我国特殊教育学校生源结构的重要变化。2001 年,特殊教育学校中视力残疾学生 5 343 人、听力残疾学生 76 554 人、智力残疾学生 28 268 人,听障教育是特殊教育学校教育中规模最大的一个类别;而在 2016 年,特殊教育学校中视力残疾学生 8 644 人,听力残疾学生 61 407 人,而智力残

---

① 编者注:由于自 2001 年始,《中国教育统计年鉴》中未再分类统计专任教师中各类教师比例,因而各类教师的数据截至 2000 年。

疾学生的规模已上升至 142 727 人，相较于 2001 年，听力残疾学生缩减了 15 147 人，而智力残疾学生人数净增 114 459 人。因而，培智教育规模扩大所带来的智障教育专任教师数量快速增长是 21 世纪以来特殊教育转型时期的重要特征之一。

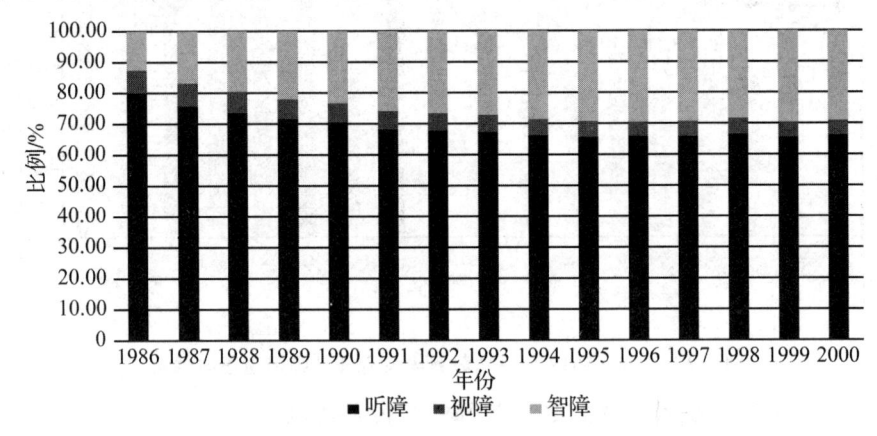

图 1-10 1986—2000 年三类特殊教育学校专任教师的比例分布

在专任教师占比上，听障、视障及智障教育领域也有所差异。1987—2000 年的 14 年间，智障教育专任教师占教职工总数的比例均高于听障和视障教育专任教师的所占比例（1997 年和 1999 年除外），但是，智障、听障/视障教育专任教师占比的差距逐渐缩小。具体而言，智障教育专任教师所占比例呈现下降趋势，在 1997 年达到最低点，即 61.52%，其后又有波动型上升趋势；而听障和视障教育专任教师所占比例呈缓慢上升趋势，从 1987 年 63.12% 和 60.56% 的比例逐渐增长至 2000 年的 74.52% 和 68.35%。（见图 1-11）

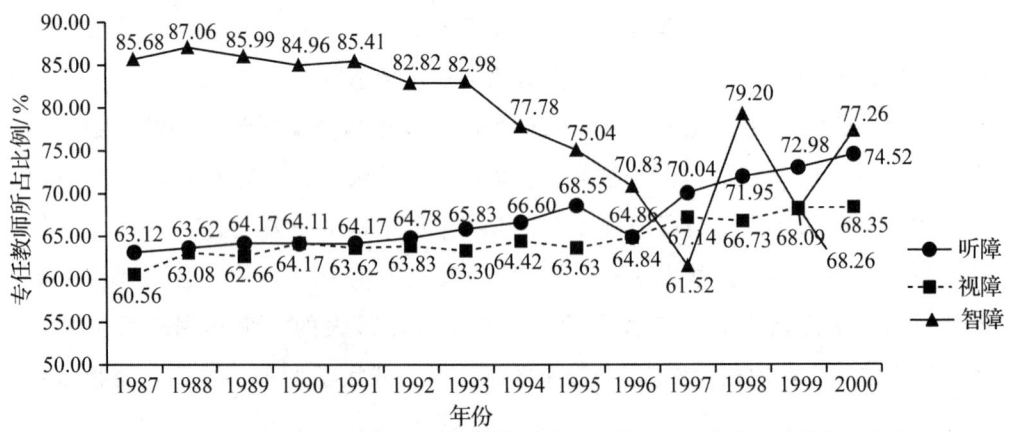

图 1-11 1987—2000 年培智与听障/视障教育专任教师所占教职工总数的比例*

* 由于自 2001 年始，《中国教育统计年鉴》中未再分类统计专任教师中各类教师比例，因而本表数据截至 2000 年。

表 1-2 分类别特殊教育学校专任教师的规模及比例(1981—2000年)

年份	听障教育 教职工/人	听障教育 专任教师/人	听障教育 专任教师占比/%	视障教育 教职工/人	视障教育 专任教师/人	视障教育 专任教师占比/%	智障教育 教职工/人	智障教育 专任教师/人	智障教育 专任教师占比/%
1981	8 596	5 131*	59.69	—	—	—	—	—	—
1986	—	6 535	—	—	599	—	—	1 027	—
1987	11 373	7 179	63.12	1 151	697	60.56	1 872	1 604	85.68
1988	12 476	7 937	63.62	1 154	728	63.08	2 426	2 112	87.06
1989	13 565	8 705	64.17	1 248	782	62.66	3 119	2 682	85.99
1990	15 153	9 715	64.11	1 323	849	64.17	3 791	3 221	84.96
1991	16 998	10 908	64.17	1 509	960	63.62	4 851	4 143	85.41
1992	19 388	12 559	64.78	1 623	1 036	63.83	5 967	4 942	82.82
1993	20 804	13 695	65.83	1 790	1 133	63.30	6 655	5 522	82.98
1994	22 600	15 052	66.60	1 799	1 159	64.42	8 360	6 502	77.78
1995	24 127	16 539	68.55	2 029	1 291	63.63	9 811	7 362	75.04
1996	27 451	17 806	64.86	1 934	1 254	64.84	11 233	7 956	70.83
1997	26 808	18 775	70.04	2 060	1 383	67.14	13 592	8 362	61.52
1998	27 647	19 891	71.95	2 284	1 524	66.73	10 705	8 478	79.20
1999	28 184	20 568	72.98	2 240	1 529	68.26	13 629	9 280	68.09
2000	28 403	21 167	74.52	2 218	1 516	68.35	12 037	9 300	77.26

*1981年统计数据中盲校聋校教师并未分类统计,故1981年数据均为视障、听障教育教师的总数。

专任教师是学校教育教学的主力军,其所占比例高低对教育教学质量会产生一定影响。改革开放四十多年来,在相关政策的支持和保障下,我国特殊教育学校专任教师占教职工的比例显著增长,然而分类别来看,智障教育专任教师的比例是呈现下降趋势。尽管特殊学生的特殊性可能导致学校中会存在更多提供支持服务的行政、教辅及工勤人员,但是,专任教师数量充足、比例恰当才是保证特殊教育学校教育教学质量的首要条件。

(三)特殊教育学校专任教师的性别结构

全世界范围内,教师职业都越来越呈现女性职业的特征。[①] 对此,有许多学者认为教师队伍不合理的女性化,对男性学生自身性别意识的发展及学业表现可能带来不利影响。我国特殊教育教师队伍的性别构成也有同样的趋势。

从改革开放初期到20世纪90年代,我国特殊教育学校专任教师队伍中女性教师绝对数量及所占比例都维持较高水平。1987—2000年的十几年间,我国特殊教育学校专任教师队伍中女性教师所占比例均在60%以上,女性教师所占比例虽然在1992年、1999年和2000年有下降趋势,进入21世纪,女性教师所占比例相较于20世纪90年代后期又回升至70%以上,并且稳定地维持在72%~74%,男女专任教师的比例基本保持在1∶2.7。特殊教育专任教师女性化程度远高于中小学专任教师(2000—2011年的比例范围为58.68%~52.91%[②]),性别结构严重失衡。

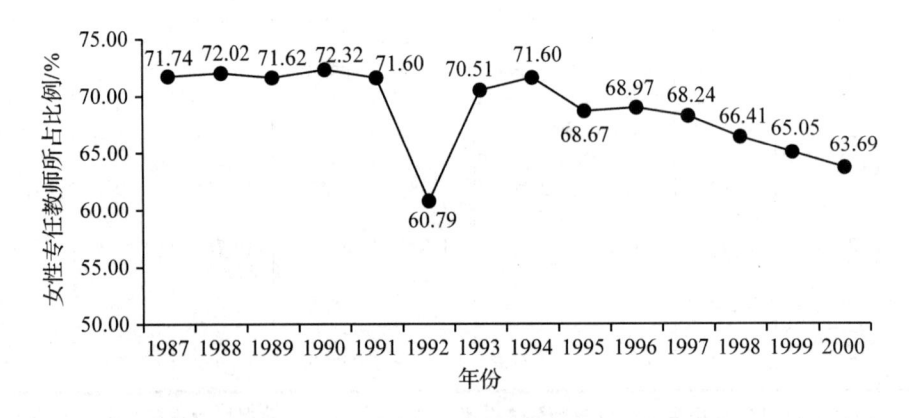

图1-12 1987—2000年特殊教育学校专任教师队伍女性教师比例

[①] 曾晓东:《中国中小学教师发展报告(2012)》,129页,北京,社会科学文献出版社,2012。

[②] 同上书,130页。

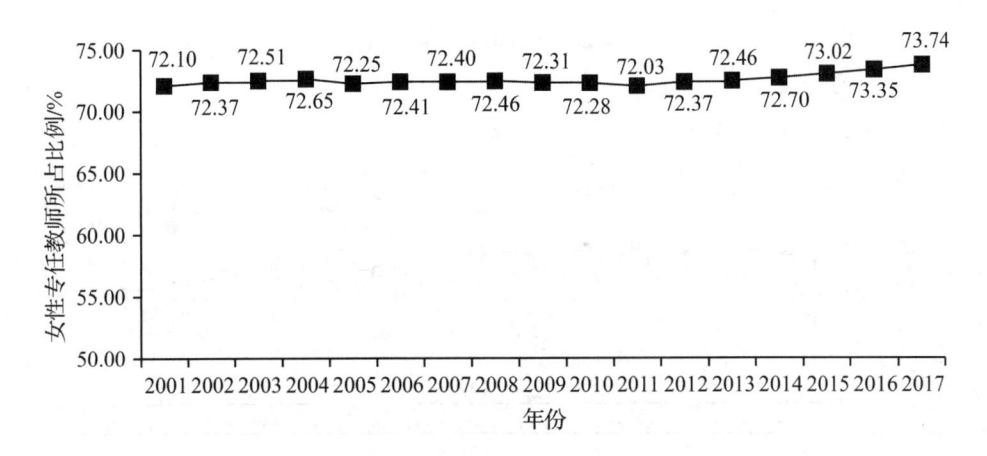

图 1-13 2001—2017 年特殊教育学校专任教师队伍女性教师比例

(四)分类别特殊教育学校专任教师的性别结构

分类别审视听障教育、视障教育及智障教育中专任教师的性别结构，其趋势不尽相同。总体而言，改革开放初期至 20 世纪 90 年代，智障教育中女性专任教师的比例相对较高，并呈现明显下降趋势，从 1987 年的 90.40% 降至 2000 年的最低值 70.10%，十余年间智障教育专任教师中女性教师比例下降了 20% 左右，说明越来越多的男性教师进入到智障教育领域，也在一定程度上反映出培智学校教师职业对男性的吸引力在逐渐增强。在听障/视障教育中，女性教师的比例相对较低，普遍低于智障教育女性专任教师比例(1992 年除外)。并且听障/视障教育中女性专任教育的比例呈现缓慢下降趋势，从 1987 年的 67.94% 下降至 2000 年的 61.07%，14 年间下降约 7%。智障教育与听障/视障教育领域中女性专任教师的比例差距也逐渐缩小，从 1987 年的 22.46% 降至 2000 年的 9.03%(见图 1-14)。随着我国特殊教育的发展，社会公众对于智障教育的认识也越来越理性，这从某种程度上，也改变智障教育教师的职业吸引力，使得越来越多的男性进入培智教育领域。

教师队伍性别结构失衡成为特殊教育教师队伍发展中的重点问题。审视我国特殊教育学校女性教师比例不断上升的趋势，可以看出在特殊教育学校领域同样体现出女性教师的优势，如教师作为家长和社会权威之间的过渡角色，具有和蔼、亲切、细心、形象思维强等特质能够很好地胜任工作，引导学生的成长。但是，基于教育学的视角，女性化趋势会不利于儿童社会性的发展；而从

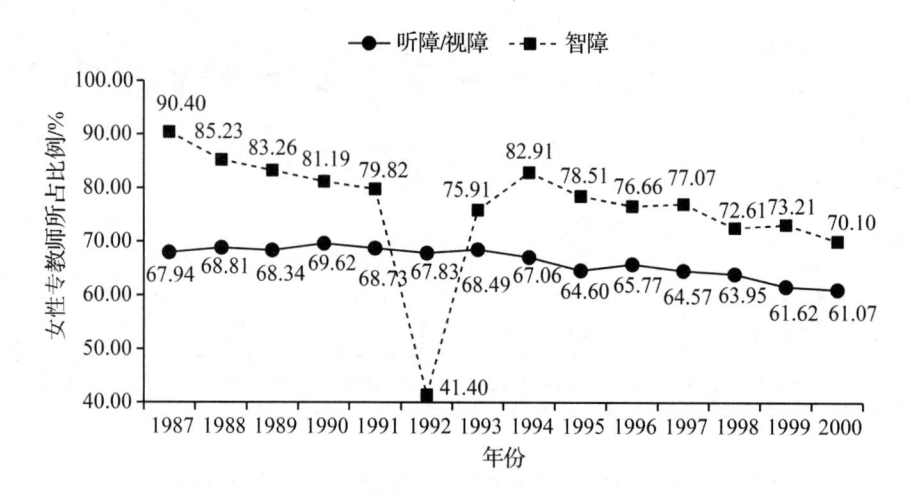

图 1-14　1987—2000 年分类别特殊教育学校专任教师队伍女性教师比例

社会学、经济学的角度分析，特殊教育教师队伍的女性化趋势与社会文化及经济因素密切相关。从制度角度来看，女性在一个职业中占比过高，也在一定程度上影响该职业工资的增长方式，进而影响未来毕业生的职业偏好和进入教师职业后的素质。[①] 我国特殊教育发展起步晚，社会公众对特殊教育的认知较为浅薄，也造成公众对特殊教育学校教师的偏见，再加上教师职业本身工资就不具备吸引力，这些问题长期积累下来，使得特殊教育学校教师职业的社会吸引力下降，优秀学生选择特殊教育学校教师职业的动机相较于普通教育更为大大降低，一定程度上影响特殊教育学校教师队伍的规模和质量提升。尽管对于女性化趋势可能产生的教育和社会效果并未明确，但是放置在当前我国特殊教育发展的背景中，如何吸引更多男性教师从事特殊教育事业仍是一个重要的问题。

第二节　特殊教育学校教师的培养政策分析

职前培养是教师专业化发展的重要阶段，是"准教师"的养成阶段，是教师专业素养形成的初始阶段，特殊教育学校教师职前培养阶段生成的专业素养在某种程度上影响着职后教师专业发展的起点水平和发展空间。改革开放以来，

---

① Eide, E., Goldhaber, D. & Brewer, D., "The Teacher Labour Market and Teacher Quality," *Oxford Review Economic Policy*, 2004, 20(2), pp. 330-344.

一系列政策的出台对特殊教育教师职前培养的制度、体系、机构、模式、课程等做出明确规定,极大地推动了我国特殊教育教师培养体系的建立与完善。我国特殊教育学校教师培养由改革开放初期的短期非正规在职培训逐步转向以长期正规师范院校职前培养为主,并随着 20 世纪 90 年代末期开始的师范教育及整个教育体系的变革进行了多项重大改革,如培养体系的调整、师范生免费教育政策的实施及卓越教师培养计划的推行等。本节对我国国家层面出台的特殊教育学校教师培养的政策进行梳理,审视改革开放以来特殊教育学校教师培养的政策保障状况、发展趋势、特征和限制。

一、特殊教育学校教师培养的政策基础

改革开放初期,教育部于 1980 年成立特殊教育处,隶属初等教育司,培训师资及组织在职教师进行培训等是其主要职能之一,为特殊教育学校教师培养奠定了管理基础。1980 年 4 月,时任教育部部长蒋南翔在全国第三届盲人聋哑人代表会议上,提出"建立特殊教育师范学校和在职教师进修机构,提高师资质量"。这一讲话经教育部发至各省、市、自治区教育厅(局)参照执行,成为改革开放初期特殊教育学校教师培养的重要指示。在这一指示基础上,教育部于 1982 年 9 月 21 日与江苏省人民政府联合发出《关于筹建、代管南京特殊教育师范学校的会商纪要》,开始了我国第一所专门的特殊教育学校师资培养机构的建设。1984 年,教育部办公厅转发了教育部负责人《在中国盲人聋哑人第四届代表会议上关于发展特殊教育的讲话》中再次提出"抓好师资队伍建设,为了建设合格的特殊教育师资队伍,除加速南京特殊教育示范的建设外,各地教育行政部门要从实际出发,制订规划,统筹安排好特殊教育师资队伍的培养工作。有条件的高等师范院校应开设特教专业,为各地输送特殊教育的专业课教师和科研人员"。在这些政策的影响下,1981 年黑龙江肇东师范学校首先开办特殊教育师范部;1985 年教育部于 2 月 25 日发出《关于南京特殊教育师范学校 1985 年秋季招生工作的通知》,南京特殊教育师范学校开始正式招生;1986 年北京师范大学设立特殊教育专业,开始在全国招收本科生。改革开放初期相关政策的颁布,为 20 世纪 80 年代初我特殊教育学校教师培养从非正规的在职培训为主真正转向以长期正规师范院校职前培养奠定了基础。

1988年国务院批转的国家计委等部门颁布的《中国残疾人事业五年工作纲要(1988—1992年)》成为我国最早对特殊教育学校教师培养做出规定的规范性文件；其后1989年国家教委、国家计委、民政部、财政部等多部门联合发布《关于发展特殊教育的若干意见》，是我国最早对特殊教育发展进行全面规定的文件，涉及方针与政策、目标与任务、领导与管理等各方面。20世纪90年代共有7项政策对特殊教育学校教师培养问题做出了规定，其中，《中华人民共和国残疾人保障法》《残疾人教育条例》在此期间颁布，这使得特殊教育学校教师的培养问题以法律法规的形式得以确定，成为此后相关政策制定的指导和依据。在政策的影响下，至1998年，全国建立了35个中等特殊教育师范学校（部、培训中心）及7个高等特殊教育专业，形成了中高等两个层次遍及全国大多数地区的特殊师范教育体系。这些中高等特殊教育师范院校成为特殊教育学校教师职前培养的主要阵地，至此我国特殊教育学校师资培养也由短期非正规的在职培训为主真正转向以长期正规师范院校职前培养为主。

2001年教育部联合国家计委、民政部、财政部等颁布了《关于"十五"期间进一步推进特殊教育改革和发展的意见》，开启了21世纪我国特殊教育学校教师队伍建设的新阶段。21世纪以来共颁布9项相关文件，其中有8项文件在近十年颁布。值得关注的是，2009年国务院办公厅转发教育部等部门《关于进一步加快特殊教育事业发展的意见》指出"加强特殊教育师资队伍建设，提高教师专业化水平"，强调"要适应残疾儿童少年教育普及水平提高的需要，加强特殊教育师范院校专业建设。统筹规划，合理布局，加大特教师资的培养力度。鼓励和支持各级师范院校与综合性院校举办特殊教育专业或开设特殊教育课程。各地在实施师范生免费教育时，要把特教师资培养纳入培养计划。加大特殊教育或相关专业研究生培养力度。注重特殊教育专业训练，提高培养质量。鼓励优秀高校毕业生到特殊教育学校、儿童福利机构等单位任教"。随后，2012年教育部等多部门联合发布的《关于加强特殊教育教师队伍建设的意见》首次针对特殊教育教师队伍建设做出全面部署，着力破解涉及教师队伍建设体制机制方面的瓶颈，从规划、培养、培训、管理、待遇、营造氛围等方面，全面加强教师队伍建设。这两项政策的出台成为近年来我国特殊教育学校教师培养模式改革的重要依据。开放式的培养模式、"复合型"特殊教育教师、"卓越"特殊教育教师培养成为这一时期特殊教育学校教师职前培养的政策导向关键词。

表 1-3 部分与特殊教育学校教师培养相关的政策支持

颁布时间	名称	颁布部门	效力级别	内容（部分）
1988-09-03	《中国残疾人事业五年工作纲要（1988—1992年）》	国务院批转国家计委等部门制定	国务院规范性文件	四、措施。教育"43. 加强特教师资培训。各省应创造条件，兴办特殊教育师范学校；并有计划地在部分高等师范院校开设特教师资专业；各地的普通中等师范学校积极开设特教师资班；举办各种特教师资培训班。"
1989-05-04	《关于发展特殊教育的若干意见》	国务院转发国家教委、国家计委、民政部、财政部、人事部、劳动部、卫生部、中国残疾人联合会颁布	国务院规范性文件	三、领导与管理。"18. 加强师资队伍建设。各省、自治区、直辖市应根据本地特殊教育事业发展的需要和实际情况，本着师资培训的原则，在五年内，积极创造条件筹办特教师资培训机构，可以单独设立特教师范学校，也可以在普通中师、特教师范班、特教师范部增设特殊教育机构附设师范班、特教师范部。"
1990-12-28	《中华人民共和国残疾人保障法》	全国人民代表大会常务委员会	法律	第三章共有九条关于残疾人教育的相关规定。残疾人的教育方针、残疾人实施教育的方式与机构，残疾教育师资的培养与培训等内容纳入了国家实施的教育的效力级别和政策的相关规定，保证了相关法律政策和规定的稳定性。第三十五条"国家有计划地举办各级各类特殊教育师范院校、专业，在普通师范院校附设特殊教育班，培养、培训特殊教育师资。"
1991-12-29	《中国残疾人事业"八五"计划纲要（1991—1995年）》	国务院批转国家教委等部门制定	国务院规范性文件	三、"八五"计划期间的主要任务、指标和措施。（二）教育"在国家教委直属师范大学增加特殊教育专业的试点，培训基地。每省（自治区、直辖市）要有一个特殊教育的师资培训基地。"
1992-03-14	《中华人民共和国义务教育法实施细则》	国家教委	部门规范性文件	第三十二条"盲、聋哑、弱智儿童学校的师资，由省级人民政府根据实际情况组织培养。"

续表

颁布时间	名称	颁布部门	效力级别	内容（部分）
1992-05-12	《残疾儿童少年义务教育"八五"实施方案》	国家教委、中国残疾人联合会	部门工作文件	三、主要措施 （三）加强师资和管理人员的培训工作 "1．'八五'期间，在办好现有三所高等师范大学特殊教育专业的基础上，国家教委将再在二三所高等师范大学开设特殊教育专业。" "2．省、自治区、直辖市要办好现有的24所中等特殊教育师资培养、培训机构，提高其办学效益和教育质量。未建立特殊教育师资培养、培训机构的省、自治区、直辖市师资可委托邻近省、市代培，并建立师资短期培训基地。"
1994-08-23	《残疾人教育条例》	国务院	行政法规	条例共九章五十二条。这是我国第一部有关残疾人教育的专项行政法规。第六章"教师"共有八条对教师培养、培训及管理等进行了规定。 第六章教师"第三十五条 各级人民政府应当重视提高从事残疾人教育的教师的工作环境和条件，并采取措施逐步提高他们的地位和待遇，改善他们的工作环境和条件，鼓励教师终身从事残疾人教育事业。""第三十九条 国务院教育行政部门和省、自治区、直辖市人民政府应当有计划地举办特殊教育师资班、培养残疾人教育师资。普通师范院校附设特殊教育师资班（部）、培养残疾人教师。"
1996-05-09	《残疾儿童少年义务教育"九五"实施方案》	国家教委、中国残疾人联合会	部门工作文件	三、主要措施 4．师资队伍建设"师资培养、充实，调整有关师资培养机构，要加强领导、理顺关系、落实经费、充实师资、设备，提高办学水平；各级普通师范院校增设特殊教育课程或有关课程中增加特殊教育内容，使学生毕业从教能够适应随班就读工作的需要。"

— 38 —

续表

颁布时间	名称	颁布部门	效力级别	内容（部分）
2001-10-19	《关于"十五"期间进一步推进特殊教育改革和发展的意见》	国务院办公厅转发教育部、国家计委、民政部、财政部、劳动保障部、人事部、卫生部、税务总局、中国残疾人联合会颁布	国务院规范性文件	三、进一步加强特殊教育师资队伍建设，不断提高教师素质"10. 高等师范与培养特殊学校的特殊教育专业要为我国特殊教育高层次人才的培养与培训工作出贡献。"11. 办好特殊教育师范学院（校），努力提高办学水平和教育质量。各地要加强特殊教育领导，增加投入，并结合当地需要，因地制宜，合理制定特殊教育师资（校、部）具备条件的招生规模，为特殊教育的师资提供优良的师资……专业结合的地区结合师范教育布局结构调整工作，相应提高好一批中等特殊教育师范学校（部）的办学层次。中西部地区学校继续要深化教育教学改革，加强对学生进行热爱特殊教育事业和教师职业道德教育，加强教学实践环节，全面提高学生的素质。"
2008-04-24	《中华人民共和国残疾人保障法》（修订）	全国人民代表大会常务委员会	法律	第三章 教育。第二十八条"国家有计划地举办各级各类特殊教育师范院校、专业，在普通师范院校附设特殊教育班，培养、培训特殊教育师资。"
2009-05-07	《关于进一步加快特殊教育事业发展的意见》	国务院办公厅转发教育部、发改委、民政部、财政部、人力资源社会保障部、卫生部、中央编办、中国残疾人联合会颁布	国务院规范性文件	四、加强特殊教育师资队伍建设，提高教师专业化水平。"16. 加强特殊教育教师培养培训工作。要适应残疾儿童少年教育普及水平提高的需要，加强特殊教育院校建设。统筹规划、合理布局，综合性院校特殊教育专业培养力度。鼓励师范院校与综合性院校开设特殊教育专业或开设特殊教育课程。各地在实施师范生免费教育时，要把特殊教育专业纳入培养计划。加大实施特殊教育专业或相关专业培养力度。注重特殊教育专业毕业生培养，提高培养质量。鼓励优秀高校毕业生到特殊教育学校、儿童福利机构等单位任教。"

续表

颁布时间	名称	颁布部门	效力级别	内容（部分）
2012-09-20	《关于加强特殊教育教师队伍建设的意见》	教育部、中央编办、发展改革委、财政部、人力资源社会保障部	部门规范性文件	首次对特殊教育教师队伍建设做出全面部署。着力破解涉及教师队伍建设体制机制方面的瓶颈，从规划、培养、培训、管理、待遇、营造氛围等方面，全面加强教师队伍建设。第二部分"加大特殊教育教师培养力度。制订特殊教育学校教师专业标准，提高特殊教育教师的专业化水平。支持一批特殊教育师范院校建设，提高特殊教师资培训能力，能够立足省内、辐射区域或面向全国服务。加强特殊教育专业建设，扩大培养规模，满足特殊教育事业发展需要。改革培养模式，积极支持高等师范院校与医学院校和特殊教育学院合作，促进学科交叉，培养具有复合型知识技能的特殊教育、康复类专业技术人才。"
2014-01-08	《特殊教育提升计划（2014—2016年）》	国务院办公厅转发教育部、发展改革委、民政部、财政部、人力资源社会保障部、卫生计生委、中国残疾人联合会颁发	国务院规范性文件	在主要措施部分，明确提出"加大特殊教育教师培养力度，鼓励各省（区、市）择优选择师范类院校和其他高校增设特殊教育专业。"
2014-08-18	《教育部关于实施卓越教师培养计划的意见》	教育部	部门工作文件	二、分类推进卓越教师培养模式改革。"5.卓越特殊教育教师培养。适应新时期特殊教育事业发展需要，重点探索师范教育教学医学院校联合培养机制，特殊教育知识技能与学科教学融合培养，坚持理论与实践结合，促进学科交叉，培养一批富有爱心、素质优良、具有复合型知识技能的卓越特殊教育教师。"

续表

颁布时间	名称	颁布部门	效力级别	内容（部分）
2015-08-21	《教育部关于印发〈特殊教育教师专业标准（试行）〉的通知》	教育部	部门工作文件	三、实施意见 "开展特殊教育教师培训的主要依据。重视特殊教育教师培养培训方案、学科和专业建设，改革特殊教学方式，重视特殊教育教师职业道德教育，重视社会实践和教育实习；加强特殊教育师资队伍建设，建立科学的质量评价制度。"完善特殊教育课程，改革设置教师教育课程，科学设置教师教育职业特点。完善特殊教师培养培训方案、将本标准作为特殊教育教师培
2017-02-01	《残疾人教育条例》（修订）	国务院	行政法规	第六章 教师 第四十条 县级以上人民政府应当重视从事残疾人教育的教师培养，培训工作，并采取措施逐步提高他们的地位和待遇，改善他们的工作环境和条件，鼓励教师终身从事残疾人教育事业。县级以上人民政府可以采取免费教育、学费减免、助学贷款代偿等措施，鼓励具备条件的高等学校毕业生到特殊教育学校或其他特殊教育机构任教。 第四十四条 国务院教育行政部门和省、自治区、直辖市人民政府应当根据残疾人教育发展的需要有计划地举办特殊教育师范院校，支持普通师范院校和综合性院校相关院系专业，培养特殊教育教师。
2017-07-17	《第二期特殊教育提升计划（2017—2020年）》	教育部、国家发展改革委、民政部、财政部、人力资源社会保障部、卫生计生委、中国残疾人联合会	部门工作文件	三、主要措施"（五）加强专业化特殊教育教师队伍建设。支持师范类院校和其他高校扩大特殊教育专业招生规模，提高培养质量。加大特殊教育专业硕士、博士研究生培养力度。各地采取公费培养、学费减免、助学贷款代偿等措施，为中西部贫困地区定向培养特殊教育教师。鼓励有条件的高等学校加强学前、普通中及职业教育领域的特殊师资培养。"
2018-02-21	《教师教育振兴行动计划（2018—2022年）》	教育部、国家发展改革委、财政部、人力资源社会保障部、中央编办	部门工作文件	三、主要措施"（二）教师培养专业招生规模，加大特殊教育领域教师培养力度。"支持师范院校扩大特殊教育硕士培养力度。"

二、特殊教育学校教师培养政策的要素分析

根据政策科学研究中以问题为导向的政策分析范式，本节将从政策环境、政策问题、政策目标、政策资源、政策影响五个方面沿着时间脉络分析改革开放以来我国特殊教育学校教师培养政策的要素。

(一)政策环境：特殊教育规模扩大和质量提升的要求

社会政治、经济领域等方面的变化总会灵敏地在教育中反映出来。[1] 改革开放以来我国特殊教育学校教师职前培养政策是国内外政治、经济与教育环境共同催生的结果。改革开放初期，我国积极融入国际社会，并于1981年正式成为联合国人权委员会国家成员。国际有关特殊教育的发展理念，对我国产生了重要的影响，如1975年联合国大会《残疾人权利宣言》中明确表达了残疾人教育权利的内容。这些国际"宣言"虽然"不能像国际法或国内法那样具有法律约束力，但它们确实具有道德和政治劝解的力量"[2]。1985年《中共中央关于教育体制改革的决定》颁布，特殊教育首次作为独立的教育类型出现在国家层面的政策中，即"实行九年制义务教育的同时，还努力发展幼儿教育，发展盲、聋、哑、残人和弱智儿童的特殊教育"。特殊教育这一概念在国家政策层面上开始得到认可，进而推动了我国特殊教育事业走向全面复兴。1988年第一次全国特殊教育工作会议顺利召开，明确了我国特殊教育发展的战略地位与发展方针，最终形成了原国家教委与中国残疾人联合会联合下发的《关于发展特殊教育的若干意见》，并于1989年由国务院转发实施。这是对特殊教育事业发展首次做出系统化设计与全面部署，从管理体制、特殊教育学校布局、支持保障等各方面推动特殊教育事业发展。由此可以看出，在改革开放初期特殊教育事业已经得到了政府的高度关注与积极推动。为应对日益扩大的特殊教育发展规模，特殊教育学校教师职前培养的重要性日益显现，也促使特殊师范教育在20世纪80年代至90年代的兴起和快速发展。1989年《关于发展特殊教育的若

---

[1] 祝怀新：《封闭与开放——教师教育政策研究》，109页，杭州，浙江教育出版社，2007。

[2] 杨克瑞：《改革开放40年我国特殊教育政策的顶层设计与战略推进》，载《中国教育学刊》，2018(5)。

干意见》提出"在五年内,积极创造条件筹办特教师资培训机构",并指明可"单独设立特教师范学院,也可以在普通中师、特教学校或其他教育机构附设特教师范班、特教师范部"。1990年《中华人民共和国残疾人保障法》颁布实施,强调"国家有计划地举办各级各类特殊教育师范院校、专业,在普通师范院校附设特殊教育班(部),培养、培训特殊教育师资",从法律层面保障了特殊教育学校师资培养机构的设立与发展。1991年《中国残疾人事业"八五"计划纲要(1991—1995年)》提出在教委直属大学增加特殊教育专业试点,并强调每省有一个特殊教育师资培养、培训基地;1992年《中华人民共和国义务教育法实施细则》、1994年《残疾人教育条例》再次重申省级人民政府根据实际情况组织培养特殊教育学校师资,明晰了地方政府在特殊教育学校教师培养上的职责。

20世纪90年代末到21世纪初期,世界各国中小学师资已呈现高学历高层次的要求。从学历要求上,世界主要发达国家普遍没有专门的师范教育类院校,因而没有对学校性质的界定,只要求教师具有高中后3~4年的专业教育学历。而且在德国、荷兰、冰岛对高中教师的学历要求高于小学和初中,意大利、日本、西班牙、捷克、新西兰、瑞典和爱尔兰对初中和高中教师的学历要求高于小学教师,其中意大利和西班牙要求中学教师的学历比小学教师多3年,属于国际教育标准第6级(相当于我国的硕士研究生)的学历。在中小学师资呈现高学历的世界趋势下,1999年教育部在《关于师范院校布局结构调整的几点意见》规定了师范院校层次结构的调整目标,即"从城市向农村、从沿海向内地逐步推进,由三级师范(高师本科、高师专科、中等师范)向二级师范(高师本科、高师专科)过渡。到2010年左右,新补充的小学、初中教师分别基本达到专科和本科学历"。其后,《中共中央国务院关于深化教育改革,全面推进素质教育的决定》中再次强调"调整师范学校的层次和布局,鼓励综合性高等学校和非师范类高等学校参与培养、培训中小学教师的工作,探索在有条件的综合性高等学校中试办师范学院","2010年前后,具备条件的地区力争使小学和初中阶段教育的专任教师的学历分别提升到专科和本科层次"。这一规定推动了我国师范教育从三级师范到二级师范转移的改革浪潮。为此,我国师范教育由中等、大专、本科三级调整为大专、本科两个层次。特殊教育教师的培养体系也随之调整。2001年《关于"十五"期间进一步推进特殊教育改革和发展的意见》不仅指出"高等师范学校的特殊教育专业要为我国特殊教育高层次人才的培养与培训做出贡献"，还强调"具备条件的地区结合师范教育的布局结构调整工作，相应提高中等特殊教育师范学校（部）的办学层次。中西部地区继续办好一批中等特殊教育师范学校（部）"。这一政策的出台进一步推动了我国特殊教育教师培养体系从三级向二级师范的改革改革，原中等特殊教育师范学校采取适合当地情况的多种方式升格为高等师范教育。

随着2006年修订后的《义务教育法》颁布实施，促进教育公平及义务教育均衡发展成为国家教育事业发展的主要目标。但是特殊教育学校覆盖范围有限，尤其是中西部地区特殊教育学校建设发展滞后，因此，为了全面贯彻落实《中华人民共和国义务教育法》及大力促进教育公平，2007年9月24日教育部、国家发展改革委印发《"十一五"期间中西部地区特殊教育学校建设规划（2008—2010年）》的通知，提出"有计划、有步骤地推进中西部地区特殊教育学校建设，努力普及和巩固有学习能力的残疾儿童少年九年义务教育，加快实现区域内义务教育的均衡发展，促进教育公平"。一方面，随着中西部特殊教育学校数量的增加和布局的调整，对高质量特殊教育学校教师的需求也不断扩大。为此，2009年《关于进一步加快特殊教育事业发展的意见》、2012年《关于加强特殊教育教师队伍建设的意见》、2014年《特殊教育提升计划（2014—2016年）》等相继出台，均强调"加大特殊教育教师培养力度"，扩大特殊教育教师培养规模，以补充特殊教育学校师资的短缺问题。2012年教育部、国家发改委又启动实施特殊教育学校二期建设项目，重点支持60个高等特殊师范教育专业、高等特教学院和特殊中职教育学校基础设施建设，扩建教学设施，提高特殊教育教师培养培训能力。另一方面，近十余年来特殊教育质量问题成为我国特殊教育规模扩大之后的另一发展核心。特殊教育教师专业化水平的提升成为保障特殊教育发展及质量提升的主要措施。然而特殊教育工作的复杂性和特殊性决定了对特殊教育教师的专业素质要求高于普通教师，我国特殊教育学校教师队伍专业素质总体水平并不高[1]，尤其是在专业知识和技能方面，缺乏足够的教学技巧和策略[2]。为此，2014年《教

---

[1] 张茂林、王辉：《国内特殊教育教师职业素质现况调查与分析》，载《中国特殊教育》，2015(7)。

[2] 王雁、肖非：《中国特殊教育教师培养研究》，239页，北京，北京师范大学出版社，2012。

育部关于实施卓越教师培养计划的意见》强调推进"卓越特殊教育教师培养"，以复合型知识技能为特征的卓越特殊教育教师培养成为培养目标，跨学科、跨院校的培养机制改革成为主要改革方向。2015年我国首个《特殊教育教师专业标准》颁布实施。2017年《第二期特殊教育提升计划（2017—2020年）》再次强调提高特殊教育教师培养质量，提出"加大特殊教育专业硕士、博士研究生培养力度"，"鼓励有条件的高等学校加强学前、普通高中及职业教育的特教师资培养"。2018年《教师教育振兴行动计划（2018—2022年）》在教师培养层次提升行动中，专门强调"支持师范院校扩大特殊教育专业招生规模，加大特殊教育领域教育硕士培养力度"，这也是首个涉及特殊教育教师培养问题的非特殊教育领域的教师政策。

（二）政策问题：高质量特殊教育学校教师资源缺乏和配置不均衡

1. 教师资源缺乏制约残疾儿童少年义务教育普及

20世纪80年代，随着小学教育的逐步普及，"实施义务教育"逐步提出，1985年5月"有步骤地实行九年义务教育"被明确写入《中共中央关于教育体制改革的决定（草案）》中。1986年我国第一部《义务教育法》颁布实施，普及九年义务教育成为20世纪末我国教育发展的重要战略目标。尽管相较于1978年292所特殊教育学校，发展至1990年全国特殊教育学校已达746所，并在1992年突破1 000所达到1 027所的规模，但是，残疾儿童少年的义务教育普及仍是"普九"中的短板。"八五"期间，义务教育阶段学龄残疾儿童少年入学率仅为62.5%，其中视力残疾、听力言语残疾、智力残疾三类残疾儿童少年接受义务教育的入学率分别为23.1%、51.9%、72.8%。"九五"期间这一数据虽有提升，三类残疾儿童少年接受义务教育的入学率分别为54.1%、72.9%、81.9%，但是，除了智力残疾儿童少年入学率达到《残疾儿童少年义务教育"九五"实施方案》中全国平均80%的入学率标准外，其余均未达到要求。到2000年底，全国未入学的适龄残疾儿童少年总数为390 611人。特殊教育学校作为我国实施残疾儿童少年义务教育的主要场所，教师作为教育发展的第一资源，特殊教育规模的扩大必然伴随着对特殊教育学校教师的迫切需求。此外，在改革开放初期，高中毕业生、民办教师及普通中小学教师转岗进入特殊教育学校，成为补充特殊教育学校专任教师队伍的重要力量。尽管这种做法从数量和规模上一定程度缓解了特殊教育学校专任教师队伍短缺的问题，但是教师缺乏充分的特殊教育专业素养则成为阻碍特殊教育规模扩大和质量提升的重要因素。因而，从改革开放初期，国家便在相关政策中强调"有计划地举办各级各类特殊教育师范院校"，加强特殊教育学校教师的职前培养，解决教师资源的短缺问题，提高特殊教育学校教师的专业化水平。

2. 特殊教育学校教师资源配置不均衡阻碍区域义务教育均衡发展

进入21世纪，特殊教育的发展同样面临区域教育发展不均衡的严重问题。从义务教育的普及水平上，《中国残疾人事业"九五"计划纲要执行情况统计分析报告——残疾人教育工作情况》中显示，2000年全省残疾儿童少年义务教育平均入学率达到或超过全国平均水平的主要集中在经济发达或较发达地区（包括上海、北京、天津、福建、黑龙江、浙江、辽宁、江苏、吉林、山东、广东、河北、山西、重庆、安徽、湖北16个省、市）；而在因贫困未入学的适龄残疾儿童少年中西部12省（市、区）183 355人，占总数的46.94%，中部经济欠发达6省（河北、安徽、江西、河南、湖南、湖北）因贫困失学适龄残疾儿童少年135 181人，占总数的35%。其中，教师资源配置不均衡是区域间教育发展不均衡的关键因素。在特殊教育学校专任教师的规模上，近十余年来东、中、西部地区专任教师人数虽呈现上升趋势，但是中西部地区专任教师的规模及增长速度均落后于东部地区，尤其是西部地区，直到2013年才突破1万人的规模。截至2016年，中部和西部地区特殊教育学校专任教师总计2.80万人；而东部地区特殊教育学校专任教师已达2.53万人。因而，近年来以2009年发布实施的《关于进一步加快特殊教育事业发展的意见》为代表的系列相关政策出台，通过强调加大特殊教育教师培养工作，加强特殊教育师范院校专业建设，鼓励和支持各级师范院校与综合性院校举办特殊教育专业或开设特殊教育课程等措施，推进各地区尤其是中西部地区残疾儿童少年九年义务教育普及水平，加快实现区域内义务教育的均衡发展，促进教育公平。

3. 高质量专业化特殊教育学校师资力量缺乏限制特殊教育质量提升

近年来，我国教师教育体系不断完善，教师教育改革持续推进，教师培养质量和水平得到提高，但也存在着教师培养的适应性和针对性不强、课程教学内容和教学方法相对陈旧、教育实践质量不高、教师教育师资队伍薄弱等突出问题。大力提高教师培养质量成为我国教师教育改革发展最核心最紧迫的任务。在特殊教育领域，特殊教育对象的多样性、复杂性，以及特殊教育工作的艰巨性决定了对特殊教育教师专业化水平的严格要求。一方面，特殊教育学校教师需要具备特殊教育的专业素养。一些国家对特殊教育教师的专业标准做出了明确规定，若要获得特殊教育学校教师资格，必须接受特殊教育专业的培养，或者修习特殊教育课程学分，达到规定要求后才有资格获得特殊教育教师资格证书。而在一项全国范围内的调查中发现，我国特殊教育学校专任教师中特殊教育专业毕业的教师仅为30%。[1] 与此同时，近年来受过特殊教育专业培训的教师比例虽逐年上升，但仍未超过70%（参见第二部分数据）。可见，特殊教育学校教师队伍专业化水平仍亟待提升。另一方面，特殊教育的开展不仅需要专任教师，同时需要康复训练师、言语矫正师、心理咨询师等各种专业技术人员予以支持，尤其是近年来随着特殊教育学校生源障碍类型越来越多、障碍程度愈加严重，对提供特殊教育专业服务的人员需求也愈加迫切。然而，审视当下我国特殊教育现状，特殊教育支持保障体系有待进一步完善，各类专业人员的缺乏成为不争事实。因此，特殊教育教师除了需要具备基本的特殊教育教学能力外，还需要具备扎实的学科教育教学知识和技能，康复训练技能，甚至是随班就读指导的能力。然而，当前特殊教育师资培养机构中师资、环境及其他教学条件等多方面的限制[2]，也阻碍了特殊教育专业学生的实践能力培养，以及兼具教育、康复等跨学科知识技能人才的培养。因此，"改革培养模式""提升培养质量""培养一批富有爱心、素质优良、具有复合型知识技能的卓越特殊教育教师"成为近十年来国家特殊教育教师教育政策的主旋律。

（三）政策目标：数量充足、配置均衡、卓越取向的特殊教育学校教师队伍

1. 数量充足的专业化特殊教育学校教师队伍

改革开放初期，面对匮乏的特殊教育学校教师队伍及基本空白的特殊教育学校教师职前培养体系，我国特殊教育教师政策中将加强特殊教育学校教师的职前培养、解决教师资源短缺问题作为主要的政策目标。1988年《中国残疾人事业五年工作纲要（1988—1992年）》、1989年《关于发展特殊教育若干意见》、

---

[1] 王雁、肖非：《中国特殊教育教师培养研究》，238页，北京，北京师范大学出版社，2012。

[2] 同上书，338页。

1991年《中国残疾人事业"八五"计划纲要(1991—1995年)》均明确要求各省、自治区、直辖市人民政府兴办特教师范学校；有计划地在普通中师、特教学校或其他教育机构及部分高等师范院校开设特教专业。而且，在1990年《中华人民共和国残疾人保障法》和1994年《残疾人教育条例》两个具有较高效力的法律法规中也专门要求国务院教育行政部门和省、自治区、直辖市人民政府应当有计划地举办特殊教育师范院校和专业，或者在普通师范院校辐射特殊教育师资班(部)。可见，改革开放初期通过举办特殊教育教师职前培养机构，以解决特殊教育学校教师短缺问题是政策的主要目标。

随着特殊教育教师队伍的规模扩大，国家政策对于特殊教育学校教师职前培养的关注不再仅仅是数量和规模的提升，开始将焦点投射至师资培养的质量上。从20世纪90年代中后期到21世纪初，我国特殊教育教师政策中将提高培养质量、促进教师专业化水平提升作为主要的政策目标。1996年《残疾儿童少年义务教育"九五"实施方案》指出"充实、调整有关师范大学特殊教育专业，增设专科及函授；对中等特殊教育师资培训机构，要加强领导，理顺关系，落实经费，充实师资、设备，提高办学水平"。2001年《关于"十五"期间进一步推进特殊教育改革和发展的意见》中强调"高等师范学校的特殊教育专业要为我国特殊教育高层次人才的培养与培训做出贡献"，"具备条件的地区结合师范教育的布局结构调整，相应提高中等特殊教育师范学校(部)的办学层次。……特殊教育师范学校要深化教育教学改革，加强对学生进行热爱特殊教育事业的教育和教师职业道德教育，加强教学的实践环节，全面提高学生的素质"。可见，20世纪90年代末及21世纪初，通过办学水平的提升、办学层次的调整及教育教学改革，在扩大培养规模同时提升培养质量、提高特殊教育学校教师的专业化水平成为相关政策的主要内容。

2. 充足的中西部地区特殊教育学校教师资源配置

追求教育均衡发展是近年来我国教育发展的核心。总体而言，21世纪以来我国特殊教育学校教师职前培养的目标之一即为满足中西部地区特殊教育学校教师资源的配置需求。2001年《关于"十五"期间进一步推进特殊教育改革和发展的意见》在要求全国各地区结合师范教育的布局调整工作、提高中等特殊教育师范返学校的办学层次的同时，明确强调"中西部地区继续办好一批中等特殊教育师范学校(部)"。2007年师范生免费教育政策实施，六所教育部直属师范大学率先招收免费师范生,并且近十年来招收了数届特殊教育专业免费师范生,此外,2009年《关于进一步加快特殊教育事业发展的意见》中指出"统筹规划、合理布局,加大特教师资的培养力度。……各地在实施师范生免费教育时,要把特教师资培养纳入培养计划"。这对提升中西部地区特殊教育学校的师资专业化程度产生深远影响。2017年《第二期特殊教育提升计划(2017—2020年)》再次强调"各地区采取公费培养、学费减免、助学贷款代偿等措施,为中西部贫困地区定向培养特殊教育教师"。

3."卓越"取向的特殊教育学校教师

追求有质量的特殊教育是各国特殊教育政策的基本出发点。总体而言,近十余年来我国特殊教育学校教师职前培养的目标均为提升特殊教育学校教师的质量。2009年《关于进一步加快特殊教育事业发展的意见》指出"注重特殊教育专业训练,提高培养质量",而且"鼓励优秀毕业生到特殊教育学校任教"。2012年《关于加强特殊教育教师队伍建设的意见》首次具体指出"培养具有复合型知识技能的卓越特殊教育教师"。2014年在《教育部关于实施卓越教师培养计划的意见》中明确提出"培养一批富有爱心、素质优良、具有复合型知识技能的卓越特殊教育教师"。2017年《第二期特殊教育提升计划(2017—2020年)》特别指出要"加强专业化特殊教育教师队伍建设。支持师范类院校和其他高校扩大特殊教育专业招生规模,提高培养质量。加大特殊教育专业硕士、博士研究生培养力度"。2018年《教师教育振兴行动计划(2018—2022年)》又专门强调"支持师范院校扩大特殊教育专业招生规模,加大特殊教育领域教育硕士培养力度"。可见,这些与特殊教育学校教师职前培养相关的政策文本皆倡导"卓越"的价值取向。而这种价值取向不仅体现为培养高素质专业化的教师和"复合型"特殊教育教师的目标,也体现在特殊教育教师职前培养模式的改革之中。

为适应新时期特殊教育事业发展需要,"具有复合型知识技能的卓越特殊教育教师"成为特殊教育学校教师培养的目标。2012年《关于加强特殊教育教师队伍建设的意见》、2014年《教育部关于实施卓越教师培养计划的意见》均指出探索师范院校和医学院校联合培养机制、特殊教育知识技能和学科教育教学融合培养机制、坚持理论与实践结合,促进学科交叉。随后2015年《特殊教育教师专业标准(试行)》出台,成为特殊教育学校教师职前培养的主要依据,该标准在专业知识上强调教师要具备残疾学生教育与康复所需要的复合型知识，在专业能力上强调教师要具有教育诊断评估、环境创设、个别化教育、课程整合和沟通及辅助技术运用等特殊能力[①]，旨在以专业标准引领特殊教育学校教师专业化水平。从政策文本中不难看出国家对复合型知识技能的卓越特殊教育教师所提的具体要求，即卓越特殊教育教师应兼具特殊教育能力、学科教育教学能力、康复能力等多领域知识和技能。

教师职前培养模式改革成为培养"卓越"取向的特殊教育学校教师的实现途径。近年来的相关政策愈加重视开放、多元、创新的特殊教育学校教师职前培养模式。其一，丰富拓展多类型培养机构。2008年修订的《中华人民共和国残疾人保障法》就再次指出特殊教育学校教师的培养机构不局限于"特殊教育师范院校"，还可以在"普通师范院校附设特殊教育班"。其后，2009年《关于进一步加快特殊教育事业发展的意见》进一步提出不仅要"加强特殊教育示范院校专业建设"，也"鼓励和支持……综合性院校举办特殊教育专业或开设特殊教育课程"。2012年《关于加强特殊教育教师队伍建设的意见》中强调"支持一批特教师范院校建设，提高特教师资培养培训能力……加强特殊教育专业建设，拓宽专业领域"。2014年《特殊教育提升计划（2014—2016年）》中明确提出"鼓励各省（区、市）择优选择师范类院校和其他高校增设特殊教育专业"。2017年新修订的《残疾人教育条例》及《第二期特殊教育提升计划（2017—2020年）》均再次强调支持普通师范院校、综合性院校设置院系或专业，扩大特殊教育专业招生规模、提高培养质量等。其二，开放融合跨界式培养机制。2012年《关于加强特殊教育教师队伍建设的意见》首次要求积极支持高等师范院校与医学院合作，促进学科交叉，以培养具有复合型知识技能的特殊教育教师。其后，2014年《教育部关于实施卓越教师培养计划的意见》中进一步明确要"重点探索师范院校与医学院校联合培养机制、特殊教育知识技能与学科教育教学融合培养机制，坚持理论与实践结合，促进学科交叉"，"突出实践导向的教师教育课程内容改革"，"开展规范化的实践教学"。跨院校、跨学科、跨专业领域的跨界式培养机制改革成为复合型特殊教育教师职前培养模式改革的核心。此外，在教师教育课程改革的推动下，特殊教育教师职前培养突出以能力为导向、强调教

---

① 丁勇：《以专业标准引领特殊教育教师专业成长——关于〈特殊教育教师专业标准（试行）〉的解读》，载《现代特殊教育（高教）》，2015(9)。

师专业实践能力的培养。2015年《教育部关于印发〈特殊教育教师专业标准（试行）〉的通知》明确指出要依据《特殊教育教师专业标准（试行）》"科学设置教师教育课程，改革教育教学方式；重视特殊教育教师职业道德教育，重视社会实践和教育实习"。其三，提升培养层次，拓宽培养类型。20世纪90年代末，我国即初步形成了大专、本科、研究生等多层次的特殊教育师资培养格局。在提升特殊教育教师质量的需求下，近年来国家相关政策将提升培养层次作为重要政策目标之一，以促进高质量专业化特殊教育学校教师的培养。2009年《关于进一步加快特殊教育事业发展的意见》中最早提出"加大特殊教育或相关专业研究生培养力度"。2017年《第二期特殊教育提升计划（2017—2020年）》和2018年《教师教育振兴行动计划（2018—2022年）》均再次强调培养层次的提升，"加大特殊教育专业硕士、博士研究生培养力度"，"加大特殊教育领域教育硕士培养力度"。随着特殊教育向义务教育两端延伸，2017年《第二期特殊教育提升计划（2017—2020年）》明确指出鼓励学前、普通高中及职业教育的特教师资的培养。可见，一方面，政策重点强调教师培养层次的提升，以满足不断发展的特殊教育事业的需求；另一方面，政策重点不再仅仅停留在义务教育阶段特殊教育教师的培养，开始逐渐关注其他学段不同类型特殊教育教师的职前培养。其四，加强培养保障条件。2009年《关于进一步加快特殊教育事业发展的意见》中指出"统筹规划、合理布局，加大特教师资的培养力度。……各地在实施师范生免费教育时，要把特教师资培养纳入培养计划"。2017年《残疾人教育条例》明确指出县级以上人民政府可以采取"免费教育、学费减免、助学贷款代偿等措施，鼓励具备条件的高等学校毕业生到特殊教育学校或者其他特殊教育机构任教"。《第二期特殊教育提升计划（2017—2020年）》再次提出"各地采取公费培养、学费减免、助学贷款代偿等措施，为中西部贫困地区定向培养特殊教育教师"。可见，不管是师范生免费教育，还是学费减免、助学贷款代偿等措施，对于特殊教育学校教师职前培养国家政策要求各级政府承担起支持保障的职责，吸引优秀学生投入到特殊教育事业当中，为"卓越特殊教育教师"的培养奠定基础。

（四）政策资源：良好的特殊教育事业发展环境及不断增强的政府投入力度

1. 良好的特殊教育发展环境：特殊教育事业发展成为国家整体教育战略发展的一部分，政府管理体制不断完善

改革开放初期，特殊教育政策及事业快速发展，为特殊教育学校教师职前

培养创造了良好的环境基础。1979年,国家将智力障碍儿童纳入政策并开始试办培智学校,促使特殊教育对象的扩大。1982年新修订的宪法规定"国家和社会帮助安排盲、聋、哑和其他有残疾公民的劳动、生活和教育",从而促使国家作为残疾人特殊教育福利的提供责任主体得以在最高法律中确立,这为此后的特殊教育发展提供了基础性法律依据。1984年中国残疾人福利基金会将促进残疾人康复、教育与就业状况改善作为最核心的行动目标。1985年《中共中央关于教育体制改革的决定》颁布,特殊教育首次作为独立的教育类型出现在国家层面的政策中,即"在实行九年制义务教育的同时,还要努力发展幼儿教育,发展盲、聋、哑、残人和弱智儿童的特殊教育"。特殊教育这一概念在国家政策层面上开始得到认可。1988年中国残疾人联合会成立,它是具有对外发挥与行使国际代表、对内参与国内服务与管理功能的重要部门,也是我国特殊教育事业发展的重要里程碑,被视为我国残疾人事业发展最为重要的历史节点。[①]1989年国务院转发原国家教委与中国残疾人联合会等七部委下发的《关于发展特殊教育的若干意见》,自此我国特殊教育事业的发展,从基础教育工作的边缘开始上升到了国家整体教育之中。20世纪90年代《中华人民共和国残疾人保障法》《中华人民共和国残疾人教育条例》等法律法规的出台,以及21世纪以来《关于"十五"期间进一步推进特殊教育改革和发展的意见》、十七大报告、十八大报告、《中共中央国务院关于促进残疾人事业发展的意见》《关于进一步加快特殊教育事业发展的意见》《国家中长期教育改革和发展规划纲要(2010—2020年)》《特殊教育提升计划(2014—2016年)》的颁布,充分体现了政府对于特殊教育发展的巨大决心及坚定信心。这些均为特殊教育学校教师队伍建设及为推动特殊教育学校教师职前培养体系的建立奠定了良好政策环境。

  与此同时,政府管理体制也不断完善,为特殊教育学校教师职前培养政策的实施提供了条件。教育部于1980年成立特殊教育处,培训师资及组织在职教师进行培训是其主要职能之一,为特殊教育学校教师培养奠定了管理基础。1982年教育部与江苏省人民政府开始了我国第一所专门的特殊教育学校师资培养机构的建设,并于1985年开始正式招生。各类特殊教育师范学校和特殊教

[①] 冯元、俞海宝:《我国特殊教育政策变迁的历史演进与路径依赖:基于历史制度主义分析范式》,载《教育学报》,2017(3)。

育专业建立之初,教育部就重点抓课程计划和教材建设。自 1989 年起教育部先后颁发了《中等特殊教育师范学校教学计划(试行)》,中等特殊师范学校盲教育、聋教育、智力落后教育三个专业的专业课教学大纲,组织编写和出版了 22 门专业课教学用书。1989 年 10 月召开全国高等师范院校特殊教育专业课程方案研讨会,对制定高师特殊教育专业教学计划提出了指导性意见。[1] 这些措施为特殊教育学校教师职前培养体系的建立提供了条件和保障,特殊教育学校教师队伍建设得以有效推进。1993 年,我国成立了"国务院残疾人工作协调委员会"(2006 年更名为"国务院残疾人工作委员会");1994 年,教育部设立特殊教育办公室以强化特殊教育行政。2012 年为进一步加强对特殊教育的宏观指导,教育部再次发文设立教育部特殊教育办公室,其主要职责是拟定特殊教育的宏观政策和事业发展规划,日常工作由教育部基础二司特殊教育处承担(现隶属教育部基础教育司)。2014 年教育部成立高等学校特殊教育教师培养教学指导委员会,开展特殊教育教师培养的研究、咨询、指导、服务等工作。教学指导委员会为高等学校特殊教育专业建设、课程资源建设、教育教学改革等工作提出指导和建议;开展特殊教育教师培养中教学领域的理论与实践研究,研究制订特殊教育专业教学质量标准,承担专业评估和专业设置的咨询工作,组织和开展教学研讨和信息交流等工作。可见,特殊教育教师培养及特殊教育事业管理体制的逐渐完善,为特殊教育学校教师职前培养质量的提升提供了有力保障。

2. 政府投入力度明显增强:特殊教育教师培养机构建设得以保障

在改革开放之初教育部筹建第一所特殊教育师范学校时,由教育部拨给基本建设投资 500 万元,经费也由教育部负责。20 世纪 90 年代的部分政策,如《残疾儿童少年义务教育"九五"实施方案》明确指出"中央设立的边远、贫困地区义务教育和师范教育专项补助费,应包括残疾儿童少年义务教育和中等特殊师范教育……省(区、市)及市(地)设立的特教补助费,也应按此精神予以安排"。21 世纪以来,尤其是 2010 年《国家中长期改革和发展规划纲要(2010—2020 年)》实施以来,国家及地方对特殊教育的投入力度明显增加。教育部、发

---

[1] 顾明远、檀传宝:《2004:中国教育发展报告——变革中的教师与教师教育》,44 页,北京,北京师范大学出版社,2004。

展改革委、中国残联等部门从2008年开始，组织实施了中华人民共和国成立以来规模最大的特殊教育学校建设规划项目。根据《国家中长期教育改革和发展规划纲要(2010—2020年)》和《中国残疾人事业"十二五"发展纲要》的要求，2012年启动实施了"特殊教育学校建设二期"专项，通过中央和地方的共同努力，支持一批特殊师范教育院校建设，扩大培养培训规模，逐步形成布局合理、适应需要、专业水平较高的特教师资培养培训体系；加强一批残疾人高等院校和职业学校建设，提高培养能力，进一步完善特殊教育体系。因此，从2012年开始，中央及地方累计下达资金24.42亿元，重点支持了62所残疾人中高职院校和高等特殊师范院校，用于加强特殊教育学校基础设施建设及购置教学康复实验设备。这一项目的实施使得特殊教育学校教师职前培养机构的建设得到保障，尤其使得中西部地区建立了一批特殊教育师资培养机构，全国高等特殊师范院校布局趋于合理，覆盖各省、直辖市、自治区，保障了特殊教育学校教师的培养。

(五)政策影响：特殊教育学校职前培养体系逐渐完善，教师质量逐步提升

1. 特殊教育学校教师职前培养体系建立并逐步扩大

改革开放至20世纪80年代末90年代初，我国逐渐建立了特殊教育教师三级师范培养体系，成立了中师、大专和本科层次的特殊教育专业。如前所述，改革开放初期，黑龙江肇东师范学校首先开班特殊教育师范部；1985年南京特殊教育师范学校开始正式招生；1986年北京师范大学设立特殊教育专业，开始在全国招收本科生。至此，我国特殊教育学校教师培养从非正规的职后培训、"师傅带徒弟"的模式开始转向长期正规师范院校职前培养的模式。20世纪90年代，在政策的影响下，特殊教育师范学校蓬勃发展，到1998年，全国已建立了35个中等特殊教育师范学校(部、培训中心)、7个高等特殊教育专业，形成了中、高等两个层次遍及全国大多数地区的特殊师范教育体系。20世纪90年代中后期以来，随着我国师范院校布局的总体调整，在政策影响下，特殊教育师资的培养体系逐渐从三级向二级师范的改革，特殊教育师资培养层次不断提升，许多中等师范学校或在体系内升格或体系外转型。进入21世纪，特殊教育学校教师职前培养规模迅速扩大，高校开办特殊教育师范专业数量明显增加，人才培养规模持续扩大。截至2014年，大陆地区有50余所高校开设了本科的特殊教育专业；约15所高校开设了专科层次的特殊教育专业，其中，大部分特教专业成立于2010年前后,且约20个特教专业设立于其他非师范类高校。承担特殊教育教师培养的院校类型逐步扩大,培养方式更加多样。特殊教育师资培养的模式逐渐从定向、封闭的师范培养走向开放、灵活、综合、多样的非定向型师范教育。

2. 特殊教育学校教师规模逐步扩大,中、西部地区特殊教育学校教师配置逐步改善

政策带来的另一重要影响就是特殊教育学校教师的规模逐步扩大、配置趋于合理。从改革开放初期的0.42万人增至2000年3.20万人,22年间大约增长了7倍。从生师比来看,特殊教育学校生师比呈现下降趋势,从1981年的6.52下降至2000年的4.20。21世纪以来,特殊教育学校专任教师稳步增长,截至2016年,专任教师达5.32万人,相较于2000年净增2.12万人。从生师比来看,21世纪以来特殊教育学校生师比基本维持在3.8~4.3。从特殊教育专任教师的流入途径来看,十余年来通过录用毕业生途径成为特殊教育专任教师的人数逐年增加,2003年录用毕业生仅684人,到2010年全国特殊教育学校共录用毕业生已超过1 000人,达1 038人;2016年录用毕业生已达2 014人,成为补充特殊教育学校教师的主要方式之一。可见,在培养政策的影响下,特殊教育学校教师资源短缺的问题得到了一定程度的缓解。

在政策的影响下我国东、中、西部特殊教育学校教师的数量整体上呈现稳定增长趋势。自2009年《关于进一步加快特殊教育事业发展的意见》发布实施以来,中西部地区特殊教育学校教师的增长速度显著增加。2003—2009年中部地区特殊教育学校专任教师增长1 500余人,增长率约15%;2010—2016年中部地区特殊教育学校专任教师净增长3 000余人,增长率达25%。2003—2009年西部地区特殊教育学校专任教师增长2 100余人,增长率约44%;相较而言,2010年后的六年间,西部地区特殊教育学校专任教师净增长5 400余人,增长率高达71%。中西部地区特殊教育学校教师的规模在近年来政策的影响下配置逐步改善。

3. 特殊教育学校教师职前培养质量逐渐加强,特殊教育学校教师质量逐步提升

推进教育教学方法改革,是提高特殊教育教师培养质量的重要措施之一。2014年,教育部启动"特殊教育卓越教师培养计划改革项目",确定了华东师范大学等五所高等院校为实验学校。在政策导向下,目前高等特殊教育师范院校

及其他特殊教育教师培养机构正在进行师范生教育教学方法的改革,也更加重视师范生的实践能力、反思能力、创新能力和终身学习能力的培养,强调教育教学方法的灵活性和多样性,注重信息化技术的运用。而且,随着教师教育课程改革政策的推动,根据我国特殊教育师资培养目标对特殊教育教师专业素质的要求,我国特殊教育师范教育的课程设置也以能力为导向,强调教师专业实践能力的培养。此外,一系列职前教育质量监管的制度逐渐建立,如课堂管理和质量评估制度、师范类专业的认证与评估、教师教育自我评估制度、培训机构资质认证制度等,保障了师范生培养的质量。

培养政策也影响着特殊教育学校教师质量的提升。如前所述,专科及以上学历教师的比例逐年增加。2001年特殊教育学校专科及以上学历的教师约为53%(其中本科学历7.83%)。其后十余年间,以每年大约5%的速度逐年增长。截止到2016年,全国特殊教育学校专任教师中专科及以上学历的人数达到51 778人,占专任教师总数的97%。特殊教育学校教师的学历水平整体提升,本科学历教师逐渐成为教师队伍的中坚力量,21世纪以来,特殊教育教师队伍中本科学历的教师从2001年的7.83%增至2016年的62.74%,平均年增长比例约为3.7%。与此同时,特殊教育学校教师中中学高级和小学高级职称的人数也稳步增长,小学高级及以上职称的特殊教育学校教师成为21世纪我国特殊教育学校教育的主力军,也进一步反映出21世纪以来我国特殊教育学校师资队伍的发展与质量的提升(具体内容参见本章第一节)。

但是,具有复合型知识技能的"卓越"取向的特殊教育学校教师仍是各类特殊教育学校教师职前培养机构改革的目标。尽管政策当中给出了明确要求,但是政策执行效果受限的主要原因在于过于笼统,也并未进一步对培养模式改革中所需的资源保障等问题做出具体规定,加上当前特殊教育教师职前培养机构师资队伍、制度环境等因素的限制,目前尚未形成成熟的、经过实践检验的方案或模式,这使得培养机构在培养模式改革中困难重重。"卓越"取向的特殊教育学校教师的培养仍任重道远。

三、特殊教育学校教师培养政策的主要特点

(一)以特教事业发展为基础,政策趋向可持续性

纵观改革开放40多年,建设一支数量充足、配置均衡、卓越取向的特殊

教育学校教师队伍是特殊教育学校教师职前培养政策的核心目标，政策内容上也较为注重连续性和可持续性。特殊教育学校教师职前培养政策的出台经历了两个密集期，分别是在1989年《关于发展特殊教育的若干意见》前后的20世纪80年代末90年代初期及2009年《关于进一步加快特殊教育事业发展的意见》颁布之后的近十年，1989年《关于发展特殊教育的若干意见》是国家对特殊教育事业发展首次做出的系统化设计与全面部署，对于我国特殊教育的发展具有重要历史影响，自此，我国特殊教育事业的发展也从基础教育工作的边缘开始上升到国家整体教育战略之中。在这份文本的"领导与管理"部分，专门对特殊教育师资队伍建设做出了规定，要求根据"特教事业发展的需要和实际情况"筹办特教师资培训机构，并且提出"师资先行"的原则，明确了职前培养机构的类型，即"单独设立的特教师范学院""普通中师、特教学校或其他教育机构附设特教师范班、特教师范部"，这些要求奠定了其后十数年特教教师职前培养机构及体系建设的基调。1990—2000年共有6项相关政策对特殊教育学校教师职前培养做出了规定，面对不断扩大的特殊教育需求规模的现实，扩大职前培养规模、解决专业化特教师资短缺问题成为这些政策的主要目标。进入21世纪，2001年《关于"十五"期间进一步推进特殊教育改革和发展的意见》及2009年《关于进一步加快特殊教育事业发展的意见》的出台，充分体现了政府对于弥补特殊教育这块"短板"的坚强决心，同时也体现了我国特殊教育事业面临攻坚的严峻现实。面对特殊教育学校教师资源配置不均衡、高质量专业化特殊教育学校师资力量缺乏的现实，一系列政策相继出台，成为推动我国特殊教师教育领域改革发展的重要助推力。2009年后的10年间，共有7项特殊教育政策涉及特殊教育学校教师职前培养问题，"加强专业建设""统筹规划，合理布局""鼓励和支持各级师范院校与综合性院校举办特殊教育专业""扩大培养规模""改革培养模式"等成为这些政策主题词，顺应特殊教育发展需要，开放、多元的职前培养体系建设成为政策的主要内容，旨在建立一支配置均衡、卓越取向的特殊教育学校队伍教师队伍。

（二）以培养机构建设为依托，政策趋向规范与具体

改革开放以来，我国特殊教育学校教师职前培养政策均以培养机构的建设为基础，政策趋向规范与具体，对职前培养的制度、体系、机构、模式、课程等做出明确规定，极大地推动了我国特殊教育学校教师职前培养体系的建立与完善。其一，重视培养机构的规模扩大。从1988年《中国残疾人事业五年工作纲要（1988—1992年）》中提出"兴办特教师范院校""部分高等院校开设特教专业"，到1994年《残疾人教育条例》明确规定"有计划地举办特殊教育师范院校、专业""在普通师范院校附设特殊教育师范班（部）"，再到21世纪以来多项文件中强调"鼓励和支持各级师范院校与综合性院校举办特殊教育专业或开设特殊教育课程"等，相关政策文本从改革开放初期到21世纪均以特教师资培养机构数量提升和规模扩大作为政策重心，旨在补充短缺的特殊教育学校师资。其二，加强培养机构的质量提升。以20世纪90年代末到21世纪初期的三级师范体系向二级师范体系的改革为契机，特殊教育学校教师职前培养机构也开始进行办学水平的提升、办学层次的调整、教育教学改革等，提升培养机构的培养质量成为相关政策主要内容。尤其是近十年来相关政策对培养机构的培养目标、课程设置、教育教学方法的改进、课程管理和质量评估制度等方面做出明确规定。如2012年《关于加强特殊教育教师队伍建设的意见》要求积极支持高等师范院校与医学院合作，促进学科交叉；2015年《教育部关于实施卓越教师培养计划的意见》首次明确提出"卓越特殊教育教师培养"，并要求"重点探索师范院校与医学院校联合培养机制、特殊教育知识技能与学科教育教学融合培养机制"；2015年《教育部关于印发〈特殊教育教师专业标准（试行）〉的通知》要求重视特殊教育教师职业特点，加强特殊教育学科和专业建设。相关政策文本成为特殊教育教师职前培养模式改革的重要推动力量。

（三）以"多元""混合""开放"为趋势，政策执行力有待加强

改革开放以来，特殊教育学校教师培养政策逐步完善，因应国家特殊教育规模的不断扩大，初步形成了多元、混合式、开放性的特殊教育学校教师职前培养体系。从政策趋势来看，未来特殊教育学校教师职前培养过程应以特殊教育教师专业标准为导向，培养过程突出专业性、复合型、实践性，以"复合型知识技能的卓越特殊教育教师"的培养为目标，以多样化的职前培养模式为载体。但是，相较于普通教育教师培养的政策文件的丰富与完备，特殊教育教师职前培养仍是整个教育领域中的"短板"。一方面，有限的职前培养政策与特殊教育快速发展的需求是存在矛盾的。例如，特殊教育教师教育课程标准尚未出台、特殊教育教师资格证书制度尚未建立。在政策的实施力度上，《中华人民共和国残疾人保障法》《残疾人教育条例》等级别相对较高的法律法规对于特殊教育学校教师职前培养的规定宏观和笼统，而规定较为详细的法规及文件则级别较低。由于特殊教育政策缺失或相关政策执行力度问题，使得特殊教育专业培养目标、模式、课程设置等各个环节出现问题。另一方面，在政策导向下特殊教育学校教师职前培养从传统的封闭色彩浓厚的定向型培养逐步混合和开放，但是由于当前培养机构师资队伍建设的问题、教师资格证书制度问题及其他保障措施的不足，使得培养模式依然带有浓厚的封闭定向性色彩。此外，统一和自主性矛盾也在政策执行中凸显。近年来培养具有创新能力、实践能力的"复合型特殊教育教师"成为政策所要求的职前培养机构培养模式改革的重要方向。但是，本专科不同层次、不同培养机构其培养目标是存在差异的；部属师范院校的特殊教育专业、辐射局部区域的地方师范院校及高等特殊教育师范专科院校在培养目标上的差异也是客观存在的；面对这种差异采用"一刀切"的改革必然造成培养机构培养模式的困惑与矛盾。因此，政策的有效执行必须建立在充分调研基础上，充分了解现实发展障碍与问题，把握好政策制定与实施中的统一性与灵活性、现实需要与未来发展趋势的平衡将至关重要。

第三节 特殊教育学校教师的培训政策分析

由于从事特殊教育的教师必须具备深厚的理论基础和特殊教育技能，职后培训是提高特殊教育学校教师素质的重要途径之一，尤其是在我国特殊教育学校教师队伍以非特殊教育专业毕业教师为主要群体的状况下[①]，职后的特殊教育专业培训就显得尤为重要。完善的职后培训体系是保证特殊教育教师能够随时充电获得新的知识理念、激发教师的活力的基础。我国特殊教育学校教师职后培训工作在"文化大革命"时期遭到严重破坏，处于停滞状态。改革开放初期，特殊教育教师的培训工作逐渐恢复，随着一系列政策的出台，职后培训体系逐步建立与完善，并随着整个教育体系的变革，进行了多项重大改革，如"园丁工程"中特殊教育学校骨干教师培训的实施、"国培计划"中特殊教育学校骨干教师的纳入等。本节对我国国家层面出台的特殊教育学校教师职后培训的

---

① 王雁、肖非：《中国特殊教育教师培养研究》，126页，北京，北京师范大学出版社，2012。

政策进行梳理，审视改革开放以来特殊教育学校教师职后培训的政策保障状况、发展趋势、特征和限制。

一、特殊教育学校教师培训的政策基础

改革开放初期，为了提高在职教师业务水平，教育部于1984年10月批转南京特殊教育师范学校《关于1984年秋季举办在职教师进修班的请示报告》，确定进修名额为60人，主要吸收特殊学校的在职教师，年龄40岁以下，特殊学校教龄3年以上，中师（含高中）文化程度，思想品德好，热爱特教事业，身体健康的语文、数学教师。通过进修，使教师掌握较系统的专业理论，提高业务水平，成为教学中的骨干力量。由各省、自治区、直辖市教育厅（局）提出拟派名额及进修科目（包括盲、聋哑、弱智），由学校综合平衡后分配名额。培训学习一个学期，1984年9月中旬开学。教学以课堂讲授为主，结合进行讨论交流，并适当组织教学实习与观摩。讲授内容主要是盲、聋哑、弱智儿童心理学，教育学，语文、数学教材教法及特殊儿童生理病理讲座等。结业前组织考核，成绩合格者发给进修结业证书。这是改革开放初期最有影响的针对全国范围的国家级特殊教育学校教师培训项目。其后，1988年国务院批转的国家计委等部门颁布的《中国残疾人事业五年工作纲要》成为我国最早对特殊教育学校教师职后培训做出规定的规范性文件；1989年国务院转发的国家教委、国家计委、民政部、财政部等多部门联合发布的《关于发展特殊教育的若干意见》，是我国最早对特殊教育发展进行全面规定的文件，在师资队伍建设方面强调一方面各地要采取多种形式，对在职教师进行培训，提高业务素质；另一方面要通过对非特殊教育教师的专业培训，补充特殊教育学校教师队伍数量。

20世纪90年代共有5项政策对特殊教育学校教师培训问题做出了规定，除了在此期间颁布的《中华人民共和国残疾人保障法》《残疾人教育条例》将特殊教育学校教师的培训问题以法律、法规的形式予以确定，还有5项规范性文件或工作文件对特殊教育学校教师的培训问题予以专门规定。例如，1991年国务院批转国家计委等部门制定的《中国残疾人事业"八五"计划纲要（1991年—1995年）》在对"八五"计划期间的主要任务、指标和措施中指出"每省（自治区、直辖市）要有一个特殊教育师资培训基地"。但是总体而言，20世纪90年代的各项

政策较缺乏具体性，大部分均为"各地要加强特殊教育教师岗前培训和在职培训工作""各地教育行政部门应将在职特教师资培训工作纳入当地教师培训计划"，仅在大方向上进行规定和引导，涉及的内容不够具体全面。

世纪之交，国家大力推行素质教育，1998年10月28日，国家科教领导小组第二次会议通过了《面向21世纪教育振兴行动计划》，提出"要实施'跨世纪园丁工程'（以下简称'园丁工程'），大力提高教师素质"。开展以培养全体教师为目标，骨干教师为重点的继续教育是"园丁工程"的重要内容。因而，1999—2000年全国遴选百万余名中小学及职业学校骨干教师开展培训，形成了国家、省级、地市级多层级的培训体系。为了推进"园丁工程"的开展，2000年教育部先后发布《关于做好中小学骨干教师国家级培训工作的通知》和《〈中小学教师继续教育工程方案(1999—2002年)〉及其实施意见的通知》，对骨干教师培训和全员培训的实施方法做出具体要求。其中，特殊教育学校教师被列入参加国家级培训的中小学骨干教师之行列。也正是在"园丁工程"的影响下，特殊教育教师职后培训、职后继续教育逐渐走上法制化轨道，培训制度也在不断完善，培训的实施与执行也更加具体、明确。

21世纪以来，《关于"十五"期间进一步推进特殊教育改革和发展的意见》《关于进一步加快特殊教育事业发展的意见》《关于加强特殊教育教师队伍建设的意见》等8项文件对特殊教育学校教师的职后培训做出了明确规定。值得注意的是，面对特殊教育学校教师以非特殊教育专业教师为主的局面，21世纪之初，《关于"十五"期间进一步推进特殊教育改革和发展的意见》明确指出"'十五'期间，要对特殊教育学校非特殊教育专业毕业的专任教师进行一次比较系统的特殊教育专业培训"。除此之外，针对特殊教育学校校长，要求"全国特殊教育学校的校长应当接受一次以上的培训"；而且要"高度重视特殊教育骨干教师的培养培训工作"。这也是21世纪之初在培训体系、制度尚不完善、资源尚不充足的情况下针对特殊教育学校教师职后培训、提升教师质量的有效措施。近年来，随着特殊教育事业的发展，尤其是"国培计划"的开展，"开展特殊教育教师全员培训"已成为特殊教育学校教师培训政策的主要内容。例如，2012年《关于加强特殊教育教师队伍建设的意见》中首次明确要求"开展特殊教育教师全员培训。对特殊教育教师实行5年一周期不少于360学时的全员培训"。2014年《特殊教育提升计划(2014—2016年)》、2017年《特殊教育提升计划

（2017—2020年）》在主要措施部分均明确提出"开展全员培训"。这些政策的出台成为近年来我国特殊教育学校教师职后培训体系完善的重要依据。值得注意的是，2017年《特殊教育提升计划（2017—2020年）》中还尤为强调对于"非特殊教育专业毕业的教师还应经过省级教育行政部门组织的特殊教育专业培训并考核合格"。可见，"骨干教师培训""开展全员培训""加大培训力度"等成为这一时期特殊教育学校教师职后培训的政策导向关键词。

总之，改革开放以来，我国特殊教育教师职后培训工作在立法、管理、组织和实施方面已经形成了一套行之有效的体系。我国已初步形成特殊教育教师职后培训的多层次、多渠道、多种模式的培训体系，多地区将特殊教育教师职后培训纳入教师继续教育体系，通过各种形式、层次的长短期师资培训班、函授等对特殊教育教师进行职后培训。特别是近年来对中、西部地区农村特殊教育教师的国培项目，更是解决了中、西部教育薄弱地区的教师专业发展之难，力求通过"国培计划"的引领，各地逐步构建多层联动、各负其责的教师培训体系，通过多种培训方式实现对全国各类特殊教育学校教师的全覆盖。特殊教育学校教师职后培训相关政策为职后培训体系的建立和完善提供了强有力的支持和保障。虽然从政策层次上对特殊教育学校教师职后培训的相关规定主要体现在强制力相对较低且具有一定时效性的"意见""纲要""方案""计划"等国务院或部门规范性文件中，但是，也不乏具有最高强制力的《中华人民共和国残疾人保障法》和专门针对特殊教育的法规《残疾人教育条例》，对培训机构及管理体制做出了明确规定。从规定内容来看，所有政策文本既表现出较强的一致性，也表现出政策内容的发展性。从改革开放初期"采取多种形式，对在职特教师资进行培训，提高他们的业务素质"，到20世纪90年代要求"县级以上地方各级人民政府教育行政部门应当将残疾人教育师资的培训列入工作计划"，再发展至21世纪初"重点关注骨干教师的培训"，直至近年来"全员培训"的提出，也反映出我国特殊教育学校教师职后培训体系的不断发展与完善。

第一部分 中国特殊教育教师队伍建设的政策分析

表1-4 部分与特殊教育学校教师培训相关的政策支持

颁布时间	名称	颁布部门	效力级别	内容(部分)
1988-09-03	《中国残疾人事业五年工作纲要(1988—1992年)》	国务院批转国家计委等部门制定	国务院规范性文件	四、措施。教育"43.举办各种特殊教师资培训班。按照混校、混班的需要,对普通学校教师进行特教知识培训。通过多种途径、增加特教师资数量,提高质量。"
1989-05-04	《关于发展特殊教育的若干意见》	国家教委、民政部、人事部、劳动部、财政部、卫生部、中国残疾人联合会颁布	国务院规范性文件	三、领导与管理。"18.加强师资队伍建设。为补充特殊教育急需的师资,各地应统筹规划,选调一部分中师毕业生和普通中小学、儿童福利机构的教师进行在职培训。同时,还可选调一部分高中毕业生或民办教师进行专业培训,分配到特教机构任教。所需劳动指标,由省、自治区、直辖市及计划单列市在国家下达的年度增加职工人数计划指标内解决。各地要采取多种形式,对在职特教师资进行培训,提高他们的业务素质。"
1990-12-28	《中华人民共和国残疾人保障法》	全国人民代表大会常务委员会	法律	这是我国保障残疾人权利的第一部专门法律。第3章共有9条关于残疾人教育的相关规定,残疾人教育实施教育的方式与相关规定,残疾教育师资的培养与培训等内容保证了相关政策的稳定性。第三章第二十五条"国家有计划地举办各级各类特殊教育师范院校、专业,在普通师范院校附设特殊教育班(部)、培养、培训特殊教育师资。"
1991-12-29	《中国残疾人事业"八五"计划纲要(1991—1995年)》	国务院批转国家计委等部门制定	国务院规范性文件	三、"八五"计划期间的主要任务、指标和措施。(二)教育"每省(自治区、直辖市)要有一个特殊教育资培养、培训基地。"
1992-03-14	《中华人民共和国义务教育法实施细则》	国家教委	部门规范性文件	第三十二条"盲、聋哑、弱智儿童学校的师资,由省级人民政府根据实际情况组织培养。"

63

续表

颁布时间	名称	颁布部门	效力级别	内容（部分）
1992-05-12	《残疾儿童少年义务教育"八五"实施方案》	国家教委、中国残疾人联合会	部门工作文件	三、主要措施（三）加强师资和管理人员的培训工作"4. 各地要加强特殊教育教师（包括随班就读教师）岗前培训和在职培训工作。""残疾儿童、少年教育随班就读应发挥骨干、示范作用，对特殊教育班和随班就读的教师进行短期培训。"
1994-08-23	《残疾人教育条例》	国务院	行政法规	条例共九章五十二条。这是我国第一部有关残疾人教育的专项行政法规。第六章"教师"共有八条对教师培养、培训及管理等进行了规定。第六章 教师"第三十五条 各级人民政府应当重视从事残疾人教育的教师培养，并采取措施逐步提高他们的地位和待遇，改善他们的工作环境和条件，鼓励教师终身从事残疾人教育事业。""第四十条 县级以上地方各级人民政府教育行政部门应当将残疾人教育教师的培训列入教师工作计划，并采取设立培训基地等形式，组织在职的残疾人教育教师的进修提高。"
1996-05-09	《残疾儿童少年义务教育"九五"实施方案》	国家教委、中国残疾人联合会	部门工作文件	三、主要措施。4. 师资队伍建设"师资培训：各地教育行政部门应将在职特殊教育师资培训工作纳入当地教师培训计划，不断提高他们的特殊教育专业水平和教学能力；特殊教育学校要积极开展教师学研究活动；调配到特殊教育工作的普通学校教师及应届师范毕业生，实行'先培训，后上岗'的制度。"

— 64 —

续表

颁布时间	名称	颁布部门	效力级别	内容（部分）
1998-12-02	《特殊教育学校暂行规程》	教育部	部门规章	第一部分专门针对特殊教育学校部门的规章。从入学及学籍管理、教育教学工作、校长教师和其他人员、机构和日常管理、卫生保健及安全工作、校舍、校园、设备及经费、学校、社会与家庭等方面对特殊教育学校的各方面工作展开做出了规定。其中，第四章"校长、教师和其他人员"对特殊教育学校教师的任职资格、管理、培训等工作做出了明确规定。"第三十六条 特殊教育学校教师应具备国家规定的相应教师资格和任职条件，具有社会主义的人道主义精神，关心残疾学生，掌握特殊教育的专业知识和技能，遵守职业道德，享受和履行法律规定的权利和义务。""第三十九条 特殊教育学校要加强教师培训和继续教育，制定进修计划，积极为教师和其他人员进修创造条件。教师和其他人员进修应根据学校工作需要，以在职、自学、自修为主，所教学科和所从事工作为主。"
2001-10-19	《关于"十五"期间进一步推进特殊教育改革和发展的意见》	国务院办公厅转发教育部、国家计委、民政部、财政部、人事部、劳动保障部、卫生部、税务总局、中国残疾人联合会颁布	国务院规范性文件	三、进一步加强特殊教育师资队伍建设，不断提高教师素质。"十五"期间，要对校系统的特殊教育非特殊教育专业的专任教师进行一次培训；……要尽快安排接收残疾学生的普通高等学校自学考试。"十五"期间，要加强特殊教育和特殊教育普通高校校长的培训工作，不断提高特殊学校校长和特殊教育普通高校校长对特殊教育的管理水平。"十五"期间，全国特殊教育儿童少年的培养培训一批特殊教育骨干教师。"十五"期间，招收残疾教育骨干教师计划要有计划地为各地培训一批特殊教育骨干教师。各省、自治区、直辖市有关部门也要采取相应措施，加强本地特殊教育师资（包括社会福利机构特殊教育师资）的培养和培训，要将特殊教育工作纳入本地区继续教育的培养和培训计划中。特别要重视中青年骨干教师和专业骨干教师的培养，专业和年龄结构合理的骨干教师队伍。特别要形成一支政治业务素质优良、专业和年龄结构合理的特殊教育骨干教师队伍。高等师范学校培养与培训作为我国特殊教育高层次人才为中国特殊教育专业要为我国特殊教育做出贡献。"

续表

颁布时间	名称	颁布部门	效力级别	内容（部分）
2008-04-24	《中华人民共和国残疾人保障法》（修订）	全国人民代表大会常务委员会	法律	第三章 教育。第二十八条"国家有计划地举办各级各类特殊教育师范院校、专业，在普通师范院校附设特殊教育班，培养、培训特殊教育师资"。
2009-05-07	《关于进一步加快特殊教育事业发展的意见》	国务院办公厅转发教育部、发改委、民政部、财政部、人力资源社会保障部、卫生部、中央编办、中国残疾人联合会颁布	国务院规范性文件	四、"16.加强特殊教育师资队伍建设，提高教师专业化水平。各地要将特殊教育教师培训纳入教师继续教育培训计划，对在职特教教师实行轮训，重点抓好骨干教师培训是中青年教师培训。加强对在普通学校、儿童福利机构或其他机构中从事特殊教育工作的教师和特殊教育专业课教师的培训。依托高等特殊教育学院、要加强对残疾人职业教育和专业机构建设"特殊教育教师培训基地"。其他有关院校和专业机构建设"特殊教育教师培训基地"。"
2012-09-20	《关于加强特殊教育教师队伍建设的意见》	教育部、中央编办、发展改革委、财政部、人力资源社会保障部	部门规范性文件	首次对特殊教育教师队伍建设做出全面部署。着力破解涉及教师队伍建设体制机制方面的瓶颈，从规划、培养、管理、待遇、营造氛围等方面，全面加强教师队伍建设。第三部分"开展特殊教育教师全员培训。对特殊教育实行五年一周期不少于360学时的全员培训；各地要同步开展特殊教育教师全员培训的培训。推进信息技术与特殊教师培训深度融合，加大对全国特殊教育学校教师和承担特殊教育随班就读任务教师远程培训力度；各地要同步开展特殊教育教师全员培训。依托"国培计划"，加大对全国特殊教育学校教师和承担特殊教育随班就读任务教师远程培训力度；推进信息技术与网络建立特殊教育教师专门培训，促进特殊教育教师专业发展常态化。教师培训机构要建立专兼结合的特殊教育教师培训队伍，加强特殊教育教研、科研培训教师队伍建设，提高培训的针对性和实效性。"
2014-01-08	《特殊教育提升计划（2014—2016年）》	国务院办公厅转发教育部、发展改革委、民政部、财政部、人力资源社会保障部、卫生计生委、中国残疾人联合会颁发	国务院规范性文件	在主要措施部分，明确提出"加大国家级教师培训计划中特殊教育教师培训的比重。采取集中培训和远程培训相结合的方式，逐级开展特殊教育教师全员培训、骨干教师校长、骨干教师培训"。

续表

颁布时间	名称	颁布部门	效力级别	内容（部分）
2015-08-21	《教育部关于印发〈特殊教育教师专业标准（试行）〉的通知》	教育部	部门工作文件	三、实施意见 "开展特殊教育教师教育培训的院校要将本标准作为特殊教育教师培养培训的主要依据。重视特殊教育教师职业特点、加强特殊教育教师设置方案、科学设置教师科和专业建设、完善特殊教育教师培养方案、重视特殊教育教师职业道德教育、改革教育课程，改革教学方式；重视特殊教育教学实习；重视社会实践和教育实习；加强特殊教育师资队伍建设，建立科学的质量评价制度。"
2017-02-01	《残疾人教育条例》（修订）	国务院	行政法规	第六章 教师 第四十条"县级以上人民政府应当重视从事残疾人教育的教师培养、培训工作，并采取措施逐步提高他们的地位和待遇，改善他们的工作环境和条件，鼓励教师终身从事残疾人教育事业。" 第四十五条"县级以上地方人民政府教育行政部门应当组织在职任职特殊教育教师的培训纳入教师培训计划，以多种形式对特殊教育教师进修提高专业水平。" 第四十六条"县级以上人民政府教育行政部门、人力资源社会保障部门在职务评聘、表彰奖励等方面，应当为特殊教育教师制定优惠政策，提供专门机会。"
2017-07-17	《第二期特殊教育提升计划（2017—2020年）》	教育部、国家发展改革委、民政部、人力资源社会保障部、财政部、卫生计生委、中国残疾人联合会	部门工作文件	二、总体要求"（三）重点任务 3. 提高特殊教育质量。……加强特殊教育教师培训，提高专业化水平。" 三、主要措施"（五）加强特殊教育教师队伍建设。……到2020年，所有特殊教育专任教师均应经过省级教师资格证，非特殊教育专业毕业并新考核合格。加大培训力度，对特殊教育实行5年一周期不少于360学时的全员培训。'国培计划'加强特殊教育学校骨干教师和普通学校随班就读教师、资源教师培训，县一级承担普通学校随班就读、资源教师和送教上门教师培训，增强培训的针对性和实效性。"

— 67 —

二、特殊教育学校教师培训政策的要素分析

下面将从政策环境、政策问题、政策目标、政策资源、政策影响五个方面沿着时间脉络分析改革开放四十年来我国特殊教育学校教师培养政策的要素。

(一)政策环境:不同时期特殊教育改革与教师队伍发展的现实需求

1. 残疾儿童少年义务教育普及的推进

改革开放初期,科学技术与人才的战略需要促进国家不断加强教育事业的重视与支持,特殊教育政策也在国家教育行政与教育政策密集推动下进入快速发展期。1986年《义务教育法》颁布实施,提出"普及优先"的效率目标,三类残疾儿童义务教育被纳入法定轨道,也再次说明特殊教育在国家政策层面得到认可。1989年《关于发展特殊教育的若干意见》作为落实残疾儿童义务教育的专门性特殊教育政策,提出"普及与提高相结合,以普及为重点的原则"。为满足三类残疾儿童义务教育普及水平的提高,扩大特殊教育规模成为改革开放以来最为重要的政策目标之一。特殊教育学校的规模从改革开放初期1978年的292所3.09万名学生,发展到20世纪80年代末已达662所6.40万名学生,十年间学校数量和在校生人数增长1倍有余。为应对日益扩大的特殊教育发展规模,保障特殊教育学校教师队伍的数量成为特殊教育发展的关键。然而,中华人民共和国成立以来直至改革开放初期,由于我国并未成立专门的特殊教育教师培养机构,职前培养处于空白状态,为保障特殊教育规模的扩大,大量普通学校的教师和普通师范毕业生进入特殊教育学校,职后培训成为普通教师转岗、获得必要的特殊教育技能的主要途径。

1985年《中共中央关于教育体制改革的决定》(以下简称《决定》)开启了教育管理体制在内的整个教育体制的改革,为保障义务教育的实行、提高基础教育水平,建立一支有足够数量的、合格而稳定的师资队伍成为重要政策内容。因此,"对现有的教师进行认真的培训和考核,把发展师范教育和培训在职教师作为发展教育事业的战略措施"被明确提出,具体而言,"要为在职教师举办函授和广播电视讲座;要切实办好教师进修院校,并且利用现有设施,分期分批轮训教师;还要有计划地动员、挑选和组织高等学校的一部分教员和高年级学生、研究机构的一部分研究人员和党政机关的一部分具备条件的干部,参加帮

助培训中小学教师的工作。总之,要争取在5年或者更长一点的时间内使绝大多数教师能够胜任教学工作"。特殊教育作为教育的重要组成部分,这一政策的出台明确了特殊教育学校教师的职后培训对特殊教育事业发展的重要战略作用,为特殊教育事业发展的重要战略措施。与此同时,该《决定》中特别指出"基础教育管理权属于地方",在此影响下,残疾人义务教育管理体制按照《义务教育法》的规定,基本确立了"地方负责、分级管理"的领导体制,也为特殊教育学校教师职后培训多层级职后培训体系的形成奠定了管理基础。

在1989年实施的《关于发展特殊教育的若干意见》的影响下,20世纪90年代我国特殊教育进入新的发展阶段,1990年《中华人民共和国残疾人保障法》和1994年《残疾人教育条例》的颁布,特殊教育学校、特殊教育班和随班就读被确定为三种主要的特殊教育模式;残疾儿童入学被确立为"普及九年义务教育"验收工作核心指标并具有"一票否决"的行政效力,促进了残疾学生入学的地方政策与具体服务的快速发展。[1] 因而,1996年《残疾儿童少年义务教育"九五"实施方案》中为促进残疾儿童少年义务教育的入学率,师资培训作为实施方案的主要措施被明确提出。1998年《特殊教育学校暂行规程》出台,这是我国第一部专门针对特殊教育学校的部门规程,从入学及学籍管理,教育教学工作,校长教师和其他人员,机构和日常管理,卫生保健及安全工作,校园、校舍、设备及经费,学校、社会与家庭等方面对特殊教育学校的各方面工作展开做出了规定。其中,第四章"校长、教师和其他人员",对特殊教育学校教师的任职资格、管理、培训等工作做出了明确规定。

2. 教育公平与特殊教育质量提升的推进

进入21世纪,在世界教育改革浪潮的影响下,我国也将教育振兴作为21世纪的基本国策。《面向21世纪教育振兴行动计划》明确了21世纪初期教育改革的方向。普及九年义务教育是全国教育工作的"重中之重";"跨世纪素质教育工程"成为整体推进素质教育的重要举措;"跨世纪园丁工程"率先提出对现有中小学校长和专任教师进行全员培训和继续教育。2001年《中国儿童发展纲要(2001—2010年)》明确提出"切实保障残疾儿童、孤儿、流动人口中儿童受教育的权利。使残疾儿童与其他儿童同步接受义务教育",并以"合理配置教育资

---

[1] 华国栋:《残疾儿童随班就读现状及发展趋势》,载《教育研究》,2003(2)。

源，缩小地区差距"作为保障义务教育公平的重要手段。与此同时，特殊教育事业也迎来新的发展机遇。2001年国务院办公厅转发了教育部等部门《关于"十五"期间进一步推进特殊教育改革和发展意见》，"普及残疾儿童少年义务教育、完善特殊教育体系""深化教学改革、全面推进素质教育、提高特殊教育的质量"成为21世纪初面临的主要任务。可见，通过资源的合理有效配置来缩小普特间、地区间、障碍间的差距以促进教育公平是21世纪头十年特殊教育政策的关注重点。这一政策也推动了我国特殊教育教师队伍建设的步伐，作为特殊教育发展和义务教育普及的核心保障力量的特殊教育教师，其专业化水平高低将直接影响特殊教育质量。作为促进教师专业发展的职后培训则尤为重要，尤其是大量来自"非特殊教育专业"的专任教师，职后培训就更为重要。因而，2009年《关于进一步加快特殊教育事业发展的意见》再次强调加强特殊教育教师的培养培训工作，并且提出"在职教师轮训"和"中青年骨干教师培训"的实施路径。

近年来，在《国家中长期教育改革和发展规划纲要（2010—2020年）》的影响下，特殊教育被列为教育发展的八大任务之一，"保障残疾人受教育权利"被纳入政策目标，并确定以完善特殊教育体系与保障机制为基本路径，从某种程度上标志着我国特殊教育政策与普通教育政策二元对立的局面被打破，进入融合与互嵌性关系发展阶段。[①] 然而，普及和提高残疾儿童受教育水平仍是特殊教育发展的重点。在这个纲要性政策影响下，一系列特殊教育政策密集出台，这些政策的出台促使特殊教育领域各方面改革发展不断加强，凸显了教育公平和质量价值取向的政策目标。例如，2014年《特殊教育提升计划（2014—2016年）》出台，将"使每一个残疾孩子都能接受合适的教育""教学质量进一步提升"作为总体目标；2017年《第二期特殊教育提升计划（2017—2020年）》发布，明确提出"到2020年，各级各类特殊教育普及水平全面提高""教育质量全面提升"，并将提高特殊教育质量作为重点任务。为此，加大特殊教育教师培训力度、提高特殊教育教师的专业化水平成为保证教育教学质量提升的主要措施。

[①] 冯元、俞海宝：《我国特殊教育政策变迁的历史演进与路径依赖——基于历史制度主义分析范式》，载《教育学报》，2017（3）。

(二)政策问题：特殊教育学校教师专业化水平不高及发展可持续性受限

1. "非特殊教育专业"特殊教育学校教师专业化水平不高制约师资队伍质量提升

改革开放初期，随着特殊教育规模的逐渐扩大，特殊教育学校师资数量快速增长。但是，由于我国特殊教育教师职前培养体系的建立处于起步状态，在应对日益扩大的特殊教育发展规模时，大量非特殊教育专业的教师及普通师范毕业生进入特殊教育学校。例如，1989年我国首部针对特殊教育的专门性政策《关于发展特殊教育的若干意见》中明确指出"为补充特殊教育急需师资，各地应统筹规划，选调一部分应届中师毕业生和普通中小学、儿童福利机构的在职教师进行专业培训，分配到特教学校(班)和残疾儿童福利机构任教。同时，还可选调一部分高中毕业生或民办教师进行专业培训，分配到特教机构任教"。特殊教育对象的复杂性、多样性及工作的艰巨性决定了特殊教育教师专业化水平的严格要求。特殊教育学校教师需要具备特殊教育的专业素养，然而，对于大量非特殊教育专业的特殊教育学校教师而言特殊教育专业素养缺乏或不足成为不争事实。中华人民共和国成立初期，短期集中式的培训和分散的"师傅带徒弟"式的培训成为当时特殊教育教师培训的主要形式。但是，在"文化大革命"时期，教育系统遭到严重破坏，特殊教育的发展基本停滞不前，特殊教育教师的培训工作也受到严重破坏。因而，改革开放初期，特殊教育学校教师的培训工作也基本处于空白状态。

20世纪90年代，虽然随着特殊教育教师培养规模扩大，发展至90年代末全国已建立了35个中等特殊教育师范学校(部、培训中心)、7个高等特殊教育专业，但对于规模庞大的特殊教育规模来说，特殊教育师范生数量仍是杯水车薪。非特殊教育专业毕业的特殊教育学校教师仍是教师队伍的主力军，而且这一问题直至近年仍然存在。因此，改革开放以来，国家便在相关政策强调"非特殊教育专业毕业的专任教师""调配到特殊教育学校工作的普通学校教师及应届师范毕业生"进行系统的特殊教育专业培训，以提升其专业化水平。

2. 特殊教育学校教师专业发展的可持续性受限制约特殊教育质量提升

近年来随着我国特殊教育教师培养体系的完善，越来越多的特殊教育专业毕业生进入特殊教育学校，一定程度上缓解了特殊教育教师队伍的缺乏，也为特殊教育学校教师专业化程度的提升奠定了基础。但是，随着我国特殊教育的发展，特殊教育无论是在基本理念、教育对象、安置形式、课程内容、教育方法还是评价体系上都取得了前所未有的进步和变化。例如,近年来随着随班就读规模的扩大,特殊教育学校的学生生源结构发生巨大变化,尤其是中、西部地区许多特殊教育学校面临着从聋校向培智学校或综合类学校转型的问题;学生的障碍类型越来越多,残疾程度也愈加严重。特殊教育学校生态环境正在发生变化,而且会随着教育的发展持续变化,因而,只有持续不断促进自身专业发展的特殊教育学校教师才能适应不断变化的特殊教育学校生态环境,成为特殊教育事业发展的助推力量。职后培训作为教师专业发展的重要途径,其价值和意义不言而喻。但是在近年的一次全国范围的调查中显示,平均每位老师每年参加培训的次数不超过2次,而且80%以上的教师指出培训不足,缺乏系统性和可持续性,培训质量不佳,并不能有效促进教师专业发展。[1] 职后培训的量与质的不足,使得特殊教育学校教师专业发展的可持续性受到限制,进而限制了特殊教育教师队伍整体质量的提升。因此,"加大培训力度""促进特殊教育教师专业发展常态化""提高培训专业性、针对性和实效性"成为近十年来国家特殊教育教师培训政策的关键词。

(三)政策目标:专业取向、素质优良、可持续发展的特殊教育学校教师队伍

1."专业"取向的特殊教育学校教师队伍

改革开放初期,面对匮乏的特殊教育学校教师队伍和尚未建立的特殊教育教师职前培养体系,普通教育教师转岗或普通师范毕业生入职特殊教育学校是解决特殊教育学校教师资源短缺的主要途径。因此,我国特殊教育教师政策中要求通过职后培训提升"非特殊教育专业"教师的特殊教育专业素养,以满足特殊教育学校教育教学需求。1988年《中国残疾人事业五年工作纲要(1988—1992年)》明确提出"举办各种特教师资培训班。按照混校、混班的需要,对普通学校的教师进行特教知识培训。通过多种途径,增加特教师资数量,提高质量"。1989年《关于发展特殊教育的若干意见》要求选调一部分应届中师毕业生和普通中小学的在职教师、一部分高中毕业生或民办教师进行专业培训,分配到特教学校(班)任教。并且类似的要求在20世纪90年代中期发布的《残疾儿童少年义务教育"九五"实施方案》中再次出现,"调配到特殊教育学校工作的普通学校教

---

[1] 王雁、肖非:《中国特殊教育教师培养研究》,259页,北京,北京师范大学出版社,2012。

师及应届师范毕业生,实行'先培训,后上岗'的制度"。可见,在改革开放初期及20世纪90年代,通过职后培训提升普通教育教师的特殊教育专业素养,以补充到特殊教育学校教师队伍中,解决特殊教育教师资源短缺的问题是特殊教育教师培训政策的目标之一。

随着特殊教育的发展,国家政策对于特殊教育学校教师职后培训的关注愈加具体和丰富,建立培训体系以保障特殊教育学校教师培训工作的开展成为政策的焦点。其一,培训基地建设。1990年《中华人民共和国残疾人保障法》强调了各级各类特殊教育师范院校、专业及普通师范院校附设特殊教育班(部)承担起培训特殊教育师资的职责;1991年《中国残疾人事业"八五"计划纲要(1991—1995年)》和1994年《残疾人教育条例》中均要求各级政府教育行政部门设立特殊教育学校教师培训基地。这些政策成为特殊教育学校教师职后培训基地的建设提供了依据。其二,培训管理体系初步厘清。1992年《残疾儿童少年义务教育"八五"实施方案》中强调各地"加强特殊教育教师岗前培训和在职培训工作"。1994年《残疾人教育条例》中明确要求"各级人民政府应当重视从事残疾人教育的教师培训工作""县级以上地方各级人民政府教育行政部门应当将残疾人教育师资的培训列入工作计划"。1996年《残疾儿童少年义务教育"九五"实施方案》中要求"各地教育行政部门应将在职特教师资培训工作纳入当地教师培训计划"。1998年《特殊教育学校暂行规程》中要求特殊教育学校要"重视教师的业务培训和继续教育,制定进修计划"。从"加强""重视"培训工作,到要求"各级政府和特殊教育学校将特教师资培训纳入当地教师培训计划",国家政策逐渐为特殊教育学校教师职后培训管理体系理清脉络,这也为多层级的培训体系的建立奠定了基础。其三,培训目标和内容初步明晰。1996年《残疾儿童少年义务教育"九五"实施方案》中提出通过师资培训"不断提高他们的特殊教育专业水平和教学能力";1998年《特殊教育学校暂行规程》中更加具体地指出特殊教育教师职后培训应重视"思想政治、职业道德"及"业务"水平。可见,20世纪90年代中后期的特殊教育教师培训政策已开始关注培训的目标和内容,政策内容相较改革开放初期更加具体。

2. 素质优良、可持续发展的特殊教育学校教师队伍

"数量充足、结构合理、素质优良、富有爱心的特教教师队伍"是21世纪以来我国特殊教育教师队伍建设的核心目标。总体而言,近十余年来我国特殊

教育学校教师职后培训的目标均为提升特殊教育学校教师的素质。21世纪之初颁布的《关于"十五"期间进一步推进特殊教育改革和发展的意见》、2009年《关于进一步加快特殊教育事业发展的意见》均指出"加强特殊教育师资队伍建设，不断提高教师素质""提高教师专业化水平"等，并强调特殊教育教师培训工作是达成这一目标中的主要措施。2012年《关于加强特殊教育教师队伍建设的意见》更是将培训单列，并强调"开展特殊教育教师全员培训""促进特殊教育教师专业发展常态化"。其后陆续颁布的《特殊教育提升计划（2014—2016年）》《第二期特殊教育提升计划（2017—2020年）》及2017年修订的《残疾人教育条例》均明确指出"加强特殊教育教师培训""加大培训力度"提高专业水平，"以多种形式组织在职特殊教育教师进修专业水平"等。可见，这些与特殊教育学校教师职后培训相关的政策文本皆倡导借助职后培训提升特殊教育学校教师的专业素养，促进其专业化的可持续发展，建设一支素质优良的特殊教育学校教师队伍。

教师职后培训体系的不断完善成为培养"素质优良""专业化可持续发展"的特殊教育学校教师的实现途径。近年来的相关政策愈加重视多层级、全覆盖、规范化的特殊教育学校教师职后培训体系和模式。其一，多层次全覆盖的培养体系。2001年《关于"十五"期间进一步推进特殊教育改革和发展的意见》中强调"'十五'期间，教育部要有计划地为各地培训一批特殊教育骨干教师；各省、自治区、直辖市有关部门也要采取相应措施，加强本地特殊教育骨干教师的培养与培训"。2010年教育部启动特殊教育教师国家级培训（国培计划）。2012年《关于加强特殊教育教师队伍建设的意见》、2014年《特殊教育提升计划（2014—2016年）》再次强调依托"国培计划"加大对全国特殊教育学校的教师的培训力度。与此同时，这两项政策中也强调"各地要开展特殊教育学校教师的全员培训""逐级开展特殊教育教师全员和校长、骨干教师培训"。随后，2017年《残疾人教育条例》和《第二期特殊教育提升计划（2017—2020年）》明确指出各级政府和教育部门在职后培训中的职责，例如："县级以上人民政府应当将特殊教育教师的培训纳入教师培训计划"，"非特殊教育专业毕业的教师应经过省级教育行政部门组织的特殊教育专业培训并考核合格"，"'国培计划'加强特殊教育学校校长和骨干教师的培训。省一级承担特殊教育学校教师培训，县一级承担普通学校随班就读教师、资源教师和送教上门教师培训"。从改革开放初期强调对非特殊教育专业的特殊教育学校教师开展专业培训,到世纪之交强调"骨干教师"培训,直至近年来"全员"培训的政策导向,形成从国家到地方多层级全覆盖的特殊教育学校教师职后培训体系成为保障特殊教育学校教师专业发展的重要措施。其二,多渠道、多样化培训模式。2001年《关于"十五"期间进一步推进特殊教育改革和发展的意见》中提出"要尽快安排特殊教育专业高等教育自学考试",2009年《关于进一步加快特殊教育事业发展的意见》中强调"依托高等特殊教育院校、其他有关院校和专业机构建设'特殊教育教师培训基地'"。可见,依托高等院校特殊教育资源开展特殊教育学校教师职后培训是政策导向的渠道之一。此外,采用远程培训、构建专门网络研修社区等多种信息化手段促进各级各类特殊教育教师的培训力度,也成为当前特殊教育教师培训的重要模式。例如:2012年《关于加强特殊教育教师队伍建设的意见》《特殊教育提升计划(2014—2016年)》均强调"采取集中培训和远程培训相结合的方式""推进信息技术与特殊教育教师培训深度融合,为特殊教育教师专门建立网络研修社区",加大对全国特殊教育学校的教师的培训力度。此外,在教师教育课程改革的推动下,特殊教育教师职后培训突出专业性、针对性和实效性。在"国培计划"政策的影响下,"优化培训课程内容""优选培训方案""注重培训实践取向,针对问题解决,突出专业能力提升",改革教育教学方法强调采用案例式、探究式、参与式、情景式、讨论式等多种方法,提高培训质量。2012年《关于加强特殊教育教师队伍建设的意见》强调通过加强教师培训机构的建设来提高培训的专业性、针对性和实效性。在2015年《特殊教育教师专业标准》的实施意见中也强调"完善特殊教育教师培训方案,科学设置教师教育课程,改革教育教学方式;重视特殊教育教师职业道德教育,重视社会实践和教育实习"。可见,政策重点不仅关注总体培训模式与时代变革的结合,也强调培训方法与培训内容突出时代特征和需求,促进特殊教育学校教师的可持续性专业发展。其三,规范化培训管理制度。近年来在《国务院关于加强教师队伍建设的意见》《关于深化教师教育改革的意见》等政策的影响下,特殊教育学校教师职后培训管理制度趋于规范。例如:2012年《关于加强特殊教育教师队伍建设的意见》中就强调特殊教育教师的"全员培训"制度和"专业发展常态化"要求,通过依托"国培计划""信息技术与培训的深度融合""特殊教育教师网络研修社区"建设等措施,开展特殊教育学校教师全员培训,促进特殊教育教师专业发展常态化。2014年

《特殊教育提升计划(2014—2016年)》再次强调"加大国家级教师培训计划中特殊教育教师培训的比重。采取集中培训和远程培训相结合的方式，逐级开展特殊教育教师全员培训和校长、骨干教师培训"。2017年《第二期特殊教育提升计划(2017—2020年)》提出具体规定"省一级承担特殊教育学校教师培训，县一级承担普通学校随班就读教师、资源教师和送教上门教师培训，增强培训的针对性和实效性"。与此同时，各项政策也对培训机构和师资队伍的建设提出了要求，如《关于加强特殊教育教师队伍建设的意见》中指出"教师培训机构要建立专兼结合的特殊教育教师培训队伍"；2014年出台的《教育部关于实施卓越教师培养计划的意见》特别指出要"整合优化教师教育师资队伍"等。可见，不管是"全员培训"制度，还是"专业发展常态化"要求、推动教师培训信息化和建设网络研修社区，对于特殊教育学校教师职后培训国家政策要求各级政府承担起支持保障的职责，为素质优良、可持续发展的特殊教育学校教师队伍建设奠定基础。

（四）政策资源：政府管理体制的完善及不断丰富的特殊教育专业资源

改革开放以来，特殊教育政策及事业的快速发展，为特殊教育学校教师职后专业发展创造了良好的环境基础（详见本章第二节）。在财政投入方面，改革开放初期，财政部在国家预算收支科目中的教育事业费内，已将特教经费专项列出，在国务院批转国家计委等部门关于《中国残疾人事业五年工作纲要(1988—1992年)》的通知中要求各地要执行这一规定，妥善安排。并在其后的各项政策中均强调各地要保证特殊教育必需的办学经费，并逐年增加特殊教育经费；国家财政也增加特殊教育补助费等。尤其是近年来，以《国务院关于加强教师队伍建设的意见》为代表的政策明确要求"学校按照年度公用经费预算总额的5%安排教师培训经费"，这些均为特殊教育学校教师职后培训体系的建立与完善奠定了有力的物质基础。

与此同时，政府管理体制的不断完善，同样为特殊教育学校教师职后培训政策的实施提供了保障。教育部于1980年成立特殊教育处，培训师资及组织在职教师进行培训是其主要职能之一。其后，国务院残疾人工作协调委员、教育部特殊教育办公室相继设立，对特殊教育事业进行宏观管理和政策规划，为特殊教育学校教师职后培训体系的构建奠定了行政管理基础，产生重要影响。例如：2010年起，教育部启动特殊教育教师国家级培训填补了特殊教育教师在国家级层面的空白，而且培训人数逐年增长，并将中西部农村特殊教育骨干教师的培训纳入其中。2011年在教育部的组织下召开全国特殊教育教师培训工作座谈会，总结师资培训工作情况，推广师资培训工作经验。将特殊教育学校的校长、教师培训全面纳入教师继续教育的总体规划和各级培训项目，重点安排，不断加强特殊教育师资队伍建设。并且，教育部委托教育部小学校长培训中心举办了特教学校校长高级研修班，对来自全国27个省（区、市）近60名特殊教育学校校长进行了为期一个月的培训。教育部联合中国残联共同支持安徽、宁夏、内蒙古等13个省（区）开展特教师资培训。

此外，特殊教育职前培养机构的建设，为特殊教育学校教师职后培训的开展提供专业资源。为了提高在职教师业务水平，教育部于1984年10月批转南京特殊教育师范学校《关于1984年秋季举办在职教师进修班的请示报告》，主要吸收特殊学校教龄3年以上、年龄40岁以下的在职教师开展为期半年的进修。1989年国务院办公厅转发国家教委等部门《关于发展特殊教育的若干意见》中明确要求国家教委统筹安排，积极创造条件，在部分高等师范院校开办特教专业，为各地培训特殊教育的专门人才。其后，在特殊教育教师职后培训的相关政策文本中，均强调高等院校、特殊教育师范教育机构等应在教师职后培训中发挥重要作用。例如，1990年《中华人民共和国残疾人保障法》、1991年《中国残疾人事业"八五"计划纲要（1991—1995年）》均强调国家有计划地举办各级各类特殊教育师范院校、专业，在普通师范院校附设特殊教育班（部），培训特殊教育师资。21世纪初，《关于"十五"期间进一步推进特殊教育改革和发展的意见》中再次强调"高等师范学校的特殊教育专业要为我国特殊教育高层次人才的培训做出贡献"。2009年《关于进一步加快特殊教育事业发展的意见》中进一步要求"依托高等特殊教育学院、其他有关院校和专业机构建设'特殊教育教师培训基地'"。当前我国特殊教育师资培养机构数量已近百所，为特殊教育学校教师职后培训所需的专业资源保障提供了强有力的支持。

（五）政策影响：**特殊教育学校教师职后培训体系建立并逐步完善，职后培训质量逐渐增强**

1. 特殊教育学校教师职后培训体系的建立并逐渐完善，受特教专业培训教师规模逐步扩大

改革开放以来，我国逐渐建立了较完善的特殊教育学校教师培训体系。在

政策的影响下，目前我国特殊教育教师职后培训工作主要由各地区教育主管部门负责管理，主要由各地高等师范院校的特殊教育院（系）和特殊教育机构承担实施，多地区将特殊教育学校教师职后培训纳入教师继续教育体系，初步建立多层次、多渠道、多种模式的特殊教育学校师资培训体系。高等师范院校的特殊教育专业和教育研究机构参与城乡特殊教育第一线，使研究成果快速转化为培训内容。尤其是 21 世纪以来，特殊教育学校教师的职后培训覆盖范围逐渐扩大，特别是对中西部地区农村特殊教育教师的国培项目，更是解决了中西部教育薄弱地区的教师专业发展之难，通过"国培计划"的引领，各地逐步构建多层联动、各负其责的教师培训体系，通过多种培训方式实现对全国各类特殊教育教师的全员覆盖。

政策带来的另一影响就是受过特殊教育专业培训的教师规模的扩大。21 世纪以来，我国特殊教育学校专任教师受过特殊教育专业培训的规模逐步扩大，比例逐年提升。根据《中国教育事业统计年鉴》的数据显示，2003 年共有 1.5 万特殊教育学校专任教师受过特教专业培训，占专任教师总数的 51.04%，这个比例在 2008 年增长至 54.23%；到 2012 年，有 2.6 万特殊教育学校专任教师受过培训，占专任教师总数的比例为 58.38%，在 2016 年规模扩大至 3.7 万人，占特殊教育学校专任教师总数的 68.98%。可见，在政策的影响下，特殊教育学校教师职后专业发展得到一定程度的保障。

2. 特殊教育学校教师职后培训质量逐渐加强

我国特殊教育学校教师职后培训在立法、管理、组织和实施方面形成了一套行之有效的体系的同时，职后培训的质量也在政策的保障下逐渐加强。在政策影响下，特殊教育学校教师职后培训以特殊教育学校教师专业发展为导向，偏重特殊教育教师专业技能、教育技术培训，重视特殊教育实践技能，更加具有针对性和实效性。而且，随着教师教育改革的推进，信息化技术与教师教育不断结合，远程培训、网络研修社区等培训模式逐渐被应用在特殊教育学校教师职后培训中，并且在推进中西部偏远地区教师培训的工作中发挥重要作用。在培训方法上，当前的培训也打破传统以讲授法为主的授课模式，更多采用案例式、探究式、参与式、情景式、讨论式等多种方法。此外，规范化的培训管理、试行学分管理、将培训学分与特殊教育学校教师教师资格及考核挂钩等机制的建立也保障了教师职后培训的质量。

三、特殊教育学校教师培训政策的主要特点

(一)以专业水平提升为重点,政策要求趋于明晰

从1988年《中国残疾人事业五年工作纲要(1988—1992年)》明确提出"对普通学校的教师进行特教知识培训",到1998年《特殊教育学校暂行规程》进一步要求"加强教师的思想政治、职业道德教育,重视……业务培训和继续教育",再到21世纪以来相关政策纷纷强调加强特殊教育教师培训,提高专业化水平,使特殊教育教师以专业发展常态化,专业化水平的提升成为特殊教育学校教师职后培训政策的重要目标。在改革开放初期,因应特殊教育学校教师数量匮乏的局面,普通教育教师转岗或普通师范毕业生入职特殊教育学校成为解决师资短缺的主要途径,政策中将提升普通学校教师"特教知识"水平作为培训的重点;其后在20世纪90年代末,《特殊教育学校暂行规程》的出台首次明确特殊教育学校教师应"具有社会主义的人道主义精神,关心残疾学生,掌握特殊教育的专业知识和技能,遵守职业道德",这也成为教师职后业务培训和继续教育的重要内容依据。随着特殊教育事业的迅速发展,近年来系列相关政策的颁布也逐渐回应了当前特殊教育学校教师以专业技能为主、"实践取向"的职后培训需求,提高培训专业性、针对性和实效性成为政策趋势。尤其是在"国培计划"政策及《特殊教育教师专业标准(试行)》颁布的影响下,"注重培训的实践取向,针对问题解决,突出专业能力提升""重视社会实践"等成为特殊教育学校教师职后培训模式改革的方向。可见,改革开放以来我国特殊教育学校教师职后培训政策以促进教师专业化水平提升及可持续发展为主要目标,政策要求逐渐明晰和规范。

(二)以制度建设为保障,政策要求趋于规范

改革开放以来,特殊教育学校教师培训政策以制度建设为重点内容,政策要求逐渐规范与具体,极大地推动了职后培训体系的建立和完善。从20世纪80年代末90年代初期初步要求对普通学校教师进行特教知识培训、选调普通教师进入特教机构任教,到20世纪90年代末要求地方各级人民政府教育行政部门将特教教师培训列入计划、设立培训基地,发展至今,相关政策对培训的目标、内容、模式、管理制度与保障等的要求逐步明晰,推进多层级、全覆

盖、规范化的特殊教育学校教师职后培训体系和模式的建立与完善。其一，重视培训基地的建设。从20世纪90年代初，各级各类特殊教育师范院校、专业及普通师范院校附设特殊教育班(部)承担起培训特殊教育师资的职责就被写入《中华人民共和国残疾人保障法》，1994年《残疾人教育条例》更是要求各级政府教育行政部门设立特殊教育学校教师培训基地，发展至今，"依托高等特殊教育院校、其他有关院校和专业机构建设'特殊教育教师培训基地'"成为我国特殊教育学校教师职后培训政策的重要导向。与此同时，各项政策对培训基地的师资队伍建设也提出明确要求，如《关于加强特殊教育教师队伍建设的意见》要求"教师培训机构要建立专兼结合的特殊教育教师培训队伍"。其二，加强培训管理制度的建立与完善，明确各级政府及教育行政部门的职责。例如，在1994年《残疾人教育条例》中就明确要求各级人民政府重视从事残疾人教育的教师培训工作，并指出"县级以上地方各级人民政府教育行政部门"应当将残疾人教育师资的培训列入工作计划。其后，各项政策不断发展完善，"教育部""各省、自治区、直辖市有关部门""县级以上人民政府""特殊教育学校"等各级政府部门及特殊教育学校等相关专业机构的职责在政策中逐渐被明晰。例如，2001年《关于"十五"期间进一步推进特殊教育改革和发展的意见》明确了教育部及省级部门在"十五"期间特殊教育骨干教师培训中的职责；2017年《残疾人教育条例》和《第二期特殊教育提升计划(2017—2020年)》再次强调各级政府及教育部门在职后培训中的职责，并对培训模式、管理制度等做出明确要求。系列政策要求不断深化、丰富，进一步体现了特殊教育学校教师职后培训政策逐步明晰及内容可持续性的特征。此外，从校长与骨干教师培训到全员培训、从"国培计划"到省级培训，多层级全覆盖的特殊教育学校教师职后培训管理体系逐步在政策中确立；"集中培训和远程培训相结合""信息技术与特殊教育教师培训深度融合""特殊教育教师网络研修社区"等多渠道多样化的培训模式，以及"优化培训课程内容""优选培训方案""实践取向"等改革措施成为特殊教育学校教师职后培训质量提升的政策导向，体现了政策要求的具体化和规范性。

(三)以"全员""多元""常态"为趋势，政策的强制性和操作性亟待加强

改革开放四十多年来我国特殊教育学校教师培训政策趋于规范和具体，在政策影响下，初步形成了全员化、多元化和常态化的特殊教育学校教师职后培训体系，成为促进特殊教育教师专业发展可持续性的重要助推力量。但是，毋庸置疑,当前特殊教育教师职后培训发展仍落后于其他类型教师,相关政策执行效果受限,与政策强制性及操作性的缺乏不无关联。一方面,从收集到的相关政策来看,文本中大量使用了"鼓励""应当""支持""有计划地"等倡导性词语,强制力有限,使得各级政府及教育行政部门对特殊教育学校教师的培训问题重视力度不够,执行效果不佳。另一方面,虽然系列政策对培训的管理、体系建设等进行了规定,但政策文本内容较为宏观,缺少操作层面的实施细则。在政策导向下开展"全员培训"、提高培训的"专业性、针对性和实效性"、促进特殊教育学校教师"专业发展常态化"等是职后培训体系发展的方向。尽管政策中要求依托"国培计划"、采取多元的培训方式,突出"实践导向"和以"专业技能"培训为重点,但是对于培训体系的诸多细节,如培训内容、形式、时长、考核方式等并未进行明确规定,使得培训实施无章可依,职后培训工作在各省市自行组织规划之下导致实施过程和培训效果存在巨大的地区差异。即使是"国培计划"也在具体实施过程中出现诸如参训人员选拔程序不合规、培训方法和途径缺乏弹性、培训缺乏连续性等问题,成为影响政策执行效果的阻碍之一。此外,在培训的管理方面,特殊教育学校教师职后培训应是各地教育部门师资处(或教师处)的工作范围内,但将特殊教育师资培训纳入地区教师培训工作计划并规范管理仍有待加强,制度建设有待提升。因此,应当进一步推动相关政策的丰富与完善,在充分考虑地区差异、普特差异的基础上,制定政策实施细则,提高政策强制力和操作性,提升各级教育行政部门和相关机构的重视力度,推进职后培训制度的完善,推动特殊教育学校教师专业发展的可持续性。

第二章
随班就读教师队伍建设的政策分析

在国际融合教育背景下,在普通学校随班就读已经成为我国特殊儿童接受教育的主流形式,这也是提升我国残疾儿童少年义务教育普及水平的必然选择①。坚定地走融合教育之路,是未来我国特殊教育发展的战略目标和政策方向。《特殊教育提升计划(2014—2016年)》中明确指出"扩大普通学校随班就读规模。尽可能在普通学校安排残疾学生随班就读,加强特殊教育资源教室、无障碍设施等建设,为残疾学生提供必要的学习和生活便利",肯定了随班就读在我国特殊教育发展中的基础性地位。然而,在随班就读保障经费不断提高、各类专业设备日渐齐全的同时,我们也应该认识到,从整体上看我国残疾儿童随班就读的质量不高,甚至出现了与大势所趋相反的回流现象。② 随班就读的质量提升面临一系列瓶颈性因素的制约,其中最关键的制约因素便是普通教师特殊教育素养的缺乏。③ 鉴于术语的便利性和区分性,本书中将在普通学校中承担随班就读教学工作的教师界定为随班就读教师。本章将围绕随班就读教师融合教育素养的培养培训等方面,基于教师队伍建设的政策分析,审视随班就读教师队伍的发展概况。

---

① 柳树森:《全纳教育导论》,3页,武汉,华中师范大学出版社,2007。
② 傅王倩、肖非:《随班就读儿童回流现象的质性研究》,载《中国特殊教育》,2016(3)。
③ 冯雅静:《国外融合教育师资培训的部分经验和启示》,载《中国特殊教育》,2012(12)。

第一节　随班就读教师特殊教育素养职前培养的政策分析

政策层面的规定是实践和改革的重要依据和基本保障。自 20 世纪 80 年代实施随班就读至今，我国已有一些与教师质量及特殊教育发展相关的法律法规和相关政策，开始不同程度地关注普通教师融合教育素养的培养问题，规定在普通教师培养的课程设置或教师资格考试中加入特殊教育的相关内容。在教育部印发的《幼儿园教师专业标准（试行）》《小学教师专业标准（试行）》《中学教师专业标准（试行）》中也体现了对普通教师特殊教育素养的要求，上述系列规定均试图从职前培养出发提高随班就读教师的整体质量。本节对我国国家层面出台的随班就读教师特殊教育素养培养的政策进行梳理，审视改革开放以来随班就读教师特殊教育素养培养的政策保障状况、发展趋势、特征和限制。

一、随班就读教师特殊教育素养培养的政策基础

1988 年全国第一次特殊教育工作会议上首次提出我国特殊教育"以一定数量的特殊教育学校为骨干、以大量特教班和随班就读为主体"的发展格局。自此，随班就读教师特殊教育素养的培养开始在相关政策中出现。1989 年最早对特殊教育发展进行全面规定的规范性文件《关于发展特殊教育的若干意见》中明确规定包括幼儿师范学校在内的所有普通师范生职前培养中可增加特殊教育内容。其后，20 世纪 90 年代颁布的两项法律法规《中华人民共和国残疾人保障法》和《残疾人教育条例》均对普通师范生特殊教育素养的职前培养做出规定，使得随班就读教师特殊教育素养的培养问题以法律形式得以确定，成为此后相关政策制定的指导和依据。除此之外，20 世纪 90 年代另有 4 项政策对普通教师特殊教育素养进行培养的规定。值得注意的是，经过前期随班就读的试点实验，1994 年随班就读在全国推广，《关于开展残疾儿童少年随班就读工作的试行办法》随之颁布，该文件是我国最早的专门针对残疾儿童少年随班就读进行全面规定的文件，涉及学生、经费、教师、资源配置等各个方面。

2001 年教育部联合国家计委、民政部、财政部等多部门颁布了《关于"十五"期间进一步推进特殊教育改革和发展的意见》，成为 21 世纪以来第一个对

随班就读教师特殊教育素养职前培养做出规定的文件。其后十余年间，共有8项政策颁布，要求普通师范院校开设特殊教育相关课程。值得关注的是，首次对特殊教育教师队伍建设做出全面部署的《关于加强特殊教育教师队伍建设的意见》及2017年新修订的《残疾人教育条例》中均着重强调"支持师范院校和其他高等学校在师范类专业中普遍开设特殊教育课程，培养师范生具有指导残疾学生随班就读的教育教学能力"。可见，随着融合教育理念和实践的深入发展，在提高教师专业化水平及师资队伍整体质量的背景下，我国对普通教师特殊教育素养培养的关注和重视日渐增多，并且逐渐将其列入国家相关发展规划的内容之一。

总之，改革开放以来，随班就读教师特殊教育素养的培养逐渐成为国家教育发展规划的内容之一。从政策层次上，整体而言相关规定主要体现在强制力相对较低且具有一定时效性的"意见""计划""办法"等部门规范性文件中。同时，在具有最高强制力的《中华人民共和国残疾人保障法》和专门针对特殊教育的法规《残疾人教育条例》中，也对普通师范院校开设特殊教育课程做出了规定。但是，由于我国至今没有专门的特殊教育法律，并且在教育领域的其他重要法律和政策中，如《中华人民共和国义务教育法》《中华人民共和国教师法》及各时期的教育发展纲要等没有提出明确要求，使得该问题仍未成为整个教育领域关注的共同问题。从规定内容上，所有政策文本表现出较强的一致性，其核心要求均是应当在普通师范院校的普通师范专业开设特殊教育课程等，使普通教师掌握必要的特殊教育知识和技能，以此提高对随班就读的特殊需要学生进行指导的能力。除此之外，在2012年颁布的《关于加强特殊教育教师队伍建设的意见》中，增加了"将特殊教育相关内容纳入教师资格证考试"的要求，从准入资格上强调普通教师的特殊教育素养，从源头上保证随班就读教师队伍的质量。这也反映我国相关部门对该问题的认识不再局限于从培养过程的层面进行规定，而已经提高到了一个新的高度，真正将特殊教育能力作为胜任普通教育工作所必备的技能和要求之一，也从另外一个角度增加了对普通教师特殊教育素养培养的强制性，对整个教师教育改革将发挥重要影响。

第一部分　中国特殊教育教师队伍建设的政策分析

表 2-1　部分与随班就读教师特殊教育素养培养相关的政策支持

颁布时间	名称	颁布部门	效力级别	内容（部分）
1989-05-04	《关于发展特殊教育的若干意见》	国务院转发国家教委、民政部、国家计委、财政部、人事部、劳动部、卫生部、中国残疾人联合会颁布	国务院规范性文件	三、领导与管理。"18. 加强师资队伍建设。各地普通中等师范学校、幼儿师范学校的有关专业课，可根据当地需要适当增加特殊教育内容；高等师范院校应有计划地增设特殊教育选修课程。"
1990-12-28	《中华人民共和国残疾人保障法》	全国人民代表大会常务委员会	法律	第三章教育。第二十五条"普通师范院校开设特殊教育课程或者讲授有关内容，使普通教师掌握必要的特殊教育知识。
1991-12-29	《中国残疾人事业"八五"计划纲要（1991—1995年）》	国务院批转国家计委等部门制定	国务院规范性文件	三、"八五"计划期间的主要任务、指标和措施。（二）教育"建立以特殊教育学校为骨干、普通学校附设特殊教育班和随班就读为主体的特殊教育格局。""在国家教委直属师范大学增加特殊教育专业的试点……陆续在各级普通师范院校开设特殊教育课程。"
1992-05-12	《残疾儿童少年义务教育"八五"实施方案》	国家教委、中国残疾人联合会	部门工作文件	三、主要措施（三）加强师资和管理人员的培训工作"3. 自1992年起，各地普通中等师范学校开设特殊教育基础知识必修课程，高等师范院校开设特殊教育选修课程，以适应残疾人教育发展的需要。"
1994-07-21	《关于开展残疾儿童少年随班就读工作的试行办法》	国家教委	部门规范性文件	五、师资培训。"21. 普通中等师范学校要分期分批开设特殊教育课程，以保证从事随班就读教学新师资的来源。"

续表

颁布时间	名称	颁布部门	效力级别	内容（部分）
1994-08-23	《残疾人教育条例》	国务院	行政法规	第六章 教师。第四十一条"普通师范院校应当有计划地设置残疾人特殊教育必修课程或者选修课程，使学生掌握必要的残疾人特殊教育的基本知识和技能，以适应对随班就读残疾学生的教育需要。"
1996-05-09	《残疾儿童少年义务教育"九五"实施方案》	国家教委、中国残疾人联合会	部门工作文件	三、主要措施。4. 师资队伍建设"师资培养：各级普通院范院校增设特殊教育课程或有关课程中增加特殊教育内容，使学生毕业从教能够适应随班就读工作的需要。"
2001-10-19	《关于"十五"期间进一步推进特殊教育改革和发展的意见》	国务院办公厅转发教育部、国家计委、民政部、财政部、人事部、劳动保障部、卫生部、税务总局、中国残疾人联合会颁布	国务院规范性文件	"11. 普通师范学院（校）和幼儿师范学校（专业）要有计划地开设特殊教育课程或讲座，在学生中普及特殊教育知识。"
2008-04-24	《中华人民共和国残疾人保障法》（修订）	全国人民代表大会常务委员会	法律	第三章 教育。第二十八条"普通师范院校开设特殊教育课程或者讲授有关内容，使普通教师掌握必要的特殊教育知识。"
2011-10-08	《教师教育课程标准（试行）》	教育部	部门工作文件	将"特殊儿童教育"这一模块纳入教师教育课程中。

— 86 —

续表

颁布时间	名称	颁布部门	效力级别	内容（部分）
2012-09-20	《关于加强特殊教育教师队伍建设的意见》	教育部、中央编办、发展改革委、财政部、人力资源社会保障部	部门规范性文件	首次对特教教师队伍建设做出全面部署。着力破解涉及教师队伍建设体制机制方面的瓶颈，从规划、培养、培训、管理、待遇、营造氛围等方面，全面加强教师队伍建设。第二部分"支持师范院校和其他高等学校在师范类专业中普遍开设特殊教育课程，培养师范生具有指导残疾学生随班就读的教育教学能力。"第四部分"将特殊教育相关内容纳入教师资格考试。"
2014-01-08	《特殊教育提升计划（2014—2016年）》	国务院办公厅转发教育部、发展改革委、民政部、财政部、人力资源社会保障部、卫生计生委、中国残疾人联合会颁发	国务院规范性文件	在主要措施部分，明确提出"……鼓励高校在师范类专业中开设特殊教育课程，培养师范生的全纳教育理念和指导残疾学生随班就读的教学能力"。
2017-02-01	《残疾人教育条例》（修订）	国务院	行政法规	第六章教师。第四十四条"普通师范院校和综合性院校的师范专业应当设置特殊教育课程，使学生掌握必要的特殊教育的基本知识和技能，以适应对随班就读残疾学生的教学需要"。
2017-07-17	《第二期特殊教育提升计划（2017—2020年）》	教育部、国家发展改革委、民政部、财政部、人力资源社会保障部、卫生计生委、中国残联人联合会	部门工作文件	三、主要措施"（五）加强专业化特殊教育教师队伍建设。普通师范院校和综合性院校的师范专业普遍开设特教课程。在教师资格考试中要含有一定比例的特殊教育相关内容。"

二、随班就读教师特殊教育素养培养政策的要素分析

(一)政策环境:随班就读规模和质量不断扩大和提升的要求

1. 残疾儿童少年义务教育普及推进下随班就读规模不断扩大

在国际社会融合教育思潮蓬勃发展的 20 世纪 80 年代,我国特殊教育也进入快速发展阶段。为了解决残疾儿童少年义务教育普及的问题,1988 年我国正式提出在普通教育机构中对特殊学生进行教育即"随班就读"。1989 年《关于发展特殊教育若干意见》明确提出"多种形式办学,加快特殊教育事业的发展","各地要充分利用现有普通小学,积极招收虽有一定残疾,但可以在普通班学习的残疾儿童入学"。三类特殊儿童随班就读的试验自此开始。1991 年国务院批转的《中国残疾人事业"八五"计划纲要》中又再次指出"八五"计划期间,"使可以接受普通教育的残疾儿童、少年与当地其他儿童、少年的义务教育水平同步;使需要接受特殊教育的视力、听力、言语和智力残疾儿童、少年的初等义务教育入学率,在城市和发达与比较发达的地区达到 60% 左右,中等发展地区达到 30% 左右,困难地区有较大提高",而且为了实现这一任务指标,要求各级各类普通教育机构必须依照《中华人民共和国残疾人保障法》的规定,招收可以接受普通教育的残疾人。1994 年随班就读在全国推广。据中国教育统计年鉴数据显示,1994 年普通学校附设随班就读的班级数共有 4 040 个,其中小学 4 004 个,初中 36 个,而在校生人数共计 115 305 人,专任教师数为 2 079 人,生师比为 55.46。而在随班就读在全国推广 6 年之后,2000 年,全国普通学校附设随班就读的班级数已然翻倍,共有 8 839 个,在校生人数增长至 259 882 人,专任教师数为 3 928 人,生师比增长至 66.11。由此可见,在改革开放初的 20 年,随班就读规模日益扩大,成为提高我国适龄残疾儿童少年义务教育普及水平的重要途径。特殊儿童进入普通学校就读给教师带来的挑战也是巨大的,一方面,逐年增长的生师比反映了随班就读师资数量的严重不足;另一方面,普通教师特殊教育素养的缺乏日益凸显。为应对日益扩大的随班就读规模,随班就读教师特殊教育素养的培养日益重要,也促使随班就读教师特殊教育素养的职前培养在 20 世纪 90 年代受到关注。

2. 随班就读质量提升的要求

2001年第三次全国特殊教育工作会议召开，且于同年11月教育部等多部门制定颁布了《关于"十五"期间进一步推进特殊教育改革和发展的意见》，再次提出大力普及残疾儿童少年义务教育，进一步完善特殊教育体系；特别强调要将残疾儿童少年义务教育纳入义务教育体系，作为普及九年义务教育和巩固提高普及九年义务教育成果和水平的重要任务。可见，21世纪的头十年，残疾儿童的义务教育仍是特殊教育政策关注的重点，而且经过10多年的随班就读实践，随班就读在残疾儿童少年义务教育普及率的快速提高中发挥了巨大作用。然而，随班就读的质量普遍较低，"随班就座""随班就混""随班混读"等现象普遍存在。因而，政策对随班就读的关注不再仅停留在数量和规模的扩大上，而开始对实践中随班就读质量问题予以了回应。2003年全国随班就读工作经验交流会议召开，指出随班就读工作教学质量不高、随班就读工作处于低水平、低层次的发展阶段等问题，同时强调"建立随班就读工作的支持保障体系""强化随班就读教育教学工作的业务管理，以提高教育教学质量为目标，使残疾学生能进得来，留得住，学得好"。同年，教育部基础教育司发布《关于开展随班就读工作支持保障体系实验县（区）工作的通知》，提出建立随班就读工作支持保障体系的实验目标，用以保障随班就读质量。2009年国务院办公厅转发的教育部等部门《关于加快特殊教育事业发展意见的通知》明确提出"全面推进随班就读工作，不断提高教育质量"。其后系列政策密集出台，促使随班就读规模扩大的同时，凸显对教育教学质量的重视。例如：2014年教育部等多部门联合颁布的《特殊教育提升计划（2014—2016年）》将提高普及水平和提升教育教学质量作为特殊教育发展的重点任务，明确要求"扩大普通学校随班就读规模。尽可能在普通学校安排残疾学生随班就读，加强特殊教育资源教室、无障碍设施等建设，为残疾学生提供必要的学习和生活便利"。2017年《第二期特殊教育提升计划（2017—2020年）》再次将提高特殊教育质量作为重要任务之一，并提出"特殊教育学校、普通学校随班就读和送教上门的运行保障能力全面增强"的总体目标。为此，加强专业化特殊教育教师队伍建设，"普通师范院校和综合性院校的师范专业普遍开设特教课程"成为保障随班就读质量的重要措施。

（二）政策问题：普通教师特殊教育素养缺乏制约随班就读质量提升

随班就读是融合教育在中国的具体实践是我国残疾儿童接受教育的主要形

式之一。据历年教育部统计公报数据显示，21世纪以来义务教育段全国特殊教育学生随班就读人数已占到在校生人数的50％以上，2000—2010年这一比例高达60％以上。承担随班就读工作的普通学校也已不算少数，仅以北京为例，2012—2013学年北京市共有5 616名残疾学生在1 091所普通中小学就读，而2009—2010学年北京市共有中小学1 422所，承担随班就读任务的普通中小学占总数的77％。也就是说，随着融合教育在世界各国的推广及我国大陆随班就读工作的不断发展，未来将有更多的特殊儿童进入普通课堂，普通教师的教育环境、工作任务也因此发生变化，这对普通教育教师的素质提出了更高的要求。这时，如果教师教育没有给予及时呼应，师资队伍质量就会失去保障，进而影响教育教学质量。早在1994年原国家教委颁布的《关于开展残疾儿童少年随班就读工作的试行办法》等政策文本中已强调"随班就读班级的任课教师，应当遴选热爱残疾学生，思想好、业务水平较高的教师担任。他们应当具备特殊教育基础知识和基本技能，了解随班就读班级教育教学的基本原则和方法"。但是，就目前研究结果来看，我国随班就读学校的实际教学质量并未像统计数字如此乐观，这些儿童在普通教育环境中接受的教育质量、个人的发展状况和自身潜力实现程度并不理想[1]；我国普通教育教师对这种变化的适应水平并不高，大多数教师缺乏对随班就读儿童高效教学的知识和技能，有的甚至没有形成基本的对随班就读的高度认可和对特殊需要儿童充分接纳的态度[2]；教师普遍担心自己从事随班就读工作的能力，师资质量已经成为阻碍随班就读发展的最重要因素[3]。普通教育教师在师范院校未学过特殊教育相关理论、知识与技能，不了解特殊需要儿童的身心特点及特殊教育的规律与方法，在面对特殊需要儿童时常常不知所措，无力提供其所需要的特殊教育及其相关服务，不仅使随班就读的特殊儿童处于混读状态，日渐失去学习的兴趣与信心，教师本人也充满强烈的挫败感。普通教育教师的特殊教育能力匮乏已成为制约随班

---

[1] 冯雅静、王雁：《随班就读任职教师职业适应与社会支持的关系》，载《中国特殊教育》，2013(5)。

[2] 刘春玲、杜晓新、姚健：《普通小学教师对特殊需要儿童接纳态度的研究》，载《中国特殊教育》，2000(3)。

[3] 王洙、杨希洁、张冲：《残疾儿童随班就读质量影响因素的调查》，载《中国特殊教育》，2006(5)。

就读持续发展的瓶颈因素,不突破这一瓶颈,随班就读的质量难以获得普遍提高,特殊儿童的平等教育权益也难以真正实现,也将违背基础教育改革所提出的"关注个体差异""使每个学生都能得到充分发展"的宗旨和目标。

职前培养是教师专业化发展的重要阶段,是"准教师"的养成阶段,是教师专业能力形成的初始阶段,师范生在职前培养阶段生成的专业能力在某种程度上影响着入职后教师专业发展的起点水平和发展空间,也影响着入职后面对多元化的教育对象群体的教育态度、教学活动和教学效果。因此,为适应未来我国普通学校教育对象及教育环境的变革,在师范生培养过程中,将特殊教育能力纳入普通师范教育培养内容将成为必然。在我国基础教育改革和融合教育推进之下,普通教师教育体系应如何呼应融合教育发展对教师特教能力的诉求,将是我国教师教育变革的行动重点。

(三)政策目标:具备特殊教育能力的随班就读准教师

从 1988 年首次提出随班就读到 1994 年随班就读在全国推广,总体而言,我国随班就读教师职前教育的目标均为提升普通教师的特殊教育能力。20 世纪 80 年代末,随班就读政策提出伊始,相关政策即将"专业课增加特殊教育内容""有计划增加特殊教育选修课程"作为具体要求明确提出,以满足普通师范生特殊教育能力提升的要求。例如:1989 年《关于发展特殊教育的若干意见》中提出的根据实际需要在相关专业课的内容中适当增加特殊教育内容、"有计划增设特殊教育选修课程"。1990 年颁布的《中华人民共和国残疾人保障法》中再次要求"普通师范院校开设特殊教育课程或讲授相关内容,使普通教师掌握必要的特殊教育知识",这是普通师范生特殊教育能力的培养内容首次出现在法律中。在随班就读全面推进的 1994 年《关于开展残疾儿童少年随班就读工作的试行办法》出台,要求"普通中等师范学校要分期分批开设特殊教育课程等,以保证从事随班就读教学新师资的来源"。此外,在 20 世纪 90 年代,《中国残疾人事业"八五"计划纲要(1991—1995 年)》《残疾人教育条例》《残疾儿童少年义务教育"九五"实施方案》等政策均纷纷强调普通师范院校有计划设置特殊教育必修课程或选修课程,使学生掌握必要的特殊教育基本知识和技能,毕业从教能够适应随班就读工作的需要。可见,在随班就读政策提出及发展第一个十年,通过开设"选修课"或"必修课程"、其他课程中增加特殊教育内容培养普通师范生的特殊教育能力,使其能够适应对随班就读的残疾学生的教育需要,成为随班就读教师职前培养政策的重要目标。

进入 21 世纪，尤其是近十年来随着融合教育和随班就读的推进，"普通师范院校和综合性院校的师范专业开设特殊教育课程""使学生掌握必要的特殊教育基本知识和技能""培养师范生的全纳教育理念和指导残疾学生随班就读的教学能力"成为随班就读教师职前培养政策的核心。2011 年教育部颁布的《教师教育课程标准（试行）》中将"特殊儿童教育"这一模块纳入教师教育课程中；2012 年《关于加强特殊教育教师队伍建设的意见》明确提出"支持师范院校和其他高等学校在师范类专业中普遍开设特殊教育课程"；2014 年《特殊教育提升计划（2014—2016 年）》在主要措施部分再次强调"……鼓励高校在师范类专业中开设特殊教育课程，培养师范生的全纳教育理念和指导残疾学生随班就读的教学能力"。其后 2017 年修订的《残疾人教育条例》、教育部等多部门颁布的《第二期特殊教育提升计划（2017—2020 年）》也纷纷强调"普通师范院校和综合性院校的师范专业应当普遍开设特教课程"。而且，值得关注的是在《特殊教育提升计划（2014—2016 年）》及《第二期特殊教育提升计划（2017—2020 年）》中明确要求"在教师资格考试中要含有一定比例的特殊教育相关内容"。可见，近年来相关政策对普通教师培养过程中特殊教育能力的关注和要求更为明确，对特殊教育课程的开设要求愈发规范，从 20 世纪的相关政策文本中所要求的"选修课"或非系统化的讲座走向"必修"，从知识普及性质的讲座走向系统规范的课程，特殊教育能力培养与提升成为普通教师专业化发展的一项必要内容。更重要的是，以《特殊教育提升计划（2014—2016 年）》为代表的多项政策中明确要求将特殊教育相关内容纳入教师资格考试，这标志着特殊教育素养正式成为普通教师的从业要求之一，真正从教师准入资格的角度对普通教师的特殊教育能力进行规定，有利于从源头保证随班就读教师队伍的质量。这也说明我国相关部门对于该问题的认识已经不再局限于培养过程层面的政策规定，而是真正将特殊教育能力作为胜任普通教育工作所必备的技能和要求之一，也从另外一个角度增加了对普通教师特殊教育素养培养的强制性，凸显了建设特殊教育能力专业取向的随班就读教师队伍这一核心政策目标。

(四)政策资源：随班就读政策的形成确立与积极推进及不断丰富的随班就读专业资源

随班就读政策的形成、确立及积极推进，为随班就读教师特殊教育素养的职前培养创造了良好的环境基础。改革开放初期，在国家对教育事业的重视和支持，以及国家教育行政与教育政策密集推动下，特殊教育事业与特殊教育政策进入快速发展时期。为解决适龄残疾儿童少年入学问题，一些地区和城市在改革开放初期开始在普通小学开设特教班，探索特殊儿童在普通学校就学的可能性并取得重要成效。1983年《关于普及初等教育基本要求的暂行规定》和1987年《全日制弱智学校(班)校教学计划》对特殊儿童在普通学校就学的形式予以肯定。与此同时，随着1986年《中华人民共和国义务教育法》的颁布与实施，如何落实《中华人民共和国义务教育法》成为各级政府和教育部门的核心议题，随班就读制度应运而生且被积极推广。1988年全国第一次特殊教育工作会议上首次提出我国特殊教育"以一定数量的特殊教育学校为骨干、以大量特教班和随班就读为主体"的发展格局，奠定了随班就读制度形成的基础。"普通教育机构对具有接受普通教育能力的残疾人实施教育"首次以法律条文形式出现在1990年《中华人民共和国残疾人保障法》中，成为随班就读制度确定的重要保障。1994年《关于开展残疾儿童少年随班就读工作的试行办法》将随班就读制度确定下来，该制度成为普及残疾儿童义务教育的主要政策工具。20世纪90年代《残疾人教育条例》《残疾儿童少年义务教育"九五"实施方案》等政策法规的出台，以及21世纪以来《关于"十五"期间进一步推进特殊教育改革和发展的意见》《关于进一步加快特殊教育事业发展的意见》《中华人民共和国残疾人保障法》(修订)、《残疾人教育条例》(修订)、《特殊教育提升计划(2014—2016年)》《第二期特殊教育提升计划(2017—2020年)》等政策的颁布，充分体现了政府在推进随班就读制度完善中的积极举措。这些政策均为随班就读教师队伍建设及为推动随班就读教师特殊教育素养的职前培养奠定了良好政策环境。

此外，特殊教育培养机构建设为随班就读教师特殊教育素养的职前培养提供了专业支持。自改革开放之初教育部筹建第一所特殊教育师范学校后，1989年《关于发展特殊教育若干意见》中明确要求国家教委统筹安排，积极创造条件，在部分高等师范院校开办特教专业。其后，在特殊教育相关政策文本中均强调国家有计划地举办各级各类特殊教育师范院校、专业，在普通师范院校附设特殊教育班。当前我国在普通师范院校或综合性大学开设特殊教育培养机构的数量已近百所,这为普通师范生特殊教育素养培养所需的专业资源保障提供了强有力的支持。与此同时,系列教材及相关课程资源的出版与开发为普通师范生特殊教育素养培养课程开设提供资源支撑。例如:华国栋等研究者将多年来随班就读和师资培养的研究成果转化为随班就读师资培训用书[①];基于全国教育科学"九五"规划教育部重点课题"普通师范特殊教育师资培养问题研究"的课题成果,教师工作司于1999年颁布了《关于印发普通中等师范院校开设〈随班就读教学〉选修课程教学大纲的通知》,对课程目标和内容进行了阐述[②]。近年来,教育部《关于大力推进教师教育课程改革的意见》中发布《教师教育课程标准(试行)》,将特殊儿童发展与学习等特殊教育能力培养相关课程纳入幼儿园、普通小学、中学职前教师教育课程设置之中,这为普通师范院校开设特殊教育相关课程以提高普通师范生的特殊教育素养提供了更强有力的政策支持,也使特殊教育培养机构在普通师范生特殊教育素养培养中发挥更有力的作用。与此课程设置要求相配套,多门《特殊儿童发展与学习》课程被列为国家级精品资源共享课程,成为普通师范生特殊教育素养培养的重要参考资源。

(五)政策影响:普通教育教师职前培养中特殊教育内容逐渐增多,但仍存挑战

政策带来的影响就是普通师范生职前培养中特殊教育内容逐渐增多。21世纪初的十年,虽然随班就读政策经过十多年的推进,但是普通教育教师职前培养中融合教育的内容仍然相对匮乏。有学者指出我国职前教师教育课程正在由过去的教育学、心理学、教学法三科向一套较为完整的教师教育课程体系过渡,但是并没有专门的融合教育有关课程,只是在《教育学》或《教育学概论》等课程中涉及教育公平内容时,融合教育的一些观点会比较随机地出现于教师的课堂教学中。[③] 2006年对137所师范学校的调查显示仅有19所师范学校开设或

---

① 华国栋:《特殊儿童随班就读师资培训用书》,1页,北京,华夏出版社,2014。
② 华国栋:《特殊教育师资培养问题研究》,18页,北京,华夏出版社,2001。
③ 王娟、王嘉毅:《我国职前教师教育中全纳教育的现状及对策研究》,载《中国特殊教育》,2009(12)。

曾经开设特殊教育必修或选修课程，且规模均很小，严重缺乏系统性和科学性。[①] 但是，近年来密集的政策颁布与实施切实推进和加快了普通教育教师职前培养中特殊教育内容的普及。如前文所述，2011 年随着《教师教育课程标准（试行）》的颁布与实施，"特殊儿童发展与学习"成为学前教育专业师范生的必修课程，"特殊儿童发展与学习"也成为首门出现在国家精品资源共享资源课程中的普通师范生特殊教育素养培养类课程。随着以《特殊教育提升计划（2014—2016 年）》为代表的政策文本中提出在教师资格证考试中纳入特殊教育相关内容，也促使越来越多的师范院校或综合类院校在中小学师资职前培养中加入特殊教育相关课程，教育部直属师范院校、省属师范院校及地方师范院校纷纷进行普通师范生特殊教育素养相关课程建设。[②]

但是，当前政策执行仍面临质疑和挑战，其主要原因在于仅对普通师范院校开设特殊教育相关课程进行鼓励和倡导，并且从 1989 年第一个相关表述出现后一直以类似的重申为主，虽有一定的丰富，但均未进一步对相关课程的性质、内容、师资力量、经费保障等问题做出规定。与此同时，目前尚未形成成熟、经实践检验的方案和模式，使得师资培养机构虽然意识到了特殊教育素养培养的重要性，但也因为不知道开设哪些特殊教育课程、如何开设等问题而无从开起。即使是已经在普通教师培养方案中增设特殊教育课程的学校也存在缺乏统一、核心的规范和导向等问题。[③] 因此，提高政策规定的科学性和可操作性、增加配套措施、在政策文本中有针对性地强调和澄清具体问题、为师资培养机构政策执行提供具体参照是未来政策改进的方向。

三、随班就读教师特殊教育素养培养政策的主要特点

（一）以相关法律法规为依据，政策重视力度逐渐增强

改革开放以来，随班就读教师特殊教育素养职前培养政策的出台经历了两

[①] 汪海萍：《普通师范院校特殊教育课程开设情况的调查》，载《中国特殊教育》，2006(12)。

[②] 冯雅静、李爱芬、王雁：《我国普通师范专业融合教育课程现状的调查研究》，载《中国特殊教育》，2016(1)。

[③] 同上。

个小高潮,分别是在 1990 年《中华人民共和国残疾人保障法》颁布之后的 20 世纪 90 年代初期及 2008 年《中华人民共和国残疾人保障法》修订后的近十年。早在 1990 年的《中华人民共和国残疾人保障法》中就要求"普通师范院校开设特殊教育课程或者讲授有关内容,使普通教师掌握必要的特殊教育知识",为其后相关政策的出台奠定了强有力的法律基础,因此,在 1990—1996 年共有 5 项相关政策对普通师范院校开设特殊教育课程、普通师范生具备必要特殊教育知识和技能做出了规定。其后,2008 年《中华人民共和国残疾人保障法》修订并提出"国家有计划地举办各级各类特殊教育师范院校、专业,在普通师范院校附设特殊教育班,培养、培训特殊教育师资。普通师范院校开设特殊教育课程或者讲授有关内容,使普通教师掌握必要的特殊教育知识",在其后十年间,共出台了 5 项特殊教育相关政策,均提及普通教育教师特殊教育素养培养的问题,并且还将特殊教育相关内容纳入教师资格考试之中,说明在随班就读的大力推进和实践下,特殊教育素养已经成为普通教师专业发展的必备内容和迫切需求,在政策层面得到了反复强调和保障。

(二)以课程建设为依托,政策要求逐渐规范

从 1989 年《关于发展特殊教育的若干意见》中提出的"有关专业课……适当增加特殊教育内容;高等师范院校应有计划地增设特殊教育选修课程",到 2001 年《关于"十五"期间进一步推进特殊教育改革和发展的意见》中要求"有计划开设特殊教育课程或讲座",再到 2012 年《关于加强特殊教育教师队伍建设的意见》中强调"支持师范院校和其他高等学校在师范类专业中普遍开设特殊教育课程"。改革开放以来我国随班就读教师特殊教育素养职前培养政策均以普通教师培养过程中开设特殊教育课程为依托,而且政策要求逐渐走向规范化,从 20 世纪 80 年代末及 90 年代初要求在专业课中增加特殊教育内容,到 20 世纪 90 年代中期以选修课建设为核心,发展至今,政策导向通过开设独立的特殊教育课程来进行培养,使其成为普通教师专业发展的一项必备内容,从"附加内容"走向独立课程、从"选修"走向"必修"、从零碎专题走向系统规范的课程。而 2014 年《特殊教育提升计划(2014—2016 年)》中首次提出将特殊教育相关内容纳入教师资格考试,真正从教师准入资格角度对普通教师的特殊教育能力进行规定。尽管当前在教师资格考试中并未落实实施相关规定,但是从政策导向上确实增加了对普通教师特殊教育素养职前培养的强制性,也进一步体现了政策要求的强制性和规范化。然而,不能忽视的是已有政策仅对特殊教育课程开设进行了规定和引导,并未明确课程性质、内容、评估方式、资源、师资及经费保障等课程建设的具体要求,导致政策内容的实践性和可操作性不强,也成为政策实施的困难与阻碍。

(三)以特殊教育领域政策为主体,政策约束力亟须提升

从收集到的相关政策来看,改革开放以来,随班就读教师特殊教育素养职前培养的十数项政策中以特殊教育领域政策为主,仅有《教师教育课程标准(试行)》为普通教育领域文件。显然,残疾儿童随班就读及随班就读相关的师资培养通常被认为是特殊教育领域的议题,这大大限制了相关政策的执行范围和约束力度。随班就读的开展和师资培养绝非仅特殊教育领域的事务,相反,普通教师特殊教育素养的培养与整个教师教育领域的改革和教师素养的全面提升密切相关,是涉及整个教师培养体系改革的重要问题,仅靠特殊教育领域政策难以达到预期效果,也是造成当前政策执行受阻、政策影响受限的主要原因。因此,应当以适当方式将普通教师特殊教育素养的培养整合入普通教育或师资队伍建设的相关政策中,有效提高普通教师教育领域对教师特殊教育素养的关注,使其成为整个教师教育领域需要面对和解决的议题,从而在改革和实践中予以落实。

第二节 随班就读教师特殊教育素养职后培训的政策分析

"随班就读班级的任课教师,应当遴选热爱残疾学生,思想好、业务水平较高的教师担任。他们应当具备特殊教育基础知识和基本技能,了解随班就读班级教育教学的基本原则和方法。"在我国随班就读教师职前培养缺失的背景下,职后培训成为提高随班就读教师特殊教育素养的重要途径。我国随班就读教师特殊教育素养的职后培训工作起始于 20 世纪 80 年代末,并随着一系列政策的出台,职后培训工作逐渐走向正规,特殊教育政策的发展也有了多项跨越式的发展,如建立"经常化、制度化"的随班就读教师业务培训体系、"特殊儿童教育"模块纳入在职教师教育课程中、随班就读教师的全员培训、明确县级部门承担普通学校随班就读教师的培训工作等。本节对我国国家层面出台的随班就读教师职后培训政策进行梳理，审视改革开放以来随班就读教师特殊教育素养的职后培训政策保障状况、发展趋势、特征及限制。

一、随班就读教师特殊教育素养职后培训的政策基础

20世纪80年代末随班就读政策提出伊始，1988年国务院批转的国家计委等部门制定的《中国残疾人事业五年工作纲要（1988—1992年）》将"加强特教教师师资培训"作为教育部分的主要措施，首次明确强调"按照混校、混班的需要，对普通学校的教师进行特教知识培训"，也是我国最早对随班就读教师特殊教育素养开展职后培训的规范性文件。其后，1992年《残疾儿童少年义务教育"八五"实施方案》中再次强调加强随班就读教师在职培训，并且进一步指出"残疾儿童、少年教育学校应发挥骨干、示范作用，对……随班就读的教师进行短期培训"，明确指出特殊教育学校在随班就读教师职后培训中的作用。1994年代表随班就读政策确立的《关于开展残疾儿童随班就读工作的试行办法》颁布，对随班就读教师的任职资格、培训工作、考核与奖励等做出更细致的规定，强调地方各级教育行政部门在随班就读教师职后培训中的职责，为随班就读教师职后培训体系的建立奠定了基础。20世纪80年代末和90年代的各项政策开启了随班就读教师职后培训体系建立之路径，但是，总体而言涉及内容不够具体全面，仅是方向上的引导和规定。

21世纪初始，《关于"十五"期间进一步推进特殊教育改革和发展意见》作为21世纪第一个对随班就读教师职后培训做出明确规定的文件，不仅要求"加大承担普通学校特殊教育班和随班就读教学工作教师培训的力度"，同时细化规定内容，提出"使任课教师都能够接受一次比较正规的短期培训，掌握基本的特殊教育教学方法"，而且要求"教育部要编写承担随班就读教学工作教师培训教材"以为职后培训提供强有力的专业支持。可见，随班就读教师职后培训政策向具体化、可操作化的方向发展的新趋势，成为切实指导随班就读教师职后培训工作开展的强有力支撑。其后十余年间，《全国随班就读工作经验交流会议纪要》《教育部基础教育司关于开展建立随班就读工作支持保障体系实验县（区）工作的通知》《关于进一步加快特殊教育事业发展的意见》等9项文件对随班就读教师职后培训做出了明确规定。值得注意的是，《全国随班就读工作经

验交流会议纪要》及为落实此纪要而颁布的《教育部基础教育司关于开展建立随班就读工作支持保障体系实验县(区)工作的通知》明确要求"建立随班就读工作的支持保障体系",而且首次提出要"以县为单位,以县特殊教育学校为依托……有计划地开展随班就读教师的业务培训,并做到经常化,制度化"。这也成为其后各项政策中将随班就读教师职后培训的职责定位于"县一级"政府、教育行政部门的职责奠定了基调。例如:2017年修订的《残疾人教育条例》第四十五条规定"县级以上地方人民政府教育行政部门应当……在普通教师培训中增加一定比例的特殊教育内容和相关知识,提高普通教师的特殊教育能力";《第二期特殊教育提升计划(2017—2020年)》明确指出"县一级承担普通学校随班就读教师培训"。与此同时,"国培计划"的开展,"开展随班就读教师的全员培训"成为随班就读教师职后培训政策的要点。2012年《关于加强特殊教育教师队伍建设的意见》中首次明确提出开展"承担随班就读任务教师的全员培训"。

总之,改革开放以来,十余项国家层面颁布的政策文件成为随班就读教师职后培训体系建设的有力支撑,已有随班就读教师特殊教育素养的职后培训工作逐步走向规范和系统。虽然从政策层次上对随班就读教师职后培训的相关规定主要体现在强制力相对较低且具有一定时效性的"意见""方案""办法"等部门规范性文件中,但是也不乏专门针对特殊教育的法规《残疾人教育条例》,对培训管理体制做出了明确规定。从规定内容上,所有政策文本既表现出较强的一致性,也表现出政策内容的发展性。从20世纪80年代和90年代仅从方向上要求"加强随班就读教师的岗前培训和在职培训",发展至21世纪初"使任课教师都能接受一次比较正规的短期培训",直至近年来"全员培训"的提出及明确规定"县一级承担普通学校随班就读教师、资源教师和送教上门教师培训",反映出我国随班就读教师职后培训体系的逐渐发展与管理工作的不断完善。

表 2-2 部分与随班就读教师特殊教育素质职后培训相关的政策支持

颁布时间	名称	颁布部门	效力级别	内容（部分）
1988-09-03	《中国残疾人事业五年工作纲要（1988—1992年）》	国务院批转国家计委等部门制定	国务院规范性文件	四、措施。"43. 加强特殊教育师资培训。在办学形式上，采取特教教学校与混校、混班相结合。按照混校、混班的需要，对普通学校的教师进行特教知识培训。"
1992-05-12	《残疾儿童少年义务教育"八五"实施方案》	国家教委、中国残疾人联合会	部门工作文件	"各地要加强特殊教育教师（包括随班就读教师）岗前培训和在职培训工作。""残疾儿童、少年教育学校应发挥骨干、示范作用，对特殊教育班和随班就读的教师进行短期培训。" 五、师资培训。 "20. 随班就读班级的任课教师，应当选送热爱残疾学生、思想好、业务水平较高的教师担任。他们应当具备特殊教育基础知识和基本技能，了解随班就读教学的基本原则和方法。" "21. 地方各级教育行政部门应当把视力、听力语言和智力残疾儿童少年随班就读工作列入计划，设立培训基地，采取多种形式，对教师进行岗前和在职培训。普通中等师范学校要分期分批开设特殊教育课程。"
1994-07-21	《关于开展残疾儿童少年随班就读工作的试行办法》	国家教委	部门规范性文件	"22. 省、市（地）级教育行政部门应当组织有关专家、为县、乡两级培训残疾儿童少年的检测人员。" "23. 对随班就读级教师工作的考核评估，应当包括普通教育和特殊教育两个方面，并应当充分肯定他们为残疾学生付出的劳动。" "24. 地方各级教育行政部门和学校应当根据实际情况，制订奖励和补贴的办法，鼓励教师积极为残疾班级随班就读从事教育教学工作。对表现突出的教师，应当给予表彰。"

— 100 —

续表

颁布时间	名称	颁布部门	效力级别	内容（部分）
2001-10-19	《关于"十五"期间进一步推进特殊教育改革和发展的意见》	国务院办公厅转发教育部、国家计委、民政部、财政部、人事部、劳动保障部、卫生部、税务总局、中国残疾人联合会颁布	国务院规范性文件	"10. 大力加强特殊教育教师的培养、培训工作。'十五'期间，加大承担普通学校特殊教育班和随班就读教学工作教师培训的力度，使任课教师都能够接受一次比较正规的短期培训，掌握基本的特殊教育教学方法。……教育部要编写承担随班就读要求教师培训教材，制定特殊教育教师资格条件有关规定。"
2003-02-09	《全国随班就读工作经验交流会议纪要》	教育部基础教育司、中国残疾人联合会、教育就业部	部门规范性文件	第三部分，围绕今后随班就读工作的共识展开。例如，第三项"建立随班就读工作的支持保障体系。""形成省、地（市）县教育局→乡镇与指导网络，特别是建立以县为单位的管理网络的管理网络。即县教研（或特教学校）→随班就读学校连接的中心学校→骨干教师（中心校/特教校）→随班就读点教师的教研和指导网络。区、县教研室要起龙头作用，特殊教育学校要配合就读工作进行研究、指导辅导等。""加强对全县各随班就读点巡回指导、咨询等任务。" 第四项"强化随班就读教育教学工作的业务管理。""加强随班就读教师的业务培训，为他们提供资料、提供咨询、提供指导，以县特教学校为依托，县里没有特教学校的，要以县为单位，地市特教学校为依托，有计划地开展随班就读教师的业务培训，并做到经常化、制度化。""加强特殊教育学校与普通学校的沟通，充分发挥特教学校在随班就读中的骨干指导作用。要重新认识和发挥特教学校的功能和作用，要提高特教学校教师的业务水平，以胜任对普通学校随班就读教师的指导咨询工作。"

续表

颁布时间	名称	颁布部门	效力级别	内容（部分）
2003-02-19	《教育部基础教育司关于开展建立随班就读工作支持保障体系实验县（区）工作的通知》（对《全国随班就读工作经验交流会议纪要》的工作落实）	教育部	部门工作文件	二、实验内容。"5. 县（区）要形成两个网络：县（区）教育局→乡镇中心学校→随班就读学校连接的管理网络；县（区）教研室（或教学中心）、特教学校→乡（镇）中心校（骨干校教师）→特教教师、教研员的教研和指导网络。保证随班就读工作管理上层层抓，层层落实，对本地区教研方面层层抓；教研方面发挥点教师的教研和指导骨干作用，层层落实，对本地区教研方面进行研究，指导培训、咨询辅导等。要充分发挥县特殊教育学校在随班就读工作的重要作用。要充分发挥县特殊教育学校在随班就读工作的重要作用。特殊教育学校要配合教研室承担起对全县各随班就读点巡回指导、检查、培训、咨询等任务。"'10. 加强随班就读教师的业务培训，为他们提供资料、提供咨询、提供指导，以县特殊教育学校为依托，有计划地开展随班就读教师的业务培训。提高随班就读教师的业务水平，并做到经常化、制度化。""12. 加强特殊教育学校与普通学校的沟通，充分发挥特殊教学中的骨干指导作用。要提高特殊教学学校教师在普通学校随班就读工作的指导咨询工作。"
2009-05-07	《关于进一步加快特殊教育事业发展的意见》	国务院办公厅转发教育部、发改委、民政部、财政部、人力资源社会保障部、卫生部、中央编办、中国残疾人联合会颁布	国务院规范性文件	四、加强特殊教育师资队伍建设，提高教师专业化水平。"16. 要加强对在普通学校和特殊教育学校从事特殊教育工作的教师和特殊教育学校巡回指导教师的培训。……依托高等院校和特殊教育学校和专业机构建设'特殊教育教师培训基地'。""18.……要将承担随班就读教学与管理人员的工作列入绩效考核内容。"

— 102 —

续表

颁布时间	名称	颁布部门	效力级别	内容（部分）
2011-10-08	《教师教育课程标准（试行）》	教育部	部门工作文件	将"特殊儿童教育"这一模块纳入在职教师教育课程中。
2012-09-20	《关于加强特殊教育教师队伍建设的意见》	教育部、中央编办、发展改革委、财政部、人力资源社会保障部	部门规范性文件	第三部分"各地要同步开展特殊教育学校教师和承担随班就读任务教师的全员培训"。
2014-01-08	《特殊教育提升计划（2014—2016年）》	国务院办公厅转发教育部、发展改革委、民政部、财政部、人力资源社会保障部、卫生计生委、中国残疾人联合会会颁发	国务院规范性文件	在主要措施部分，明确提出"（五）对在普通学校承担残疾学生随班就读教学和管理工作的教师，在绩效考核考核中给予倾斜","提高特殊教育教师专业水平。研究建立特殊教育教师专业证书制度，逐步实行特殊教育教师持证上岗。制订特殊教育学校教师专业标准。推动地方明确随班就读教师和康复训练人员等的岗位条件。……加强普通学校随班就读、资源指导、送教上门等特殊教育教师培训"。
2016-01-20	《普通学校特殊教育资源教室建设指南》	教育部办公厅	部门规范性文件	将"开展普通教师培训"列为资源教室的主要功能之一。八、管理规范。"（四）指导评估。"区域内特殊教育指导中心或特教学校应加强对资源教室的业务指导和评估，定期委派专人为资源教室提供培训和业务支持，并对区域内资源教室的运行及成效进行考核评价，并将结果上报主管教育行政部门。"

续表

颁布时间	名称	颁布部门	效力级别	内容（部分）
2017-02-01	《残疾人教育条例》（修订）	国务院	行政法规	第六章 教师。第四十三条"省、自治区、直辖市人民政府可以根据残疾人教育发展的需求，结合当地实际为特殊教育学校和招收残疾学生的普通学校制定教职工编制标准。县级以上地方人民政府教育行政部门应当会同其他有关部门，在核定的编制总额内，……在招定招收残疾学生的普通学校设置特殊教育教师等专职岗位。"第四十五条"县级以上地方人民政府教育行政部门应当……在普通教师培训中增加一定比例的特殊教育内容和相关知识，提高普通教师的特殊教育能力。"第四十六条"……普通学校承担残疾学生随班就读教学、管理工作的教师，应当将其承担的残疾学生教学、管理工作纳入其绩效考核和职务评聘，并作为核定工资待遇和职务评聘的重要依据。"
2017-07-17	《第二期特殊教育提升计划（2017—2020年）》	教育部、国家发展改革委、民政部、财政部、人力资源社会保障部、卫生计生委、中国残疾人联合会	部门工作文件	三、主要措施"（五）加强专业化特殊教育教师队伍建设。……在教师资格考试中要含有一定比例的特殊教育相关内容。加大培训力度，对特殊教育教师实行5年一周期不少于360学时的全员培训。'国培计划'加强特殊教育校长和骨干教师的培训。省一级承担特殊学校普通学校随班就读教师、县一级承担普通学校随班就读教师、资源教师和送教上门教师培训，增强培训的针对性和实效性。"

二、随班就读教师特殊教育素养职后培训政策的要素分析

本节将从政策环境、政策问题、政策目标、政策资源、政策影响五个方面,结合随班就读教师职后培训政策发展的时间脉络分析改革开放以来我国随班就读教师特殊教育素养职后培训政策的要素。

(一)政策环境:随班就读推进与教师队伍发展的现实需求

在"一体化""回归主流"等融合教育思潮席卷西方教育领域的同时,为解决我国义务教育普及中特殊儿童义务教育普及的短板,随班就读成为提升残疾儿童少年入学率的主要形式。1989年国家教委与中国残疾人联合会等七部委联合下发的《关于发展特殊教育的若干意见》成为改革开放后国家对特殊教育事业发展首次做出系统化设计与全面部署的政策文件,随班就读的试验与推广也自此开始。1992年国家教育委员会、中国残疾人联合会联合发布的《残疾儿童少年义务教育"八五"实施方案》中要求"建校、办班、随班就读一起布局","大力推广视力残疾儿童少年随班就读工作,积极开展听力语言和轻度智力残疾儿童少年随班就读试验,使特殊教育班和随班就读的学生逐步成为残疾儿童少年教育的主体"。《中华人民共和国残疾人保障法》《关于开展残疾儿童少年随班就读工作的试行办法》《残疾人教育条例》《残疾儿童少年义务教育"九五"实施方案》等系列政策相继颁布。可见,在20世纪80年代和90年代,我国义务教育普及工作艰难推进的情况下,残疾儿童、少年的义务教育普及问题已经得到了政府的高度关注与积极推动。但是,普通学校残疾儿童少年的进入,打破了学校原有的生态环境,教师作为残疾儿童少年随班就读的直接支持者,成为随班就读推进的核心要素。承担随班就读工作的普通教师转变固有刻板观念、学习特殊教育基本知识和技能成为保障随班就读开展的重要条件。然而,中华人民共和国成立以来直至改革开放初期,我国并未成立专门的特殊教育教师培养机构,而且普通教师职前培养与特殊教育教师培养一直处于割裂状态,因此,随班就读教师的职前培养的空白必然存在,职后培训成为普通教师转变观念、掌握必要的特殊教育素养的主要途径。

进入21世纪,在振兴教育基本国策的指导下,普及九年义务教育、提高教育发展水平、提高国民素质成为教育改革的重要目标。特殊教育作为教育事

业的重要组成部分,21世纪后也进入"推进"与"加快"发展阶段,教育部等多部门连续出台了有关特殊教育的"进一步发展意见"(2001年《关于"十五"期间进一步推进特殊教育改革和发展的意见》、2009年《关于进一步加快特殊教育事业发展的意见》)[①]。全面普及残疾儿童少年义务教育、完善特殊教育体系、提高特殊教育质量成为21世纪初特殊教育发展的主要任务。此时,虽然经过十余年的发展我国随班就读规模迅速扩大,但是其发展规模仍偏小、教育教学质量偏低,普通中小学教师队伍中懂特殊教育熟悉残疾儿童少年教育特点的教师不多。因此,2002年在全国随班就读工作经验交流会议上提出"建立随班就读工作的支持保障体系""强化随班就读教育教学工作的业务管理",成为保障随班就读质量提升的主要措施。而教师作为支持保障体系建设中最为关键的要素,其专业化水平的高低将直接影响随班就读质量。作为促进随班就读教师专业发展的职后培训则尤为重要,尤其是大量职前缺乏特殊教育素养培养的随班就读教师,职后培训就更为重要。因而,21世纪初的十年,"加大承担普通学校特殊教育班和随班就读教学工作教师培训的力度""加强随班就读教师的业务培训"成为随班就读教师职后培训政策的关键点。

经过21世纪初期特殊教育政策的"推进"与"加快",近年来政策着眼点逐渐从数量走向质量、从水平走向公平[②]。2014年《特殊教育提升计划(2014—2016年)》首次提出了"使每一个残疾孩子都能接受合适的教育"的全纳教育的具体战略;2017年《第二期特殊教育提升计划(2017—2020年)》再次提出"特殊教育学校、普通学校随班就读和送教上门的运行保障能力全面增强""教育质量全面提升……普通学校随班就读质量整体提高"。"加强随班就读支持保障体系建设"成为近年来相关政策的重点任务。随着随班就读质量提升的要求,对专业化的随班就读教师的需求也随之扩大。为此,2012年《关于加强特殊教育教师队伍建设的意见》、2014年《特殊教育提升计划(2014—2016年)》、2017年《残疾人教育条例》(修订)、《第二期特殊教育提升计划(2017—2020年)》相继出台,对随班就读教师职后培训提出更具针对性的要求。

[①] 杨克瑞:《改革开放40年我国特殊教育政策的顶层设计与战略推进》,载《中国教育学刊》,2018(5)。

[②] 同上。

(二)政策问题：随班就读教师质量不高及专业发展路径受限

1. 职前特殊教育素养培养不足、随班就读师资质量成制约随班就读发展重要因素

随班就读的开展成为我国残疾儿童、少年接受义务教育的主要形式，极大地推动了特殊儿童义务教育的普及水平。根据《中国教育统计年鉴》数据显示，在随班就读政策提出后，在读特殊儿童与特殊教育专任教师（含随班就读教师）的生师比逐年增长，从1988年的5.35至2000年增长至11.81，与此同时，特殊教育学校生师比呈现下降趋势，从1988年的5.18降低至2000年的4.2，充分体现了随班就读规模的扩大，也反映出我国随班就读推行中师资配备的不足。在随班就读推进过程中，尽管国家相关政策从培养方面做出规定，要求普通师范生选修或必修特殊教育相关课程，力图从源头保证随班就读教师质量，但是如前所述（参见第一节）政策执行效果并不明显，在随班就读规模迅速扩大过程中，仍是大量未接受过任何特殊教育知识技能训练的普通教师及普通师范生承担起特殊儿童的随班就读工作。20世纪末的一项调研发现，大多数随班就读教师缺乏对随班就读儿童教育教学的相关技能，甚至未能形成基本的对随班就读的高度认可和对特殊需要儿童充分接纳的态度。[①] 因而，在随班就读政策推行伊始，"对普通学校的教师进行特教知识培训""把视力、听力语言和智力残疾儿童少年随班就读的师资培训工作列入计划，设立培训基地，采取多种形式，对教师进行岗前和在职培训"成为随班就读政策中重要的师资保障措施。

2. 随班就读教师专业发展路径受限制约随班就读质量提升

近年来系列政策对我国普通教育教师职前培养中增加特殊教育素养相关内容做出明确规定，越来越多的普通师范生职前培养阶段了解、掌握一定的特殊教育知识技能，为普通学校实施随班就读提供支持。但是，由于在相关政策中并未要求普通教育教师必须接受特殊教育的学习或必须选修一定的特殊教育学分，在教师资格证考试中增加一定比例的特殊教育相关内容的政策也并未落实，因此，职前接触或学习特殊教育知识技能的随班就读教师数量十分有限，我国普通教师职前培养中特殊教育内容缺失仍是客观现实。职后培训作为随班

[①] 刘春玲、杜晓新、姚健：《普通小学教师对特殊需要儿童接纳态度的研究》，载《中国特殊教育》，2000（3）。

就读教师特殊教育素养补充的重要路径，其价值和意义不言而喻。然而，近年来的调查显示，随班就读教师职后培训情况并不理想。例如，一项对上海市参加过特教职后培训的随班就读教师的调查结果表明教师对培训效果的满意度不高[①]；研究者对北京市4所随班就读学校资源教室的调查发现需要加强资源教师的专业教学知识和技能培训[②]；有学者针对上海市410名教师职后培训情况的调查表明接受过相关培训的教师数量仅有36.8%，且专业培训的形式多为短训班，培训内容并不到位，进而造成教师在教学实践中仍感到重重困难[③]。职后培训的量与质的不足使得随班就读教师特殊教育素养相关的专业发展受到限制，进而限制随班就读整体质量的提升。因此，"经常化、制度化""开展全员培训""在普通教师培训中增加一定比例的特殊教育内容和相关知识""增强培训的针对性和实效性"成为近十年来我国随班就读教师培训政策的关键内容。

(三)政策目标：特殊教育能力专业取向的随班就读教师队伍

1."具备特教基本知识和技能"的随班就读教师队伍

20世纪80年代末及90年代初，面对随班就读推行初期专业师资缺乏及随班就读教师职前培养体系空白的状况，我国特殊教育教师政策中将加强随班就读教师的岗前培训和在职培训，提升普通学校教师特教基本知识和技能作为基本政策目标。1988年《中国残疾人事业五年工作纲要(1988—1992年)》、1992年《残疾儿童少年义务教育"八五"实施方案》及1994年《关于开展残疾儿童少年随班就读工作的试行办法》均明确要求各地要加强随班就读教师岗前培训和在职培训工作。值得注意的是，1992年《残疾儿童少年义务教育"八五"实施方案》中提出"残疾儿童、少年教育学校应发挥骨干、示范作用，对特殊教育班和随班就读的教师进行短期培训"，首次明确提出特殊教育学校在随班就读教师培训中的组织与实施的职责。其后，1994年的《关于开展残疾儿童少年随班就读工作的试行办法》中再次提出"应当充分发挥特殊教育学校在教学研究、师资培训和提供资料、咨询及残疾儿童少年测查等方面的作用"，并且进一步明确了

---

① 陈方：《近年来我国教师专业化研究综述》，载《中小学教育管理》，2005(2)。

② 杨希洁、徐美贞：《北京市随班就读小学资源教室初期运作基本情况调查》，载《中国特殊教育》，2004(6)。

③ 马红英、谭和平：《上海市随班就读教师现状调查》，载《中国特殊教育》，2010(1)。

地方各级教育行政部门在随班就读师资培训中的职责,要求其"设立培训基地,采取多种形式",开展教师的岗前和在职培训;同时,还强调在残疾儿童少年的鉴别工作中,"省、市(地)"两级的教育行政部门应组织专家,承担起鉴定人员的培训工作。可见,在随班就读政策推行初期,通过明确各级教育行政部门、特殊教育学校职责,加强随班就读教师培训,以解决普通学校教师特教基本知识和技能缺乏问题是政策的主要目标。

2. 专业取向的随班就读教师队伍

随着随班就读规模的扩大及整个特殊教育事业的发展,国家政策对于随班就读教师职后培训的关注愈加具体和丰富,建立培训体系以保障随班就读教师培训工作的开展成为政策的焦点。其一,明确培训组织和机构。2003年《全国随班就读工作经验交流会议纪要》及其后颁布的《教育部基础教育司关于开展建立随班就读工作支持保障体系实验县(区)工作的通知》中明确要求"县(区)教研室要起龙头作用,对本地区随班就读工作进行研究、指导培训、咨询辅导等。要充分发挥县特殊教育学校在随班就读工作的重要作用""以县特殊教育学校为依托,县里没有特教学校的,要以地市特教学校为依托,有计划地开展随班就读教师的业务培训,并做到经常化、制度化",并且强调"加强特殊教育学校与普通学校的沟通,充分发挥特教学校在随班就读中的骨干指导作用"。其后,2016年《普通学校特殊教育资源教室建设指南》中将"开展普通教师培训"列为资源教室的主要功能之一。2017年修订的《残疾人教育条例》以及《第二期特殊教育提升计划(2017—2020年)》明确要求县一级承担普通学校随班就读教师的培训。这些政策不仅进一步强调了特殊教育学校在随班就读教师培训中的重要作用,而且也进一步明确了县级教育行政部门的职责,使随班就读教师培训的组织机构和实施单位得到拓展。其二,初步形成随班就读教学教研网络。有学者指出,专业培训最有效的做法是将教学、培训和研究结合起来,结合教师在教学中遇到的问题对他们进行培训,并且组织他们围绕问题进行研究。[①] 教研活动也成为我国教师专业成长的关键推动力之一。2003年《全国随班就读工作经验交流会议纪要》及其后颁布的《教育部基础教育司关于开展建立随班就读工作支持报账体系实验县(区)工作的通知》明确提出要形成以县为单位的教研和指

---

① 肖非:《中国的随班就读:历史·现状·展望》,载《中国特殊教育》,2005(3)。

导网络，即"县教育局→乡镇中心学校→随班就读学校连接的管理网络和县教研（或特教学校、特教中心）→乡骨干校教师（中心校/特教校）→随班就读点教师的教研和指导网络"。这为基层随班就读教师的专业发展及多层级的培训体系的建立奠定了基础。其三，建立全员培训制度，提高培训针对性和实效性。21世纪初期的《全国随班就读工作经验交流会议纪要》中就强调要做到随班就读教师培训的"经常化和制度化"。其后，2011年《教师教育课程标准（试行）》中将"特殊儿童教育"这一模块纳入在职教师教育课程中；2012年《关于加强特殊教育教师队伍建设的意见》中强调"各地要同步开展承担随班就读任务教师的全员培训"；2017年修订的《残疾人教育条例》中规定"在普通教师培训中增加一定比例的特殊教育内容和相关知识"。与此同时，2014年的《特殊教育提升计划》提出"加强普通学校随班就读、资源指导、送教上门等特殊教育教师培训"，这也是相关政策中首次将随班就读教师队伍进一步细分，指出了随班就读教师队伍人员组成的多样性。2017年的《第二期特殊教育提升计划（2017—2020年）》进一步强调"县一级承担普通学校随班就读教师、资源教师和送教上门教师培训，增强培训的针对性和实效性"。可见，随着教育事业的发展以及随班就读规模的迅速扩大，21世纪随班就读教师职后培训政策的关注点也与时俱进，一方面，强调将全体普通教师纳入随班就读教师职后培训范畴，开展"全员培训"；另一方面，细化随班就读教师队伍，使培训更具针对性和实效性，这对于随班就读教师职后培训体系的建立奠定基础，对于专业取向的随班就读教师队伍建设具有重要推动作用。

（四）政策资源：政府管理体制的逐渐明晰及财政投入、专业资源投入保障

1. 政府管理体制的逐渐明晰：随班就读教师职后培训政策实施得到组织管理保障

20世纪80年代末随班就读政策提出以来，相关政策及事业的快速发展为随班就读教师职后专业发展提供了良好的政策环境（见本章第一节）。与此同时，政府管理体制的建立为随班就读教师职后培训政策的实施提供了组织管理保障。20世纪80年代末，在《关于发展特殊教育的若干意见》中就明确提出"在各级人民政府的统一领导下，以教育部门为主，民政、卫生、劳动、计划、财政和残疾人联合会等部门和组织紧密配合，各司其职，共同做好特殊教育工作"，其中"教育行政部门负责贯彻执行国家关于特殊教育的方针政策……负责特教师资的培训",形成了整个特殊教育事业发展多部门合作、教育行政部门在师资培训中发挥主导作用的体系雏形。1992年《残疾儿童少年义务教育"八五"实施方案》中明确要求"建校、办班、随班就读一起布局。残疾儿童、少年教育学校应发挥骨干、示范作用。对当地普通学校附设特殊教育班和随班就读进行业务指导和咨询;对特殊教育班和教师进行短期培训",与此同时明确了在中央有关方针政策的指导下,省、市(地)统筹规划,县、乡组织实施的自上至下的组织管理体系。其后,《残疾人教育条例》《关于开展残疾儿童少年随班就读工作的试行办法》等政策也相继规定"各级人民政府应当重视从事残疾人教育的教师培养、培训工作""地方各级教育行政部门把……随班就读的师资培训工作列入计划"等。2001年《关于"十五"期间进一步推进特殊教育改革和发展的意见》专门要求各级教育行政部门把办好普通学校特殊教育班和搞好残疾学生随班就读工作作为一项重要任务来抓,并且要求特殊教育学校要定期派出教师对普通学校特殊教育班和残疾学生随班就读的教学工作进行巡回辅导。这一政策不仅是对20世纪90年代相关政策的回应和强调,同时也再次强调各级教育行政部门的责任,奠定了21世纪以来相关政策的基调。2003年,《全国随班就读工作经验交流会议纪要》及《教育部基础教育司关于开展建立随班就读工作支持保障体系实验县(区)工作的通知》进一步指出建立随班就读工作的支持保障体系,"特别是在县(市、区)范围内建立稳定的、强有力的支持保障体系",明确要求形成"省、地(市)县的管理与指导网络",特别是建立以县为单位的教师教研和指导网络,加强对本地区随班就读教师的指导培训。其后,《关于进一步加快特殊教育事业发展的意见》《特殊教育提升计划(2014—2016年)》《特殊教育二期提升计划(2017—2020年)》均强调县(区)级随班就读支持保障体系的建立与完善。可见,20世纪80年代和90年代,多部门合作及自上而下的政府管理体制初步形成,并在21世纪不断深化和明确,各级教育行政部门的职能愈发明确、县(区)级随班就读支持保障体系建设成为重点,成为随班就读教师职后培训政策实施的重要组织基础。

2. 资源投入逐步加强:随班就读教师职后培训政策实施得到财政支持及专业资源保障

1989年国务院办公厅转发国家教委等部门《关于发展特殊教育若干意见的通知》着重强调"多渠道筹措办学经费和基建投资",并明确指出按照基础教育地方负责、分级管理的原则,发展特殊教育所需经费,应由地方人民政府负责安排。1992年《残疾儿童少年义务教育"八五"实施方案》再次强调"积极筹措残疾儿童、少年义务教育经费",并且考虑随班就读学生增长数,确定国务院有关部委和团体设立的特殊教育专项补助经费;与此同时,"要求各省、自治区、直辖市应制定奖励和补贴办法,鼓励教师从事特殊教育工作,包括从事普通学校附设特殊教育班和随班就读的教育工作"。1994年《关于开展残疾儿童少年随班就读工作的试行办法》再次重申"各级教育行政部门应逐步增加对残疾儿童少年随班就读的经费投入",并要求"各级教育行政部门应逐步增加对残疾儿童少年随班就读的经费投入,并在教师编制、教师工作量计算……方面照顾随班就读工作的需要"。其后1994年《残疾人教育条例》、1996年《残疾儿童少年义务教育"九五"实施方案》均在经费保障中明确强调从中央到各级地方政府及其他部委所设立的专项补助费支持特殊教育。进入21世纪,2001年国务院办公厅转发教育部等部门《关于"十五"期间进一步推进特殊教育改革和发展的意见》强调"坚持特殊教育经费以地方人民政府投入为主的原则,努力增加特殊教育经费",并对教育经费、生均公用经费、补助费等的增加做了要求。2003年《全国随班就读工作经验交流会议纪要》中又再次专门强调"保证经费投入和落实承担随班就读工作教师的相关待遇""加大资金投入力度"以保障随班就读工作的开展。其后2009年《关于进一步加快特殊教育事业发展的意见》《特殊教育提升计划(2014—2016年)》《第二期特殊教育提升计划(2017—2020年)》等政策均将"加大特殊教育经费投入力度""倾斜支持特殊教育"等作为保障随班就读在内的特殊教育事业发展的主要措施。这些均为随班就读教师的专业发展提供了良好的物质基础。

与此同时,特殊教育教师职前培养机构、地方培训基地的建设及特殊教育学校的专业资源为随班就读教师职后培训的开展提供了专业支撑。从20世纪80年代开始特殊教育教师职前培养体系逐步完善,培养机构的数量及层次逐渐丰富多元,如前所述不仅成为特殊教育学校教师职前培养和职后培训的重要专业资源,同时也为随班就读教师的职后培训带来专业支撑。与此同时,系列政策中均要求地方各级教育行政部门设立培训基地、充分发挥特殊教育学校专业资源等为随班就读教师的职后培训提供保障。例如:1992年《残疾儿童少年义务教育"八五"实施方案》就要求"省、自治区、直辖市要办好现有的24所中等特殊教育师资培养、培训机构……未建立师资培养、培训机构的省、区，所需新师资可委托邻近省、市代培，并建立师资短期培训基地"。1994年《关于开展残疾儿童少年随班就读工作的试行办法》要求"地方各级教育行政部门应当把视力、听力语言和智力残疾儿童少年随班就读的师资培训工作列入计划，设立培训基地，采取多种形式，对教师进行岗前和在职培训"。2003年《全国随班就读工作经验交流会议纪要》中在总结随班就读工作经验的基础上提出依托特教学校开展特教培训，并成为近年来随班就读教师培训的主要专业支撑。2009年《关于进一步加快特殊教育事业发展的意见》中强调"依托高等特殊教育学院、其他有关院校和专业机构建设特殊教育教师培训基地"。可见，特殊教育师资培养机构的建立、地方师资培训基地及特殊教育学校的专业资源建设成为随班就读教师职后培训所需的专业资源的有力支持者。

(五)政策影响：随班就读教师专业发展纳入政府视野，初步建立职后培训体系

政策带来的主要影响就是随班就读教师的专业发展纳入政府视野，以随班就读教师、资源教师、送教上门教师为主的特殊教育教师培训相关工作的展开，进一步丰富了我国特殊教育教师培训体系，促进我国特殊教育教师队伍的发展。在政策影响下，近年来我国随班就读教师职后培训工作主要由各地区教育主管部门及特殊教育中心负责管理并组织实施，以特殊教育学校、特殊教育师范院校、教研机构为依托，形成"市—区(县)—学校"的多级管理和指导网络，多地区将随班就读教师的职后培训纳入教师继续教育体系，组织形式多样、受众分层，初步建立多层次、多渠道、多种模式的师资培训体系。例如：北京市构建了"市—区—学区—普通学校"的多层级融合教育专业服务体系，对普通学校担任融合教育专业支持的相关专业教师全覆盖培训，为普通教师融合教育素养的形成奠定了坚实基础。此外，还针对各类融合教育专业人员的不同基础和需求(如巡回指导教师、资源教师等)，开展周期性、持续性培训，形成了较完备的教学服务团队培训体系，使其真正走上专业化发展的道路。除了系列培训外，北京市还组建了市、区级融合教育教研组，建立了"专题研修与协作咨询相结合"的教研模式，覆盖十多区的几十所融合教育学校，为融合教育教师的专业成长提供了更丰富的途径和更宽广的平台。2017年，一项针对北京市随班就读质量的研究中发现在随机抽取的八个区的91所学校中，接受过培

训的教师为 61.98%[①]，相较于 2010 年前职后培训覆盖广度不够、次数不足的情况取得较大进展[②]。

但是，当前政策执行仍面临质疑和挑战，其主要原因在于相关政策仅是对普通教师培训中增加特殊教育内容和相关知识进行鼓励和倡导，并且从 1988 年第一个相关表述出现后一直以对先前规定的重申和延续为主，虽然有一定进展，但均未进一步对培训目标、培训内容、培训形式、考核方式、组织和实施单位、经费保障等问题做出可操作性规定。与此同时，已有规定用词简略、表述不清，如"有计划""做到经常化、制度化"等口号式词语，或者特殊教育学校"指导培训、咨询指导"等，使得政策规定难以执行落实，这也导致各地区相关政策的出台及培训的开展无标准可参照，在自行规划组织下，培训工作呈现出较大的地区差异。此外，在已有十余项政策文件中，除《教师教育课程标准（试行）》为普通教育领域文件，其余文件均为特殊教育领域文件，其约束力受限于特殊教育领域，难以调动普通教育领域资源对相关政策进行落实，也从侧面反映出教育领域对随班就读教师特殊教育素养提升的问题的重视仍有待提升。因此，提高政策规定的可操作性、扩大政策的约束力范畴、在政策文本中有针对性地细化和补充具体问题，为随班就读教师特殊教育素养职后培训体系的建立和完善提供具体参照是未来政策发展的方向。

三、随班就读教师特殊教育素养职后培训政策的主要特点

（一）以全员培训为目标，政策目标对象不断细化

无论是随班就读开展早期，政策文本提出对"普通学校教师"进行培训，还是 20 世纪 90 年代中后期及 21 世纪初的相关文件提出对"随班就读班级的任课教师""随班就读班级教师""承担随班就读教学工作的教师"进行培训，相关文件中的政策目标对象均指承担随班就读教学工作的班级任课教师这个单一群体。但是，随班就读教师不仅包含承担随班就读教育教学的班级教师，还包括

[①] 牛爽爽、邓猛、关文军等：《北京市同班就读学生发展质量研究》，载《中国特殊教育》，2017(5)。

[②] 王雁、肖非：《中国特殊教育教师培养研究》，274 页，北京，北京师范大学出版社，2012。

诸如巡回指导教师、资源教师等提供辅导或支持的专业教师。因此，从2009年起，相关政策目标对象不断细化。2009年《关于进一步加快特殊教育事业发展的意见》中强调"加强……巡回指导教师的培训"；2014年《特殊教育提升计划（2014—2016年）》提出"加强普通学校随班就读、资源指导、送教上门等特殊教育教师培训"；2017年《第二期特殊教育提升计划（2017—2020年）》明确要求"县一级承担普通学校随班就读教师、资源教师和送教上门教师培训"。可见，政策导向愈加丰富、多层次的目标对象，也指明了随班就读队伍人员组成的多样性。而且，21世纪以来全员培训成为主要政策目标导向，如2012年《关于加强特殊教育教师队伍建设的意见》中明确提出"各地要同步开展承担随班就读任务教师的全员培训"、2017年《第二期特殊教育提升计划（2017—2020年）》中要求"对特殊教育教师实行5年一周期不少于360学时的全员培训"、2017年修订的《残疾人教育条例》中规定"在普通教师培训中增加一定比例的特殊教育内容和相关知识"等。可见，一方面，全员培训成为政策主要目标；另一方面，政策目标群体不再仅局限于承担随班就读工作的教师，全体普通教师作为培训对象成为近年政策的关注点，这为提升普通教师融合教育素养水平奠定了重要的政策基础。

（二）以体系建设为保障，政策要求权责逐渐明确

从1992年《残疾儿童少年义务"八五"实施方案》首次提出"残疾儿童、少年教育学校"具有组织和实施随班就读教师培训的职责，到1994年《关于开展残疾儿童少年随班就读工作的试行办法》再次明确特殊教育学校在师资培训中的作用，并且强调"地方各级教育行政部门"在随班就读师资培训中的职责，再到2003年《全国随班就读工作经验交流会议纪要》及《教育部基础教育司关于开展建立随班就读工作支持保障体系实验县（区）工作的通知》两份文件中对"县（区）教研室""县/市特殊教育学校"在随班就读师资培训中的权责做出较详细的规定。其后，2016年的《普通学校特殊教育资源教室建设指南》首次明确要求将"开展教师培训"列为资源教室的主要功能之一。可见，自随班就读政策实施以来，作为培训体系建设中重要因素的培训组织和实施单位在政策中逐渐得以扩充，"地方各级教育行政部门""县（区）教研室""特殊教育指导中心""特殊教育学校""资源教室""资源中心"等均被纳入随班就读教师职后培训体系之中，承担组织和实施培训的职责。与此同时，自2003年《全国随班就读工作经验交流

会议纪要》及《教育部基础教育司关于开展建立随班就读工作支持保障体系实验县（区）工作的通知》颁布以来，以县为单位的教研和指导网络的建设也成为随班就读教师职后培训体系的重要保障力量。"县一级承担普通学校随班就读教师培训"的要求也在其后的文件中（如 2017 年《第二期特殊教育提升计划（2017—2020 年）》）再次强调，也明确了县级部门在随班就读教师培训中的重要作用，奠定了政策基调。但是，不能忽视的是已有政策对各级培训组织和实施单位的权责划分仍有待进一步明确，培训体系的建设也仍有很长一段路要走。

（三）以倡导性政策语言为主，政策强制力与操作性亟须加强

已有相关政策中对随班就读教师职后培训进行要求的政策语言表达中，大量使用了"应当""支持""有计划地"倡导性词语，且相关政策也均以特殊教育领域政策为主，大大限制政策的强制力。而且，已有政策语言多简略、宏观，对培训体系诸多细节，如培训具体内容、培训形式、培训时长、考核方式及经费保证等并未进行明确规定，使得培训实施无章可依。例如，2003 年的《全国随班就读工作经验交流会议纪要》使用"有计划""做到经常化、制度化"此类口号式词语，难以落实；2003 年的《教育部基础教育司关于开展建立随班就读工作支持保障体系实验县（区）工作的通知》对培训形式做出了"指导培训、咨询辅导"的简略规定，也有待补充和细化。可见，相关文本类似的表述方式使得政策强制力和操作性明显不足，仅是大方向上进行了规定和引导，直接限制了相关要求的执行力度，也导致各地区相关政策的出台和培训开展缺乏参考标准，也成为长久以来政策实施效果不理想的最直接原因。

第二部分
中国特殊教育教师发展现状

　　本章节主要基于2007年以来《中国教育统计年鉴》和《中国教育经费统计年鉴》的相关统计指标,从数量、质量、工作负担和工资待遇四个方面对中国特殊教育教师发展现状进行分析,其中数量方面包括特殊教育教师的规模和结构;质量方面包括特殊教育教师的职称、学历及接受特教专业培训的状况;特殊教育教师工作负担包括生师比、班师比、班额;特殊教育教师工资待遇包括工资总体水平、工资支出占特殊教育学校经费支出和事业性经费支出的比例、平均工资。具体分析指标如下:

1. 特殊教育教师数量指标
(1)特殊教育教师规模指标
①特殊教育教师总体规模;
②特殊教育教师的流动性。
(2)特殊教育教师结构指标
①特殊教育教师性别结构;
②特殊教育教师类型结构。

2. 特殊教育教师职称与学历指标

(1)特殊教育教师学历状况；

(2)特殊教育教师职称状况；

(3)特殊教育教师接受特教专业培训状况。

3. 特殊教育教师工作负担指标

(1)特殊教育学校生师比；

(2)特殊教育学校班师比；

(3)特殊教育学校班额。

4. 特殊教育教师工资待遇指标

(1)特殊教育教师工资支出总额；

(2)特殊教育教师工资支出总额占特殊教育学校经费支出总额的百分比；

(3)特殊教育教师工资支出总额占特殊教育学校事业性经费支出总额的百分比；

(4)特殊教育教师平均工资。

为了能够更加全面、深入地呈现中国特殊教育教师的发展状况，各个分析指标都从时间和空间两个维度加以描述。考虑到资源的可用性和时效性，时间维度主要探讨2003—2012年特殊教育教师在各个指标上的发展趋势，空间维度主要是对特殊教育教师发展各个指标在不同地区和省份上的差异进行描述和比较。地区比较时，依据国家统计局2003年发布并沿用至今的区域划分标准，即根据我国大陆区域经济水平与地理位置，将大陆地区整体上划分为东、中、西三大地区。[①] 东部地区包括北京、天津、河北、辽宁、上海、江苏、浙江、福建、山东、广东、海南11个省、直辖市。中部地区包括山西、吉林、黑龙江、安徽、江西、河南、湖北、湖南8个省。西部地区包括广西、内蒙古、重庆、四川、贵州、云南、西藏、陕西、甘肃、宁夏、青海、新疆12个省、自治区、直辖市。

需要指出的是，本部分分析的特殊教育教师是指特殊教育学校所有在编在岗的教职员工，即聋校、盲校、培智学校及综合类特殊教育学校的专任教师及行政、教辅、工勤人员两大类，不包括普通学校特教班的教职工和随班就读教师。

---

① 国家统计局2003年发布的沿用至今的区域划分标准，主要依据经济发展水平与地理位置相结合长期演变而形成。

第三章

特殊教育教师数量

随着我国特殊教育的发展，特殊教育教师队伍不断扩大。本章中分析特殊教育教师数量将从规模和结构两个维度展开。其中，规模包括特殊教育教师的总体规模、流动性及我国不同地区特殊教育教师规模的变化情况，结构包括特殊教育教师的性别结构和类型结构，以期揭示特殊教育师资队伍整体上的发展特点。

第一节 特殊教育教师规模

一、特殊教育教师总体规模的变化

随着我国对特殊教育及特殊教育教师队伍建设的关注和重视，近十年，全国特殊教育教师总数稳步增长，规模逐渐扩大，由2007年的44 862人增加至2016年的62 468人，涨幅达到39.2%。其中涨幅最大的为最近的2015—2016年，特殊教育教师共增加了2 920人。（见图3-1）

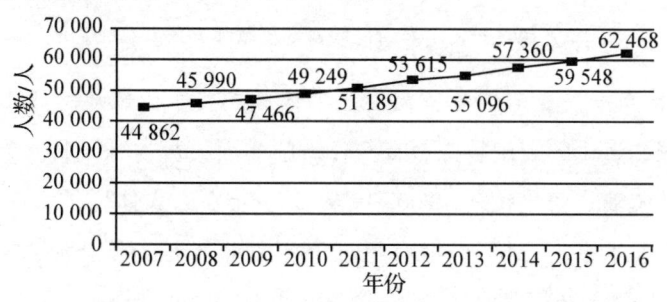

图3-1 2007—2016年特殊教育教师总数的变化

二、特殊教育专任教师流动性

特殊教育专任教师的流动性指特殊教育专任教师的流入人数与流出人数的变化情况，它是衡量特殊教育学校师资队伍稳定性的重要指标。一般而言，特殊学生规模扩大，特殊教育学校数量增加时，特殊教育教师的流入人数将会高于流出人数。相反，学生规模缩小，学校数量减少时，特殊教育教师的流出人数会高于流入人数。当教师流入和流出的人数基本均等时，说明在现有办学标准下，教师资源的配置基本达到均衡状态。

（一）特殊教育专任教师流入情况

1. 特殊教育专任教师流入总人数的变化

整体来看，我国特殊教育专任教师在近十年内的流入总数呈现逐渐增长的趋势，且2007年至2011年的增长幅度较大，由3 333人增加至4 612人，在接下来的2012年至2015年保持在较为稳定的水平，但2016年又出现了较大幅度的增加，仅2015年至2016年便增加了636人，占十年来总增幅的三分之一左右。（见图3-2）

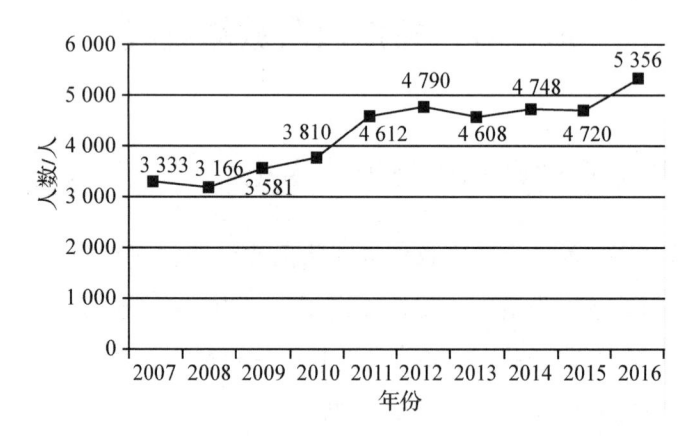

图3-2　2007—2016年特殊教育专任教师流入人数的变化

2. 特殊教育专任教师流入人数占当年特殊教育专任教师总数比例的变化

整体来看，近十年我国特殊教育专任教师流入人数占当年特殊教育专任教师总数的比例呈波浪式变化状态，2007年至2011年左右大体增加，在2011年达到近十年来的最高水平11.16%，即有超过10%的教师是当年新流入的。随后这一比例开始逐年下降至2015年的9.38%，2016年又略微回升至10.07%。（见图3-3）

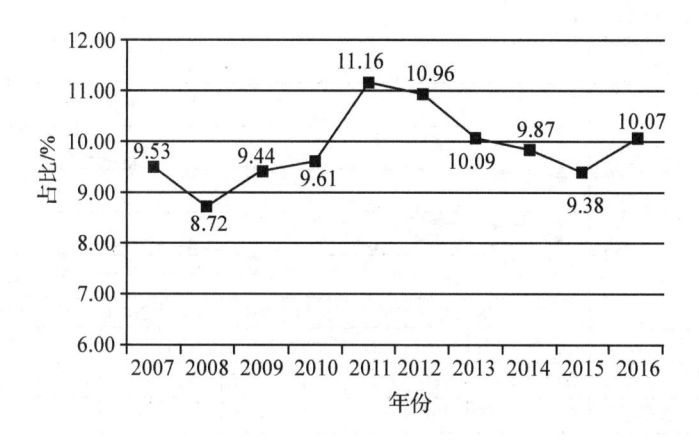

图 3-3　2007—2016 年特殊教育专任教师流入人数占当年专任教师总人数的比例

3. 特殊教育专任教师不同流入途径的变化

《中国教育统计年鉴》中特殊教育专任教师流入的途径主要有调入、录用毕业生、校内调整增加及其他增加四种。整体来看，过去十年间我国特殊教育专任教师的流入以调入和录用毕业生两种途径为主，并且表现出了相似的变化趋势，即先逐年增长后出现略微下降，再缓慢回升。具体来看，调入的特殊教育教师数量由 2007 年的 1 429 人逐年上升至 2012 年的 2 442 人，随后逐年下降，2016 年又反弹至 2 506 人，是十年来最高。通过录用毕业生增加的特殊教育专任教师人数在 2012 年前同样稳步增加，2012 年为 1 566 人，经历了 2013 年的小幅度下降后又逐年上升，2016 年已达到 2 014 人。通过校内调整增加的特殊教育专任教师在 2011 年最多，为 958 人，其余年份保持在相对平稳的五六百人左右。通过其他方式增加的专任教师数量同样在十年来保持平稳，是四种流入方式中人数最少的。（见图 3-4）

从占比上来看，调入的特殊教育教师占比最大且较为平稳，一直保持在 40%～50%，最高的为 2012 年的 50.98%；其次是录用毕业生，占比表现出一定的增加趋势，由 2007 年的 25.26% 增加至 2016 年的 37.60%，逐渐接近通过调入方式增加的教师比例；通过校内调整增加的教师占比逐年减少，2016 年仅占 9.75%；其他方式增加的教师比例最少，也表现出微弱的减少趋势。（见图 3-5）

综上，我国特殊教育专任教师流入主要以调入和录用毕业生为主要途径，且录用毕业生这一途径扮演的角色越来越重要，校内调整和其他方式增加的专任教师占比则逐年小幅度下降。

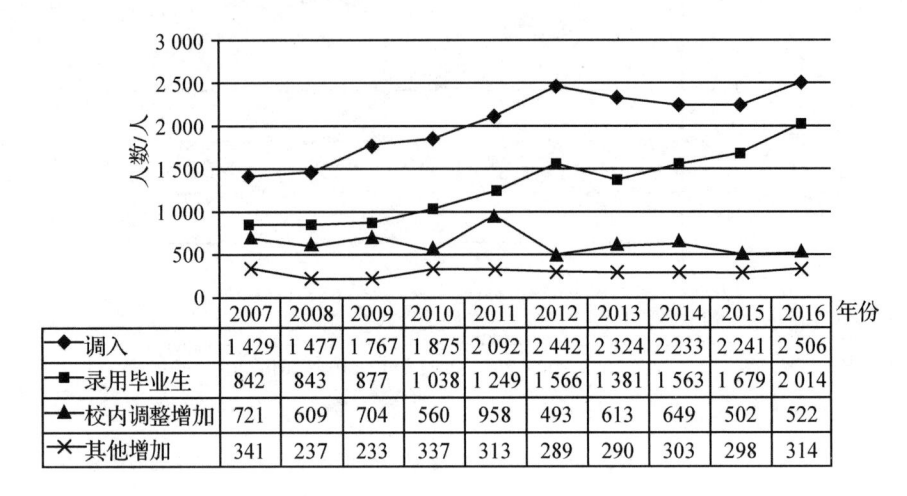

	2007	2008	2009	2010	2011	2012	2013	2014	2015	2016
调入	1 429	1 477	1 767	1 875	2 092	2 442	2 324	2 233	2 241	2 506
录用毕业生	842	843	877	1 038	1 249	1 566	1 381	1 563	1 679	2 014
校内调整增加	721	609	704	560	958	493	613	649	502	522
其他增加	341	237	233	337	313	289	290	303	298	314

图 3-4 2007—2016 年特殊教育专任教师不同流入途径人数的变化比较

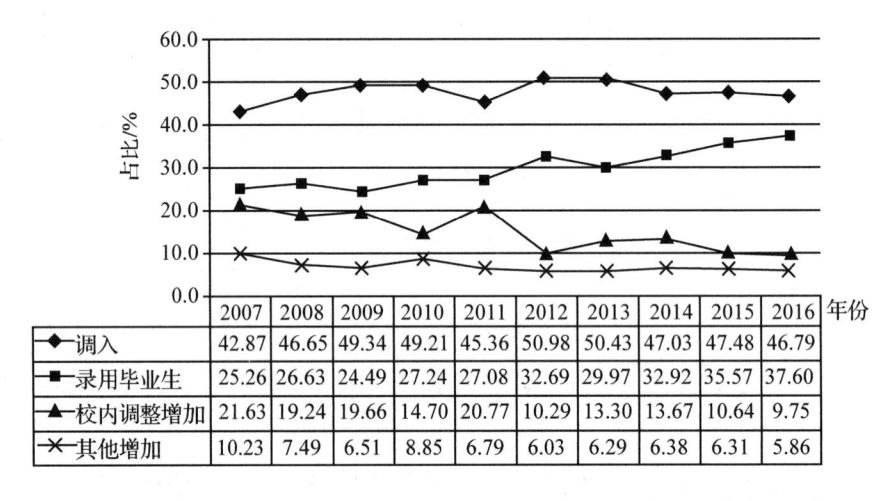

	2007	2008	2009	2010	2011	2012	2013	2014	2015	2016
调入	42.87	46.65	49.34	49.21	45.36	50.98	50.43	47.03	47.48	46.79
录用毕业生	25.26	26.63	24.49	27.24	27.08	32.69	29.97	32.92	35.57	37.60
校内调整增加	21.63	19.24	19.66	14.70	20.77	10.29	13.30	13.67	10.64	9.75
其他增加	10.23	7.49	6.51	8.85	6.79	6.03	6.29	6.38	6.31	5.86

图 3-5 2007—2016 年特殊教育专任教师不同流入途径人数占比的变化比较

(二)特殊教育专任教师流出情况

1. 特殊教育专任教师流出总人数的变化

近十年中的前五年，我国特殊教育专任教师的流出人数逐年增加，且 2010 年到 2011 年的涨幅最大，达到 2 699 人，也是近十年来人数最多的一年。2011 年之后，特殊教育专任教师的流出人数呈现波浪式变化趋势，但波动幅度较小，2012 年为 2 404 人，2016 年为 2 477 人，保持在较为稳定的水平。(见图 3-6)

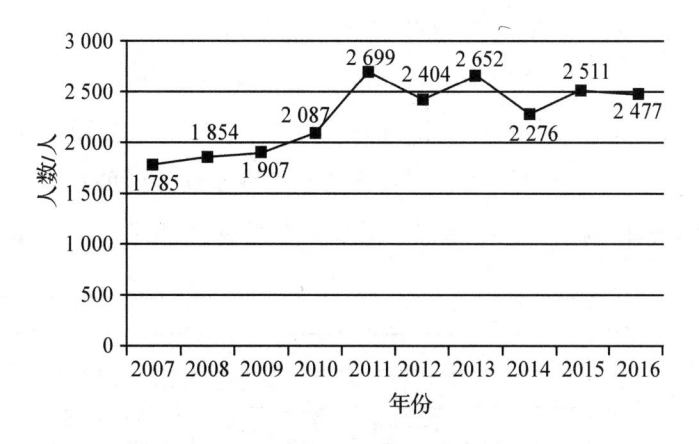

图 3-6　2007—2016 年特殊教育专任教师流出人数的变化

2. 特殊教育专任教师流出人数占当年专任教师总数比例的变化

从流出人数占当年特殊教育专任教师总数的比例来看，近十年来以 2011 年的 6.53% 为转折点先逐年增加，后波浪式下降。但总体来说在最近的几年中表现出了一定的下降趋势，截至 2016 年，当年流出的特殊教育专任教师仅占总人数的 4.65%，为十年来最低。（见图 3-7）

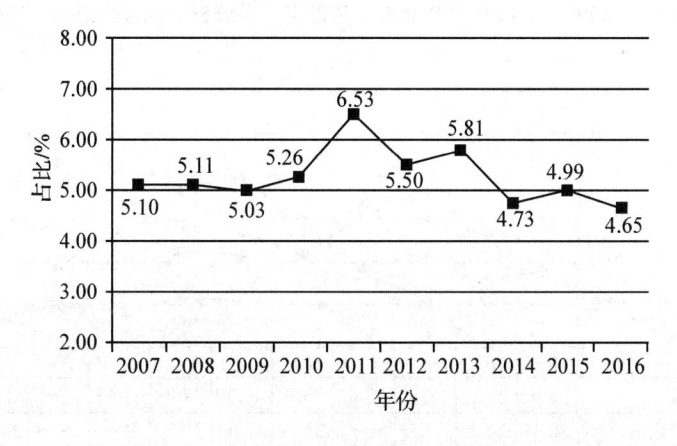

图 3-7　2007—2016 年特殊教育专任教师流出人数占当年专任教师总数的比例

3. 特殊教育专任教师不同流出途径的变化

与通过不同途径流入的教师相比，特殊教育专任教师的流出情况较为复杂，近十年来并没有一种完全占据主导地位的流出方式，人数最多且占比相对最高的是调出，且在 2012 年后逐渐超过其他方式，2016 年通过调出方式离开特殊教育教师岗位的教师共 1 203 人，占所有流出教师的 48.57%。其次是自然减员和校内调整减少,前者人数和占比略高于后者,且近十年来表现较为平稳,分别占 30% 左右和 20% 左右。人数和占比最低的是其他方式,但 2011 年例外,当年 791 人通过其他方式离开占 29.31%,随后大幅减少,近三年来占比最低,仅不足 10%。整体来看,我国特殊教育专任教师的减少以流出方式为主,自然减员和校内调整减少次之,其他方式最少。(见图 3-8 和图 3-9)

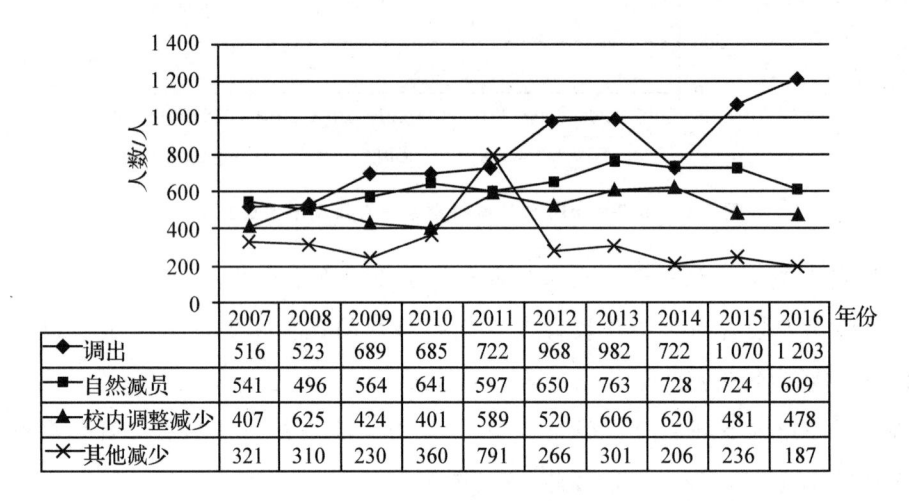

年份	2007	2008	2009	2010	2011	2012	2013	2014	2015	2016
调出	516	523	689	685	722	968	982	722	1 070	1 203
自然减员	541	496	564	641	597	650	763	728	724	609
校内调整减少	407	625	424	401	589	520	606	620	481	478
其他减少	321	310	230	360	791	266	301	206	236	187

图 3-8 2007—2016 年特殊教育专任教师不同流出途径人数变化的比较

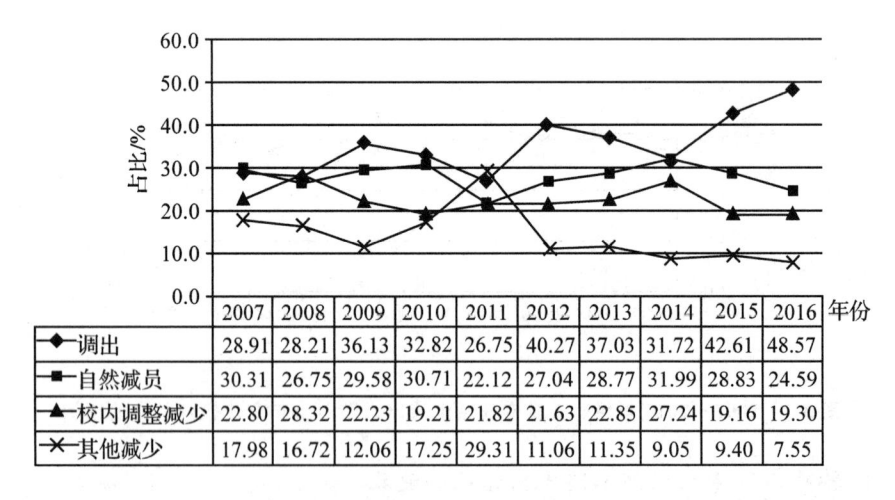

年份	2007	2008	2009	2010	2011	2012	2013	2014	2015	2016
调出	28.91	28.21	36.13	32.82	26.75	40.27	37.03	31.72	42.61	48.57
自然减员	30.31	26.75	29.58	30.71	22.12	27.04	28.77	31.99	28.83	24.59
校内调整减少	22.80	28.32	22.23	19.21	21.82	21.63	22.85	27.24	19.16	19.30
其他减少	17.98	16.72	12.06	17.25	29.31	11.06	11.35	9.05	9.40	7.55

图 3-9 2007—2016 年特殊教育专任教师不同流出途径人数占比变化的比较

4. 特殊教育专任教师流入和流出比例的比较

由于近十年我国对特殊教育教师队伍建设的政策和实践上的大力支持,各个年份特殊教育专任教师流入的百分比均高于流出的百分比,差距保持在 4%~

5%。其中，2008年流入教师与流出教师占当年专任教师总数的比例相差最小，仅为3.61%，也是近十年来特殊教育专任教师队伍数量变化最少的一年。相差最大的是2012年，达到5.46%，且2012年到2016年的五年中，有三年超过了5%，整体差距高于近十年中的前五年。这充分说明，近十年中，尤其是近五年来，由于大量特殊教育学校的兴建和残疾儿童入学率的提升，对特殊教育专任教师的需求量大大增加，使得我国特殊教育专任教师的数量呈现明显的扩张趋势，流入百分比持续高于流出百分比，以更好地满足特殊教育发展的现实需要。（见表3-1）

表3-1 2007—2016年特殊教育专任教师流入与流出比例的比较

年份	流入百分比/%	流出百分比/%	流入—流出/%
2007	9.53	5.10	4.43
2008	8.72	5.11	3.61
2009	9.44	5.03	4.41
2010	9.61	5.26	4.35
2011	11.16	6.53	4.63
2012	10.96	5.50	5.46
2013	10.09	5.81	4.28
2014	9.87	4.73	5.14
2015	9.38	4.99	4.39
2016	10.07	4.65	5.41

三、东、中、西部地区特殊教育教师规模的变化

（一）东、中、西部地区特殊教育教师总数的变化

整体来看，我国东部地区特殊教育教师总数最多，其次为中部地区，而西部地区最少。近十年间我国东、中、西部特殊教育教师的数量整体上均表现出逐年增长的稳定趋势。相比而言，东部地区特殊教育教师总数增长最快，但西部地区在2010年之后增长速度与东部地区不相上下，而中部地区的增长速度与东部地区和西部地区存在明显差异。具体来看，2016年，东部地区特殊教育教师总数达到30 354人，比十年前的2007年增加了7 047人，增幅达到30.23%；西部地区特殊教育教师人数在2011年突破万人大关后迅速增加，2016年达到14 995人，比2007年增加了将近90%，增长幅度巨大；而中部地区

特殊教育教师数量的增长速度最慢，十年间仅增长了3 000多人。（见图3-10）

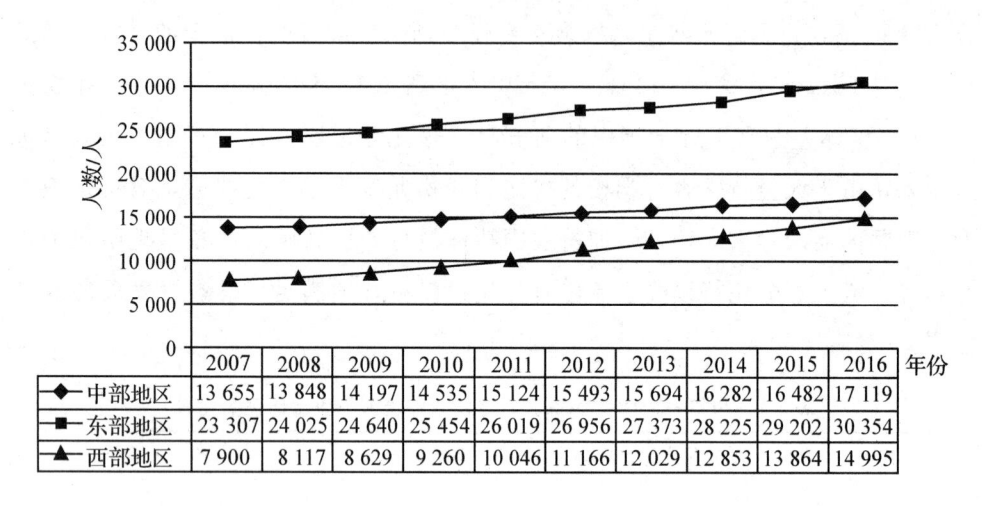

年份	2007	2008	2009	2010	2011	2012	2013	2014	2015	2016
中部地区	13 655	13 848	14 197	14 535	15 124	15 493	15 694	16 282	16 482	17 119
东部地区	23 307	24 025	24 640	25 454	26 019	26 956	27 373	28 225	29 202	30 354
西部地区	7 900	8 117	8 629	9 260	10 046	11 166	12 029	12 853	13 864	14 995

图3-10 2007—2016年东、中、西部地区特殊教育教师总数的变化

（二）东、中、西部地区特殊教育专任教师人数的变化

近十年东、中、西部特殊教育专任教师的变化趋势与特殊教育教师总数的变化趋势相似，均一致上升，且西部地区的专任教师总数在2013年突破了万人大关。东部地区和西部地区的增长速度相近，均明显高于中部地区，且西部地区2016年特殊教育专任教师数量已接近中部地区，达到13 027人。东部地区特殊教育专任教师数量远高于中西部地区，从2007年的17 830人增加至2016年的25 253人，涨幅达到41.63%。涨幅最大的是西部地区，2016年比2007年翻了一倍多。中部地区仅增加4 000人左右。（见图3-11）

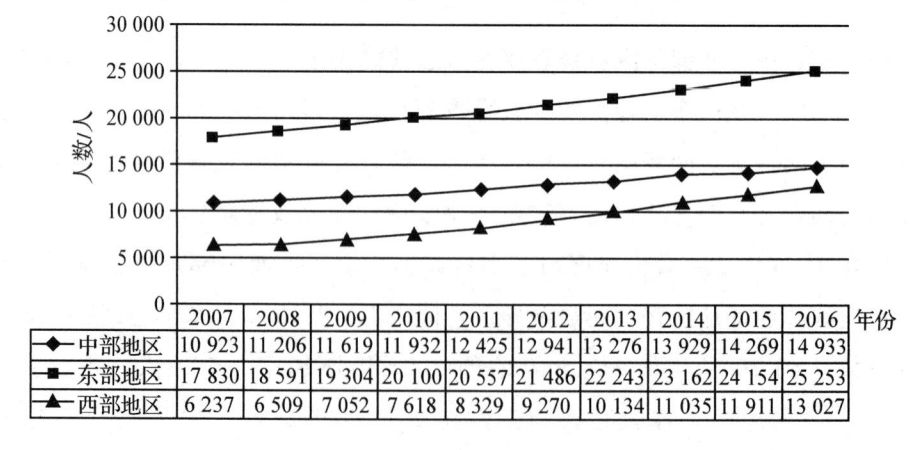

年份	2007	2008	2009	2010	2011	2012	2013	2014	2015	2016
中部地区	10 923	11 206	11 619	11 932	12 425	12 941	13 276	13 929	14 269	14 933
东部地区	17 830	18 591	19 304	20 100	20 557	21 486	22 243	23 162	24 154	25 253
西部地区	6 237	6 509	7 052	7 618	8 329	9 270	10 134	11 035	11 911	13 027

图3-11 2007—2016年东、中、西部地区特殊教育专任教师人数的变化

(三) 东、中、西部地区特殊教育学校行政、教辅、工勤人员人数的变化

整体来看,东部地区和中部地区行政、教辅、工勤人员人数的变化趋势相似,2012年之前相对平稳,但2012年之后表现出了一定的下降趋势,但中部地区下降更为明显,2016年比2007年下降了546人,降幅达到将近20%。而与东部地区和中部地区相比,西部地区的行政、教辅、工勤人员则一直缓慢增加,2012年之后相对平稳,2016年达到1 968人,比2007年增加了305人。(见图3-12)

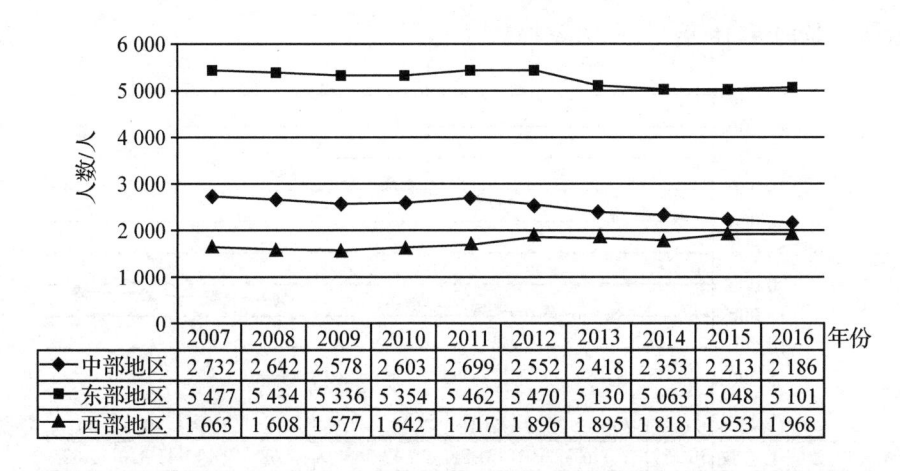

年份	2007	2008	2009	2010	2011	2012	2013	2014	2015	2016
中部地区	2 732	2 642	2 578	2 603	2 699	2 552	2 418	2 353	2 213	2 186
东部地区	5 477	5 434	5 336	5 354	5 462	5 470	5 130	5 063	5 048	5 101
西部地区	1 663	1 608	1 577	1 642	1 717	1 896	1 895	1 818	1 953	1 968

图3-12 2007—2016年东、中、西部地区特殊教育学校行政、教辅、工勤人员人数的变化

第二节 特殊教育教师结构特点

一、特殊教育教师性别结构特点

特殊教育教师的性别结构具有重要的政策性意义。教师职业往往具有明显的女性化特征,但是教师的性别结构特点又受其他一些因素的影响,如不同地区文化差异、职业收入与其他职业的相对收入等。这里将分析特殊教育教师性别差异的整体特点及不同地区特殊教育教师性别结构的特点。

（一）特殊教育教师总体性别差异

整体来看，从 2007 年至 2016 年，特殊教育教师中男性的数量远低于女性。随着时间的推移，男性和女性教师的数量都有上升的趋势，且女性教师数量的上升速度明显快于女性教师数量的上升速度，导致其数量差异逐年增加。其中，女性教师数量从 2007 年的 30 259 人增加至 2016 年的 43 625 人，增加了 13 366 人，增幅达到 44.17%；男性教师数量从 2007 年的 14 603 人增加至 2016 年的 18 843 人，仅增加了 4 240 人。2016 年，女性教师增加数量相当于男性教师增加数量的 3.15 倍。（见图 3-13）

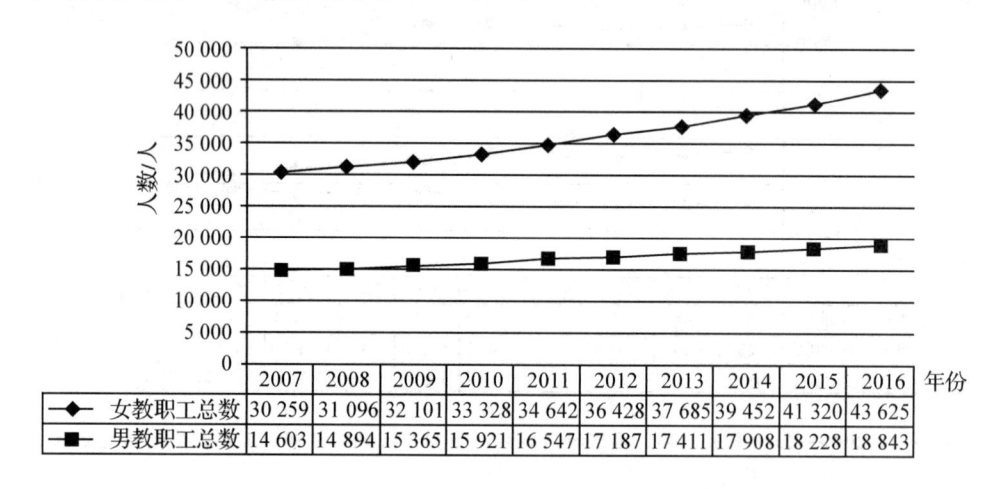

年份	2007	2008	2009	2010	2011	2012	2013	2014	2015	2016
女教职工总数	30 259	31 096	32 101	33 328	34 642	36 428	37 685	39 452	41 320	43 625
男教职工总数	14 603	14 894	15 365	15 921	16 547	17 187	17 411	17 908	18 228	18 843

图 3-13 2007—2016 年不同性别特殊教育教师的数量

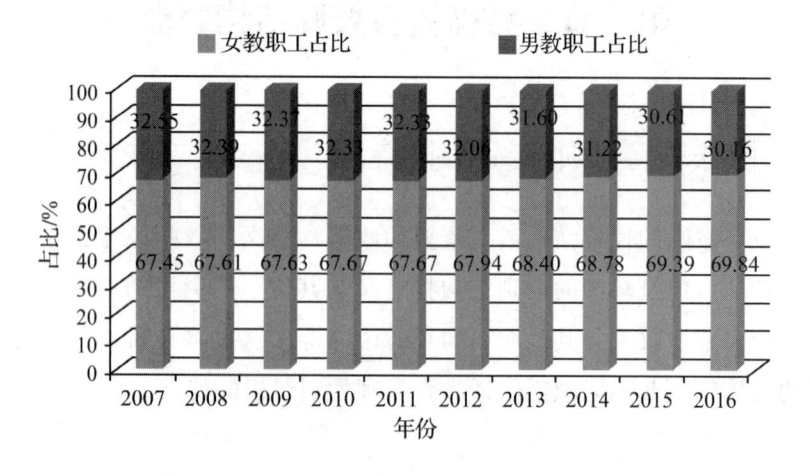

年份	2007	2008	2009	2010	2011	2012	2013	2014	2015	2016
男教职工占比	32.55	32.39	32.37	32.33	32.33	32.06	31.60	31.22	30.61	30.16
女教职工占比	67.45	67.61	67.63	67.67	67.67	67.94	68.40	68.78	69.39	69.84

图 3-14 2007—2016 年特殊教育教师的性别比例

从图 3-14 可以进一步看出，2007—2016 年男性教师占特殊教育教师总数的比例均低于女性教师占特殊教育教师总数的比例。随着时间的推移，男性教师所占比例略呈下降趋势，从 2007 年的 32.55% 下降为 2016 年的 30.16%，与此相反，女性教师所占比例略呈上升趋势，从 2003 年的 67.45% 上升为 2016 年的 69.84%，说明我国特殊教育教师队伍的性别差异越来越大，女性教师占比远高于男性教师。

(二) 特殊教育专任教师的性别差异

与特殊教育教师总体的性别差异相似，2007—2016 年特殊教育专任教师中女性教师的数量远远高于男性教师的数量。随着时间的推移，男女专任教师的数量都呈上升趋势，但女性专任教师的上升趋势快于男性专任教师的上升趋势。其中，女性教师从 2007 年的 25 333 人增加至 2016 年的 39 034 人，增加了 13 701 人；男性教师从 2007 年的 9 657 人增加至 2016 年的 14 179 人，增加了 4 522 人；女性专任教师增加数量相当于男性专任教师增加数量的 3 倍左右。(见图 3-15)

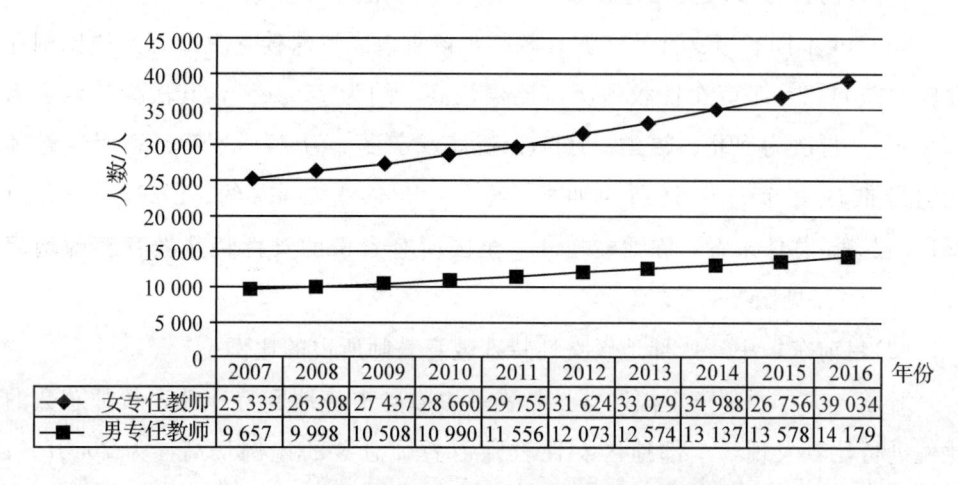

年份	2007	2008	2009	2010	2011	2012	2013	2014	2015	2016
女专任教师	25 333	26 308	27 437	28 660	29 755	31 624	33 079	34 988	26 756	39 034
男专任教师	9 657	9 998	10 508	10 990	11 556	12 073	12 574	13 137	13 578	14 179

图 3-15　2007—2016 年特殊教育专任教师的性别差异

从图 3-16 可以进一步看到，2007—2016 年特殊教育专任教师中男性的比例远低于女性，且差距逐渐加大。2007 年，女性专任教师和男性专任教师分别占 72.40% 和 27.60%，到 2014 年一直保持在相对稳定的水平，但 2015 年女性专任教师占比达到 73.02%，2016 年达到 73.35%，表现出了一定的增加趋势，相应地，男性专任教师的占比逐渐减少。这说明近年来增加的专任教师中女性数量远高于男性。

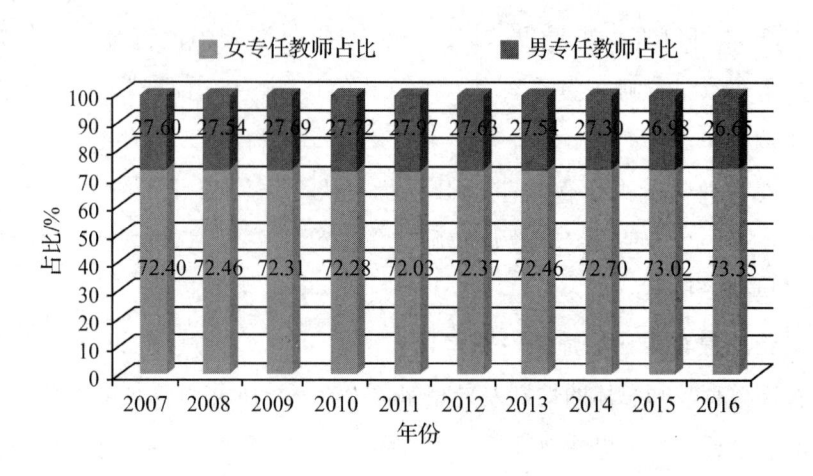

图 3-16　2007—2016 年特殊教育专任教师性别比例的差异

(三)东、中、西部地区特殊教育教师队伍中女性教师所占的比例

1. 东、中、西部地区女性特殊教育教师所占的比例

(1)目前各省市区女性特殊教育教师所占的比例

2016 年不同省市女性特殊教育教师占该省市区特殊教育教师总数的比例存在较大差异。上海市女性教师所占比例最高,约为 78.46%,其次为广西,为 77.93%;再次为河北、福建、辽宁、浙江、宁夏,为 74%~75%;女性教师比例最低的三个省市分别为西藏(约 58.93%)、山东(约 61.26%)、青海(61.75%)。总体来看,除西藏之外,全国所有省份的女性特殊教育教师均超过了 60%。(见图 3-17)

(2)目前东、中、西部地区女性特殊教育教师所占的比例

对东、中、西部三个地区女性特殊教育教师占该地区特殊教育教师总数的比例进行比较发现,东部地区女性教师占教师总数的比例最高,为 70.87%;中部地区和西部地区比例相近,均为 69%左右,中部地区略低于西部地区,即西部地区特殊教育教师队伍的性别比例最为平衡。但是整体来看三个地区女性教师占特殊教育教师的比例差异不大。同时,必须看到三个地区女教师占教师总数的比例均将近 70%,说明三个地区女性特殊教育教师的数量均远高于男性。(见图 3-18)

第二部分 中国特殊教育教师发展现状

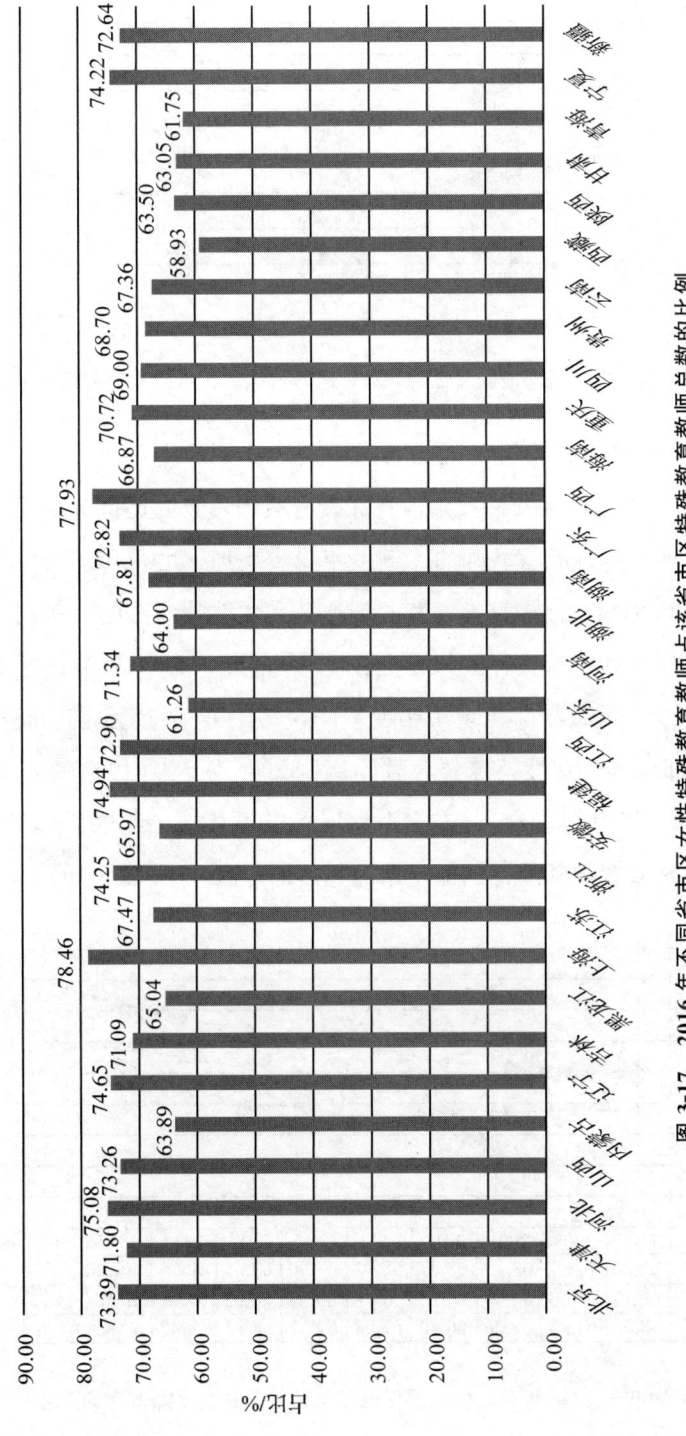

图 3-17 2016年不同省市区女性特殊教育教师占该省市区特殊教育教师总数的比例

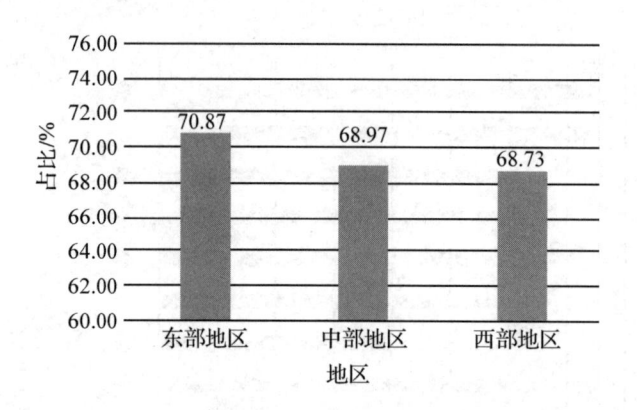

图 3-18 2016 年东、中、西部地区女性特殊教育教师占该地区特殊教育教师总数的比例

(3) 东、中、西部地区女性特殊教育教师所占比例的变化

2007—2016 年不同地区女性教师占特殊教育教师总数的比例有所不同。东部地区女性教师占所有特殊教育教师的比例逐年稳步增加，由 2007 年的 67.64% 增加至 2016 年的 70.87%；而中部地区和西部地区女性教师所占的比例则呈现波浪式变化。中部地区女性特殊教育教师占比在 2007 年至 2010 年较为稳定地保持在 66.70%～66.80%，而 2011 年出现小幅度下降，2012 年后又逐渐上升至 2016 年的 68.97%。西部地区的女性特殊教育教师比例 2007 年至 2010 年逐渐下降，后较快地回升，2016 年为 68.73%，为三个地区最低。从近十年的整体情况来看，中部地区女性特殊教育教师的比例低于东部和西部地区。（见图 3-19）

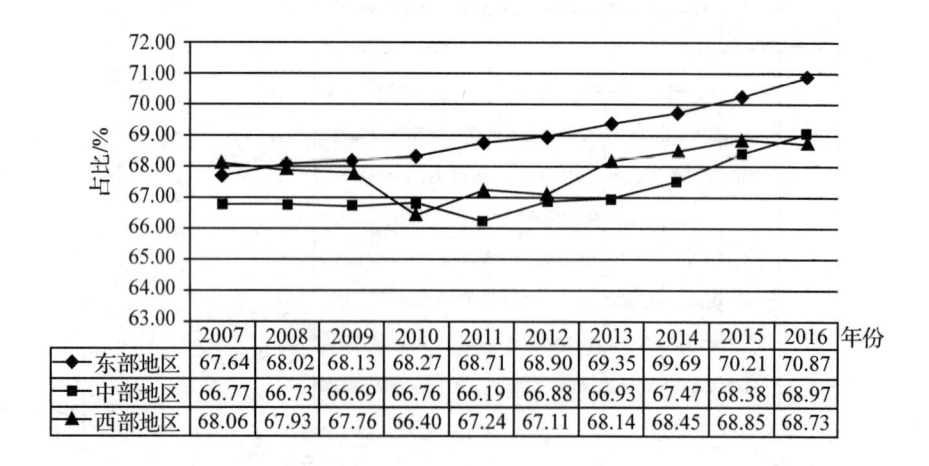

年份	2007	2008	2009	2010	2011	2012	2013	2014	2015	2016
东部地区	67.64	68.02	68.13	68.27	68.71	68.90	69.35	69.69	70.21	70.87
中部地区	66.77	66.73	66.69	66.76	66.19	66.88	66.93	67.47	68.38	68.97
西部地区	68.06	67.93	67.76	66.40	67.24	67.11	68.14	68.45	68.85	68.73

图 3-19 2007—2016 年东、中、西部地区女性特殊教育教师占比的变化*

* 占该地区特殊教育教师总数的比例。

2. 东、中、西部地区女性特殊教育专任教师占特殊教育专任教师总数的比例

(1)目前东、中、西部各省市区女性特殊教育专任教师占特殊教育专任教师总数的比例

目前，不同省市区女性特殊教育专任教师占特殊教育专任教师总数的比例存在较大差异，变化范围为82.93%～61.19%。女性特殊教育专任教师占特殊教育专任教师总数的比例排在前三位的是上海(82.93%)、广西(80.36%)、辽宁(80.23%)，排在后面三位的是青海(约65.43%)、山东(约64.79%)、西藏(61.19%)。所有省市区女性特殊教育专任教师占特殊教育专任教师总数的比例均高于60%，即特殊教育专任教师中女性的数量大于男性。(见图3-20)

(2)目前东、中、西部地区女性特殊教育专任教师占特殊教育专任教师总数的比例

对东、中、西部女性特殊教育专任教师占该地区特殊教育专任教师总数的比例进行比较发现，东部地区女性特殊教育专任教师所占的比例最高(74.53%)，中部地区次之(72.62%)，西部地区最低(71.92%)。但中部和西部地区二者相差较小。(见图3-21)

(3)东、中、西部地区女性特殊教育专任教师占特殊教育专任教师总数比例的变化

从发展趋势看，2007—2016年东部地区女性特殊教育专任教师占该地区特殊教育专任教师总数的比例范围为71.81%～74.53%，2011年比例最低，2016年比例最高。2007—2010年，东部地区女性特殊教育专任教师的比例大体稳定，基本维持在73%左右的水平，2011年下降为71.81%，2012年后又逐年增加至2016年的74.53%。整体来看，东部地区近十年女特殊教育专任教师的比例明显高于中部和西部地区。(见图3-22)

2007—2016年中部地区女性特殊教育专任教师占该地区特殊教育专任教师总数的比例呈现出先缓慢下降后逐年上升的趋势，2011年为近十年来最低的70.74%，之后逐年回升，2013年至2016年上升速度较快，最终超过西部地区，达到72.62%。(见图3-22)

2007—2016年西部地区女性特殊教育专任教师占特殊教育专任教师的比例除2008年之外整体较为稳定，均保持在71%～72%，2008年仅为70.32%，近三年来相对较高，但保持稳定，在72%左右。(见图3-22)

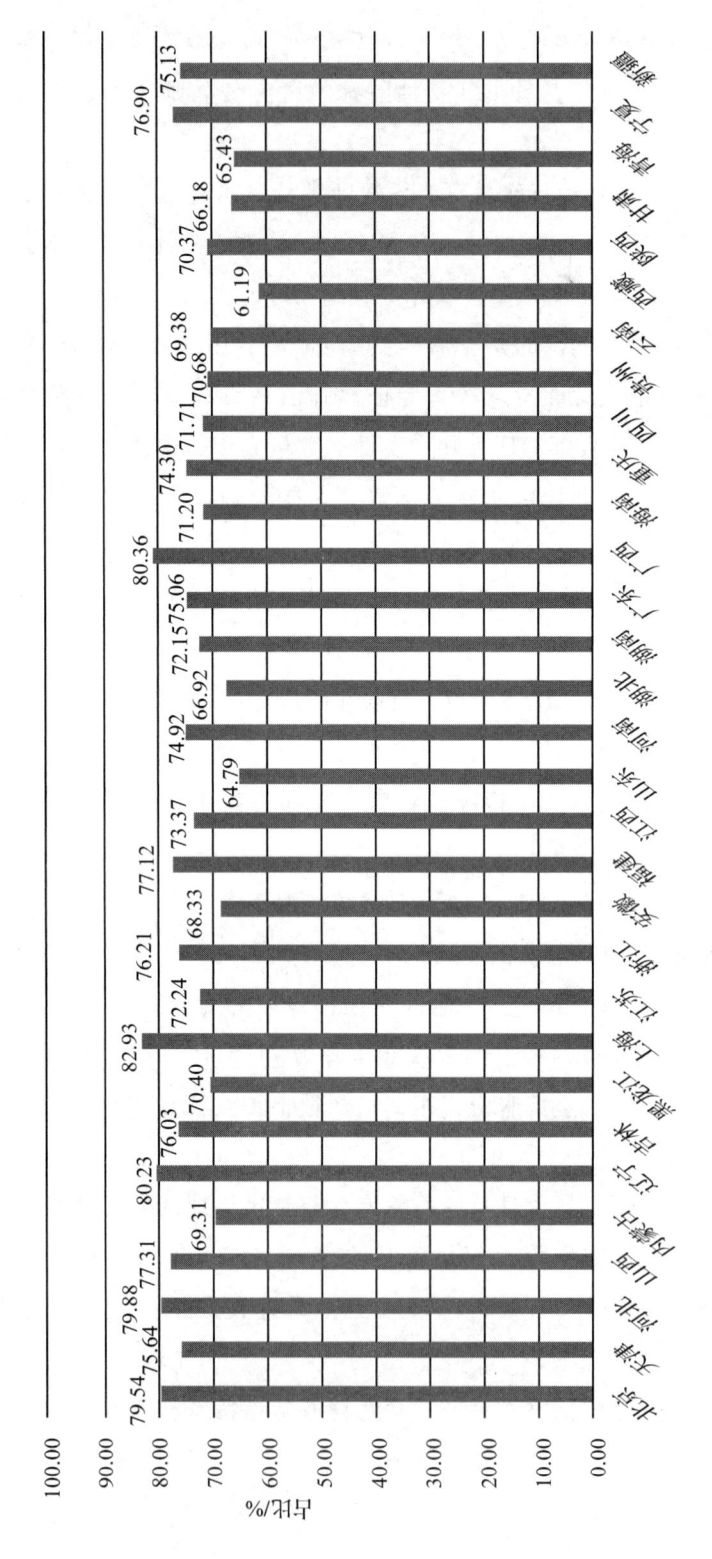

图 3-20 2016 年不同省市区女性特殊教育专任教师占该省市区专任教师总数比例

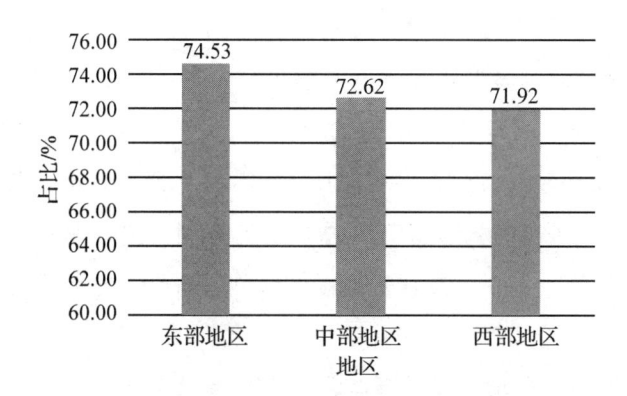

图 3-21 2016 年东、中、西部地区女性特殊教育专任
教师占特殊教育专任教师总数比例

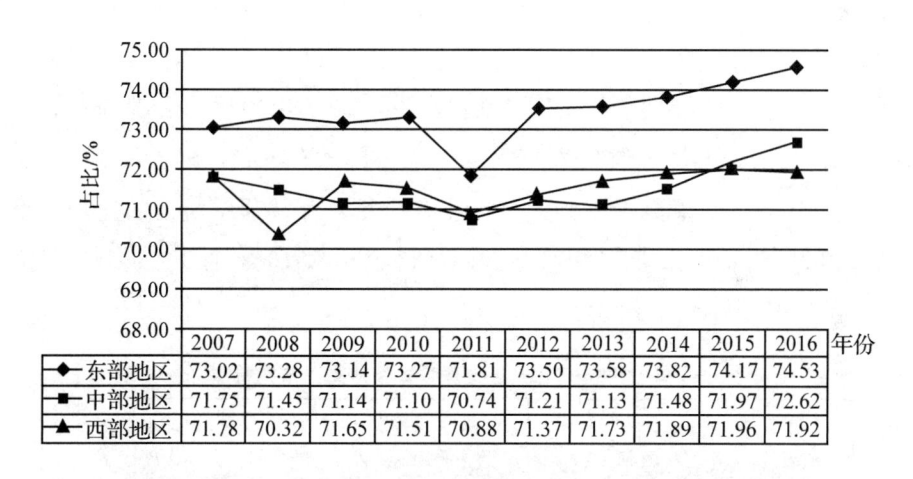

年份	2007	2008	2009	2010	2011	2012	2013	2014	2015	2016
东部地区	73.02	73.28	73.14	73.27	71.81	73.50	73.58	73.82	74.17	74.53
中部地区	71.75	71.45	71.14	71.10	70.74	71.21	71.13	71.48	71.97	72.62
西部地区	71.78	70.32	71.65	71.51	70.88	71.37	71.73	71.89	71.96	71.92

图 3-22 2007—2016 年东、中、西部地区女性特殊教育专任教师占比*

* 占该地区特殊教育专任教师总数比例。

二、特殊教育教师类型结构

按照教师在特殊教育学校的具体职能将特殊教育教师分为两类，分别是专任教师和行政、教辅、工勤人员。专任教师即教学人员，指的是具有教师资格、专门从事教学工作的在编在岗人员；行政、教辅及工勤人员即非教学人员，指从事行政工作、教学辅助性工作和后勤服务的在编在岗人员。不同教师类型占教师总数的比例及变化能够反映出特殊教育教师资源配置是否合理、专任教师是否短缺、学校行政化程度高低等内容。

(一)特殊教育教师类型结构特点及变化

1. 特殊教育专任教师特点及变化

如前所述,2007—2016年专任教师总量不断上升,十年来共增加专任教师18 223人。专任教师与特殊教育教师总数之比逐渐上升,从2007年的1∶1.28逐渐上升至2016年1∶1.17。专任教师占教师总数的比例也不断上升,从2007年的77.99%逐渐上升至2016年的85.18%,上升了7.19%。(见表3-2和图3-23)

2. 特殊教育学校行政、教辅及工勤人员特点及变化

特殊教育学校行政、教辅及工勤人员同样是特殊教育教师重要的组成部分,为特殊教育学校的教学提供行政、管理及后勤支持,是除专任教师之外最大的群体。2007—2016年,我国特殊教育学校行政、教辅及工勤人员的人数呈微弱的逐年减少趋势,并且与教师总数的比值也逐年下降,由2007年的1∶4.54下降为2016年的1∶6.75,也就是说,2007年约每5名教师就有1名行政、教辅及工勤人员,到2016年约每7名教师才有1名行政、教辅及工勤人员。相应地,行政、教辅及工勤人员在所有特殊教育教师中所占的比例也呈现出明显的降低趋势,由2007年的22.01%降低至2016年的14.82%,下降了7.19%。(见表3-2和图3-23)

表3-2 2007—2016年特殊教育教师类型结构特点

年份	专任教师数量/人	专任教师数量/教师总数	行政、教辅及工勤人员数量/人	行政、教辅及工勤人员数量/教师总数	教师总数/人
2007	34 990	1∶1.28	9 872	1∶4.54	44 862
2008	36 306	1∶1.27	9 684	1∶4.75	45 990
2009	37 945	1∶1.25	9 521	1∶4.99	47 466
2010	39 650	1∶1.24	9 599	1∶5.13	49 249
2011	41 311	1∶1.24	9 878	1∶5.18	51 189
2012	43 697	1∶1.23	9 918	1∶5.41	53 615
2013	45 653	1∶1.21	9 443	1∶5.83	55 096
2014	48 125	1∶1.19	9 235	1∶6.21	57 360
2015	50 334	1∶1.18	9 214	1∶6.46	59 548
2016	53 213	1∶1.17	9 255	1∶6.75	62 468

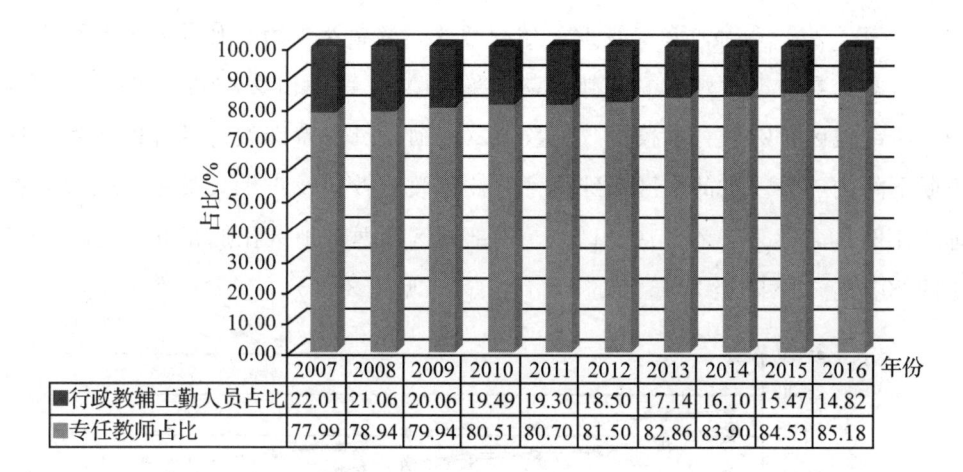

年份	2007	2008	2009	2010	2011	2012	2013	2014	2015	2016
行政教辅工勤人员占比	22.01	21.06	20.06	19.49	19.30	18.50	17.14	16.10	15.47	14.82
专任教师占比	77.99	78.94	79.94	80.51	80.70	81.50	82.86	83.90	84.53	85.18

图 3-23　2007—2016 年我国特殊教育教师结构总体特点

(二)东、中、西部地区特殊教育教师类型结构的变化

1. 东、中、西部地区专任教师所占比例的变化

整体上看，2007—2016 年，东、中、西部地区特殊教育专任教师占特殊教育教师的比例均不断上升。东部地区专任教师的占比明显低于中部和西部地区，差距一直保持在 4 个百分点左右。中部地区和西部地区专任教师的占比大小和变化趋势均较为相似，2007 年至 2011 年上升速度相对较慢，2012 年之后则以较快速度增长，2016 年均达到 87% 左右。综上可以看出，我国东部地区有着更高比例的行政、教辅及工勤人员，而在中、西部地区，特殊教育教师队伍中专任教师的比例更高。（见图 3-24）

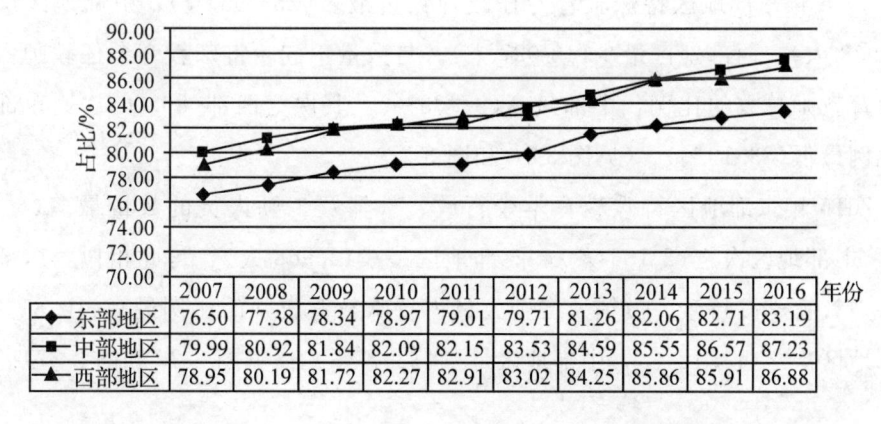

年份	2007	2008	2009	2010	2011	2012	2013	2014	2015	2016
东部地区	76.50	77.38	78.34	78.97	79.01	79.71	81.26	82.06	82.71	83.19
中部地区	79.99	80.92	81.84	82.09	82.15	83.53	84.59	85.55	86.57	87.23
西部地区	78.95	80.19	81.72	82.27	82.91	83.02	84.25	85.86	85.91	86.88

图 3-24　2007—2016 年东、中、西部地区专任教师占特殊教育教师总数的比例

2. 东、中、西部地区特殊教育学校行政、教辅及工勤人员所占比例的变化

与专任教师占特殊教育教师总数比例的发展趋势相反,2007—2016年东、中、西部地区特殊教育学校行政、教辅及工勤人员占特殊教育教师的比例呈现不断下降的趋势。东部地区特殊教育学校行政、教辅及工勤人员占特殊教育教师的比例最高(23.50%~16.81%),中部地区和西部地区比例相近,均由2007年的20%左右下降至2016年的13%左右。(见图3-25)

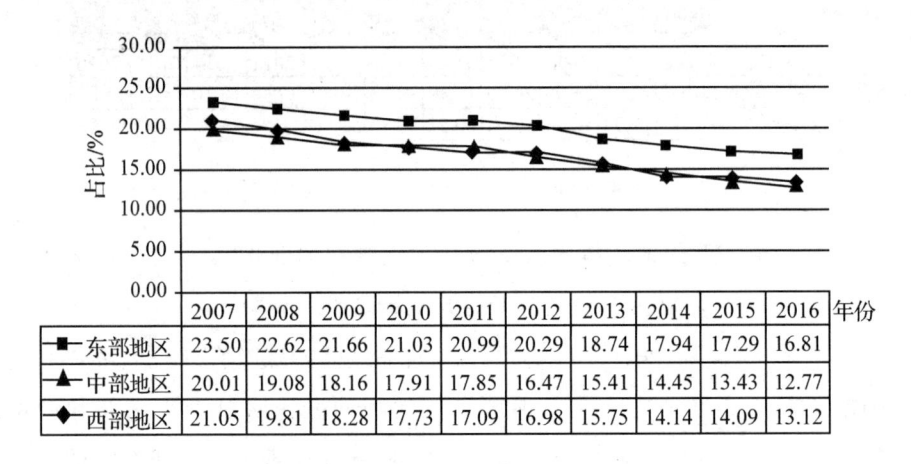

年份	2007	2008	2009	2010	2011	2012	2013	2014	2015	2016
东部地区	23.50	22.62	21.66	21.03	20.99	20.29	18.74	17.94	17.29	16.81
中部地区	20.01	19.08	18.16	17.91	17.85	16.47	15.41	14.45	13.43	12.77
西部地区	21.05	19.81	18.28	17.73	17.09	16.98	15.75	14.14	14.09	13.12

图3-25 2007—2016年东、中、西部地区行政、教辅及工勤人员占特殊教育教师总数比例

(三)目前东、中、西部地区特殊教育教师类型结构特点

1. 目前东、中、西部地区特殊教育教师类型差异

2016年东部地区特殊教育专任教师数量最多(25 253人)、中部地区次之(14 933人)、西部地区最少(13 027人)。与数量不同,特殊教育专任教师占特殊教育教师总数的比例,中部最高(87.23%),其次为西部(86.88%),东部地区比例最低(83.19%)。(见图3-26和图3-27)

2016年东部地区特殊教育学校行政、教辅及工勤人员的数量最多(5 101人),中部地区次之(2 186人),西部地区最少(1 968人),与此相似,东部地区特殊教育学校行政、教辅及工勤人员占特殊教育教师的比例最高(16.81%),西部地区次之(13.12%),中部地区最少(12.77%)。(见图3-26和图3-27)

第二部分 中国特殊教育教师发展现状

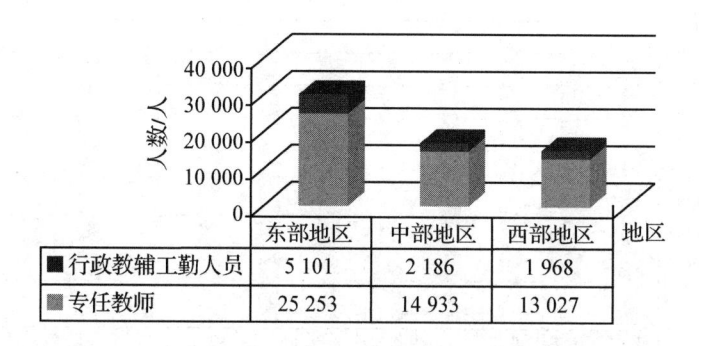

图3-26 2016年东、中、西部地区特殊教育教师类型总数差异

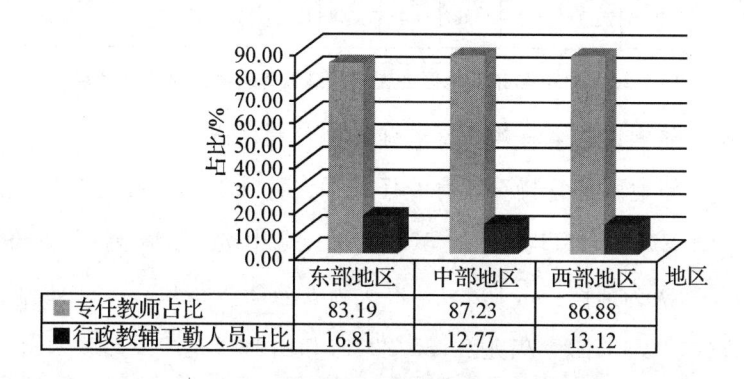

地区	东部地区	中部地区	西部地区
行政教辅工勤人员	5 101	2 186	1 968
专任教师	25 253	14 933	13 027

图3-27 2016年东、中、西部地区不同类型特殊教育教师占比的差异*

地区	东部地区	中部地区	西部地区
专任教师占比	83.19	87.23	86.88
行政教辅工勤人员占比	16.81	12.77	13.12

*占该地区特殊教育教师总数的比例。

2. 目前东部地区各省市特殊教育教师类型结构特点

2016年东部地区各省市特殊教育专任教师占特殊教育教师总数比例的范围为75.40%～89.57%，平均值为81.86%。其中占比最高的省份是浙江（89.57%），其次为福建（88.38%）、山东（85.44%）；占比最低的三个省市分别是辽宁（75.40%）、海南（77.40%）和北京（77.66%）。（见图3-28）

2012年东部地区各省市特殊教育学校行政、教辅及工勤人员占特殊教育教师总数比例的范围为10.43%～24.60%，平均值为18.14%。其中占比最高的三个省份分别是辽宁（24.60%）、海南（22.60%）和北京（22.34%）；占比最低的三个省份分别是浙江（10.43%）、福建（11.62%）和山东（14.56%）。（见图3-28）

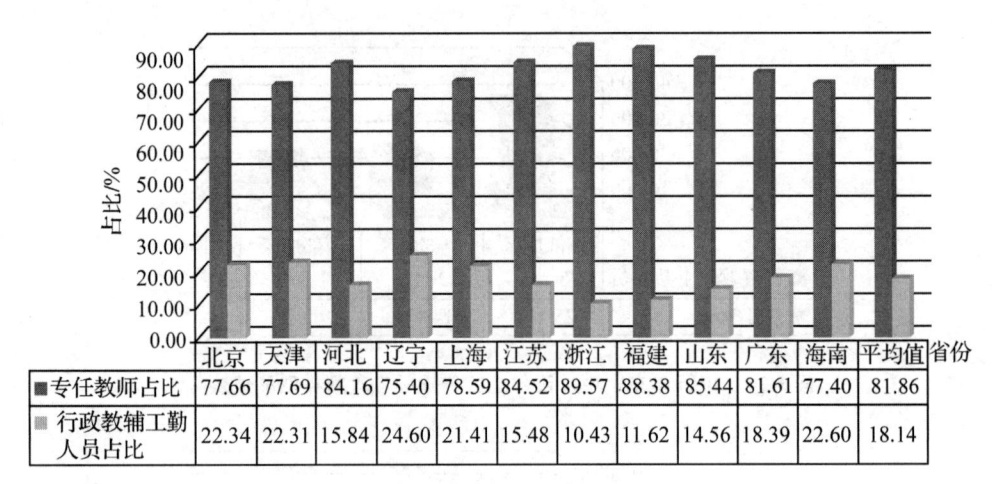

省份	北京	天津	河北	辽宁	上海	江苏	浙江	福建	山东	广东	海南	平均值
专任教师占比	77.66	77.69	84.16	75.40	78.59	84.52	89.57	88.38	85.44	81.61	77.40	81.86
行政教辅工勤人员占比	22.34	22.31	15.84	24.60	21.41	15.48	10.43	11.62	14.56	18.39	22.60	18.14

图 3-28　2016 年东部地区各省市特殊教育教师类型结构特点

3. 目前中部地区各省特殊教育教师类型结构特点

2016 年中部地区各省特殊教育专任教师占特殊教育教师总数比例的范围为 84.49%～94.29%，平均值为 87.23%。其中占比最高的省份是江西（94.29%），其次为河南（89.19%），再次为安徽（87.26%）；占比最低的三个省份分别是吉林（84.49%）、黑龙江（85.22%）和山西（85.70%）。（见图 3-29）

2016 年中部地区各省特殊教育学校行政、教辅及工勤人员占特殊教育教师总数比例的范围为 5.71%～15.51%，平均值为 12.77%，差异性较大。其中占比最高的三个省份分别是吉林（15.51%）、黑龙江（14.78%）和山西（14.30%）；占比最低的三个省份分别是江西（5.71%）、河南（10.81%）、安徽（12.74%）。（见图 3-29）

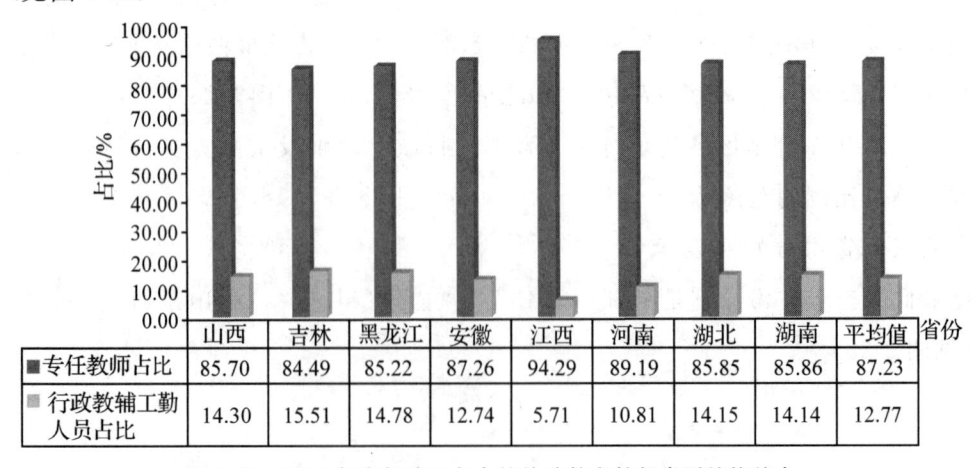

省份	山西	吉林	黑龙江	安徽	江西	河南	湖北	湖南	平均值
专任教师占比	85.70	84.49	85.22	87.26	94.29	89.19	85.85	85.86	87.23
行政教辅工勤人员占比	14.30	15.51	14.78	12.74	5.71	10.81	14.15	14.14	12.77

图 3-29　2016 年中部地区各省份特殊教育教师类型结构特点

4. 目前西部地区各省市区特殊教育教师类型结构特点

2016年西部地区各省市区特殊教育专任教师占特殊教育教师总数比例的范围为79.96%～95.83%，平均值为87.89%。其中占比最高的省份是宁夏（95.83%），其次为甘肃（90.46%），再次为重庆（90.08%）；占比最低的三个省份分别是陕西（79.96%）、广西（79.98%）、内蒙古（85.59%）。（见图3-30）

2016年西部地区各省市区特殊教育学校行政、教辅及工勤人员占特殊教育教师总数比例的范围为4.17%～20.04%，平均值为12.11%，差异较大。其中占比最高的三个省份分别是陕西（20.04%）、广西（20.02%）和内蒙古（14.41%）；占比最低的三个省份分别是宁夏（4.17%）、甘肃（9.54%）和重庆（9.92%）。（见图3-30）

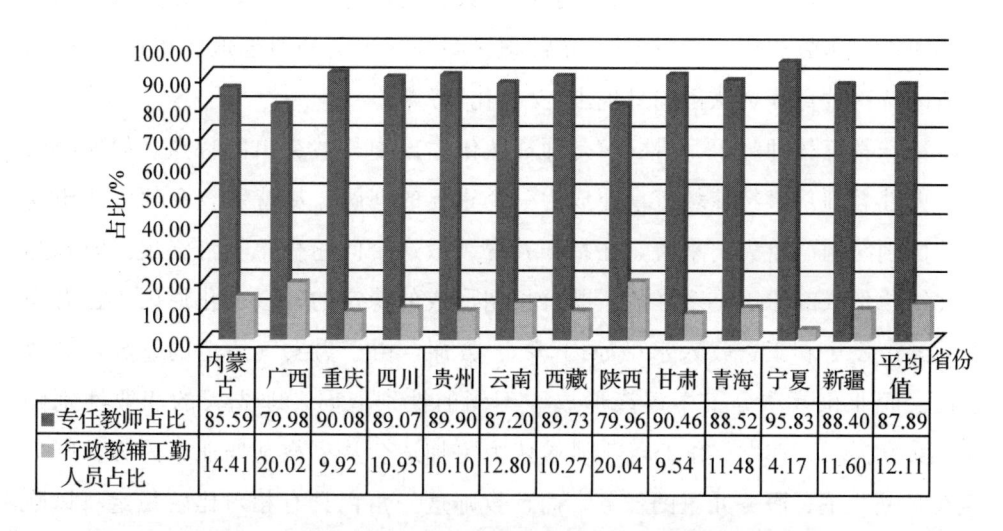

省份	内蒙古	广西	重庆	四川	贵州	云南	西藏	陕西	甘肃	青海	宁夏	新疆	平均值
专任教师占比	85.59	79.98	90.08	89.07	89.90	87.20	89.73	79.96	90.46	88.52	95.83	88.40	87.89
行政教辅工勤人员占比	14.41	20.02	9.92	10.93	10.10	12.80	10.27	20.04	9.54	11.48	4.17	11.60	12.11

图3-30 2016年西部地区各省市区特殊教育教师类型结构特点

总结与讨论

建立一支数量足够、结构合理、优化的特殊教育师资队伍是特殊教育事业发展的重要任务之一。从以上的分析来看，2007—2016年我国特殊教育教师队伍的整体规模及专任教师的规模均实现了较大幅度的增长，不断满足日益增长的在学残疾儿童的受教育需要，同时也表现出一定的地区差异。

一、特殊教育教师队伍的性别差异日益加剧

"女性化"一直都是教师队伍结构的一大特点,在特殊教育教师队伍中表现尤为明显。《中国教育统计年鉴》的数据显示,2016年,全国小学教职工和专任教师中女性占比分别为63.17%和64.83%,初中教职工和专任教师中女性占比分别为54.02%和54.49%,而我国特殊教育学校教职工和专任教师队伍中,女性分别占了69.84%和73.43%,远高于普通小学和初中的相应比例,且近十年来一直逐年递增,说明我国特殊教育教师的女性化程度较高,性别失衡的状况越加明显。此外,在2007—2016年东、中、西部地区的差异比较中,尽管三个地区女性特殊教育教师占特殊教育教师总数或女性特殊教育专任教师占特殊教育专任教师总数的比例有所不同(东部地区最高,中部和西部地区相近),但三个地区特殊教育师资队伍均呈现出"女性化"特点。

特殊教育教师趋于"女性化"是师资队伍建设中日益突出的特点,如何吸引更多男性教师从事特殊教育事业成为一个重要的问题。从特殊教育师资队伍现有的性别结构严重失衡来看,在特殊教育领域这个问题显得更为突出。教师趋于女性化形成的原因是多样的,既有长期形成的稳定的社会文化原因,也有现实的经济发展和工资收入水平原因。[①] 一方面,由于男女气质上的差异,导致在社会职业和劳动分工中逐渐形成了不同的性别取向,即先天的职业性别隔离。女性温柔、体贴、细心等气质被认为更加适合从事教师职业,因为教师肩负着照顾儿童、服务儿童的任务,而且教师这一角色具有相对比较稳定、风险小等特点,这符合女性一直以来的社会角色。另一方面,随着经济发展尤其是经济发达地区,男性往往比女性具有更多职业选择的机会,能够获得更高的工资报酬,这也会影响男性教师从事教师行业。这在一定程度可以解释东部地区女性特殊教育教师占特殊教育教师总数的比例、女性特殊教育专任教师占特殊教育专任教师的总数比例均高于中部地区和西部地区的现象。此外,特殊教育教师是一个更为特殊的职业,教育的对象为特殊儿童,长期以来我国特殊教育发展水平并不高,也可能是阻碍男性进入特殊教育行业的重要原因。

[①] 惠中、韩苏曼:《论我国中小学教师队伍建设中的性别结构失衡问题》,载《全球教育展望》,2011(10)。

二、特殊教育教师的流动仍以调动为主，录用毕业生的数量和比例逐年增加

近十年来，我国特殊教育专任教师的流入人数占当年专任教师总人数的百分比保持在较为稳定的9%～11%，流出的专任教师占比在5%～6%，说明我国特殊教育专任教师十年来继续扩张，还未达到动态平衡。具体来看，特殊教育教师的流动方式仍以调入和调出为主，前者占所有流入教师的45%～50%，后者占流出教师的比例由不到30%增加至将近50%，说明调出在教师流出途径中扮演着越来越重要的角色。值得注意的是，虽然调入仍然是我国特殊教育专任教师流入的主要途径，但近五年来录用毕业生的数量和占比均表现出明显的增长趋势，2016年已达到37.60%，超过了三分之一，这与我国近年来设置特殊教育专业的高校数量增加、特殊教育专业培养规模直接相关。教育部的统计数据表明，截至2018年我国已共有62所高等院校开设特殊教育专业，培养本科层次的特教教师，每年毕业生数量不断提升，因此，录用毕业生在特殊教育专任教师流入方式中扮演着越来越重要的角色。与调入这一途径相比，录用毕业生数量的增加意味着可能有更多特殊教育专业毕业的学生进入特殊教育教师工作岗位，能够有助于特殊教育教师专业化水平的提升。

在流出方面，最主要的方式仍然是调出，且近十年来占比逐渐增长，到2016年达到将近50%，而自然减员的方式仅占不到25%。虽然《中国教育统计年鉴》未对调出的原因进行统计，但这也能够从某种程度上反映出在工作途中离开特殊教育教师岗位的教师不在少数，特殊教育教师队伍稳定性不强，职业吸引力有待进一步提升。

三、西部地区特殊教育教师队伍建设成效显著

整体来看，近十年来我国西部地区特殊教育教师队伍建设取得了较为突出的成就。首先，教师规模迅速扩张，由2007年的7 900人增加至2016年的14 995人，涨幅达到将近90%，而中部地区和东部地区的涨幅分别为仅有25%左右和30%左右，平均每年增加788人，超过了东部地区的783人，且是中部地区的两倍还多，这充分说明，近年来随着我国《关于加快中西部教育发展的

指导意见》《特殊教育提升计划(2014—2016年)》等有关政策的出台,西部地区特殊教育学校数量的增加和办学条件的改善,在西部地区从事特殊教育教师工作的人数越来越多,特殊教育教师队伍得到了极大的充实。其次,在特殊教育教师的性别比例方面,虽然仍然表现出明显的女性化特征,但相较于东部地区和中部地区,西部地区女性特殊教育教师的占比最低,为68.73%,东部地区和中部地区分别达到70.87%和68.97%。最后,在专任教师占比方面,西部地区十年来稳步提高,2016年达到了86.88%,和中部地区基本持平,明显高于东部地区。综上,西部地区虽然社会经济发展水平相对较低,特殊教育发展基础薄弱,但近十年来的发展成就巨大,残疾儿童少年的平等受教育权利得到了更好的保障。

第四章

特殊教育教师质量

　　特殊教育教师的质量是特殊教育质量的重要保证。只有不断提升特殊教育教师的素质水平，才能促使特殊教育不断向前发展。继 2014 年国务院办公厅转发了教育部等部门《特殊教育提升计划（2014—2016 年）》的通知之后，2017 年 7 月教育部、国家发改委、民政部等八部门又联合印发了《特殊提升计划（2017—2020 年）》，其中明确指出"支持师范类院校和其他高校扩大特殊教育专业招生规模，提高培养质量。加大特殊教育专业硕士、博士研究生培养力度。各地采取公费培养、学费减免、助学贷款代偿等措施，为中西部贫困地区定向培养特殊教育教师。鼓励有条件的高等学校加强学前、普通高中及职业教育的特教师资培养。到 2020 年，所有从事特殊教育的专任教师均应取得教师资格证，非特殊教育专业毕业的教师还应经过省级教育行政部门组织的特殊教育专业培训并考核合格"。这体现出国家对于特殊教育教师质量的关注和要求。

　　从理论上看，教师质量水平的高低可以通过多个方面体现出来，如教师的教学能力、班级管理能力、科学研究能力、沟通交流能力、合作共享能力及对职业的热爱和忠诚程度等。但这些指标不属于《中国教育统计年鉴》和《中国教育经费统计年鉴》等宏观教育指标的监测范畴。在可获得的监测数据中，教师的质量往往通过教师的学历水平、职称水平及接受专业培训的情况来衡量。因此，本部分仅从学历水平、培训状况及职称水平来分析特殊教育教师的质量，且分析对象仅为特殊教育专任教师，不包括行政、教辅及工勤人员等非教学人员。

第一节 特殊教育专任教师学历水平

教师学历是保证教育质量的重要指标。随着我国特殊教育不断向前发展，对特殊教育教师的学历要求也不断提高。部分省市明文规定特殊教育教师必须具有本科或以上学历，如《上海市基础教育教师队伍建设"十一五"规划纲要》中明确指出小学初中新增教师（包含特殊教育教师）学历必须达到本科水平。本节中分析的特殊教育专任教师的学历情况包括研究生、本科、大专、高中及高中以下五个水平，如未做特殊说明，描述中所讨论的比例均指不同学历水平的特殊教育专任教师占特殊教育专任教师总数的比例。

一、特殊教育专任教师学历水平的整体情况

（一）特殊教育专任教师中不同学历教师的规模

从我国特殊教育专任教师学历水平的变化趋势来看，研究生学历的教师在近十年间逐渐增长，由2007年的仅有123人逐年增长至2016年的1 085人，人数增长将近8倍；本科学历的教师数量飞快增长，2003年仅为10 630人，2016年已达33 386人，平均每年增加2 500多人，是我国特殊教育专任教师学历组成中最主要的部分。专科学历的特殊教育专任教师总体来看较为平稳，有微弱的下降趋势，从18 010人降至17 307人。高中学历和高中以下学历的特殊教育专任教师均大幅下降，截至2016年，全国高中和高中以下学历的特殊教育专任教师分别仅有1 389人和46人。（见图4-1）

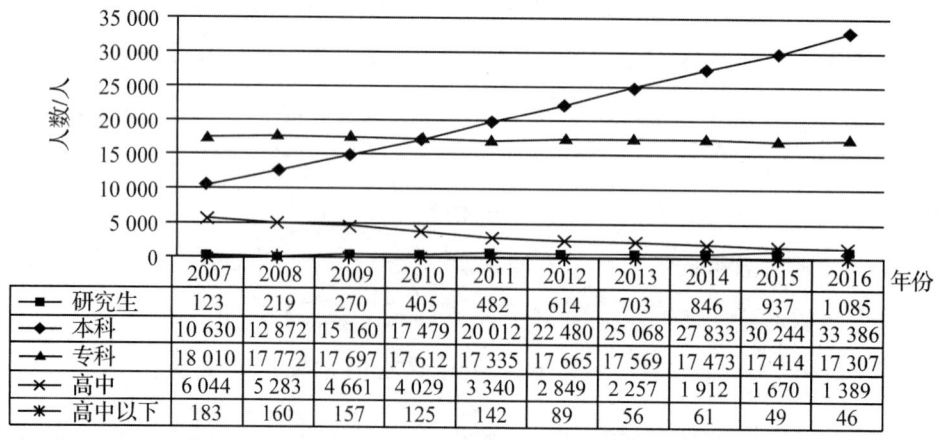

年份	2007	2008	2009	2010	2011	2012	2013	2014	2015	2016
研究生	123	219	270	405	482	614	703	846	937	1 085
本科	10 630	12 872	15 160	17 479	20 012	22 480	25 068	27 833	30 244	33 386
专科	18 010	17 772	17 697	17 612	17 335	17 665	17 569	17 473	17 414	17 307
高中	6 044	5 283	4 661	4 029	3 340	2 849	2 257	1 912	1 670	1 389
高中以下	183	160	157	125	142	89	56	61	49	46

图4-1 2007—2016年不同学历特殊教育专任教师的规模

(二)不同学历特殊教育专任教师占专任教师总人数的比例变化

不同学历特殊教育专任教师比例的变化趋势与规模的变化趋势大体相似，研究生学历的教师占比逐渐增加，2016年超过了2%；本科学历的教师增长幅度较大，由2007年的30.38%增长到2016年的62.74%；专科学历和高中学历的特殊教育专任教师占比均明显下降，且下降速度相近，2016年分别占32.52%和2.61%；高中以下学历的教师占比极低，2016年已不足0.1%。整体来看我国特殊教育专任教师的学历水平目前仍以本科和专科为主，但研究生学历的专任教师占比越来越大，并且呈现出较高学历的专任教师占比逐渐增大，专科学历、高中及高中以下学历的教师逐渐减少的趋势。(见图4-2)

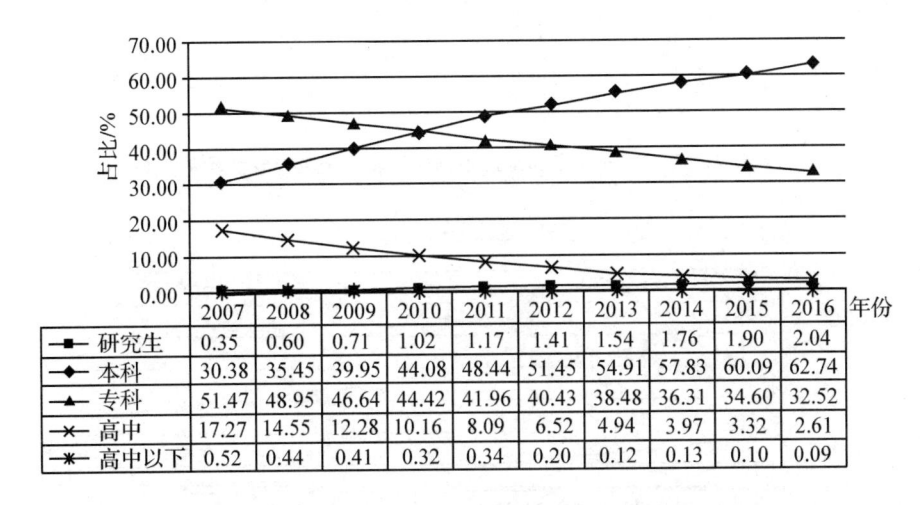

年份	2007	2008	2009	2010	2011	2012	2013	2014	2015	2016
研究生	0.35	0.60	0.71	1.02	1.17	1.41	1.54	1.76	1.90	2.04
本科	30.38	35.45	39.95	44.08	48.44	51.45	54.91	57.83	60.09	62.74
专科	51.47	48.95	46.64	44.42	41.96	40.43	38.48	36.31	34.60	32.52
高中	17.27	14.55	12.28	10.16	8.09	6.52	4.94	3.97	3.32	2.61
高中以下	0.52	0.44	0.41	0.32	0.34	0.20	0.12	0.13	0.10	0.09

图4-2 2007—2016年不同学历特殊教育专任教师的比例

二、东、中、西部地区特殊教育专任教师学历水平的变化

(一)东部地区特殊教育专任教师学历水平的变化

整体来看，东部地区本科和研究生学历的特殊教育专任教师在近十年内表现出明显的增长趋势，且本科学历的教师增长幅度较大，由2007年的6 060人增长至2016年的17 270人，所占比例由33.99%增长至68.39%；而研究生学历的教师数量也由最初的仅87人增长至808人，增加了8倍多，占所有专任教师数量的3.20%；专科学历的教师数量和占比在近十年内均明显减少，到2016年东部地区仅有专科学历的专任教师6 523名，占所有教师的四分之一左右；

此外，高中及高中以下学历的教师逐渐减少，其中高中学历的教师减少幅度较大，占比由 2007 年的 15.42% 减少至 2016 年的 2.52%。（见图 4-3 和图 4-4）

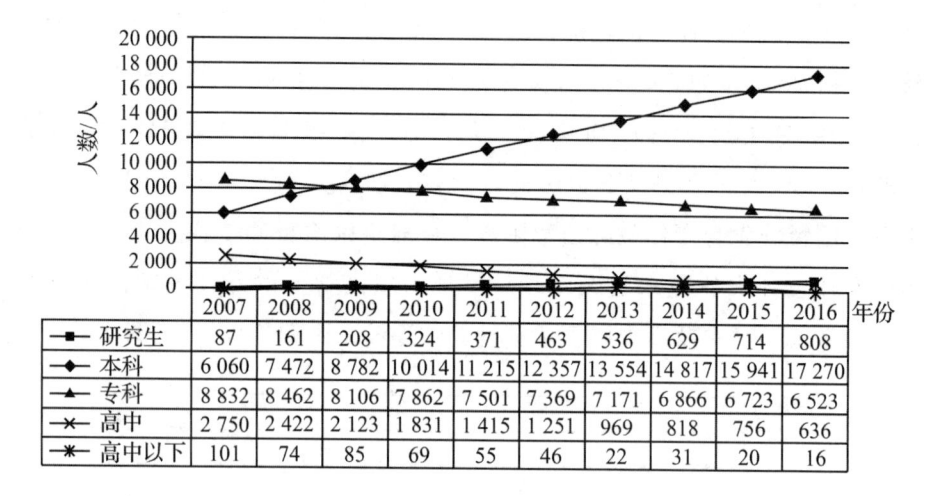

	2007	2008	2009	2010	2011	2012	2013	2014	2015	2016
研究生	87	161	208	324	371	463	536	629	714	808
本科	6 060	7 472	8 782	10 014	11 215	12 357	13 554	14 817	15 941	17 270
专科	8 832	8 462	8 106	7 862	7 501	7 369	7 171	6 866	6 723	6 523
高中	2 750	2 422	2 123	1 831	1 415	1 251	969	818	756	636
高中以下	101	74	85	69	55	46	22	31	20	16

图 4-3　2007—2016 年东部地区不同学历特殊教育专任教师的人数

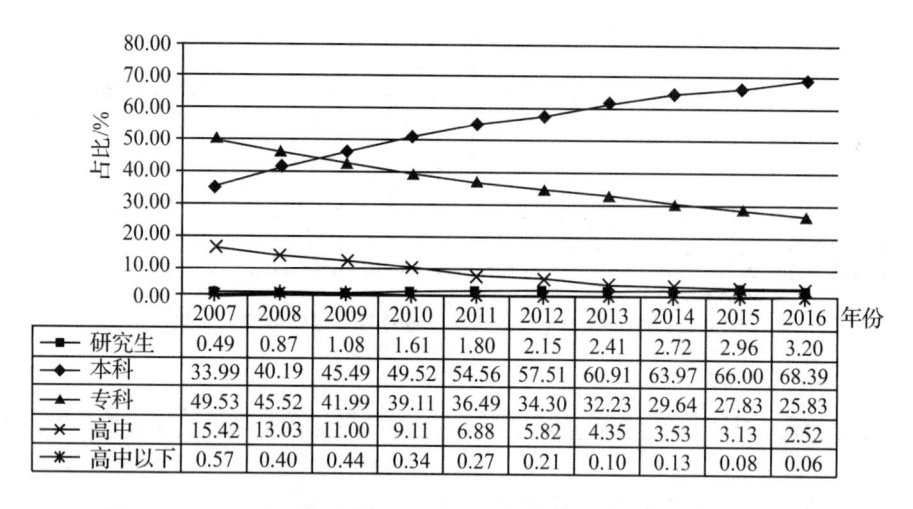

	2007	2008	2009	2010	2011	2012	2013	2014	2015	2016
研究生	0.49	0.87	1.08	1.61	1.80	2.15	2.41	2.72	2.96	3.20
本科	33.99	40.19	45.49	49.52	54.56	57.51	60.91	63.97	66.00	68.39
专科	49.53	45.52	41.99	39.11	36.49	34.30	32.23	29.64	27.83	25.83
高中	15.42	13.03	11.00	9.11	6.88	5.82	4.35	3.53	3.13	2.52
高中以下	0.57	0.40	0.44	0.34	0.27	0.21	0.10	0.13	0.08	0.06

图 4-4　2007—2016 年东部地区不同学历特殊教育专任教师人数的比例

（二）中部地区特殊教育专任教师学历水平的变化

中部地区特殊教育专任教师中研究生和本科学历的教师数量在近十年中均表现出不同速度的增长趋势，其中本科学历的教师数量所占比例增长最快，由 3 020 人增长至 8 344 人，2016 年所有专任教师中本科学历的教师所占的比例比 2007 年多 28% 左右；研究生学历的教师由 24 人增长至 113 人，但占比仅为 0.76%；专科学历的教师数量保持稳定，一直在 5 800 人左右，占比则由

52.7%减少至39.9%；高中和高中以下学历教师数量和占比则体现出明显的减小现象，2016年仅分别为3.37%和0.09%。（见图4-5和图4-6）

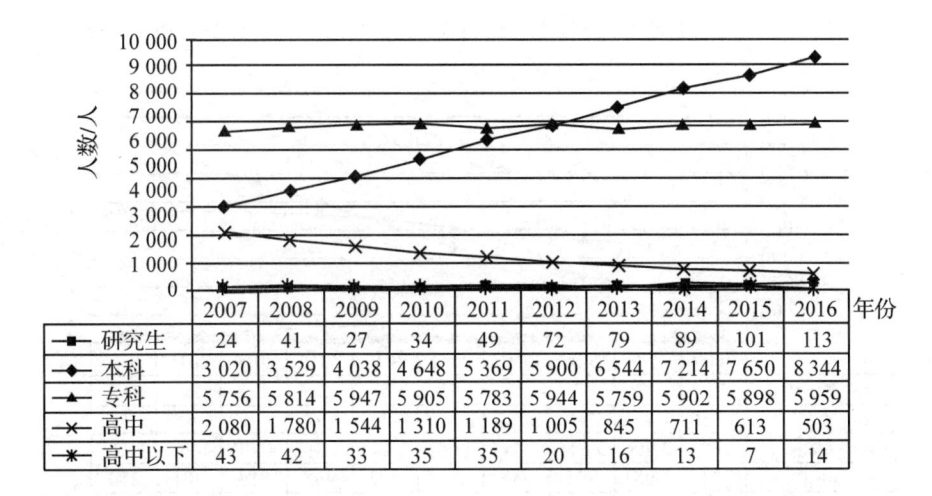

年份	2007	2008	2009	2010	2011	2012	2013	2014	2015	2016
研究生		24	41	27	34	49	72	79	89	101	113
本科		3 020	3 529	4 038	4 648	5 369	5 900	6 544	7 214	7 650	8 344
专科		5 756	5 814	5 947	5 905	5 783	5 944	5 759	5 902	5 898	5 959
高中		2 080	1 780	1 544	1 310	1 189	1 005	845	711	613	503
高中以下		43	42	33	35	35	20	16	13	7	14

图4-5　2007—2016年中部地区不同学历特殊教育专任教师的人数

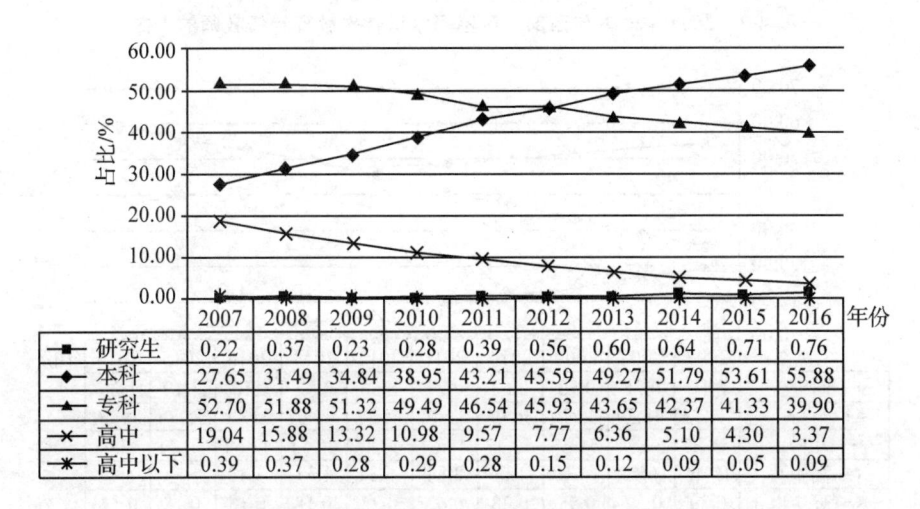

年份	2007	2008	2009	2010	2011	2012	2013	2014	2015	2016
研究生	0.22	0.37	0.23	0.28	0.39	0.56	0.60	0.64	0.71	0.76
本科	27.65	31.49	34.84	38.95	43.21	45.59	49.27	51.79	53.61	55.88
专科	52.70	51.88	51.32	49.49	46.54	45.93	43.65	42.37	41.33	39.90
高中	19.04	15.88	13.32	10.98	9.57	7.77	6.36	5.10	4.30	3.37
高中以下	0.39	0.37	0.28	0.29	0.28	0.15	0.12	0.09	0.05	0.09

图4-6　2007—2016年中部地区不同学历特殊教育专任教师的比例

（三）西部地区特殊教育专任教师学历水平的变化

在我国西部地区，不同学历特殊教育专任教师的数量变化表现出与其他地区相近的趋势，即本科和研究生学历的教师明显增长，但专科学历的教师同样也表现出一定的增长趋势，由3 422人增长至4 825人，而其在所有专任教师中所占的比例却逐年下降，由54.87%下降至37.04%。本科学历的特殊教育专任教师的增长幅度最大，2016年的数量是2007年的5倍之多，其占比也由2007年的 24.85% 上升至 59.66%，说明与东部地区和中部地区相同，本科层次的教师在西部特殊教育专任教师中也成了最主要力量；相应地，高中及以下学历的教师迅速减少，2016 年仅共占所有专任教师的 2% 左右。（见图 4-7 和图 4-8）

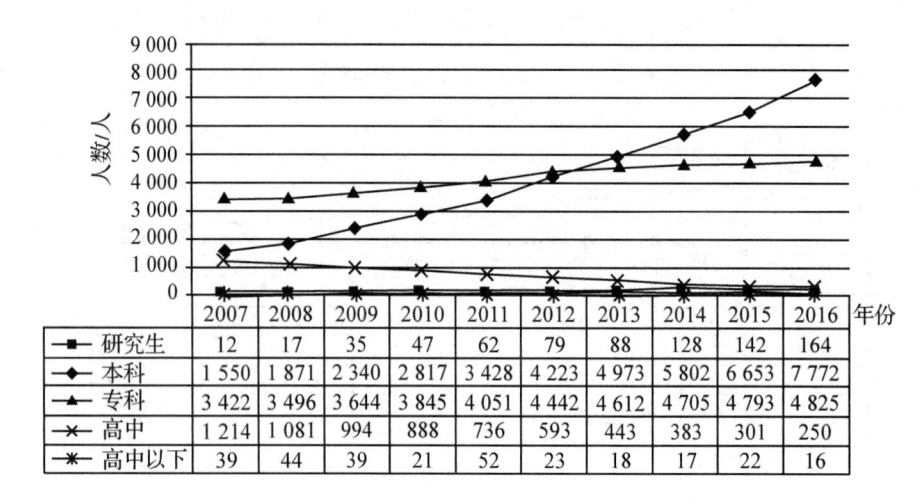

年份	2007	2008	2009	2010	2011	2012	2013	2014	2015	2016
研究生	12	17	35	47	62	79	88	128	142	164
本科	1 550	1 871	2 340	2 817	3 428	4 223	4 973	5 802	6 653	7 772
专科	3 422	3 496	3 644	3 845	4 051	4 442	4 612	4 705	4 793	4 825
高中	1 214	1 081	994	888	736	593	443	383	301	250
高中以下	39	44	39	21	52	23	18	17	22	16

图 4-7　2007—2016 年西部地区不同学历特殊教育专任教师的人数

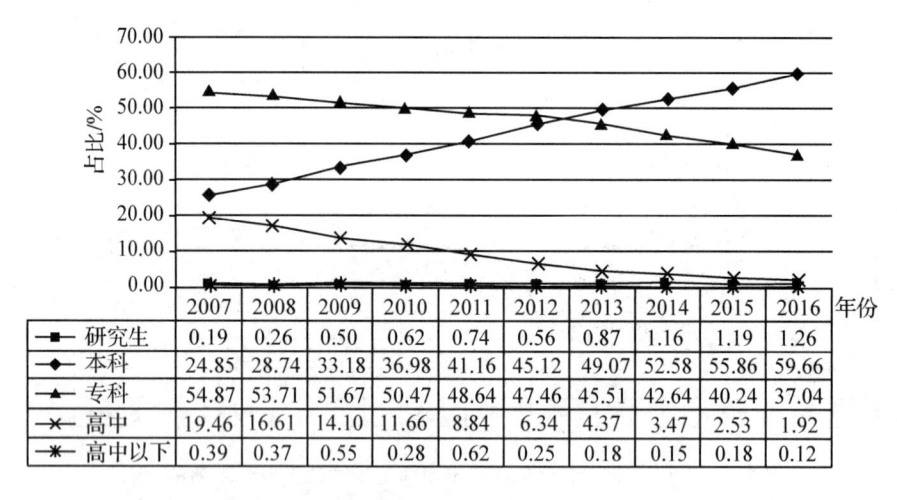

年份	2007	2008	2009	2010	2011	2012	2013	2014	2015	2016
研究生	0.19	0.26	0.50	0.62	0.74	0.56	0.87	1.16	1.19	1.26
本科	24.85	28.74	33.18	36.98	41.16	45.12	49.07	52.58	55.86	59.66
专科	54.87	53.71	51.67	50.47	48.64	47.46	45.51	42.64	40.24	37.04
高中	19.46	16.61	14.10	11.66	8.84	6.34	4.37	3.47	2.53	1.92
高中以下	0.39	0.37	0.55	0.28	0.62	0.25	0.18	0.15	0.18	0.12

图 4-8　2007—2016 年西部地区不同学历特殊教育专任教师的比例

三、不同学历特殊教育专任教师比例的地区差异

（一）研究生学历特殊教育专任教师比例的地区差异

近十年内我国东、中、西部研究生学历的特殊教育专任教师数量均呈现出一定上升的趋势，但东部地区的上升趋势和幅度最为明显。2007 年东、中、西

部特殊教育专任教师中具有研究生学历的教师分别占各自地区特殊教育专任教师总数的 0.49%、0.22%、0.19%，相差较小，但十年后东部地区达到 3.20%，2009 年后西部地区开始超过中部地区，2016 年分别达到 1.26% 和 0.76%。由此可见，在研究生学历的专任教师占比这一指标上，东部地区绝对领先，而中部地区落后于西部地区。（见图 4-9）

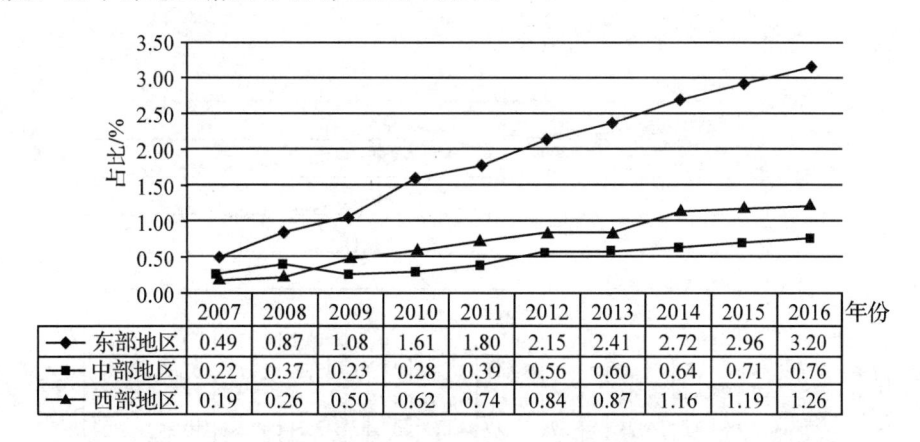

年份	2007	2008	2009	2010	2011	2012	2013	2014	2015	2016
东部地区	0.49	0.87	1.08	1.61	1.80	2.15	2.41	2.72	2.96	3.20
中部地区	0.22	0.37	0.23	0.28	0.39	0.56	0.60	0.64	0.71	0.76
西部地区	0.19	0.26	0.50	0.62	0.74	0.84	0.87	1.16	1.19	1.26

图 4-9　2007—2016 年研究生学历特殊教育专任教师比例的地区差异

（二）本科学历特殊教育专任教师比例的地区差异

我国特殊教育专任教师中具有本科学历的教师比例在近十年内迅速、稳定增长，相比之下东部地区的增长速度略快于中部地区和西部地区，十年内增长了 34.40%，2016 年达到 68.39%；而中部和西部地区的比例和增长速度均非常接近，2014 年后西部地区开始略大于中部地区，最终占比分别为 55.88% 和 59.66%。（见图 4-10）

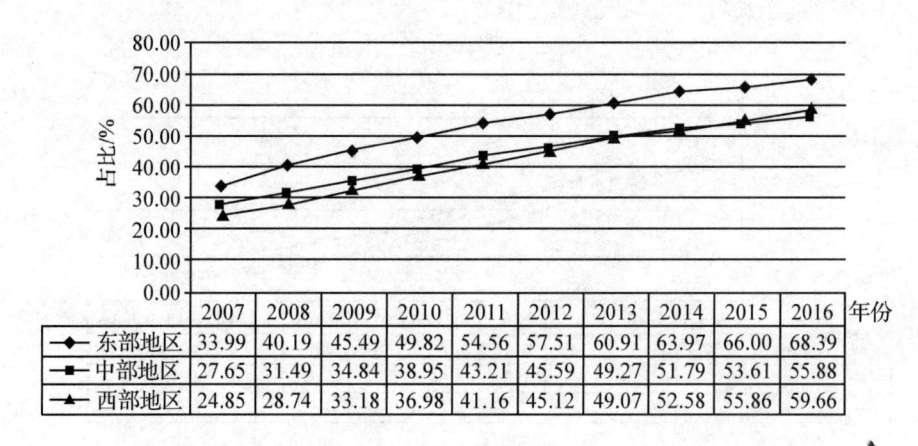

年份	2007	2008	2009	2010	2011	2012	2013	2014	2015	2016
东部地区	33.99	40.19	45.49	49.82	54.56	57.51	60.91	63.97	66.00	68.39
中部地区	27.65	31.49	34.84	38.95	43.21	45.59	49.27	51.79	53.61	55.88
西部地区	24.85	28.74	33.18	36.98	41.16	45.12	49.07	52.58	55.86	59.66

图 4-10　2007—2016 年本科学历特殊教育专任教师比例的地区差异

(三) 专科学历特殊教育专任教师比例的地区差异

近十年内我国东、中、西部特殊教育专任教师队伍中专科学历的教师比例均一致呈现出逐年下降的趋势，且东部地区下降最快。2007 年，东部地区专科学历的特殊教育专任教师占比将近一半，2016 年则已经降至四分之一左右；而中部和西部地区的起点和下降速度均几乎相同，最终分别为 39.9％和 37.04％，中部地区略高于西部地区。（见图 4-11）

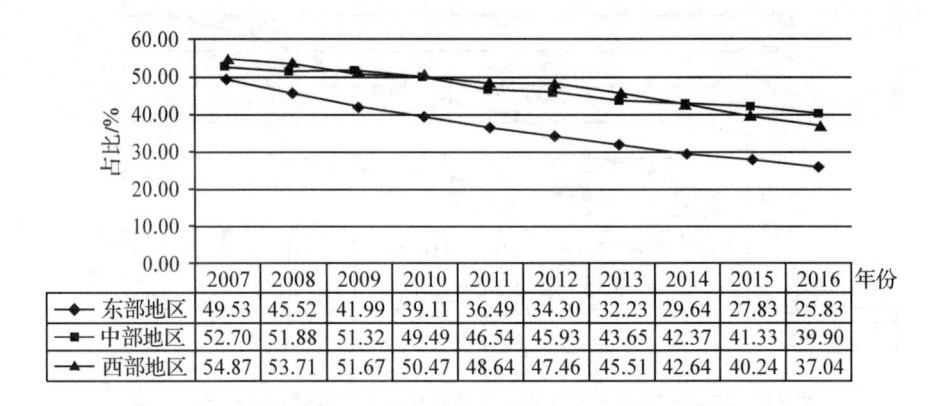

年份	2007	2008	2009	2010	2011	2012	2013	2014	2015	2016
东部地区	49.53	45.52	41.99	39.11	36.49	34.30	32.23	29.64	27.83	25.83
中部地区	52.70	51.88	51.32	49.49	46.54	45.93	43.65	42.37	41.33	39.90
西部地区	54.87	53.71	51.67	50.47	48.64	47.46	45.51	42.64	40.24	37.04

图 4-11　2007—2016 年大专学历特殊教育专任教师比例的地区差异

(四) 高中学历特殊教育专任教师比例的地区差异

我国特殊教育专任教师中具有高中学历的教师比例在近十年内表现出明显的下降趋势，整体来看东部地区的比例最低，由 2007 年的 15.42％下降至 2016 年的 2.52％；中部和西部地区的比例稍高，但三个地区比例的下降速度大致相同。就中部和西部地区而言，前者的下降速度略慢于后者，西部地区的降幅最大，十年内共下降了 17.54％。（见图 4-12）

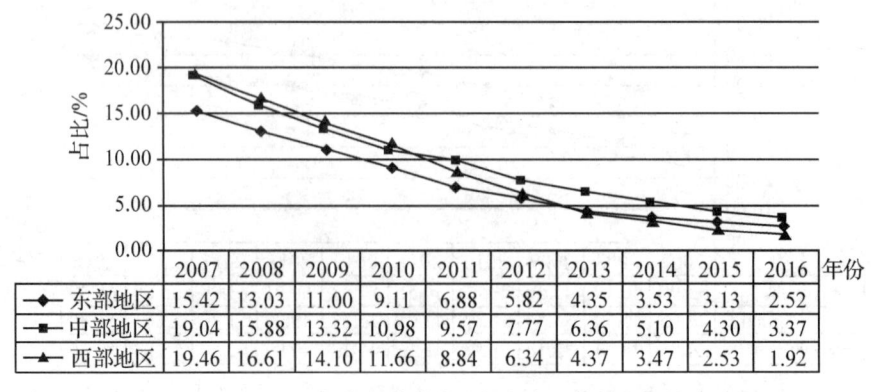

年份	2007	2008	2009	2010	2011	2012	2013	2014	2015	2016
东部地区	15.42	13.03	11.00	9.11	6.88	5.82	4.35	3.53	3.13	2.52
中部地区	19.04	15.88	13.32	10.98	9.57	7.77	6.36	5.10	4.30	3.37
西部地区	19.46	16.61	14.10	11.66	8.84	6.34	4.37	3.47	2.53	1.92

图 4-12　2007—2016 年高中学历特殊教育专任教师比例的地区差异

(五)高中以下学历特殊教育专任教师比例的地区差异

整体上看,我国特殊教育专任教师队伍中高中以下学历的教师呈波浪式下降趋势,西部地区的比例相对较高,且在2011年出现了明显的反弹,达到0.62%。东部地区和西部地区的占比情况稳步下降,波动较小,2016年占比均不足0.1%,而最终西部地区高中以下学历的特殊教育教师占比相对最高,为0.12%。(见图4-13)

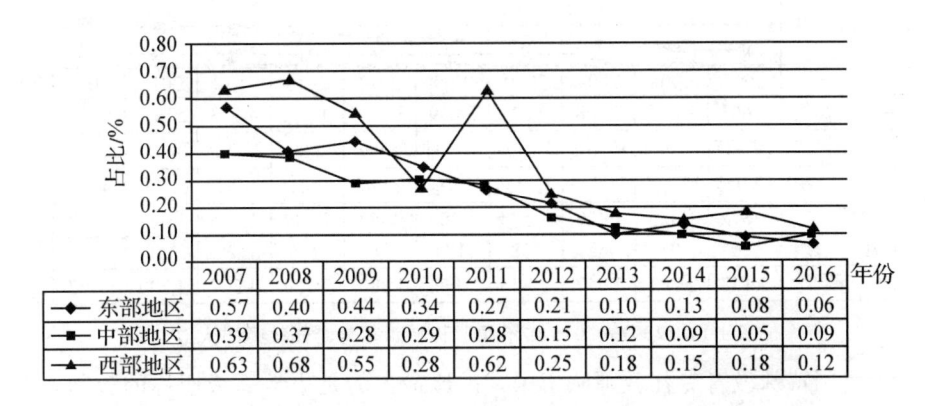

年份	2007	2008	2009	2010	2011	2012	2013	2014	2015	2016
东部地区	0.57	0.40	0.44	0.34	0.27	0.21	0.10	0.13	0.08	0.06
中部地区	0.39	0.37	0.28	0.29	0.28	0.15	0.12	0.09	0.05	0.09
西部地区	0.63	0.68	0.55	0.28	0.62	0.25	0.18	0.15	0.18	0.12

图4-13 2007—2016年高中以下学历特殊教育专任教师比例的地区差异

第二节 特殊教育专任教师职称状况

与学历相同,职称同样是衡量特殊教育专任教师队伍质量的重要指标。本节就2007—2016年我国特殊教育专任教师的职称状况及其变化趋势进行分析。根据《中国教育统计年鉴》中的划分,特殊教育专任教师的职称分为中学高级、小学高级、小学一级、小学二级、小学三级及未评职称六种情况。本节中对于所占比例的讨论均指不同职称特殊教育专任教师占专任教师总数的比例。

一、特殊教育专任教师职称的整体状况

我国特殊教育专任教师队伍中小学高级职称的教师数量最多,且增长速度最快,由2007年的17 427人增加至2016年的25 156人,涨幅达到44.35%;其次是小学一级教师,但数量增长速度较慢,十年来增加了2 666人;中学高级教师和未评职称的教师数量和增长速度均较为接近,到2016年分别有5 777人和5 387人。此外,小学二级教师和小学三级教师数量最少,且增加速度极为

缓慢。大体上看，近十年来我国特殊教育专任教师队伍中较高级职称教师数量的增加速度快于较低职称教师。(见图4-14)

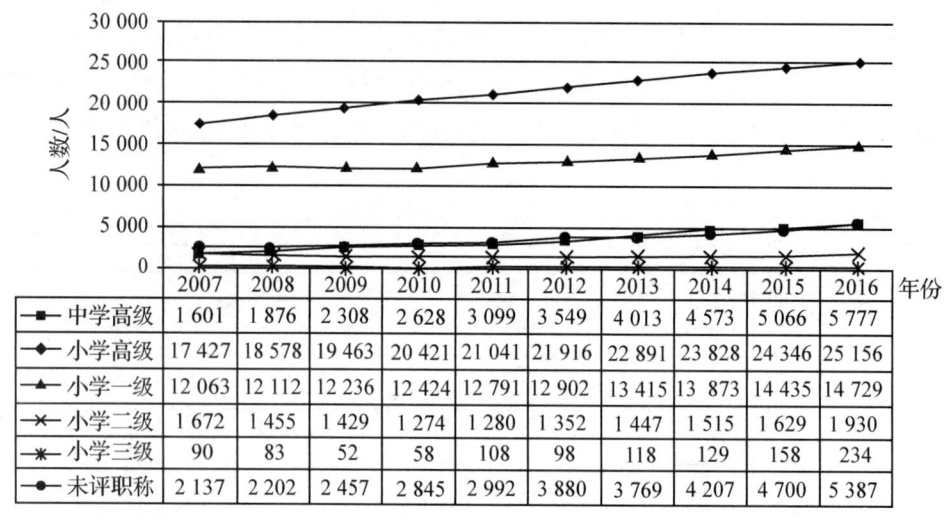

年份	2007	2008	2009	2010	2011	2012	2013	2014	2015	2016
中学高级	1 601	1 876	2 308	2 628	3 099	3 549	4 013	4 573	5 066	5 777
小学高级	17 427	18 578	19 463	20 421	21 041	21 916	22 891	23 828	24 346	25 156
小学一级	12 063	12 112	12 236	12 424	12 791	12 902	13 415	13 873	14 435	14 729
小学二级	1 672	1 455	1 429	1 274	1 280	1 352	1 447	1 515	1 629	1 930
小学三级	90	83	52	58	108	98	118	129	158	234
未评职称	2 137	2 202	2 457	2 845	2 992	3 880	3 769	4 207	4 700	5 387

图4-14 2007—2016年不同职称特殊教育专任教师的人数

在我国特殊教育专任教师队伍中，占比最大的是小学高级职称的教师，在近十年中表现较为平稳，但近三年来有一定的下降趋势，到2016年占所有专任教师的47.27%，最高为2010年的51.50%；小学一级教师的占比次之，但十年来逐年减少；中学高级职称教师和未评职称的教师占比和增加速度均较为接近，分别由2007年的4.58%、6.11%上升至2016年的10.86%、10.12%；小学二级和小学三级教师则占比最低，且逐年减少，至2016年仅共占4%左右。(见图4-15)

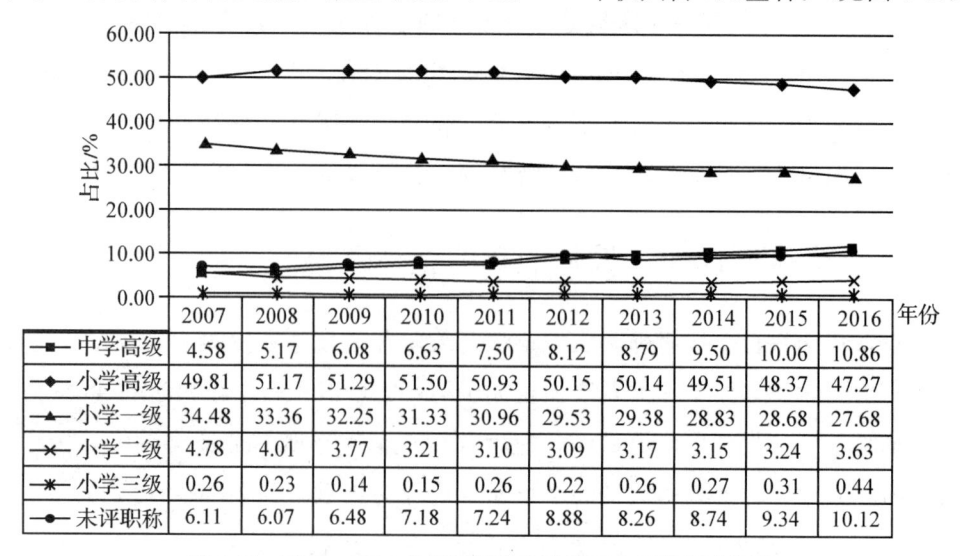

年份	2007	2008	2009	2010	2011	2012	2013	2014	2015	2016
中学高级	4.58	5.17	6.08	6.63	7.50	8.12	8.79	9.50	10.06	10.86
小学高级	49.81	51.17	51.29	51.50	50.93	50.15	50.14	49.51	48.37	47.27
小学一级	34.48	33.36	32.25	31.33	30.96	29.53	29.38	28.83	28.68	27.68
小学二级	4.78	4.01	3.77	3.21	3.10	3.09	3.17	3.15	3.24	3.63
小学三级	0.26	0.23	0.14	0.15	0.26	0.22	0.26	0.27	0.31	0.44
未评职称	6.11	6.07	6.48	7.18	7.24	8.88	8.26	8.74	9.34	10.12

图4-15 2007—2016年不同职称特殊教育专任教师的比例

二、东、中、西部地区特殊教育专任教师职称的情况

(一)东部地区特殊教育专任教师职称的情况

我国东部地区的特殊教育专任教师中,小学高级职称的教师人数最多,并且在近十年内表现出明显、迅速、稳定的上升趋势,到 2016 年已达 12 553 人;小学一级职称的特殊教育专任教师数量在十年内未产生明显的变化,仅在近三年表现出微弱的上升趋势;中学高级职称及未评职称的教师数量也表现出明显的涨幅;而小学二级职称的教师在近十年内先下降后上升,2016 年共有 763 人,是十年来最高;小学三级职称的教师数量极少,变化趋势也不明显,2016 年共有 64 人。(见图 4-16)

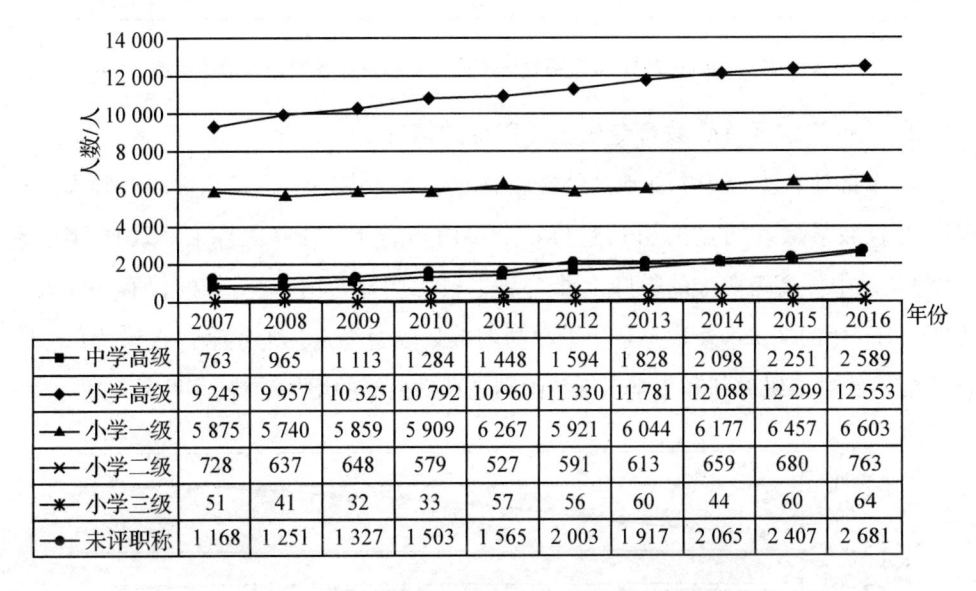

	2007	2008	2009	2010	2011	2012	2013	2014	2015	2016
中学高级	763	965	1 113	1 284	1 448	1 594	1 828	2 098	2 251	2 589
小学高级	9 245	9 957	10 325	10 792	10 960	11 330	11 781	12 088	12 299	12 553
小学一级	5 875	5 740	5 859	5 909	6 267	5 921	6 044	6 177	6 457	6 603
小学二级	728	637	648	579	527	591	613	659	680	763
小学三级	51	41	32	33	57	56	60	44	60	64
未评职称	1 168	1 251	1 327	1 503	1 565	2 003	1 917	2 065	2 407	2 681

图 4-16　2007—2016 年东部地区不同职称特殊教育专任教师的人数

占比方面,在我国东部地区的特殊教育专任教师中所占比例最大的为小学高级职称的教师,在 2016 年之前一直较为平稳地保持在 50% 以上,但 2016 年降至 49.71%;小学一级教师的占比呈现出一定的下降趋势,由 2007 年的 32.95% 下降至 2016 年的 26.15%;中学高级和未评职称的专任教师占比明显增加,到 2016 年均超过了 10%;最后,小学二级教师的占比微弱下降,小学三级教师的占比则保持平稳,仅占 0.25%。(见图 4-17)

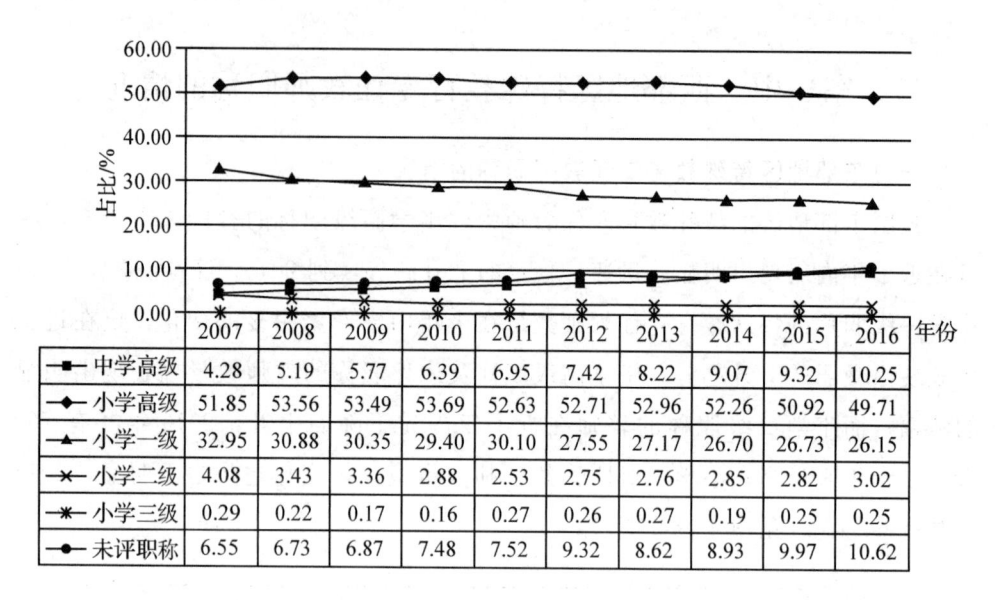

年份	2007	2008	2009	2010	2011	2012	2013	2014	2015	2016
中学高级	4.28	5.19	5.77	6.39	6.95	7.42	8.22	9.07	9.32	10.25
小学高级	51.85	53.56	53.49	53.69	52.63	52.71	52.96	52.26	50.92	49.71
小学一级	32.95	30.88	30.35	29.40	30.10	27.55	27.17	26.70	26.73	26.15
小学二级	4.08	3.43	3.36	2.88	2.53	2.75	2.76	2.85	2.82	3.02
小学三级	0.29	0.22	0.17	0.16	0.27	0.26	0.27	0.19	0.25	0.25
未评职称	6.55	6.73	6.87	7.48	7.52	9.32	8.62	8.93	9.97	10.62

图 4-17　2007—2016 年东部地区不同职称特殊教育专任教师的比例

（二）中部地区特殊教育专任教师职称的情况

与东部地区类似，中部地区特殊教育专任教师中小学高级职称的教师人数最多，并且数量呈现明显的增长趋势，十年内增长了 1 400 人左右，2016 年已有 7 089 人；中学高级职称的教师上涨趋势也较为明显，由 2007 年的仅有 599 人增加至 2016 年的 2 034 人；小学一级教师的数量较为稳定，十年来一直保持在 3 800 人左右；小学二级教师和小学三级教师则表现出微弱的增加趋势。（见图 4-18）

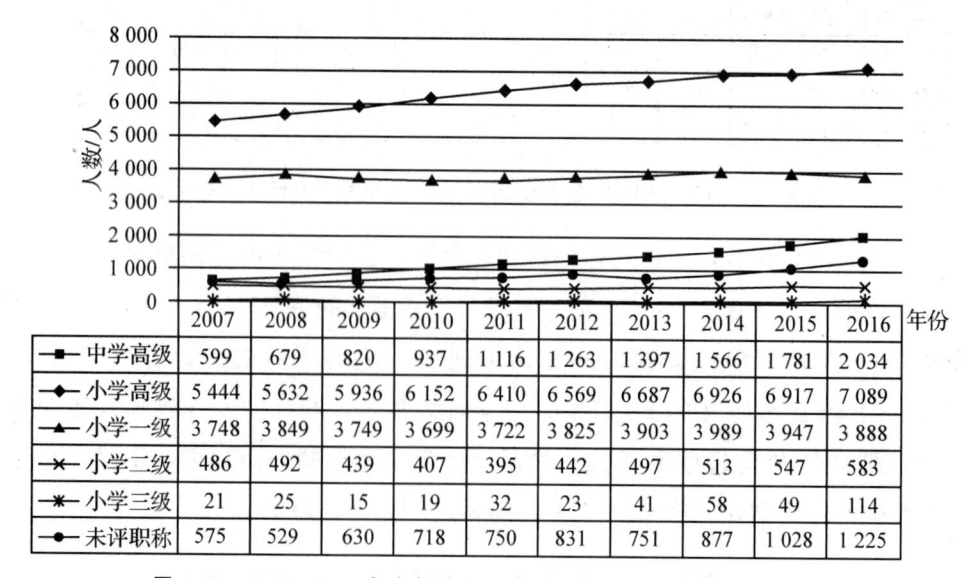

年份	2007	2008	2009	2010	2011	2012	2013	2014	2015	2016
中学高级	599	679	820	937	1 116	1 263	1 397	1 566	1 781	2 034
小学高级	5 444	5 632	5 936	6 152	6 410	6 569	6 687	6 926	6 917	7 089
小学一级	3 748	3 849	3 749	3 699	3 722	3 825	3 903	3 989	3 947	3 888
小学二级	486	492	439	407	395	442	497	513	547	583
小学三级	21	25	15	19	32	23	41	58	49	114
未评职称	575	529	630	718	750	831	751	877	1 028	1 225

图 4-18　2007—2016 年中部地区不同职称特殊教育专任教师的人数

中部地区特殊教育专任教师中小学高级职称的教师所占比例最大，2010年之前逐年增长并达到最高后又有所回落，2014年开始不足50%；而小学一级职称的教师占比则逐年减少，十年内共减少了8%左右；中学高级职称的教师在近十年内逐年增长且涨幅较为稳定，十年内共增长8%之多；小学二级和小学三级职称的教师占比稀少且整体变化不大。（见图4-19）

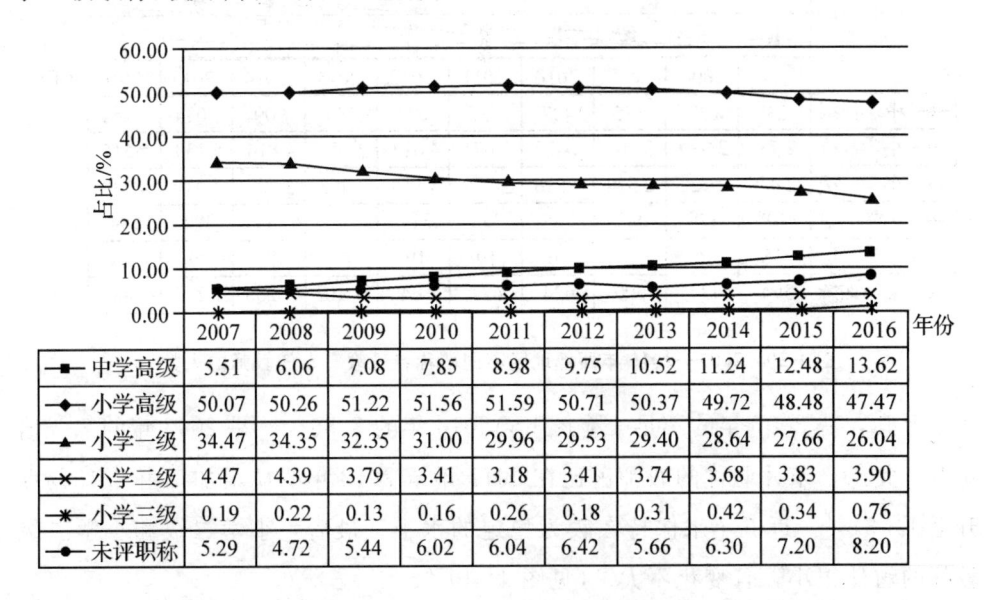

年份	2007	2008	2009	2010	2011	2012	2013	2014	2015	2016
中学高级	5.51	6.06	7.08	7.85	8.98	9.75	10.52	11.24	12.48	13.62
小学高级	50.07	50.26	51.22	51.56	51.59	50.71	50.37	49.72	48.48	47.47
小学一级	34.47	34.35	32.35	31.00	29.96	29.53	29.40	28.64	27.66	26.04
小学二级	4.47	4.39	3.79	3.41	3.18	3.41	3.74	3.68	3.83	3.90
小学三级	0.19	0.22	0.13	0.16	0.26	0.18	0.31	0.42	0.34	0.76
未评职称	5.29	4.72	5.44	6.02	6.04	6.42	5.66	6.30	7.20	8.20

图4-19　2007—2016年中部地区不同职称特殊教育专任教师的比例

（三）西部地区特殊教育专任教师职称的情况

西部地区的特殊教育专任教师中，除小学二级和小学三级教师之外，其他职称类型的特殊教育专任教师均表现出较为明显的增长趋势。其中增长速度最快的是小学高级教师，十年间数量翻了一倍，2016年达到5 514人，是所有职称中数量最多的；其次为小学一级教师，增加速度也较快，由2 440人增加至4 238人，涨幅达到73.69%；再次为中学高级教师和未评职称的教师，分别在2015年和2012年超过了1 000人，2016年分别为1 154人和1 481人。（见图4-20）

我国西部的特殊教育专任教师中，占比相对较大的同样为小学高级和小学一级职称的教师，但是整体来看十年来呈现出一定的下降趋势。小学高级教师的占比2008年最高，达到了将近46%，后下降至2016年的42.33%；小学一级教师从2007年的将近40%下降至32.53%。相应地，中学高级教师的占比则

中国特殊教育教师发展报告 2018

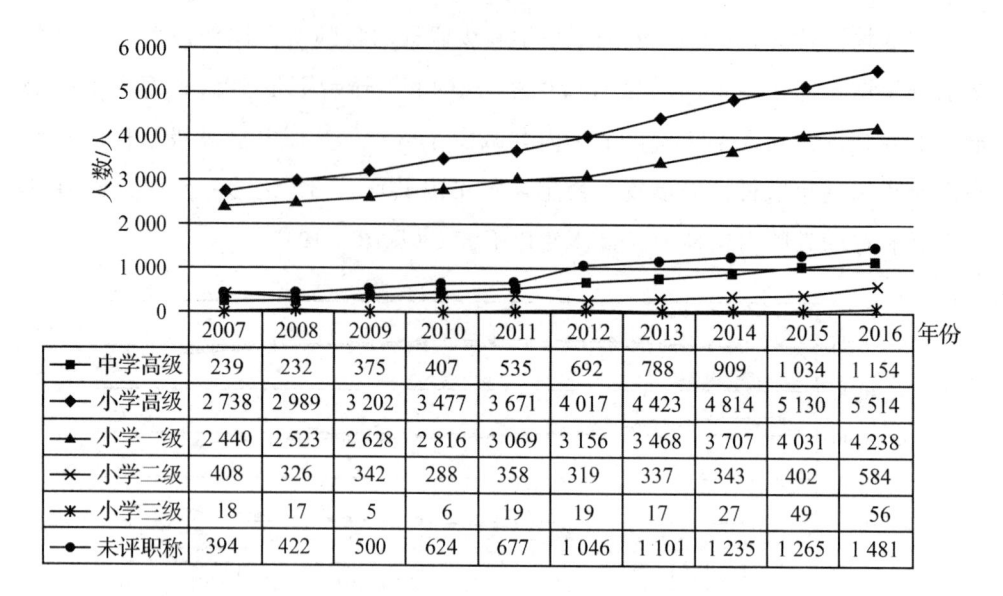

年份	2007	2008	2009	2010	2011	2012	2013	2014	2015	2016
中学高级	239	232	375	407	535	692	788	909	1 034	1 154
小学高级	2 738	2 989	3 202	3 477	3 671	4 017	4 423	4 814	5 130	5 514
小学一级	2 440	2 523	2 628	2 816	3 069	3 156	3 468	3 707	4 031	4 238
小学二级	408	326	342	288	358	319	337	343	402	584
小学三级	18	17	5	6	19	19	17	27	49	56
未评职称	394	422	500	624	677	1 046	1 101	1 235	1 265	1 481

图 4-20　2007—2016 年西部地区不同职称特殊教育专任教师的人数

逐年上升，从 2007 年的不足 4% 上升至 2016 年的 8.86%，是 2007 年的 2.3 倍左右。此外，未评职称的教师占比在 2011 年至 2012 年明显增加，由 8.13% 上升至 11.31%，近五年来保持在较为稳定的水平。最后，小学二级和小学三级教师的占比很小，且变化不大。（见图 4-21）

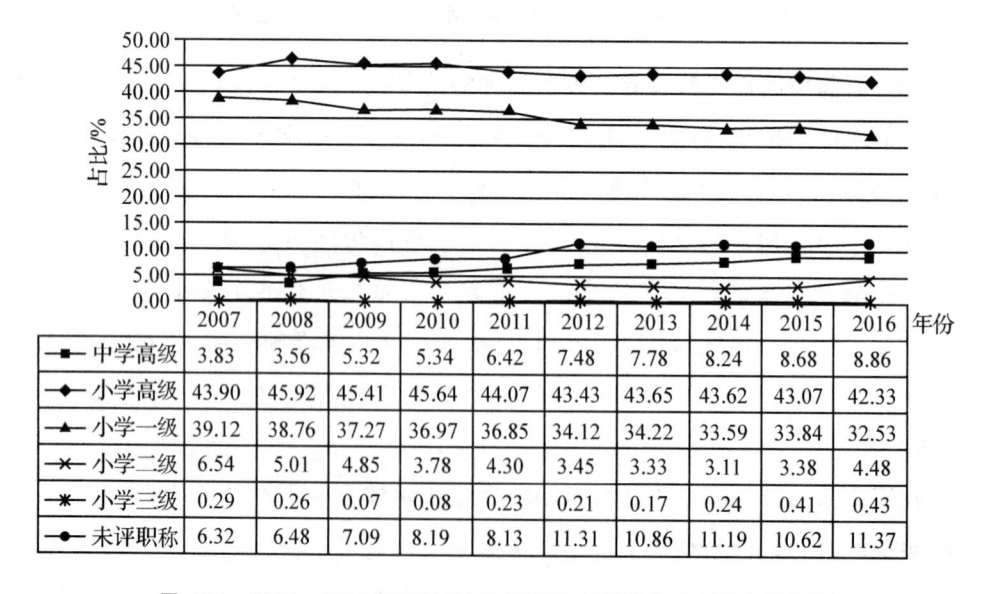

年份	2007	2008	2009	2010	2011	2012	2013	2014	2015	2016
中学高级	3.83	3.56	5.32	5.34	6.42	7.48	7.78	8.24	8.68	8.86
小学高级	43.90	45.92	45.41	45.64	44.07	43.43	43.65	43.62	43.07	42.33
小学一级	39.12	38.76	37.27	36.97	36.85	34.12	34.22	33.59	33.84	32.53
小学二级	6.54	5.01	4.85	3.78	4.30	3.45	3.33	3.11	3.38	4.48
小学三级	0.29	0.26	0.07	0.08	0.23	0.21	0.17	0.24	0.41	0.43
未评职称	6.32	6.48	7.09	8.19	8.13	11.31	10.86	11.19	10.62	11.37

图 4-21　2007—2016 年西部地区不同职称特殊教育专任教师的比例

三、不同职称特殊教育专任教师比例的地区差异

(一)中学高级职称特殊教育专任教师比例的地区差异

近十年内我国中部地区特殊教育专任教师中具有中学高级职称的教师所占的比例高于东部地区和西部地区,且增长速度大于东部地区和西部地区,到2016年,中部地区特殊教育专任教师中中学高级职称教师的比例达到13.62%。东部地区中学高级职称的特殊教育专任教师以相对稳定的速度增长,十年内增长了6%左右。西部地区中学高级职称的特殊教育专任教师的比例也逐渐增大,但呈现出一定的波动性,且是三个地区中相对最低的,到2016年仅占8.86%。(见图4-22)

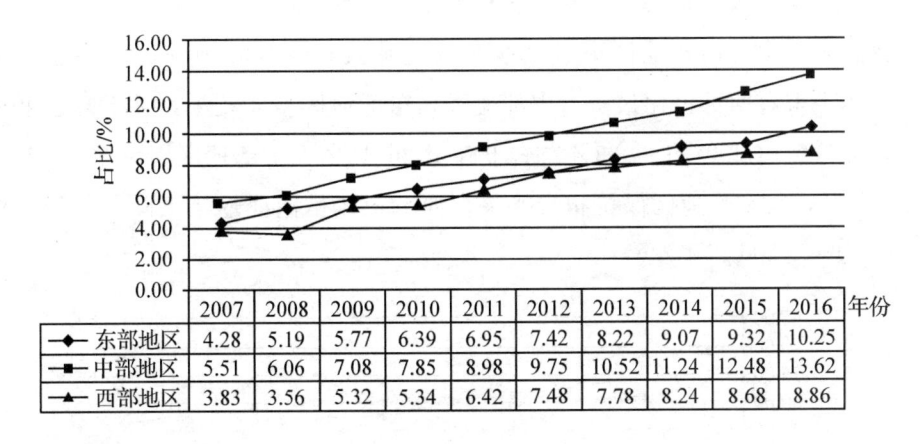

年份	2007	2008	2009	2010	2011	2012	2013	2014	2015	2016
东部地区	4.28	5.19	5.77	6.39	6.95	7.42	8.22	9.07	9.32	10.25
中部地区	5.51	6.06	7.08	7.85	8.98	9.75	10.52	11.24	12.48	13.62
西部地区	3.83	3.56	5.32	5.34	6.42	7.48	7.78	8.24	8.68	8.86

图4-22 2007—2016年中学高级职称特殊教育专任教师比例的地区差异

(二)小学高级职称特殊教育专任教师比例的地区差异

三个地区小学高级职称的特殊教育专任教师比例变化趋势较为相似,十年来变化幅度均较小,但在近五年内表现出微弱的下降趋势。相比而言,西部地区小学高级教师的占比最低,东部地区略高于中部地区。小学高级职称的教师是特殊教育专任教师的主干力量,东部地区和中部地区小学高级教师的占比一直保持在50%左右,而西部地区由2007年的43.90%下降至2016年的42.33%。(见图4-23)

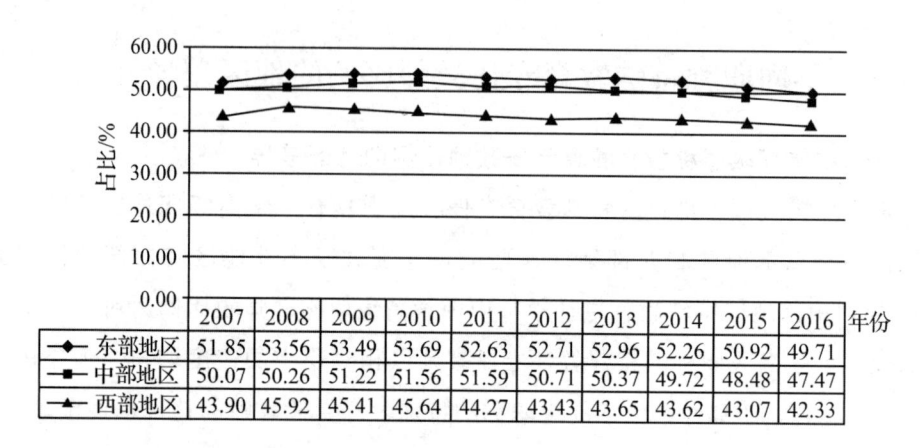

年份	2007	2008	2009	2010	2011	2012	2013	2014	2015	2016
东部地区	51.85	53.56	53.49	53.69	52.63	52.71	52.96	52.26	50.92	49.71
中部地区	50.07	50.26	51.22	51.56	51.59	50.71	50.37	49.72	48.48	47.47
西部地区	43.90	45.92	45.41	45.64	44.27	43.43	43.65	43.62	43.07	42.33

图 4-23　2007—2016 年小学高级职称特殊教育专任教师比例的地区差异

（三）小学一级职称特殊教育专任教师比例的地区差异

我国东、中、西各地区小学一级职称特殊教育专任教师的比例均逐年下降，整体上来看西部占比最多，中部地区和东部地区差异较小，且下降速度相近。东部地区由 2007 年的 33% 左右下降至 26.15%，中部地区则由 34.47% 降至 26.04%，与东部地区保持相近水平。西部地区虽同样逐年下降，但仍保持在 30% 以上。（见图 4-24）

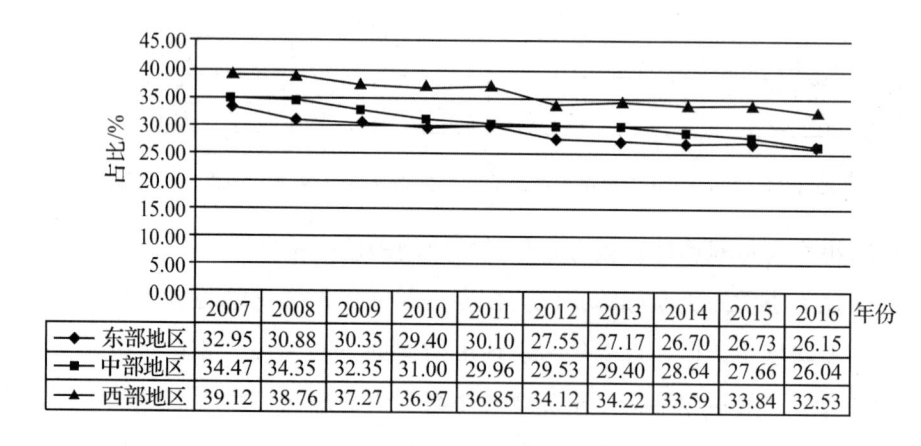

年份	2007	2008	2009	2010	2011	2012	2013	2014	2015	2016
东部地区	32.95	30.88	30.35	29.40	30.10	27.55	27.17	26.70	26.73	26.15
中部地区	34.47	34.35	32.35	31.00	29.96	29.53	29.40	28.64	27.66	26.04
西部地区	39.12	38.76	37.27	36.97	36.85	34.12	34.22	33.59	33.84	32.53

图 4-24　2007—2016 年小学一级职称特殊教育专任教师比例的地区差异

（四）小学二级职称特殊教育专任教师比例的地区差异

2012 年之前，小学二级职称的特殊教育专任教师占比在西部地区最高，但从 2007 年的 6.54% 下降至 2012 年的 3.45%；中部地区占比次之，东部地区最小。2012 年之后，三个地区特殊教育专任教师中小学二级教师的占比总体相差

不大,且稳定地保持在3%左右,西部地区存在一定的波动,东部地区仍然相对最低。(见图4-25)

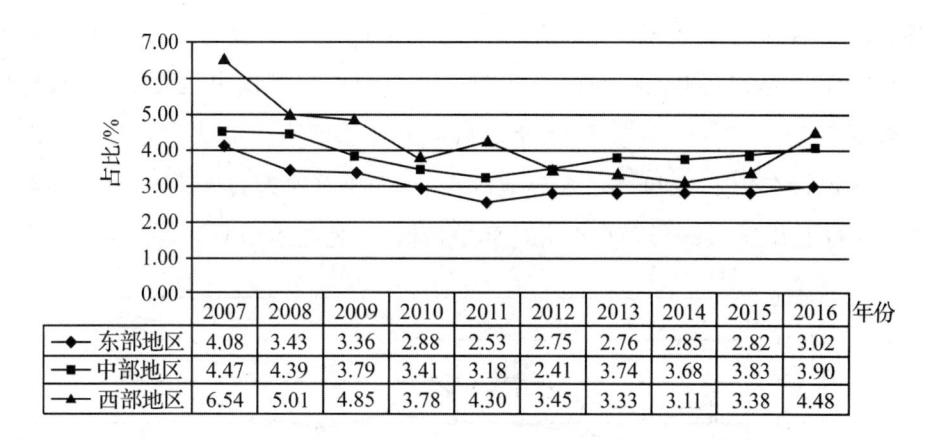

年份	2007	2008	2009	2010	2011	2012	2013	2014	2015	2016
东部地区	4.08	3.43	3.36	2.88	2.53	2.75	2.76	2.85	2.82	3.02
中部地区	4.47	4.39	3.79	3.41	3.18	2.41	3.74	3.68	3.83	3.90
西部地区	6.54	5.01	4.85	3.78	4.30	3.45	3.33	3.11	3.38	4.48

图4-25　2007—2016年小学二级职称特殊教育专任教师比例的地区差异

(五)小学三级职称特殊教育专任教师比例的地区差异

整体来看我国特殊教育专任教师队伍中小学三级职称的教师占比最少,且在2013年之前,东、中、西部地区的这一比例整体相差不大,一直保持在较为稳定的0.2%~0.3%,但2014年开始三个地区的这一比例有所变化,东部地区没有明显上升,而中部地区和西部地区均达到0.4%左右,值得一提的是,2016年中部地区特殊教育专任教师中小学三级教师的占比猛然上升至0.76%,远高于其他年份和其他地区。(见图4-26)

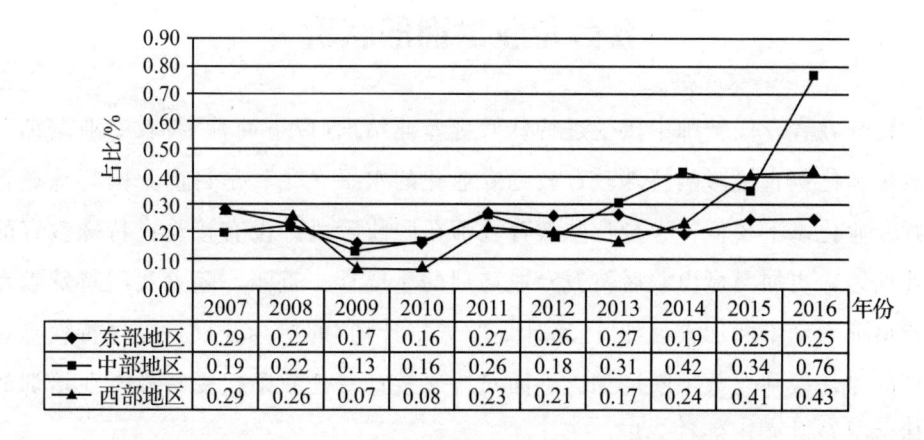

年份	2007	2008	2009	2010	2011	2012	2013	2014	2015	2016
东部地区	0.29	0.22	0.17	0.16	0.27	0.26	0.27	0.19	0.25	0.25
中部地区	0.19	0.22	0.13	0.16	0.26	0.18	0.31	0.42	0.34	0.76
西部地区	0.29	0.26	0.07	0.08	0.23	0.21	0.17	0.24	0.41	0.43

图4-26　2007—2016年小学三级职称特殊教育专任教师比例的地区差异

(六)未评职称特殊教育专任教师比例的地区差异

整体来看我国三大地区特殊教育专任教师中未评职称的教师占比变化趋势大体相同,西部地区最高,东部地区次之,中部地区明显低于东部和西部地区。近十年中的前五年三大地区未评职称的教师占比呈现出缓慢上升的趋势,上升幅度在1%~2%;但在2011年之后,上升速度明显加快,尤其是西部地区,一直保持在10%~11%,东部地区在2016年首次超过10%,而中部地区由6%左右上升至8.20%,在三大地区中最低。(见图4-27)

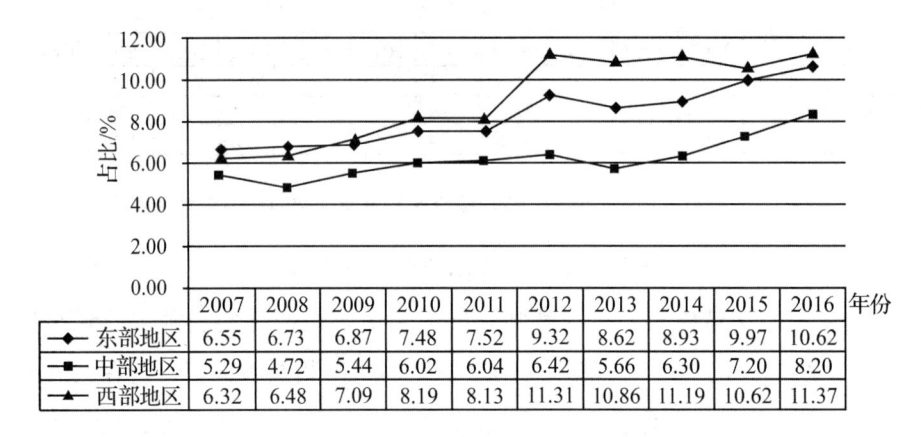

年份	2007	2008	2009	2010	2011	2012	2013	2014	2015	2016
东部地区	6.55	6.73	6.87	7.48	7.52	9.32	8.62	8.93	9.97	10.62
中部地区	5.29	4.72	5.44	6.02	6.04	6.42	5.66	6.30	7.20	8.20
西部地区	6.32	6.48	7.09	8.19	8.13	11.31	10.86	11.19	10.62	11.37

图4-27 2007—2016年未评职称特殊教育专任教师比例的地区差异

第三节 特殊教育专任教师接受特殊教育专业培训的状况

特殊教育专任教师中接受过特殊教育专业培训(以下简称"特教专业培训")的数量和比例直接影响特殊教育教师专业化的水平,尤其是目前我国特殊教育教师专业化水平较低,大量特殊教育教师在职前阶段并没有接受过特殊教育的专业训练,更加突显出职后特教专业培训的重要性。近年,随着我国特殊教育师资培训力度不断加大,如"国培计划""省培计划"的持续开展,受过特教专业培训的专任教师人数不断增加。下面对特殊教育专任教师接受特教专业培训的整体情况及其变化进行分析。

一、特殊教育专任教师接受特教专业培训总体情况

从 2007 年开始,我国特殊教育专任教师中受过特教专业培训的人数逐年稳步增长,截至 2016 年,共有 36 704 名特殊教育专任教师受过特教专业培训,占到当年专任教师总数的 68.98%。近十年受过特教专业培训的教师在专任教师总数中所占比例的变化,前五年的上升幅度并不明显,且在 2011 年出现过微弱下降,但此后上升速度明显增加,由 55% 左右上升至 68.98%,即截至 2016 年的统计数据,我国特殊教育专任教师中约有七成接受过特教专业培训。(见图 4-28 和图 4-29)

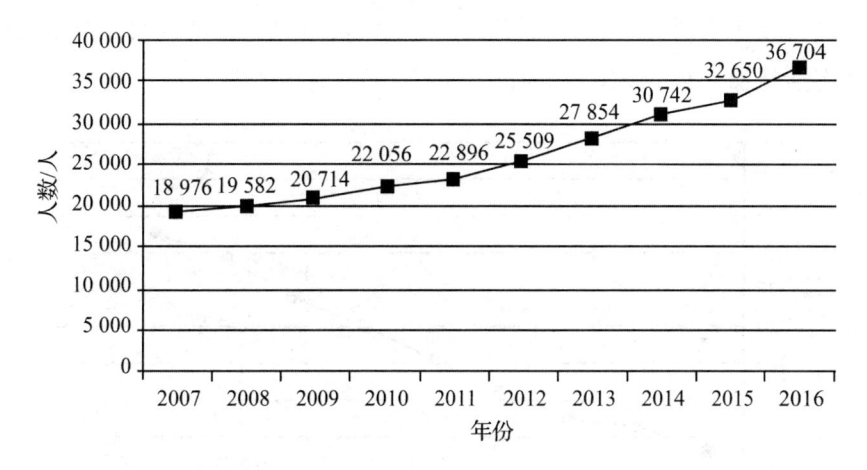

图 4-28 2007—2016 年特殊教育专任教师中受过特教专业培训的人数

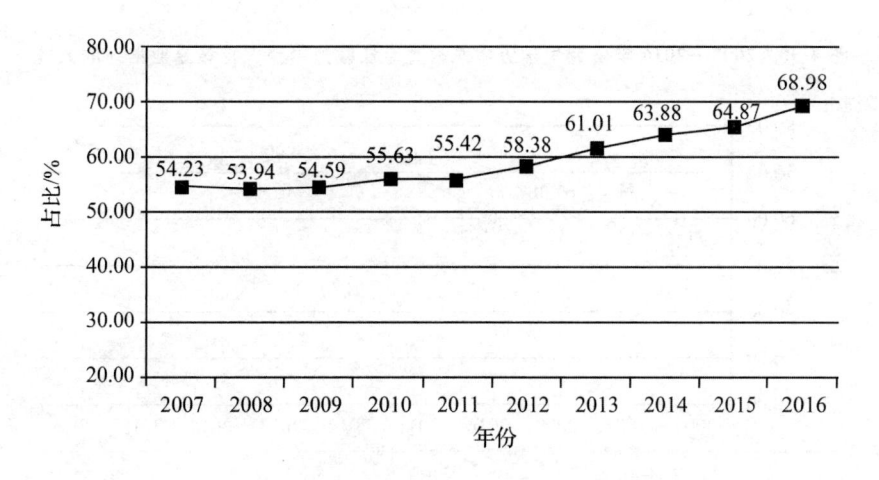

图 4-29 2007—2016 年特殊教育专任教师中受过特教专业培训人数的比例

二、不同学历水平的特殊教育专任教师接受特教专业培训的情况

（一）研究生学历特殊教育专任教师接受特教专业培训的情况

在具有研究生学历的特殊教育专任教师中，受过特教专业培训的教师数量近十年来以较快的速度增长，由2007年的仅有69人增加至2016年的830人，平均每年增加85人左右。（见图4-30）

但在所有具有研究生学历的特殊教育专任教师中，受过特教专业培训的教师比例却呈现出波浪式上升的形态，在2010年和2015年出现过明显的下降，但整体来看十年来研究生学历的特殊教育专任教师中，受过特教专业培训的教师比例有所增加，从56.10%增加至76.50%。（见图4-31）

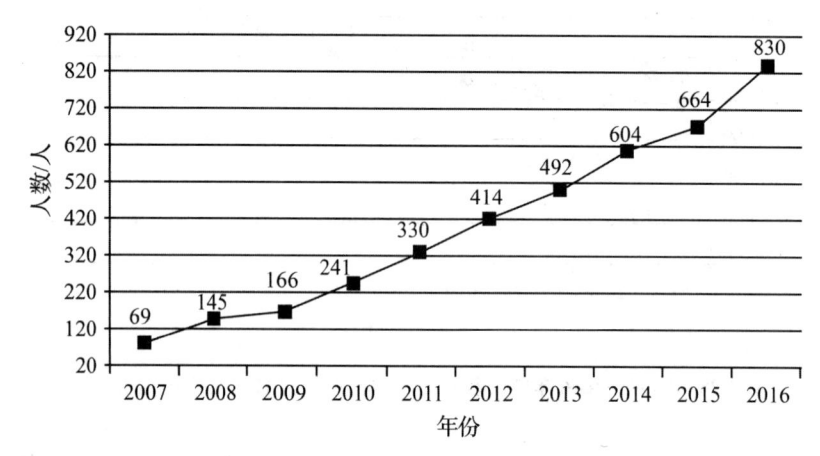

图4-30 2007—2016年研究生学历特殊教育专任教师中受过特教专业培训的人数

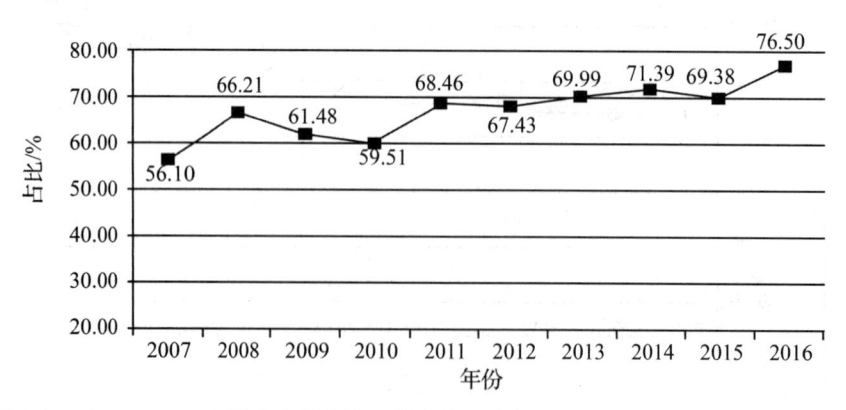

图4-31 2007—2016年研究生学历特殊教育专任教师中受过特教专业培训人数的比例

(二)本科学历特殊教育专任教师接受特教专业培训的情况

我国本科学历的特殊教育专任教师中受过特教专业培训的教师在近十年内表现出强烈的连续增长趋势,由2007年的仅有6 098人增长到2016年的23 963人,并且每年的增长幅度大致相同,平均每年增长将近2 000人,说明近十年我国本科学历的特殊教育专任教师中受过特教专业培训的教师数量以稳定的速度逐年增长。(见图4-32)

在本科学历的特殊教育专任教师中,受过特教专业培训的教师比例则呈现出一定的上升趋势,且近五年的上涨幅度明显高于前五年。2007—2011年,本科学历的特殊教育专任教师中受过特教培训的教师占比仅增加了2%左右,而2011—2016年该比例共提高了12%左右。(见图4-33)

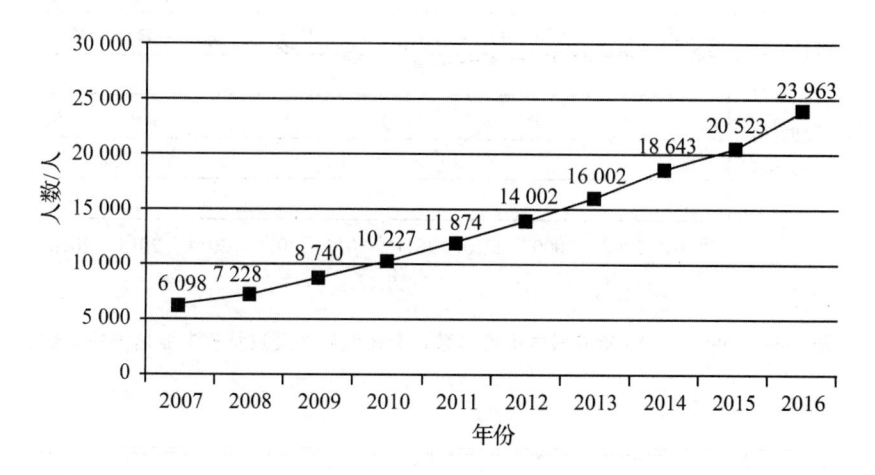

图4-32　2007—2016年本科学历特殊教育专任教师中受过特教专业培训的人数

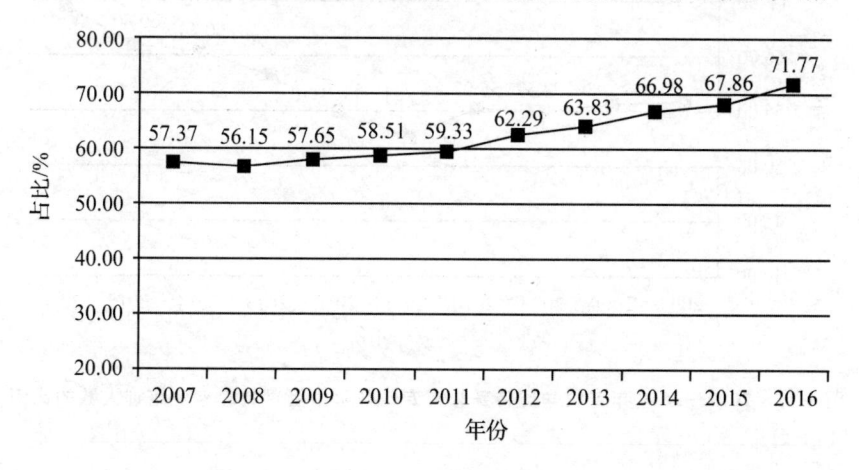

图4-33　2007—2016年本科学历特殊教育专任教师中受过特教专业培训人数的比例

(三)专科学历特殊教育专任教师接受特教专业培训的情况

我国专科学历的特殊教育专任教师中接受过特教培训的人数变化相对较小,前五年逐年缓慢下降,后又逐渐回升。2011 年人数最低,仅为 9 086 人,2016 年达到最高的 11 153 人。专科学历的特殊教育专任教师中受过特教专业培训的比例在 2010 年之前保持在相对稳定的 55% 左右,2011 年降至最低的 52.41%,自 2012 年起以较快速度增加,至 2016 年共有 64.44% 专科学历的特殊教育专任教师接受过特教专业培训。(见图 4-34 和图 4-35)

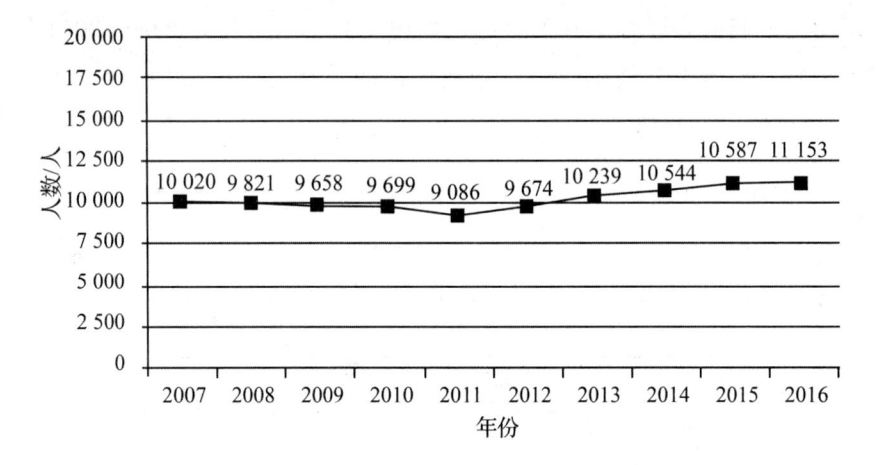

图 4-34 2007—2016 年专科学历特殊教育专任教师中受过特教专业培训的人数

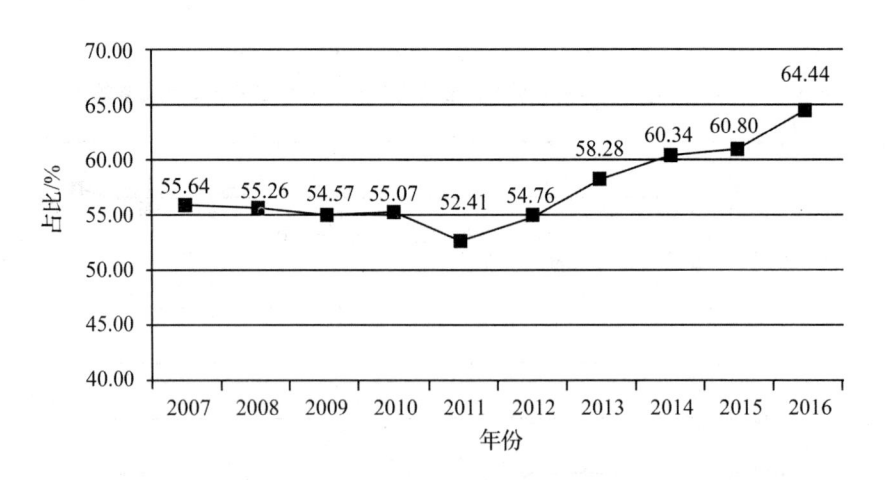

图 4-35 2007—2016 年专科学历特殊教育专任教师中受过特教专业培训人数的比例

(四)高中学历特殊教育专任教师接受特教专业培训的情况

我国高中学历的特殊教育专任教师中,受过特教专业培训的教师数量在近十年中呈现出明显且稳定的减少趋势,从2007年到2016年共减少了将近2 000人,到2016年仅有753人,这与高中学历特殊教育专任教师整体数量的减少直接相关。高中学历的特殊教育专任教师中受过特教专业培训的比例除2008年下降了1%左右之外,其余年份则均逐年提高,且上升幅度较大,2016年该比例为54.21%。(见图4-36和图4-37)

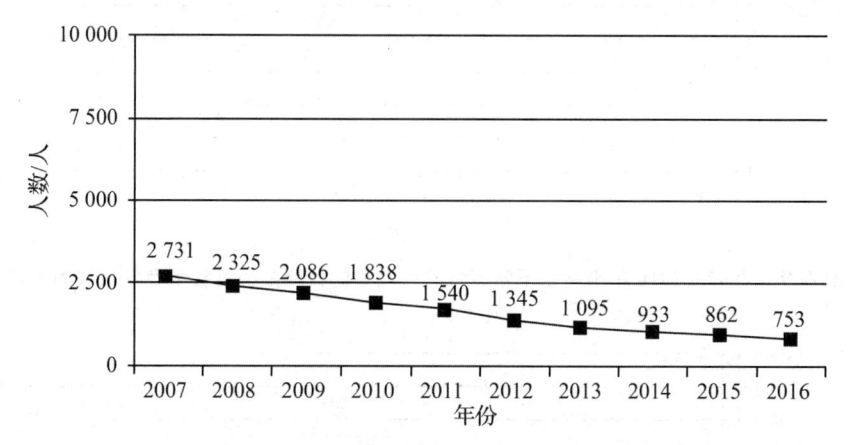

图 4-36 2007—2016年高中学历的特殊教育专任教师中受过特教专业培训的人数

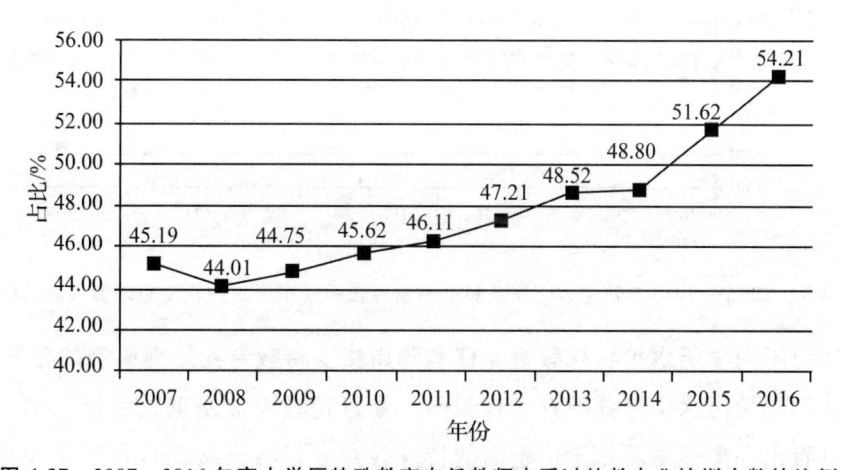

图 4-37 2007—2016年高中学历特殊教育专任教师中受过特教专业培训人数的比例

(五)高中以下学历特殊教育专任教师中接受特教专业培训的情况

近十年,高中以下学历的特殊教育专任教师中受过特教专业培训的教师数量呈现波浪下降的趋势,除2010—2012年有小幅度回升之外,最终由2007年的58人减少到2016年的仅有6人。在所有高中以下学历水平的特殊教育专任教师中受过特教专业培训的教师比例则表现出先上升后下降的趋势，2012年达到83.15%，最终2016年仅为13.04%。（见图4-38和图4-39）

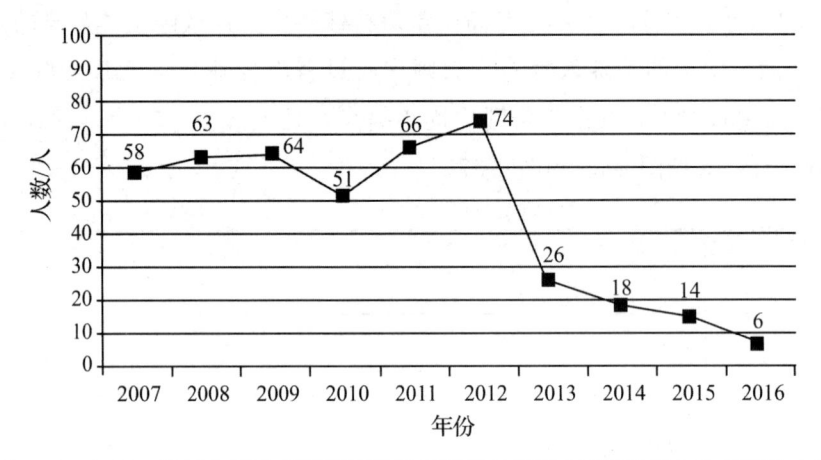

图4-38 2007—2016年高中以下学历特殊教育专任教师中受过特教专业培训的人数

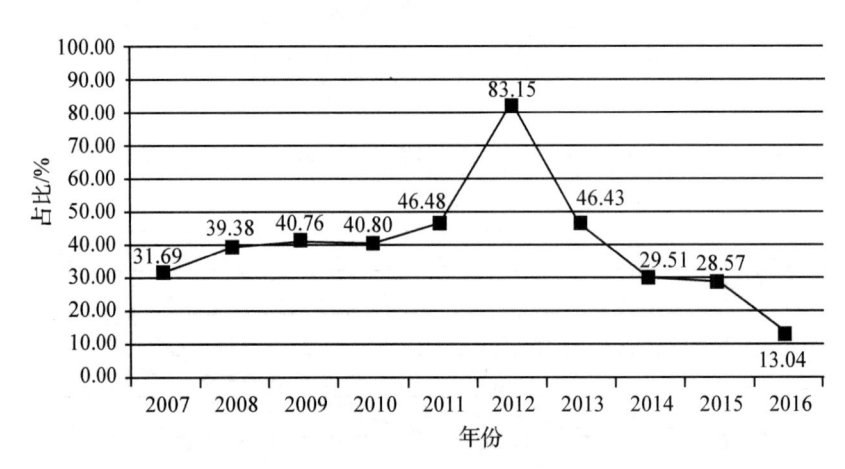

图4-39 2007—2016年高中以下学历特殊教育专任教师中受过特教专业培训人数的比例

（六）不同学历水平特殊教育专任教师中接受特教专业培训比例的差异

从不同学历水平特殊教育专任教师中受过特教专业培训人数比例的汇总图中可以看出，整体来看，学历越高的特殊教育专任教师接受过特教专业培训的比例越高，即研究生学历的教师接受过特教专业培训的占比最高，且相对稳定，近年来均保持在70%左右。其次是本科学历和专科学历的教师，其受过特教专业培训的比例在50%～70%，且逐年上升。高中及高中以下的教师中受过特教培训的比例相对最低，大部分年份不足50%。（见图4-40）

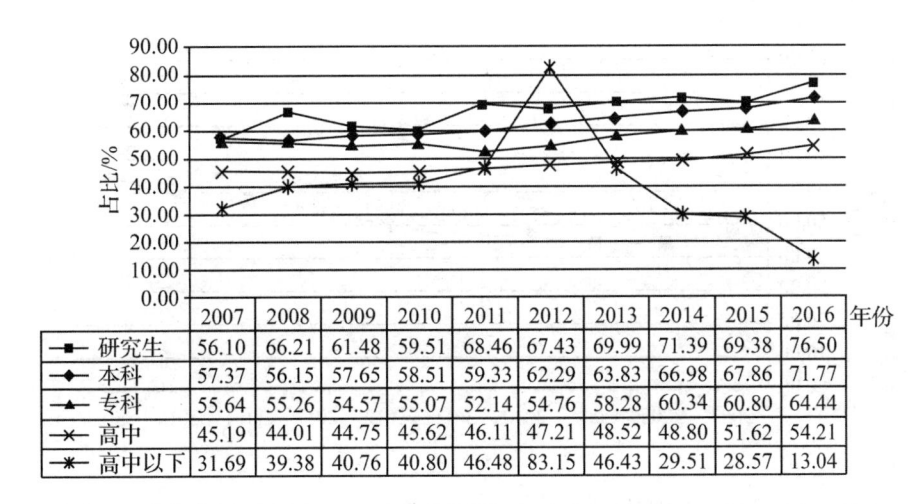

年份	2007	2008	2009	2010	2011	2012	2013	2014	2015	2016
研究生	56.10	66.21	61.48	59.51	68.46	67.43	69.99	71.39	69.38	76.50
本科	57.37	56.15	57.65	58.51	59.33	62.29	63.83	66.98	67.86	71.77
专科	55.64	55.26	54.57	55.07	52.14	54.76	58.28	60.34	60.80	64.44
高中	45.19	44.01	44.75	45.62	46.11	47.21	48.52	48.80	51.62	54.21
高中以下	31.69	39.38	40.76	40.80	46.48	83.15	46.43	29.51	28.57	13.04

图 4-40 2007—2016 年不同学历水平特殊教育专任教师中受过特教专业培训人数比例的汇总图

三、不同职称水平的特殊教育专任教师接受特教专业培训的情况

(一)中学高级职称特殊教育专任教师接受特教专业培训的情况

我国中学高级职称的特殊教育专任教师中受过特教专业培训的教师数量在近十年中表现出明显、稳定的上升态势,并且上升幅度较大,由 2007 年的 740 人上升至 2016 年的 3 693 人,平均每年上升 328 人。中学高级职称的特殊教育专任教师中受过特教专业培训的教师所占的比例稳中有升,十年来上升了 17.71%,2016 年已达到 63.93%。(见图 4-41 和图 4-42)

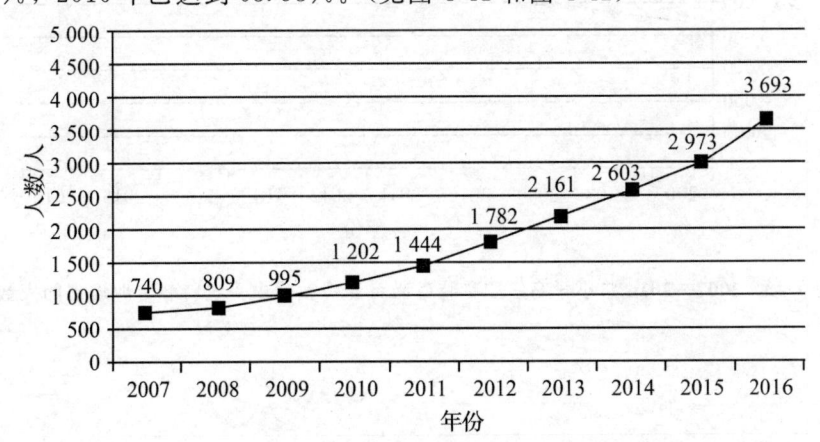

图 4-41 2007—2016 年中学高级职称特殊教育专任教师中受过特教专业培训的人数

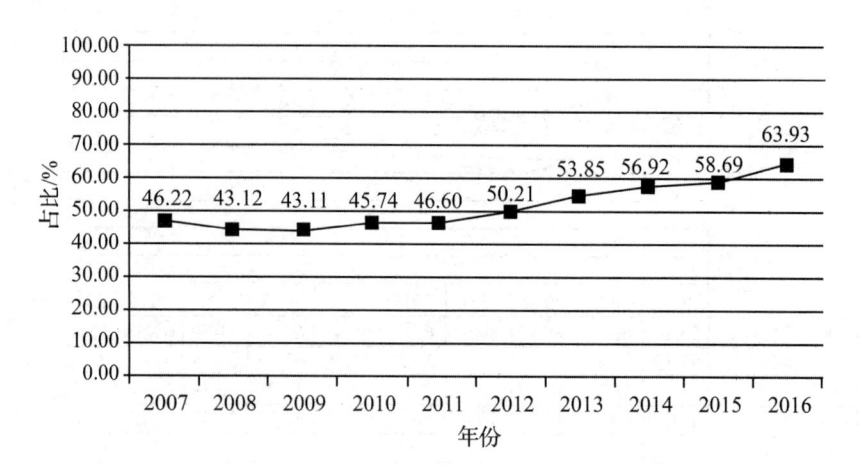

图 4-42　2007—2016 年中学高级职称特殊教育专任教师中受过特教专业培训人数的比例

（二）小学高级职称特殊教育专任教师接受特教专业培训的情况

在小学高级职称的特殊教育专任教师中，受过特教专业培训的教师在近十年内同样以较快速度稳步增长，2007 年为 8 793 人，2016 年则增长至 16 996 人，是 2003 年的将近两倍。该人数在所有小学高级职称的特教教师中所占的比例也逐年增长，十年间共增长 17％左右，2016 年达到 67.56％。（见图 4-43 和图 4-44）

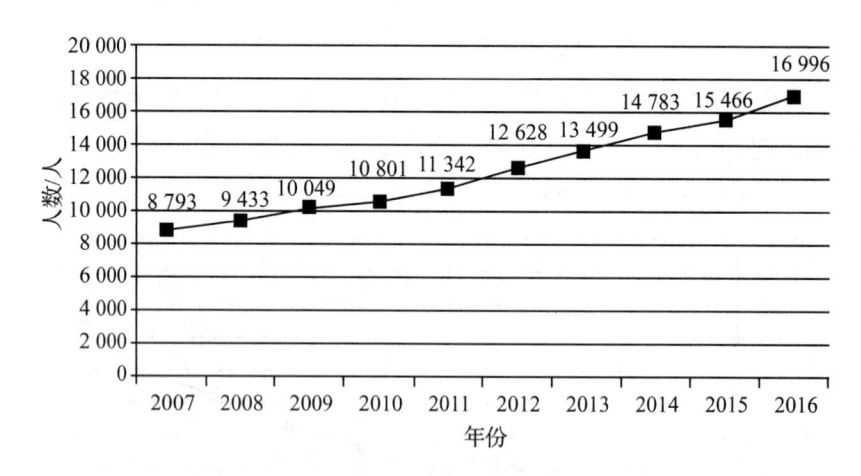

图 4-43　2007—2016 年小学高级职称特殊教育专任教师中受过特教专业培训的人数

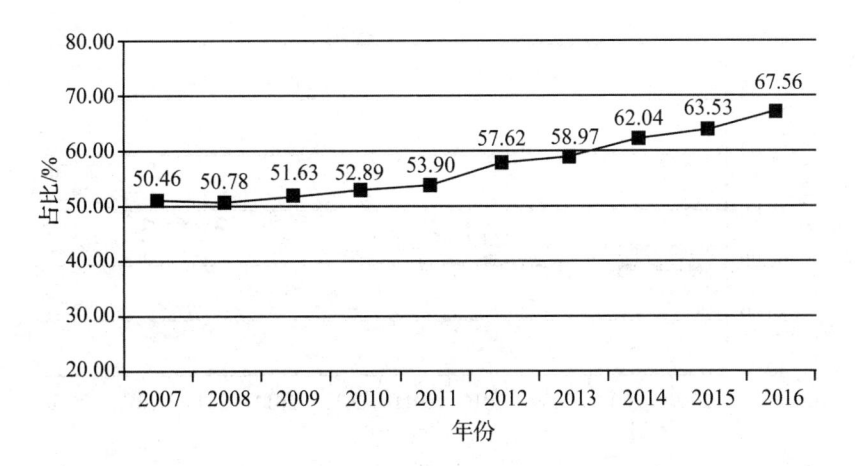

图 4-44 2007—2016 年小学高级职称特殊教育专任教师中受过特教专业培训人数的比例

(三)小学一级职称特殊教育专任教师接受特教专业培训的情况

小学一级职称的特殊教育专任教师中,受过特教专业培训的教师人数呈现逐年增加的趋势,且 2012 年之后的增加速度明显快于 2012 年之前。十年来,受过特教专业培训的小学一级教师共增加了 3 609 人。占比方面,小学一级教师中受过特教培训的教师占比同样表现出一定的增加趋势,且后五年的增速更快,全五年相对稳定。十年来该占比共提升了 13.85%,2016 年达到 72.70%。(见图 4-45 和图 4-46)

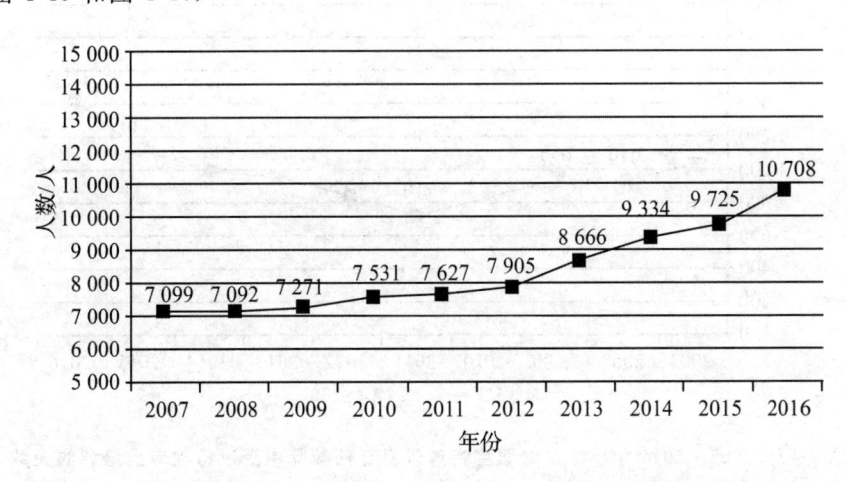

图 4-45 2007—2016 年小学一级职称特殊教育专任教师中受过特教专业培训的人数

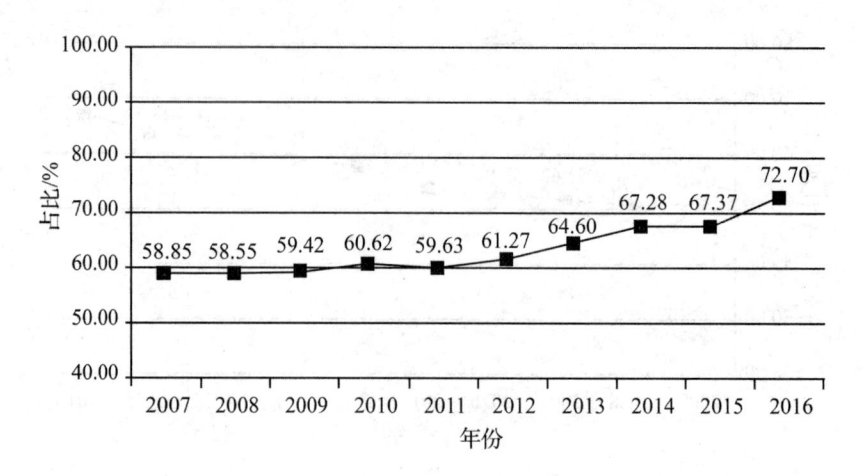

图 4-46　2007—2016 年小学一级职称特殊教育专任教师中受过特教专业培训人数的比例

(四) 小学二级职称特殊教育专任教师接受特教专业培训的情况

小学二级职称的特殊教育专任教师中受过特教专业培训的教师数量近十年来先逐年下降，后大幅回升，2011 年最低，仅有 710 人，2016 年回升至十年来最高的 1 421 人。占比方面，小学二级教师中受过特教专业培训的教师占比除 2011 年出现一定下降外均表现出逐年增加的趋势，最终由 2007 年的 61.78％增加至 2016 年的 73.63％。(见图 4-47 和图 4-48)

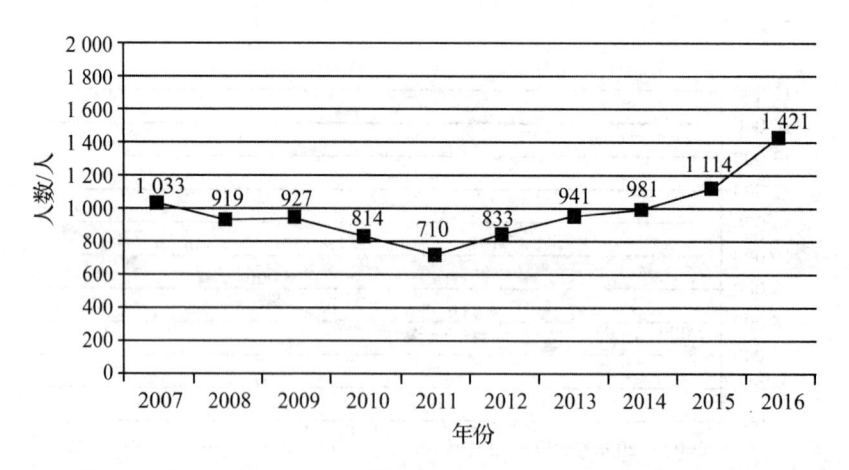

图 4-47　2007—2016 年小学二级职称特殊教育专任教师中受过特教专业培训的人数

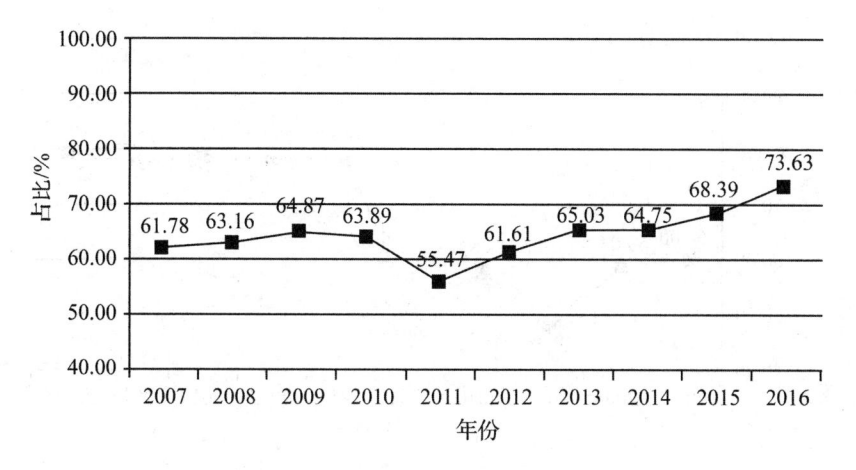

图 4-48 2007—2016 年小学二级职称特殊教育专任教师中受过特教专业培训人数的比例

(五) 小学三级职称特殊教育专任教师接受特教专业培训的情况

小学三级职称的特殊教育专任教师中受过特教专业培训的教师数量在近十年呈现出先下降后上升的趋势，转折点发生在 2009 年，当年仅有 25 人；2009 年之后迅速回升，且增长幅度较大，2016 年达到近十年来最高的 186 人。占比方面，2011 年之前波动较大，在 48%～60%，2012 年突然上升至 78.57%，直至 2016 年均保持稳定。（见图 4-49 和图 4-50）

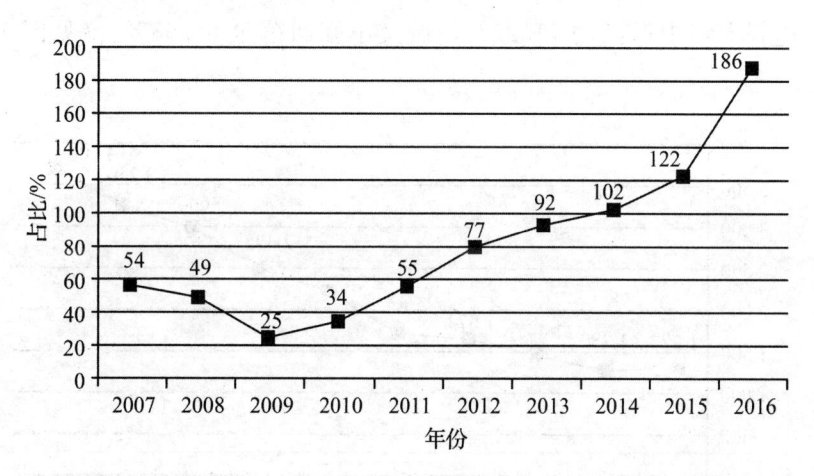

图 4-49 2007—2016 年小学三级职称特殊教育专任教师中受过特教专业培训的人数

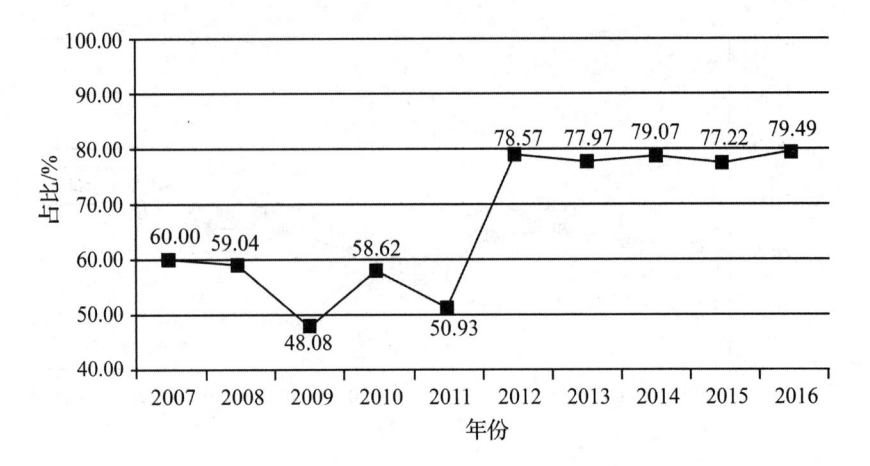

图 4-50 2007—2016 年小学三级职称特殊教育专任教师中受过
特教专业培训人数的比例

(六)未评级特殊教育专任教师接受特教专业培训的情况

未评级的特殊教育专任教师中受过特教专业培训的教师数量在近十年内表现出明显的增长趋势,且后五年的增长速度明显快于前五年。2007 年至 2011 年共增加了 441 人,但 2011 年至 2016 年增加了 2 000 人左右。占比方面,2007 年至 2012 年保持在较为稳定的 57%~58%,但 2013 年上升至 66.20%,2014 年达到十年中最高的 71.29%,后又小幅回落至 68.68%。(见图 4-51 和图 4-52)

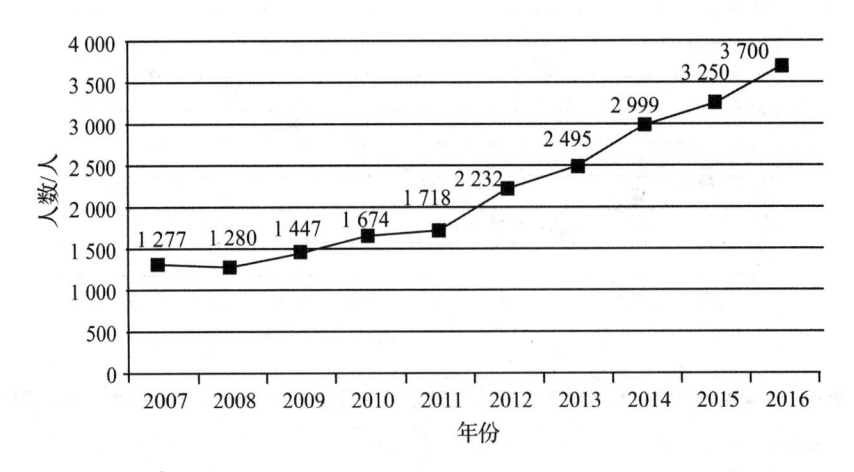

图 4-51 2007—2016 年未评级特殊教育专任教师中受过特教专业培训的人数

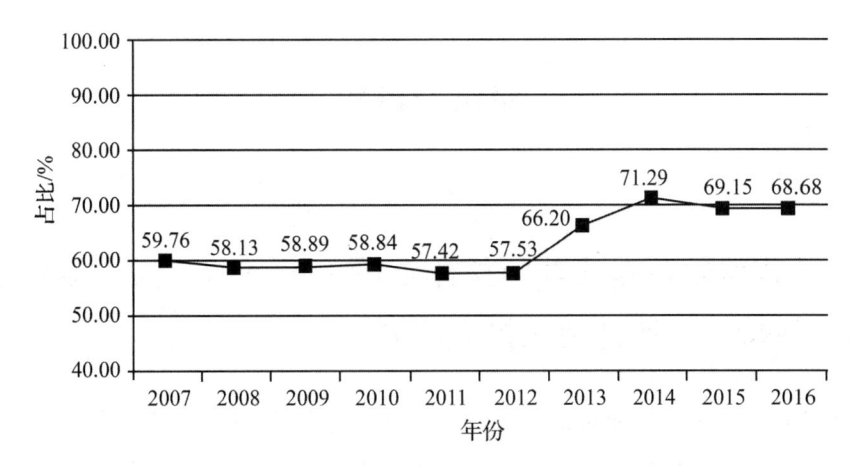

图 4-52 2007—2016 年未评级特殊教育专任教师中受过特教专业培训人数的比例

(七)不同职称水平特殊教育专任教师接受特教专业培训比例的差异

从 2003—2012 年不同职称水平特殊教育专任教师中受过特教专业培训人数的比例汇总图中可以看出,除中学高级职称教师中受过特教培训的教师占比明显较低之外,其他职称水平教师中的相应比例相差不大,整体上均逐年上升,且均以 2011—2012 年为转折点,近五年的上升速度明显提高。2012 年之后,小学三级教师中接受过特教专业培训的教师占比显著高于其他职称,达到将近 80% 的水平。此外,未评职称、小学一级和小学二级教师中受过特教专业培训的教师占比相近,而对于小学高级教师来说这一比例略低。(见图 4-53)

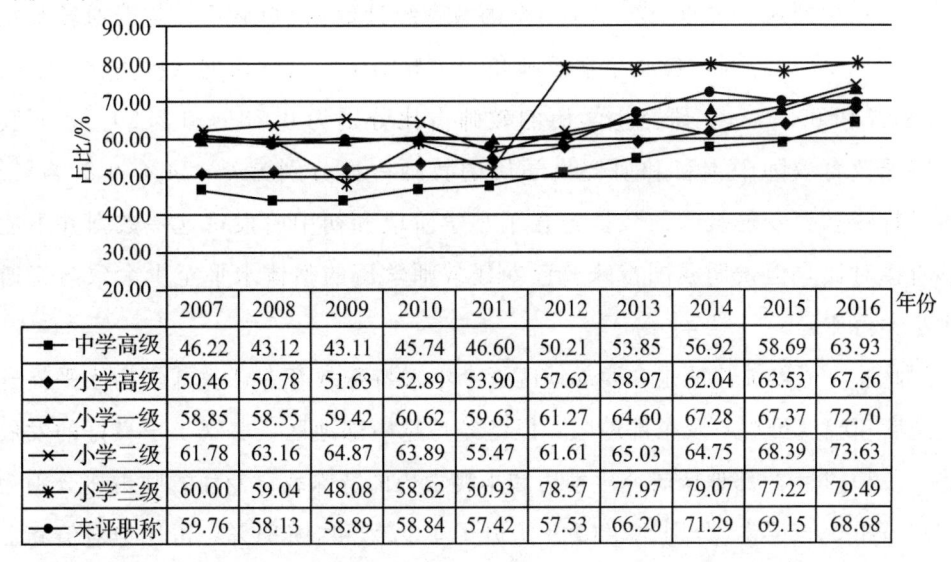

年份	2007	2008	2009	2010	2011	2012	2013	2014	2015	2016
中学高级	46.22	43.12	43.11	45.74	46.60	50.21	53.85	56.92	58.69	63.93
小学高级	50.46	50.78	51.63	52.89	53.90	57.62	58.97	62.04	63.53	67.56
小学一级	58.85	58.55	59.42	60.62	59.63	61.27	64.60	67.28	67.37	72.70
小学二级	61.78	63.16	64.87	63.89	55.47	61.61	65.03	64.75	68.39	73.63
小学三级	60.00	59.04	48.08	58.62	50.93	78.57	77.97	79.07	77.22	79.49
未评职称	59.76	58.13	58.89	58.84	57.42	57.53	66.20	71.29	69.15	68.68

图 4-53 2007—2016 年不同职称水平特殊教育专任教师中受过特教专业培训人数的比例汇总

总结与讨论

一、特殊教育专任教师整体学历水平逐渐提高，与普通中小学大体持平，西部地区提升明显

学历水平是衡量教师队伍整体质量的重要指标之一。在过去的十年间，我国特殊教育专任教师的学历水平不断提升，本科学历的教师逐渐成为我国特殊教育专任教师队伍的主力军，占比由2007年的30.38%增加至2016年的62.74%，涨幅明显。研究生学历的教师占比也由0.35%增加至2.04%，表明越来越多高学历教师选择特殊教育专任教师岗位。此外，到2016年，我国特殊教育专任教师队伍中已经几乎没有高中及以下学历的教师。

由于我国目前仍没有专门的特殊教育专任教师资格认定制度和标准，对于特殊教育专任教师的学历未见明确的文件要求，参照我国《教师法》对小学教师及中学教师的学历合格要求，即小学教师应具备高中以上学历，初中教师应具备专科以上学历，我国特殊教育专任教师队伍的学历合格程度也在逐渐提高并达到这一要求。《2016年全国教育统计数据》中显示，与普通教师相比，以2016年为例，普通小学教师和初中教师中本科学历的教师占比分别为49.64%和80.27%，研究生学历的教师占比分别为0.78%和2.20%，而我国特殊教育教师中本科和研究生学历的教师占比分别为62.74%和2.04%。由于特殊教育专任教师的数据包含了小学阶段和初中阶段，这一数据并不能够直接对比，但说明我国特殊教育专任教师学历的整体水平至少大致与普通中小学持平。

此外，值得关注的是，西部地区近十年来特殊教育专任教师学历水平提升的速度和幅度虽略不及东部地区，但已经超越中部地区，表现出了良好的发展势头。2016年西部地区研究生学历和本科学历的特殊教育专任教师占比分别为1.26%和59.66%，分别比2007年上升了1.07%和34.81%，占比绝对值和上升幅度均超过了中部地区。这得益于近年来我国对于西部地区教育发展的支持

力度不断加大,西部地区特殊教育学校办学条件有效改善,为特殊教育教师提供了更好的物质条件和专业化发展机会,因此吸引了更多较高学历水平的特殊教育专任教师。

二、特殊教育专任教师职称的整体水平保持相对稳定,中部地区高职称教师占比较高

整体来看,我国特殊教育专任教师队伍的职称水平在近十年保持相对稳定,中学高级职称和未评职称的教师占比有一定程度的增加,小学高级和小学一级教师占比微弱下降,但整体来讲各个职称水平的教师占比变化不大。

从地区差异来看,中部地区中学高级教师的占比和增长幅度均高于东部地区和西部地区,2016年已达到13.62%,而东部地区和西部地区分别仅为10.25%和8.86%。而未评职称的教师占比中部地区最低,2016年仍不足10%,而西部地区最高,达到11.37%。这可能是因为近年来东部地区和西部地区有大量的新教师涌入,而中部地区新教师相对较少,随着教龄的增加职称水平稳步提升,而大部分新教师都是未评职称的教师,因此东部和西部地区未评职称的教师占比较高。

三、特殊教育专任教师中受过特教专业培训的教师占比不断提升但仍不足,学历较高的教师受过专业培训的比例较高,而职称较高的教师受过专业培训的比例较低

继续教育是教师实现专业化水平持续提升的重要途径。我国特殊教育专任教师中,受过特教专业培训的教师比例大幅提升,由2007年的54.23%增加至2016年的68.98%,虽然增幅明显,但整体上来看,所有特殊教育专任教师中,接受过特教专业培训的教师占比仍不足70%,说明我国特教教师的专业化水平还不够理想。此外,整体来看,除高中以下学历的教师之外,学历越高,接受过特教专业培训的占比越高,但是较高职称水平的教师中受过特教专业培训的比例并没有体现出优势,反而低于职称较低的教师和未评职称的教师。究其原因,随着近年来高等师范院校特殊教育专业培养规模的扩大和培养层次的提

升，越来越多特殊教育专业或有特殊教育背景的新教师进入特殊教育专任教师岗位，且学校一般倾向于将更多的培训机会提供给相对年轻的、学历较高的教师，而这些教师的职称可能相对较低，因此导致从占比上看，新教师、学历水平较高的教师中接受过特教专业培训的比例更高。未来在进一步加强相关培训的同时，应逐渐优化接受培训教师的职称结构，让年龄较大、职称水平较高的教师也有机会得到专业更新和突破的机会。

第五章

特殊教育教师工作负担

教师工作负担是指教师所要承担的工作量或工作负荷。它与学生规模大小、教学任务多寡等具有密切的联系。世界经济与合作发展组织（Organization for Economic Co-operation and Development，OECD）发布的《2013年教育概览》中采用教师每天在校时间、生师比和班额来表示教师的工作负担。由于教师每天在校时间很难通过《中国教育统计年鉴》和《中国教育经费统计年鉴》等官方统计数据获得，而需要通过自身调查才能完成，因此这里仅仅采用生师比、班师比和班额三个指标来分析特殊教育教师的工作负担。此外，由于数据来源中各个省市地区学生数量、班级数量及教师数量无法完全对应，故这部分没有对东、中、西部地区差异进行分析。

第一节 生师比

生师比是指学生数量与专任教师数量的比值，它是反映教师工作负担的重要指标之一，生师比的大小也在一定程度影响着教育教学质量。生师比计算方式如下：

特殊教育学校生师比＝特殊教育学校学生总数÷特殊教育学校专任教师总数

整体上，过去13年特殊教育学校生师比大致呈线性下降的趋势。2003—2006年生师比不断上升，由2003年的大致4名学生配备1名教师发展至2006年的4.2名学生配备1名教师；其后2006—2011年基本保持稳定，维持在4.2

表 5-1 2003—2016 年特殊教育学校生师比

年份	学生数/人	专任教师数/人	生师比
2003	123 169	30 349	4.06
2004	128 843	31 058	4.15
2005	134 362	31 937	4.21
2006	141 127	33 396	4.23
2007	147 266	34 990	4.21
2008	153 338	36 306	4.22
2009	158 962	37 945	4.19
2010	166 012	39 650	4.19
2011	173 503	41 311	4.20
2012	178 998	43 697	4.10
2013	177 195	45 653	3.88
2014	185 746	48 125	3.86
2015	202 526	50 334	4.02
2016	220 918	53 213	4.15

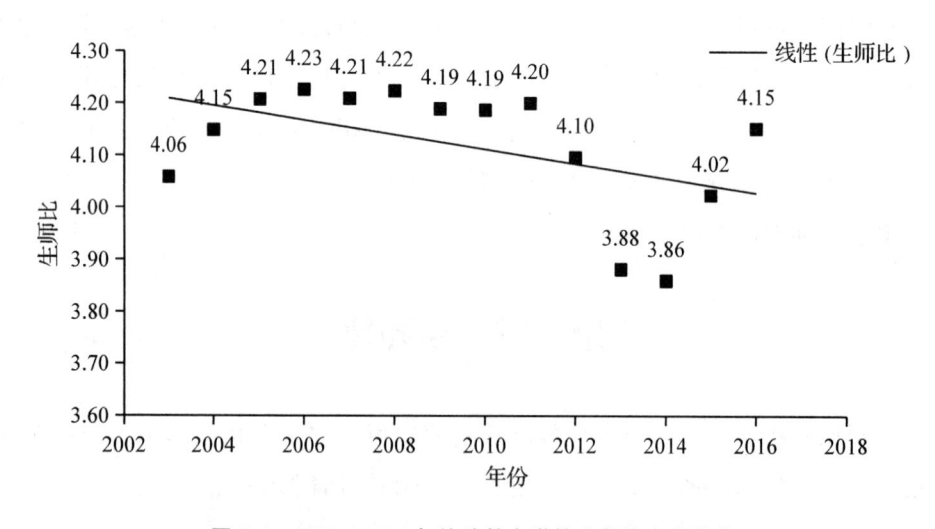

图 5-1 2003—2016 年特殊教育学校生师比变化趋势

名学生配备 1 名教师的比例。(见表 5-1 和图 5-1)相比 2011 年，2012—2014 年生师比有所下降，并在 2014 年达到最低值 3.86。2014—2016 年生师比又呈现上升趋势，从每 3.86 名学生配备 1 名教师上升至 4.15 名配备 1 名教师。(见表 5-1 和图 5-1)

第二节 班师比

班师比是指班级数量与专任教师数量的比值,它也是反映教师工作负担的重要指标之一,其计算公式如下:

特殊教育学校班师比＝特殊教育学校班级÷特殊教育学校专任教师总数

2003—2016 年,我国特殊教育学校班师比呈阶段性变化态势。大体上可以分成四个阶段:2003—2005 年、2005—2010 年、2010—2012 年和 2012—2016 年。2003—2005 年我国特殊教育学校班师比上升趋势,到 2005 年达到第一个高点 0.41;2006 年开始到 2010 年,又呈现持续下降趋势,到 2010 年下降至 0.395;在 2010—2012 年一直维持在 0.40 以下,并在 2012 年达到最低值 0.394。其后,到 2016 年一直呈现持续上升趋势。尽管我国特殊教育学校班师比呈阶段性波动态势,但整体上变化范围不算大(0.39~0.42),基本处于正常波动范围内,即基本维持在 1 名特殊教育专任教师需要负责 0.4 个班级左右的工作量,换句话说 2~3 名教师负责 1 个班级的教学任务与相应工作。(见表 5-2 和图 5-2)

表 5-2 2003—2016 年特殊教育学校班师比

年份	班级数/个	专任教师数/人	班师比
2003	12 146	30 349	0.400
2004	12 675	31 058	0.408
2005	13 103	31 937	0.410
2006	13 594	33 396	0.407
2007	14 064	34 990	0.402
2008	14 489	36 306	0.399
2009	15 045	37 945	0.396
2010	15 647	39 650	0.395
2011	16 478	41 311	0.399
2012	17 201	43 697	0.394
2013	18 337	45 653	0.402
2014	19 372	48 125	0.403
2015	20 392	50 334	0.405
2016	22 047	53 213	0.414

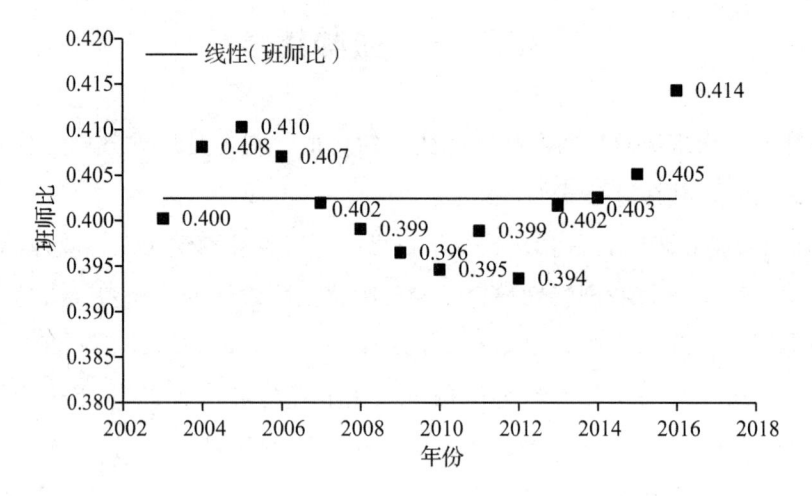

图 5-2　2003—2016 年特殊教育学校班师比发展变化

第三节　班　额

班额是指一个班级所包含的学生数。班额对了解特殊教育教师工作量及特殊教育教学质量都具有重要的价值，其计算公式如下：

特殊教育学校班额＝特殊教育学校学生总数÷特殊教育学校班级总数

2003—2016 年，我国特殊教育学校班额大小变化不大（范围为 9.59～10.61 人），基本维持在每个班级 9～11 人。以 2010 年和 2014 年为分界点，可以将我国特殊教育学校班额变化划分为三个阶段：2003—2010 年，班额不断扩大，从 2003 的每个班级 10.14 人扩大至 2010 年每个班级 10.61 人；2010—2014 年，班额有所缩小，从每个班级 10.61 人下降至每个班级 9.59 人；2014—2016 年，班额又有所上升，从每个班级 9.59 人上升至 10.02 人。（见表 5-3 和图 5-3）

表 5-3　2003—2016 年特殊教育学校班额变化情况

年份	班级数/个	学生数/人	班额/人
2003	12 146	123 169	10.14
2004	12 675	128 843	10.17
2005	13 103	134 362	10.25
2006	13 594	141 127	10.38
2007	14 064	147 266	10.47
2008	14 489	153 338	10.58
2009	15 045	158 962	10.57
2010	15 647	166 012	10.61
2011	16 478	173 503	10.53
2012	17 201	178 998	10.41
2013	18 337	177 195	9.66
2014	19 372	185 746	9.59
2015	20 392	202 526	9.93
2016	22 047	220 918	10.02

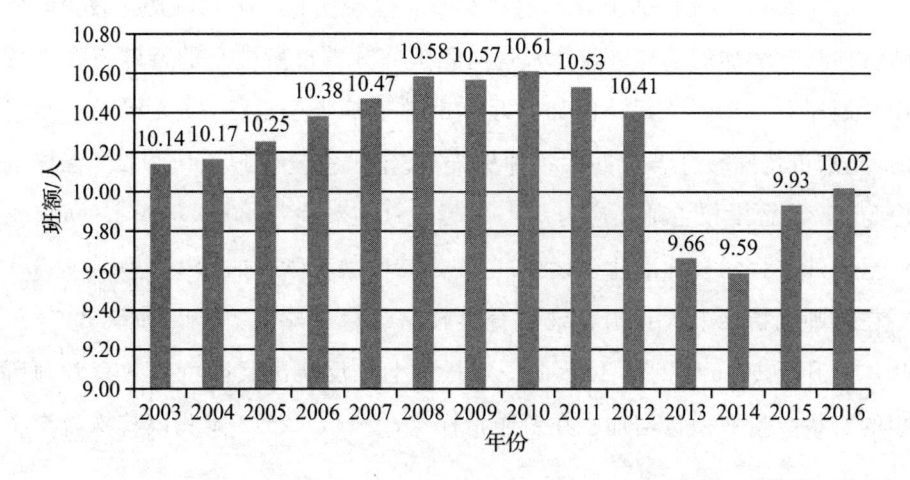

图 5-3　2003—2016 年特殊教育学校班额变化发展

总结与讨论

由于特殊学生差异性大，学生数量少、班额小、生师比值低是特殊教育学校教学的最基本要求，也是特殊教育学校教学有别于普通教育学校教学的基本特点。2003—2016年我国特殊教育学校发展很好地体现了这个特点：生师比变化范围为3.86~4.23、班师比变化范围为0.39~0.42、班额变化范围9.59~10.61人。这比普通小学的生师比、班师比、班额大小都要低很多，例如：2003—2011年我国普通小学的生师比变化范围为20.50~17.71、普通初中生师比变化范围为19.09~14.38[①]；同期普通小学班师比变动范围为1.70~2.17、普通初中班师比变动范围为2.98~3.61[②]；同期普通小学不管是城市还是农村平均班额均超过30人，普通中学平均班额超过50人[③]。

2003—2016年我国特殊教育学校在这三项指标上的发展态势有所差异，但整体上呈现出稳中有变的态势。生师比指标上，我国特殊教育学校整体上呈现波动的态势，出现先上升后下降再上升的发展轨迹，即2003—2006年每位老师所要教学的学生数量有所增加，2006—2014年每位老师所要教学生数量有所下降，2014—2016年又快速上升，达到4.15。这说明整体上我国特殊教育学校的教师负担具有增加的趋势。显然，这与我国部分省市所规定的特殊教育学校生师比计划还有一定的差距，例如：北京市教委等十个部门2013年联合制定发布的《北京市特殊教育学校办学条件标准》规定，盲校生师比应为2，聋校生师比应为3，培智学校生师比应为0.40；黑龙江省教育厅2010年颁布的《黑龙江省特殊教育学校标准化建设标准》规定特殊教育学校的师生比例应为3.10。

在班师比指标上，我国特殊教育学校呈现稳中略升态势，即从2003年的0.40，上升至2016年的0.41，在一定程度上也反映出我国特殊教育教师所要承担的班级数量有微量增加。在班额指标上，2003—2012年我国特殊教育学校

---

① 曾晓东：《中国中小学教师发展报告（2014）》，217—219页，北京，社会科学文献出版社，2015。
② 同上书，224—225页。
③ 同上书，231—233页。

班额大小变化不大(范围为 9.59~10.61 人),基本维持在每个班级 9~10 人左右。这符合特殊教育的基本需求,也符合我国相关法律法规规定。2012 年教育部颁布的《特殊教育学校建设标准》中规定盲、聋学校班额为 14 人,培智学校为 8 人。

需要特别注意的是,2012—2015 年是我国特殊教育学校的生师比和班额发展较为特别的发展阶段。相比 2011 年,2012 年生师比和班额均出现小幅下降;相比 2012 年,2013 年和 2014 年这两项指标出现了较大幅度下降,但相比 2014 年,2015 年这两项指标又有较大幅度的提升。这可能与我国 2014 年教育部开始实施《特殊教育提升计划(2014—2016 年)》有关。该文件的重要目标之一是提高残疾儿童的普及水平,对那些登记尚未入学的残疾儿童要采用不同的形式安排接受义务教育。在该政策推动下,2014—2015 年特殊教育学校入学学生数显著增加,2014 年学生总数 185 746 人,2015 年 202 526 人,增长 16 780 人,增长率 9.03%。但是同时期内,特殊教育学校班级和特殊教育学校教师总数虽然也相应增加,但是增长幅度低于特殊学生的增长幅度。其中,特殊教育学校班级数 2014 年为 19 372 个,2015 年为 20 392 个,增长 1 020 个,增长率 5.27%;而教职工总数 2014 年为 57 360 人,2015 年为 59 548 人,增加 2 188 人,增长率为 3.81%。特殊学生总数、特殊教育学校班级总数及教职工总数增长率的差异,共同导致了该时期内生师比和班额的上升。

第六章

特殊教育教师薪资待遇

薪资待遇反映的是特殊教育教师的社会经济地位，它对于提高特教教师师资队伍和职业吸引力具有关键性的影响。由于教育对象的特殊性，特殊教育教师从一开始也具有了一定的特殊性。在很长一段时间内，社会公众对特殊教育教师这个职业存在一定的误解和偏见，这也直接导致了该职业吸引力的下降。在这种情况下，薪资待遇水平高低则成为吸引相关人员参与特殊教育事业的关键性因素。这部分将对我国特殊教育教师薪资待遇总体水平，东、中、西部地区教师薪资待遇水平差异及发展趋势进行分析。由于《中国教育经费统计年鉴》数据仅统计至 2015 年，因此分析时仅对 2003—2015 年我国特殊教育教师薪资待遇水平进行分析。

第一节 全国特殊教育教师总体薪资水平

近 10 年来，我国经济飞速发展，人民生活水平不断提高，国家有关部门在不断提高最低工资标准。在此背景下，近年来我国对特殊教育事业经费投入不断增加。2014 年国务院办公厅转发的《特殊教育提升计划（2014—2016 年）》更是明确指出要加大特殊教育经费投入，全面落实特殊教育教师工资待遇倾斜政策。这部分将分析 2003—2015 年全国特殊教育教师总体薪资待遇的发展变化。

一、特殊教育教师工资支出总额

近年来我国加大了对特殊教育教师事业的投入力度，也曾多次提到要提高特殊教育教师工资。2003—2015 年间，我国特殊教育教师工资支出总额呈上升趋势，2015 年特殊教育教师工资总额 4 875 509 千元，是 2003 年特殊教育教师工资总额 1 067 652 千元的 4.57 倍。其中，又以 2015 年工资支出总额增幅最大，相比 2014 年增加了 1 126 576 千元，增幅为 30.05%。（见图 6-1）

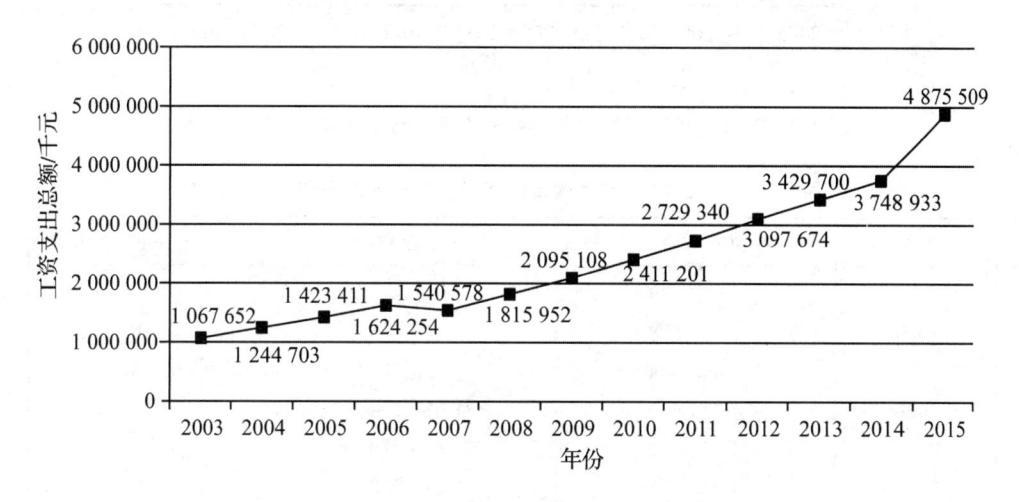

图 6-1　2003—2015 年特殊教育教师工资支出总额变化趋势

二、特殊教育教师工资支出占总经费支出的比例

2003—2015 年期间，尽管我国特殊教育教师工资支出总额呈现不断上升的趋势，但是教师工资支出总额占特殊教育经费总额的比重并没有呈现上升趋势。相反，2003—2010 年，教师工资支出总额占特殊教育经费总额的比重呈下降的趋势。2003—2006 年，我国经费总额占特殊教育经费支出总额比例均在六成以上，到了 2008 年不足一半，2010 年已经不足四成，大约为经费总额的三分之一。2011—2015 年，特殊教育教师工资支出总额占经费总额的比例略有回升，从 2010 年的 36.03% 上升至 2015 年的 42.74%。其中，2014 年和 2015 年的增幅较大。（见图 6-2 和表 6-1）

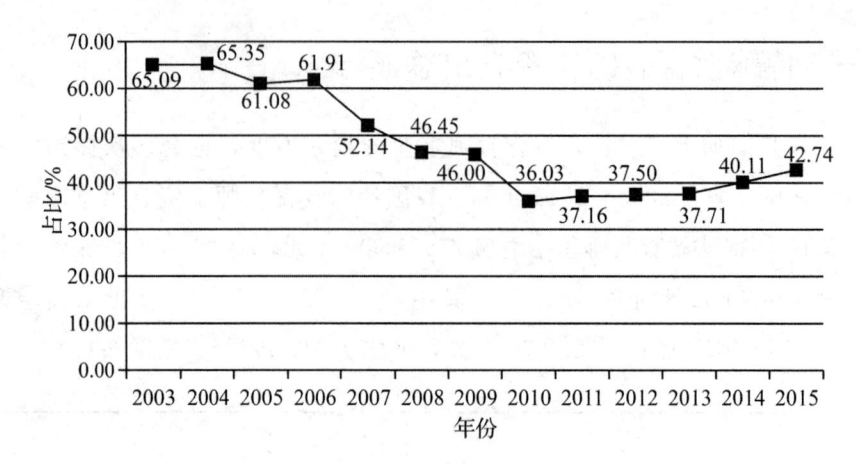

图 6-2　2003—2015 年特殊教育教师工资支出占总经费支出的比例

表 6-1　2003—2015 年特殊教育教师工资支出占总经费支出的比例

年份	经费总额/千元	工资支出总额/千元	占经费总额的比例/%
2003	1 640 255	1 067 652	65.09
2004	1 904 798	1 244 703	65.35
2005	2 330 464	1 423 411	61.08
2006	2 623 706	1 624 254	61.91
2007	2 954 438	1 540 578	52.14
2008	3 909 723	1 815 952	46.45
2009	4 554 398	2 095 108	46.00
2010	6 692 491	2 411 201	36.03
2011	7 345 818	2 729 340	37.16
2012	8 260 681	3 097 674	37.50
2013	9 094 933	3 429 700	37.71
2014	9 345 540	3 748 933	40.11
2015	11 407 147	4 875 509	42.74

三、特殊教育教师工资总额占特殊教育事业性经费支出总额的比例

特殊教育事业性经费包括个人部分和公用部分，工资支出属于个人部分，且仅是个人部分中的一小部分。因 2014 和 2015 年《中国教育经费统计年鉴》未报告特殊教育事业性经费支出总额，故该部分仅报告 2003—2013 年的相关数据。

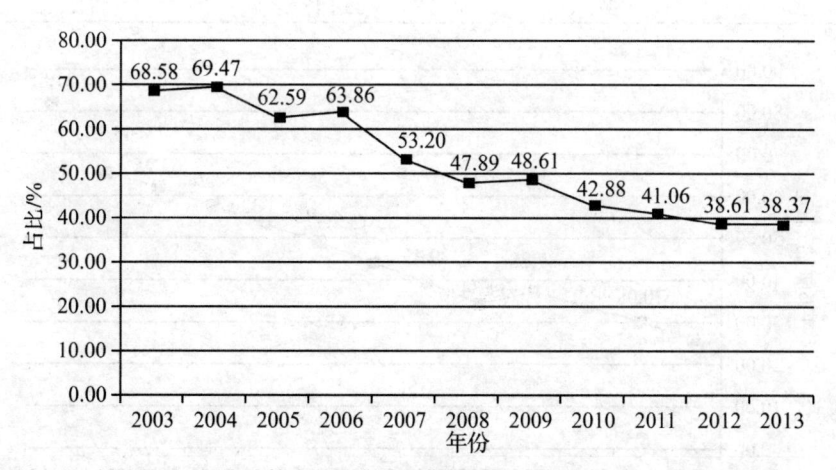

2003—2013年我国特殊教育教师工资总额占特殊教育事业性经费支出总额的百分比呈现不断下降的趋势。2003—2006年期间,特殊教育教师工资总额占特殊教育事业性经费支出六成以上,接近三分之二。2008年以后,特殊教育教师工资总额占特殊教育事业性支出不足一半。至2013年,不足四成。说明我国特殊教育事业性经费支出更多地用于特殊学校的基础设施建设,而非师资队伍建设上。(见表6-2和图6-3)

表6-2 2003—2013年特殊教育教师工资总额占特殊教育事业性支出总额的比例

年份	事业性经费支出总额/千元	工资总额/千元	占事业性经费的比例/%
2003	1 556 721	1 067 652	68.58
2004	1 791 744	1 244 703	69.47
2005	2 274 258	1 423 411	62.59
2006	2 543 548	1 624 254	63.86
2007	2 895 566	1 540 578	53.20
2008	3 791 546	1 815 952	47.89
2009	4 309 897	2 095 108	48.61
2010	5 622 917	2 411 201	42.88
2011	6 647 317	2 729 340	41.06
2012	8 022 020	3 097 674	38.61
2013	8 938 318	3 429 700	38.37

图6-3 2003—2013年特殊教育教师工资总额占特殊教育事业性经费支出总额的比例

四、特殊教育教师平均工资水平

特殊教育教师平均工资水平是衡量特殊教育教师薪资待遇水平核心的指标，为特殊教育教师工资支出总额除以特殊教育教师总人数计算获得。2003—2015年，我国特殊教育教师平均工资水平不断提高。2003年特殊教育教师平均工资为26千元，2009年之前平均工资不足40千元，2009年突破40千元，并在两年后突破50千元，提升至53千元。2013年特殊教育教师平均工资达到62千元。相比2014年，2015年特殊教育教师工资具有较大的增长，从65千元直接上升至约82千元。（见表6-3和图6-4）

表6-3　2003—2015年我国特殊教育教平均工资水平

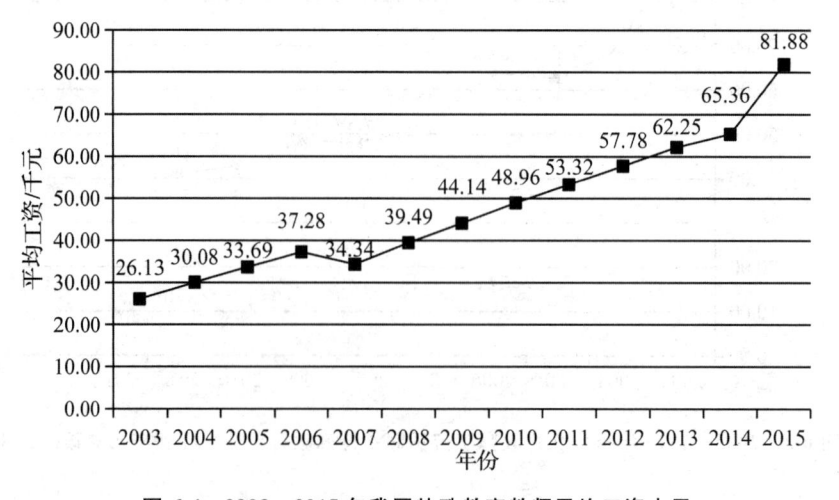

年份	工资总数/千元	教职工总数/人	平均工资/千元
2003	1 067 652	40 853	26.13
2004	1 244 703	41 384	30.08
2005	1 423 411	42 256	33.69
2006	1 624 254	43 572	37.28
2007	1 540 578	44 862	34.34
2008	1 815 952	45 990	39.49
2009	2 095 108	47 466	44.14
2010	2 411 201	49 249	48.96
2011	2 729 340	51 189	53.32
2012	3 097 674	53 615	57.78
2013	3 429 700	55 096	62.25
2014	3 748 933	57 360	65.36
2015	4 875 509	59 548	81.88

图6-4　2003—2015年我国特殊教育教师平均工资水平

第二节 东、中、西部地区特殊教育教师薪资待遇水平差异

整体上我国特殊教育教师的薪资待遇水平不断提升,但是东、中、西部地区经济发展并不平衡,各地区教育教师的薪资待遇水平也可能存在较大差异。因此,对东、中、西部地区特殊教育教师工资总额、占特殊教育经费支出总额和事业性经费支出总额百分比及平均工资水平进行分析比较。

一、东、中、西部地区特殊教育教师工资总额差异

东、中、西部地区特殊教育教师薪资水平存在差异。整体上,东部地区特殊教育教师薪资水平最高(2003—2015年薪资总额变化区间62 504～233 877千元),其次为中部地区(2003—2015年薪资总额变化区间32 025～134 408千元),西部地区最低(2003—2015年薪资总额变化区间10 325～84 334千元)。但是2003—2015年,东、中、西部地区特殊教育教师工资支出总额都呈上升趋势。2003—2015年,东部地区特殊教育教师工资支出总额增加了171 373千元,提升了近2.7倍;中部地区增加了102 383千元,提升了近3.2倍;西部地区增加了74 009千元,提升了近7.2倍。(见图6-5)

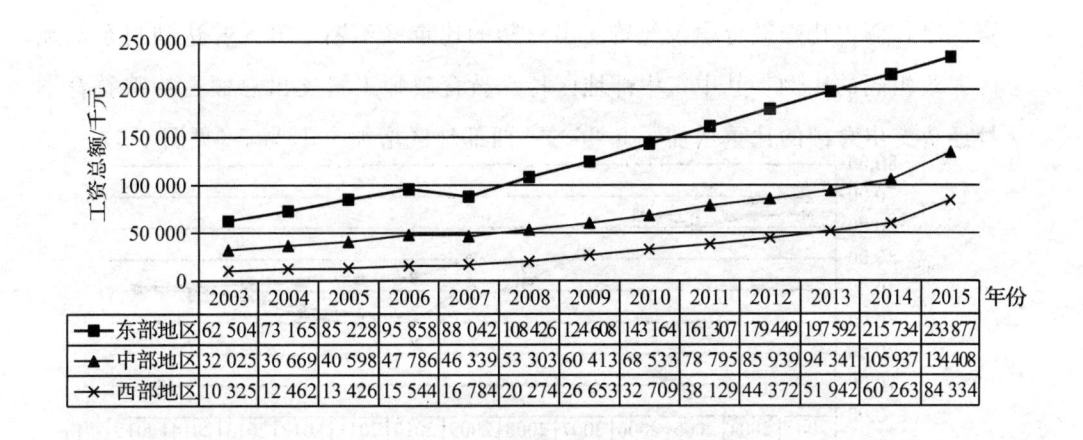

年份	2003	2004	2005	2006	2007	2008	2009	2010	2011	2012	2013	2014	2015
东部地区	62 504	73 165	85 228	95 858	88 042	108 426	124 608	143 164	161 307	179 449	197 592	215 734	233 877
中部地区	32 025	36 669	40 598	47 786	46 339	53 303	60 413	68 533	78 795	85 939	94 341	105 937	134 408
西部地区	10 325	12 462	13 426	15 544	16 784	20 274	26 653	32 709	38 129	44 372	51 942	60 263	84 334

图6-5 2003—2015年我国东、中、西部地区特殊教育教师工资总额差异比较

二、东、中、西部地区特殊教育教师工资占特殊教育学校经费支出比例差异

2003—2005 年，中部地区特殊教育教师工资支出总额占特殊教育学校经费支出总额的比例最高（69.41%、68.94%、64.59%，平均为 67.65%），其次为西部地区（64.96%、63.38%、61.19%，平均为 63.18%），东部地区比例最低（64.15%、63.59%、59.76%，平均为 62.50%）。2006—2007 年，这种情况发生了变化，东部地区特殊教育教师工资支出总额占特殊教育学校经费支出总额的比例最高，其次为西部地区，最后是中部地区。2008—2013 年，这种情况又有所变化，东部地区特殊教育教师工资支出总额占特殊教育学校经费支出总额的比例最高，其次为中部地区，最后为西部地区。2014—2015 年，西部地区特殊教育教师工资支出总额占特殊教育学校经费支出总额的比例最高，其次为东部地区，最后为中部地区。（见图6-6）

从发展趋势看，东部地区特殊教育教师工资支出总额占特殊教育学校经费支出总额的比重都呈逐步下降的趋势，从 2003 年至 2015 年下降了 23.03%。中部地区和西部地区特殊教育教师工资支出总额占特殊教育学校经费支出总额的比重则呈现先下降后上升的趋势，分水岭为 2010 年。2003—2010 年，中部地区特殊教育教师工资支出总额占特殊教育学校经费支出总额的比重下降了 38.51%，西部地区下降了 40.95%。2010—2015 年中西部地区特殊教育教师工资支出总额占特殊教育学校经费支出总额的比重又不断上升，并达到与东部地区大致相同的比例。其中，中部地区特殊教育教师工资支出总额占特殊教育学校经费支出总额的比重增加了 9.95%，西部地区增加了 18%。（见图6-6）

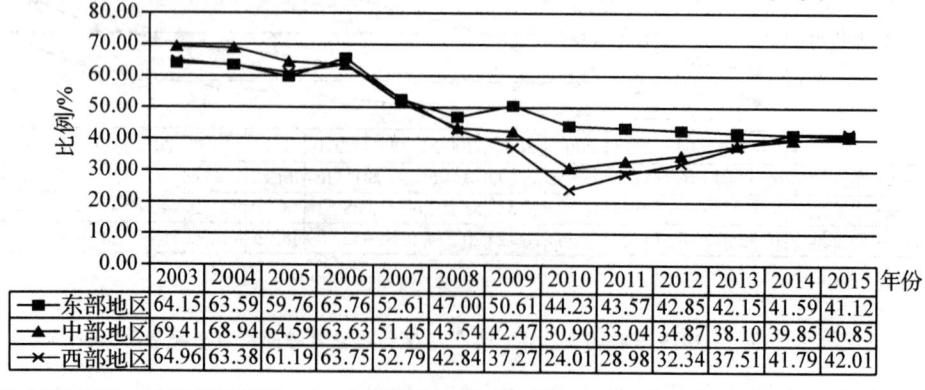

年份	2003	2004	2005	2006	2007	2008	2009	2010	2011	2012	2013	2014	2015
东部地区	64.15	63.59	59.76	65.76	52.61	47.00	50.61	44.23	43.57	42.85	42.15	41.59	41.12
中部地区	69.41	68.94	64.59	63.63	51.45	43.54	42.47	30.90	33.04	34.87	38.10	39.85	40.85
西部地区	64.96	63.38	61.19	63.75	52.79	42.84	37.27	24.01	28.98	32.34	37.51	41.79	42.01

图 6-6　2003—2015 年我国东、中、西部地区特殊教育教师工资占特殊教育学校经费支出的比例

三、东、中、西部地区特殊教育教师工资支出总额占事业性经费支出总额的比例差异

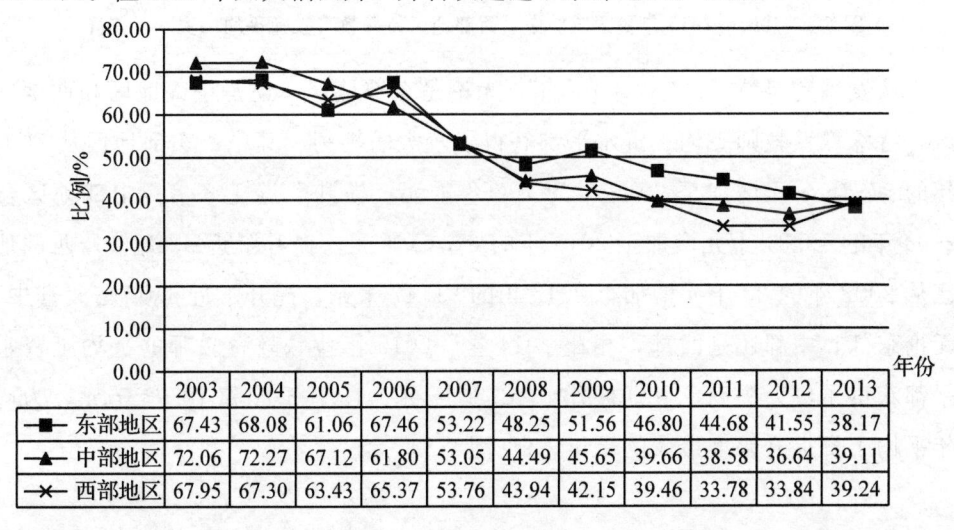

2003—2013年,不同时间段东、中、西部地区特殊教育教师工资支出总额占事业性经费支出总额的比例有所差异。2003—2005年,中部地区特殊教育教师工资支出总额占事业性经费支出总额的比例最高(72.06%、72.27%、67.12%,平均为70.48%),西部地区次之(67.95%、67.30%、63.43%,平均为66.23%),东部地区最低(67.43%、68.08%、61.06%,平均为65.52%)。2008—2012年,东部地区比例最高(平均为45.57%),中部地区次之(平均为41.01%),西部地区最低(平均为38.63%)。2015年,西部地区特殊教育教师工资支出总额占事业性经费支出总额的比例最高,中部次之,东部最低。(见图6-7)

从发展趋势看,2003—2013年,东部地区特殊教育教师工资支出总额占特殊教育学校事业性经费总额的比例都呈下降趋势,下降了29.26%。该时期中西部地区特殊教育教师工资支出总额占特殊教育学校事业性经费总额的比例大致也呈现下降的趋势,2003—2012年,中部地区下降了35.42%,西部地区下降了34.11%。但2013年又大幅回升,并首次超过了东部地区。(见图6-7)

年份	2003	2004	2005	2006	2007	2008	2009	2010	2011	2012	2013
东部地区	67.43	68.08	61.06	67.46	53.22	48.25	51.56	46.80	44.68	41.55	38.17
中部地区	72.06	72.27	67.12	61.80	53.05	44.49	45.65	39.66	38.58	36.64	39.11
西部地区	67.95	67.30	63.43	65.37	53.76	43.94	42.15	39.46	33.78	33.84	39.24

图6-7 2003—2013年我国东、中、西部地区特殊教育教师工资支出总额占事业性经费支出总额的比例

四、东、中、西部地区特殊教育教师平均工资水平差异

2003—2015年,东部地区特殊教育教师平均工资水平(37.16~102.8千元),均高于中部地区(19.31~67.12千元)和西部地区(20~81.47千元)。除了2006年之外,其他年份里西部地区特殊教育教师平均工资水平均高于中部地区。(见图6-8)

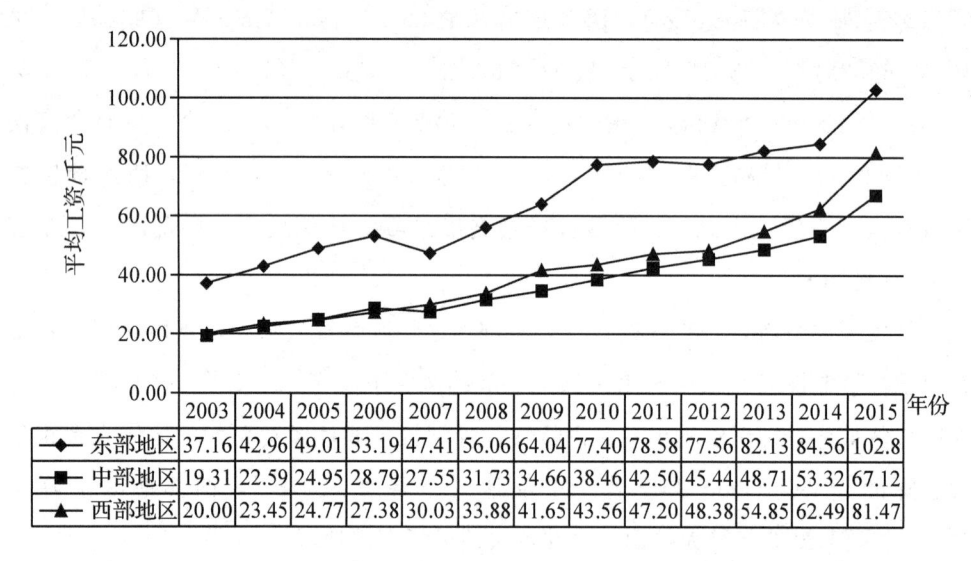

年份	2003	2004	2005	2006	2007	2008	2009	2010	2011	2012	2013	2014	2015
东部地区	37.16	42.96	49.01	53.19	47.41	56.06	64.04	77.40	78.58	77.56	82.13	84.56	102.8
中部地区	19.31	22.59	24.95	28.79	27.55	31.73	34.66	38.46	42.50	45.44	48.71	53.32	67.12
西部地区	20.00	23.45	24.77	27.38	30.03	33.88	41.65	43.56	47.20	48.38	54.85	62.49	81.47

图6-8 2003—2015年我国东、中、西部地区特殊教育教师平均工资水平差异

从发展趋势看,2003—2015年,无论是东部地区,还是中部地区和西部地区,特殊教育教师平均工资水平都获得了较大的提高。其中,东部地区从2003年的37.16千元增加至2015年的102.8千元,提升了近1.8倍;中部地区从2003年的19.31千元增加至2015年的67.12千元,提升了近2.48倍;西部地区从2003年的20千元增加至2015年的81.47千元,提升了近3.07倍。其中,无论东部、中部还是西部,相比2014年,2015年特殊教育教师的平均工资水平都获得了较大提高,分别提升了18.24千元、13.8千元和18.98千元,为历年平均工资提升幅度最大的一年。(见图6-8)

第三节 目前东、中、西部地区各省市区特殊教育教师薪资待遇差异

由于各省市区经济发展水平参差不齐,因此以各省市区为单位进一步对东、中、西部地区特殊教育教师工资待遇水平进行分析。

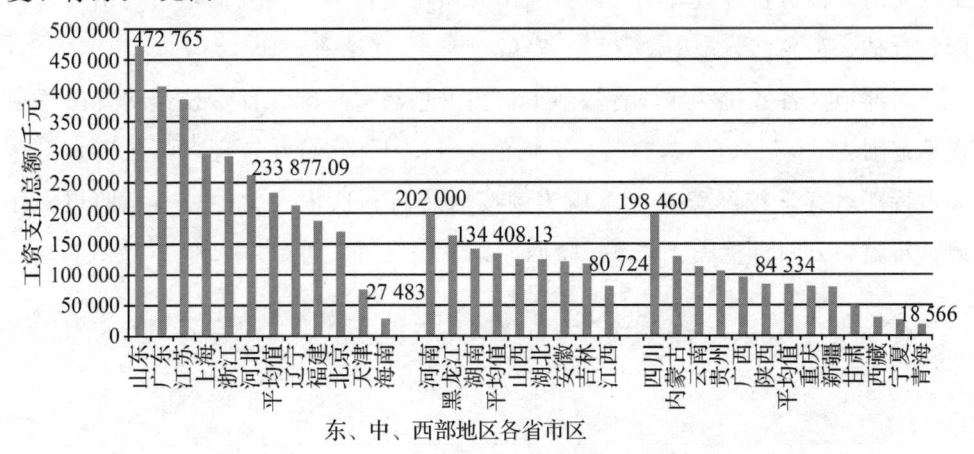

一、2015年东、中、西部地区各省市区特殊教育教师工资支出总额差异

2015年,东部地区各省份特殊教育教师工资支出总额范围为27 483～472 765千元,平均值为233 877.09千元。特殊教育教师工资支出总额高低依次为山东、广东、江苏、上海、浙江、河北、辽宁、福建、北京、天津、海南。(见图6-9)

中部地区各省份特殊教育教师工资支出总额范围为80 724～202 000千元,平均值为134 408.13千元。特殊教育教师工资支出总额按照从高到低依次为河南、黑龙江、湖南、山西、湖北、安徽、吉林、江西。(见图6-9)

西部地区各省份特殊教育教师工资支出总额范围为18 566～198 460千元,平均值为84 334千元,差异较大。特殊教育教师工资支出总额按照从高到低依次为四川、内蒙古、云南、贵州、广西、陕西、重庆、新疆、甘肃、西藏、宁夏、青海。(见图6-9)

图6-9 2015年东、中、西部地区各省市区特殊教育教师工资支出总额差异

二、2015 年东、中、西部地区各省市特殊教育教师工资支出占经费支出总额比例的差异

2015 年，东部地区各省份特殊教育教师工资支出总额占特殊教育学校经费支出总额比例范围为 34.45%～52.53%，平均值为 41.12%。特殊教育教师工资支出总额占特殊教育学校经费支出总额比例高低依次为上海、河北、福建、浙江、山东、北京、江苏、辽宁、天津、广东、海南。（见图 6-10）

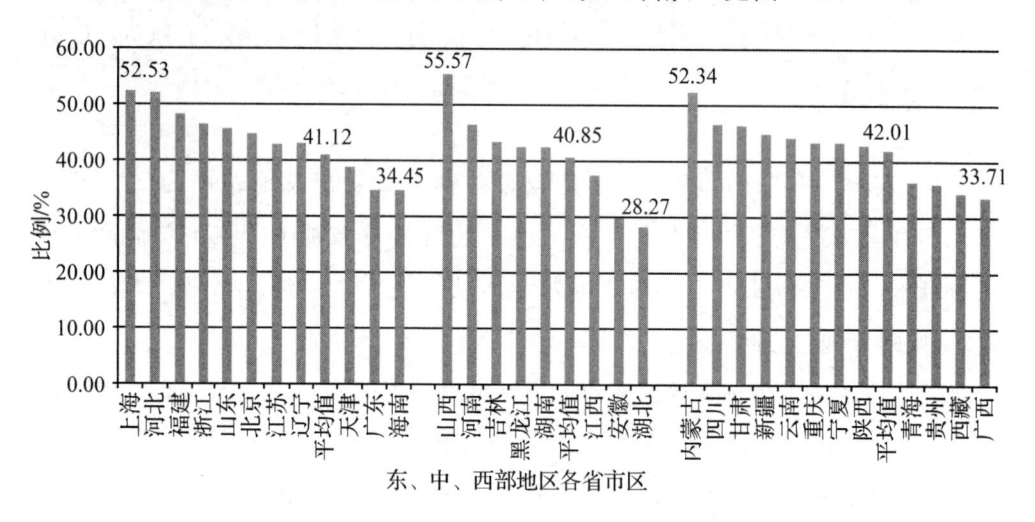

图 6-10　2015 年东、中、西部地区各省市区教师工资占特殊教育学校经费支出总额的比例

中部地区各省份特殊教育教师工资支出总额占特殊教育学校经费支出总额比例范围为 28.27%～55.57%，平均值为 40.85%，差异较大。特殊教育教师工资支出总额占特殊教育学校经费支出总额比例按照从高到低依次为山西、河南、吉林、黑龙江、湖南、江西、安徽、湖北。（见图 6-10）

西部地区各省份特殊教育教师工资支出总额占特殊教育学校经费支出总额比例范围为 33.71%～52.34%，平均值为 42.01%。特殊教育教师工资支出总额占特殊教育学校经费支出总额比例按照从高到低依次为内蒙古、四川、甘肃、新疆、云南、重庆、宁夏、陕西、青海、贵州、西藏、广西。（见图 6-10）

三、2015年东、中、西部地区各省市特殊教育教师工资支出占事业性经费支出总额比例的差异

2015年,东部地区各省份特殊教育教师工资支出总额占特殊教育学校事业性经费支出总额比例范围为27.25%~53.11%,平均值为38.17%。特殊教育教师工资支出总额占特殊教育学校事业性经费支出总额比例高低依次为河北、山东、上海、江苏、天津、广东、北京、福建、海南、浙江、辽宁。(见图6-11)

中部地区各省份特殊教育教师工资支出总额占特殊教育学校事业性经费支出总额比例范围为26.39%~54.96%,平均值为39.11%。特殊教育教师工资支出总额占特殊教育学校经费支出总额比例按照从高到低依次为山西、河南、安徽、黑龙江、吉林、湖南、湖北、江西。(见图6-11)

西部地区各省份特殊教育教师工资支出总额占特殊教育学校事业性经费支出总额比例范围为23.06%~57.51%,平均值为39.24%,差异较大。特殊教育教师工资支出总额占特殊教育学校事业性经费支出总额比例按照从高到低依次为西藏、内蒙古、宁夏、贵州、新疆、陕西、重庆、甘肃、四川、云南、广西、青海。(见图6-11)

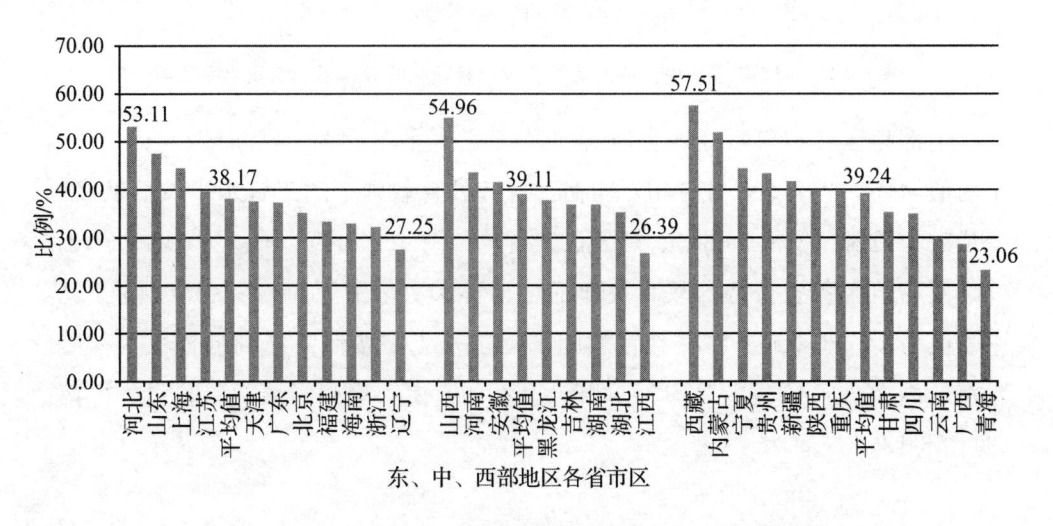

图6-11 2015年东、中、西部地区各省市区教师工资占特殊教育学校事业性经费支出总额的比例

四、2015 年东、中、西部地区各省份特殊教育教师平均工资水平差异

2015 年，东部地区各省份特殊教育教师平均工资水平范围为 69.60～185.91 千元，平均值为 102.83 千元，各省市差异较大。特殊教育教师平均工资水平高低依次为上海、北京、浙江、江苏、天津、广东、海南、福建、山东、辽宁、河北。（见图 6-12）

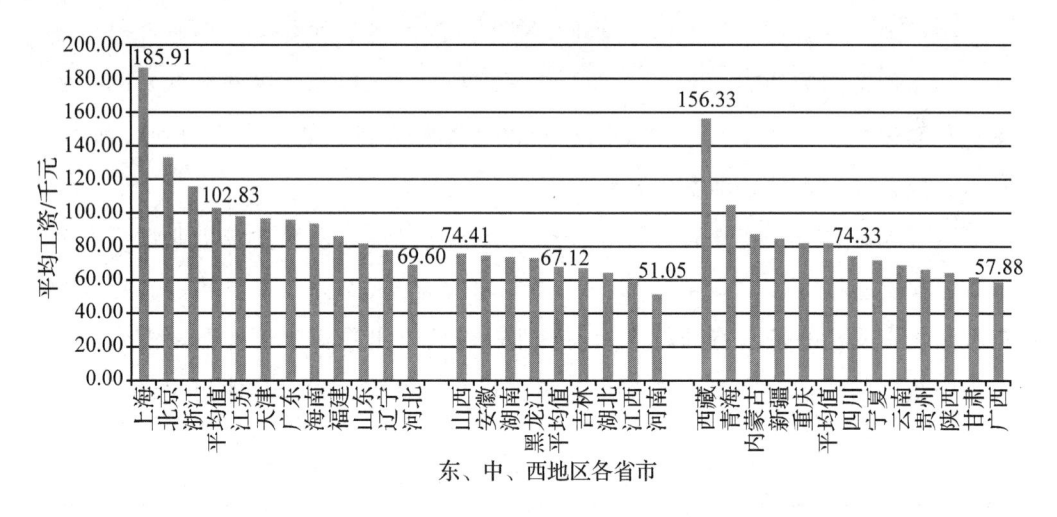

图 6-12 2015 年东、中、西部地区各省份特殊教育教师平均工资水平差异

中部地区各省份特殊教育教师平均工资水平范围为 51.05～74.41 千元，平均值为 67.12 千元，各省相对均衡。特殊教育教师平均工资水平按照从高到低依次为山西、安徽、湖南、黑龙江、吉林、湖北、江西、河南。（见图 6-12）

西部地区各省份特殊教育教师平均工资水平范围为 57.88～156.33 千元，平均值为 74.33 千元。特殊教育教师平均工资水平按照从高到低依次为西藏、青海、内蒙古、新疆、重庆、四川、宁夏、云南、贵州、陕西、甘肃、广西。（见图 6-12）

总结与讨论

一、全国特殊教育教师薪资待遇不断提高

无论是薪资总额还是平均工资，我国特殊教育教师的薪资待遇都处于不断上升的趋势。特殊教育教师薪资总额及平均工资不断提升与我国经济水平不断提高和我国政府日益重视特殊教育事业具有紧密的联系。首先，2003—2015年我国国内生产总值从135 823亿元增长至676 708亿元，增长了接近4倍，特殊教育事业经费也不断地增长。相应的，2003—2015年特殊教育教师工资支出总额增长了3.57倍，平均工资增长了2.13倍。其次，国家多次出台重要政策，促进了特殊教育教师薪资待遇水平的提高。2006年国家出台了《高等学校、中小学、中等职业学校贯彻事业单位工作人员收入分配制度改革方案的实施意见》（国人部发〔2006〕113号）。2010年国家公布了《国家中长期改革和发展规划纲要（2010—2020年）》（国发〔2010〕44号），其中第十章"特殊教育"中明确提出要"加大对特殊教育的投入力度""加强特殊教育师资队伍建设，采取措施落实特殊教育教师待遇"。2014年教育部开始实施《特殊教育提升计划（2014—2016年）》（国发办〔2014〕1号），提出"加大特殊教育经费投入力度""全面落实国家规定的特殊教育津贴等特殊教育教师工资待遇倾斜政策"。从2006年至2015年我国特殊教育教师支出总额增加了近3 251 255万元，平均工资增加了4.46万元。

与特殊教育教师工资总额和特殊教育教师平均工资不断增长相反，2003—2010年特殊教育教师工资总额占特殊教育经费总支出的比重处于不断下降的趋势，2003—2013年特殊教育工资总额占特殊教育事业性经费支出的比重也持续降低。这说明在2003—2010这段时期内我国特殊教育经费投入不断增加的部分更多可能用于特殊教育学校教学设施、教学条件、特殊学生待遇的改善上，而用于特殊教育教师工资待遇改善的金额所占比重较小。这种将学生置于中心地位的做法符合"以学生为本"的思想，但也反映了一定程度上忽视了教师薪资待遇水平提升幅度是否与特殊教育总经费及特殊教育经费总支出增加幅度相匹配的问题。庆幸的是，2011—2015年特殊教育教师工资总额占特殊教育经费总

支出的比重有小幅上升,从2010年的36.03%上升至2015年的42.74%,其中又以2014年和2015年增幅较大,但仍未达到2010年前的水平。

二、东、中、西部地区特殊教育薪资待遇发展不平衡

我国东、中、西部地区特殊教师的工资总额和平均工资都处于不断上升的趋势,但是三个地区之间存在一定的差异。从工资总额上看,东部地区最高、中部地区次之、西部地区最少,这与东、中、西部地区的经济发展状况和特殊教育发展整体状况较为一致。

与此不同,在平均工资上,东部地区最高,西部地区次之,中部地区最低。出现这种状况,与经济发展和政策相互作用有关。东部地区和中部地区教师平均工资受经济发展水平的影响较大。东部地区经济最为发达,其平均工资自然相应较高,而中部地区经济发展水平较东部地区落后,其平均工资水平自然也低于东部地区。与东、中部地区不同,西部地区教师平均工资受国家政策和经济发展水平双重因素的影响。2000年国家开始实施西部大开发战略,为推动西部教育跨越发展,国家新增教育财政经费始终保持重点向农村,特别是向西部地区农村倾斜。2004年教育部发布了《2004—2010年西部地区教育事业发展规划》(教发〔2004〕25号),该文件明确提出要实施"西部教师队伍素质提升工程,设立教师岗位专项资金,吸引高等院校毕业生和其他优秀人才到西部边远地区、贫困地区,从事义工时期教师工作……国家和地方财政设立'奖教金'……制定优惠政策,吸引高层次人才"。随后出台了一系列相关政策促进西部地区教育的发展,如"国家西部地区'两基'攻坚计划""国家贫困地区义务教育工程"等都在一定程度上保障了西部地区教师包括特殊教育教师获得较为优越的薪资待遇水平,但是受限于经济发展水平较为落后的现实条件,西部地区教师工资待遇又不可能非常优厚。在这种双重条件的制约下,西部地区特殊教育教师的平均工资水平在一定程度上要高于中部地区特殊教育教师平均工资水平,但又无法超越东部地区特殊教育教师的平均工资水平。如何进一步提升中部地区特殊教育教师的平均工资水平是我国特殊教育师资发展需要关注的重要议题。

三、当前各省市区特殊教育师资待遇发展不平衡

与东、中、西部地区特殊教育师资待遇的发展大体相似,当前各省市区特殊教育工资投入总额较高的省市区大都处于东部地区,其次为中部各省,最后为西部各省市区。东、中、西部各省市区中又有差异性,东部的天津、海南平均工资总额不及中部多数省,甚至不及西部诸多省市区,而西部的四川其投入总额超过了中部大多数省。各省市区教师工资总额大小与各省市区的经济发展水平、人口基数以及教师总人数都有一定的关系。山东、江苏、广东、四川、河南都是人口较多和教师总量最多的几个省份,其也分别是东、中、西部地区特殊教育教师工资总额最多的地区。上海、浙江是经济较为发达地区,在东部地区中排名也较为靠前,分别为第四、第五位。

在人均工资水平上,2015年各个省份也大体呈现出东部地区各省份较高、西部地区各省份次之(但与东部诸多省市接近)、中部地区各省份相对较低的特点。这与东、中、西部地区特殊教育教师人均工资的整体差异相似。经济发展水平大致决定了东部各省市的特殊教育教师的平均工资水平,依次为上海、北京、浙江、江苏、天津、广东、海南、福建、山东、辽宁、河北。西部地区各省市区特殊教育教师平均工资水平往往与政府政策具有较大联系,排在前几位均是西部较为特殊的省市区,依次分别是西藏、青海、内蒙古、新疆,西部地区其他省市区的排序依次为重庆、四川、宁夏、云南、贵州、陕西、甘肃和广西。中部地区各省则相差不大,依次为山西、安徽、湖南、黑龙江、吉林、湖北、江西和河南,这些省特殊教育教师平均工资可能更多受人口、经济等发展水平的影响。

四、《特殊教育提升计划(2014—2016年)》较大提高了特殊教育教师的薪资待遇水平

2014年教育部开始实施《特殊教育提升计划(2014—2016年)》(国发办〔2014〕1号),提出"加大特殊教育经费投入力度""全面落实国家规定的特殊教育津贴等特殊教育教师工资待遇倾斜政策"。在该政策下特殊教育教师的薪资待遇水平获得了较大提高,主要表现在以下三个方面。首先,2015年特殊教育教师工

资支出总额增幅为 2003—2015 年历年之最，相比 2014 年，增幅为 30.05%。其次，相比 2014 年，2015 年特殊教育教师平均工资具有较大的增长，从 6.5 万直接上升至约 8.2 万，增幅 26.15%，为 2003—2015 年历年之最。最后，无论是东部地区、中部地区还是西部地区，2014—2015 年特殊教育教师工资支出总额和平均工资水平都获得了较大增长。其中，中部和西部地区特殊教育教师工资支出总额增幅为 2003—2015 年历年之最，分别为 26.88% 和 39.94%。东部、中部和西部地区特殊教育教师平均工资水平增幅均为 2003—2015 年历年之最，分别为 21.57%、25.88% 和 30.37%。

第三部分
中国特殊教育教师发展热点专题

  本部分将围绕近年来特殊教育教师发展中的热点问题进行探讨。第七章"转型时期特殊教育学校教师的专业发展研究"在我国特殊教育发展进入"提升"和"完善"的转型时期的背景下，基于特殊教育学校教师角色变革的分析，从教师专业发展的视角探索特校教师内在的专业结构和专业发展内容。专业标准导向的特殊教育教师专业发展路径已成各国普遍做法，第八章聚焦特殊教育教师专业标准，分别对中美两国特殊教育教师专业标准的发展特点、标准结构与内容等进行剖析和解读，以期为我国特殊教育教师专业标准体系的发展提供借鉴。第九章关注随班就读教师的融合教育素养及培养，通过对近年来随班就读教师融合教育素养研究的深度分析，探究随班就读教师融合教育素养的内部结构，在实证研究的基础上进一步探讨随班就读教师融合教育素养现状及课堂支持的影响，最后落脚于随班就读教师融合教育素养的培养上，探索随班就读教师融合教育素养职前培养之路径。

第七章

转型时期特殊教育学校教师的专业发展研究

教师专业发展(teacher professional development)是教师专业成长或教师内在专业结构不断更新、演进和丰富的过程。[①] 在我国教育改革深化阶段、特殊教育事业蓬勃发展阶段,特殊教育教师专业发展受到政府、学校、学术界不同层面的广泛关注和重视。2009年《关于进一步加快特殊教育事业发展的意见》、2010年《国家中长期教育改革和发展规划纲要(2010—2020年)》、2012年《加强特殊教育教师队伍建设的意见》、2014年《特殊教育提升计划(2014—2016年)》及2017年《残疾人教育条例》《第二期特殊教育提升计划(2017—2020年)》等系列政策中都明确提出"加强特殊教育师资队伍建设""提高特殊教育教师的专业化水平"。这些政策为特殊教育教师的专业发展绘制出了美好的未来发展蓝图。在我国"特殊教育学校为骨干,随班就读和附设特教班为主体"的特殊教育格局下,特殊教育学校教师(以下简称"特校教师")是我国特殊教育的骨干力量。然而,由于起步晚、基础薄弱等历史及现实原因,以特校教师为骨干的特教教师专业化水平低、专业发展途径受限问题成为制约我国特殊教育质量提升的瓶颈。

改革开放尤其是21世纪以来,我国特殊教育事业在短时间内取得跨越性进步,其成就无疑是巨大的。当前我国特殊教育发展也从21世纪初期的"推

[①] 叶澜、白益民、王枬,等:《教师角色与教师发展新探》,226页,北京,教育科学出版社,2001。

进"与"加快"时逐渐进入"提升"和"完善"的转型时期①,追求特殊教育提升的质量与公平,成为这一时期特殊教育发展的主旋律;全面推进融合教育成为这一时期特殊教育发展的总目标。融合教育的开展改变了我国整个教育的生态环境,打破了我国普通教育与特殊教育二元对立的传统局面。在融合教育的背景下,特殊教育学校生源结构的变革、区域特殊教育"资源中心"功能的日益凸显对特校教师的专业发展提出更高要求,其角色的重新定位和专业发展模式的变革成为当务之急。2014年8月《教育部关于实施卓越教师培养计划的意见》明确了培养"具有复合型知识技能的卓越特殊教育教师"的目标。2016年《普通学校特殊教育资源教室建设指南》中强调区域内特殊教育指导中心或特教学校应加强对资源教室的业务指导和评估。这些政策成为转型时期我国特殊教育学校教师角色变革的重要依据和指南。

因此,基于转型时期我国特校教师角色变革的分析,对特校教师专业发展进行系统研究既是相关研究领域的重点和热点问题,也是特殊教育事业改革发展,特别是特殊教育教师教育体制机制创新、促进特殊教育质量提升的迫切现实需求。本章将着重对转型时期特殊教育学校教师的角色内涵及专业发展的内容进行深入探讨。

第一节 转型时期特殊教育学校教师的角色变革

角色是指一个人在一定的系统内的身份、地位、职务及其相应的行为模式。在教育系统中,要求教师灵活多变并富有创造力,教师是人类社会文化科学发展中承前启后的中介和纽带,是以对受教育者的心灵施加特定影响为其职责的人。从教育是一种特定的社会现象来看,教师总是体现一定的社会要求,不仅促进学生的学业发展,而且影响学生的"社会化"进程。② 融合教育的全面推进对教师队伍发展提出了新的要求,特校教师专业发展的一个重大前提就是

---

① 杨克瑞:《改革开放40年我国特殊教育政策的顶层设计与战略推进》,载《中国教育学刊》,2018(5)。
② 叶澜、白益民、王枬,等:《教师角色与教师发展新探》,32页,北京,教育科学出版社,2001。

教师角色的重新审视与定位,这就涉及特校教师职业角色的重新探索。本节拟基于政策背景与现实要求对特校教师的内涵及职业角色的变革进行分析,在理论上明晰特校教师的职业内涵,明确特殊教育教师的类型划分,重建特殊教育教师角色形象。

一、特殊教育学校教师角色面临的挑战

(一)特殊教育学校承担多重服务功能,肩负区域特殊教育"资源中心"职能

融合教育的全面推进使得近年来超过半数以上的特殊儿童以"随班就读"的安置形式接受学校教育。《第二期特殊教育提升计划(2017—2020年)》中指出,"以普通学校随班就读为主体、以特殊教育学校为骨干、以送教上门和远程教育为补充,全面推进融合教育"已成为当今特殊教育发展的基本原则。尽管如此,《2017年全国教育事业发展统计公报》中显示,截至2017年全国共有2 107所特殊教育学校,比上年增加27所,增长1.30%,特殊教育学校仍然是特殊教育的主战场和骨干力量。但是相较于传统意义上的特殊教育学校,在融合教育的推进中特殊教育学校的功能也从单一教育功能转变为多重服务功能①,肩负区域特殊教育"资源中心"的职能,在一定区域内提供特殊教育指导和支持服务。这一转变在数年前仅仅可能是以北京、上海、广州等为代表的特殊教育发达地区的部分现象。在近年来国家大力推进特殊教育均衡发展的政策驱动下,尤其是2017年新修订的《残疾人教育条例》中明确指出"支持特殊教育学校建立特殊教育资源中心",建立特殊教育资源中心已成为当下我国特殊教育学校职能转变的普遍做法。

生存于学校功能变革时期的特殊教育学校中的教师必然面临着一些挑战。首先,特校教师必须转变自身融合教育理念,突破自身隔离性、封闭性等缺陷;理解融合教育不仅存在于普通学校环境中,重新认识特殊教育学校这种传统隔离式安置机构在融合教育环境中管理模式、教学模式的变革,特殊儿童的教育将不仅是在校园内的狭隘教育,而是从学校融入社区、进入家庭,从"围墙式"教育转变为包括社区、家庭等多种社会环境的开放式教育。其次,特校

---

① 朱楠、王雁:《融合教育背景下特殊教育学校职能的转变》,载《中国特殊教育》,2011(12)。

教师必须重新认识学校作为融合教育支持者的新定位，改变对学校原有单一职能的态度和观念，明晰学校所承担的区域特殊教育"资源中心"的职能。在这一变革中，特殊教育学校从原有的单一功能转向多重服务功能，将承担评估、资源教室、培训、巡回指导、送教上门等多重功能[1]；承担区域内师资培训、教具辅具制作、资源教室/中心监管、硬件资源调配、咨询服务、协助教育行政部门完成其他委托的任务等诸多方面职责[2]。其中，专业指导将是特殊教育"资源中心"核心职能，涉及诸如融合教育政策和理念的宣传、对融合学校的教师进行实地指导等功能，包括学生行为管理、融合课程调整、差异教学、资源教室建设，以及个别化教育计划制定、特殊学生的评估与安置、家长咨询建议等具体职责。[3] 因此，特校教师只有在充分认识特殊教育学校所承担的特殊教育"资源中心"的具体职能，才能真正重新定位自身角色和未来专业发展方向。

但是，值得关注的是目前国家政策层面并未对特殊教育"资源中心"的职能做出明确规定；实践领域及学界对特殊教育"资源中心"的职能问题的探讨也各具地方特色和研究视角的差异，具体职能与职责仍有待进一步探索。当下特殊教育学校向区域特殊教育"资源中心"转型的进程也呈现出地域差异，因此，在如此复杂的情境下特校教师的角色重新定位和专业发展必然需要考虑地域、学校、个体等多方面因素的影响，这也将是特校教师必然要面临的挑战。

(二)特殊教育学校生源结构变革，学校类型面临转型

融合教育的推进在影响特殊教育学校职能重新定位的同时，也带来了学校内部生源结构的变化。随着越来越多的轻中度特殊儿童进入普通学校随班就读，中重度及多重障碍的特殊学生成为特殊教育学校主要的生源群体，满足其更加多样、复杂的特殊教育需求成为教师必然要解决的问题。然而，我国特殊教育教师队伍的结构不合理性问题直到近年来才引起关注，诸如针对各类儿童的专业教师，以及诊断专家、科技辅具专家、转衔专家、早期干预专家、学业干预专家、行为干预专家等专业队伍的缺乏已成不争事实。与此同时，特校教

---

[1] 朱楠、王雁：《融合教育背景下特殊教育学校职能的转变》，载《中国特殊教育》，2011(12)。
[2] 彭霞光：《随班就读支持保障体系建设初探》，载《中国特殊教育》，2014(11)。
[3] 王红霞、王秀琴、王艳杰，等：《融合教育教师对区级特殊教育资源中心职能期望的调查研究》，载《中国特殊教育》，2018(12)。

师职前培养中干预、康复类知识技能培养的局限及其他康复类专业人员进入特殊教育学校的限制因素等,均使得特校教师在面对当前越来越多中重度特殊学生的教育教学中面临巨大挑战。

随着我国特殊教育的发展,特殊教育学校学生类型也在悄然改变。听障、视障、培智教育三足鼎立的传统局面逐渐走向听障和视障教育规模萎缩、培智教育不断扩展的发展趋势。而这种变化带来的直接影响就是特殊教育学校类型的转型,尤其是中、西部地区,以盲聋哑学校类型为主的特殊教育学校逐渐向培智学校或以培智和听障教育为主的综合类特殊教育学校转型。近年来的教育统计数据也显现出这一转型特征。根据教育部 2017 年《特殊教育学校基本情况》中的统计数据显示,全国共有盲校 29 所、聋校 415 所、培智学校 488 所、其他类特殊教育学校 1 175 所;视障班级 1 218 个、听障班级 6 327 个、智障班级 14 728 个。2010 年,全国盲校 33 所、聋校 478 所、培智学校 396 所、其他类学校 799 所;视障班级 979 个、听障班级 8 466 个、智障班级 6 202 个。而在 2000 年,全国盲校 31 所、聋校 900 所、盲聋哑学校 177 所、培智学校 431 所;视障班级 573 个、听障班级 6 467 个、智障班级 2 836 个。仅仅对比 21 世纪以来三个时间节点的各类学校的数量及分布比例,就能明显发现视障、听障班级数及学校数均出现不同程度的减少,而培智学校及班级数则出现快速扩张。这使得特校教师在面临学生障碍程度变化的同时,也面临着教育对象类型的根本性变化,以发展障碍为主的高发生率特殊学生群体使特校教师必须面对学生更多的干预与康复需求。此外,随着我国特殊教育的发展,尤其是近年来特殊学生高中教育和残疾人高等教育的快速发展,特殊教育学校对学科教师、"双师型"职业教师的需求也愈加突出。因此,在特殊教育学校内部生态环境持续变化、愈加复杂的情况,"何谓特殊教育学校教师?"这一看似简单的问题却需要重新来思考。

二、特殊教育学校教师角色的内涵特征

长期以来,国内各界将特殊教育教师等同于特校教师。实则,特殊教育教师包含了所有直接从事特殊教育的一线教师[1],如特校教师、巡回指导教师、

---

[1] 雷江华、方俊明:《特殊教育学》,25 页,北京,北京大学出版社,2011。

资源教师等。当然，目前国内特殊教育教师队伍并不似西方特殊教育发展鼎盛的国家一般——各类教师构成了一个完整的、细分的教师队伍，学界所构想的多类型、结构合理的特殊教育教师队伍的理论在当下也仅是构想而非现实。正因如此，随着我国特殊教育事业的"提升"和"完善"及融合教育的全面推进，在对各类特殊教育教师专业支持的迫切需求下，才使得特校教师的专业性地位和角色地位受到了前所未有的挑战，需要注入新的内涵。特校教师的核心能力如何随之变化也必将受到前所未有的重视。我们努力提升特校教师的核心教育教学实践能力的同时，促进其转变为适应特殊教育学校功能转型后兼具多重角色的"复合型"知识技能的专业工作者必然成为特校教师专业发展的核心目标。换言之，在当下特殊教育学校功能转型时期，"复合型"能力结构应该成为特校教师专业素养的新的内涵特征与表现方式，并成为教师重新定位专业角色的基础。

一方面，结合当下我国特殊教育学校功能转型对特校教师角色带来的挑战；另一方面，借鉴国际经验，美国特殊儿童委员会(CEC)在2015年出版的第七版特殊教育教师专业标准[①]中所提出的初级特殊教育教师应具备的能力包括学生和个体学习差异、学习环境、学科内容知识、评估能力、教学计划和策略、专业学习和伦理实践、合作能力七大领域；高级特殊教育教师则应具备评估能力、学科内容知识、项目服务及成果、研究和调查、领导力与政策、专业和伦理实践、合作能力。因而，以教育教学实践能力为核心，以学科内容知识体系，循证干预与康复能力，融合教育知、能与经验为主体的特校教师复合型能力结构或成为转型时期特校教师新角色的主要内涵特征。

(一)夯实的教育教学实践能力

特殊教育的发展与融合教育的推进、特殊教育学校职能的转型等并不能改变特校教师作为学校教育者的这一根本属性，因此，教育教学实践能力作为特校教师应具备的核心能力毋庸置疑，并应将此作为其专业发展的首要任务。特校教师应理解学生和个体学习差异，为学生建立安全、包容、满足其学习需求的学习环境，使用多样化的评估方法和数据资源进行教育决策，选择、调整并

---

① Council for Exceptional Children, *What Every Special Educator Must Know: Professional Ethics & Standards* (7th ed.), Arlington, VA: CEC, 2015.

使用一系列基于实证的教学策略促进特殊学生的学习，能够与家长、其他教育者、相关服务提供者、学生及社区人员有效合作来满足学生的不同学习需要等。可见，以环境创设和利用、基于评估的教育教学设计与实施、合作沟通能力为主体构成特校教师教育教学实践能力的主要部分。当我们推进特校教师角色转型与定位时，夯实的教育教学实践能力作为特校教师专业发展的根本不容忽视。

(二)系统的学科内容知识体系

系统丰富的学科内容知识体系能够使特校教师理解学科的核心概念、结构及研究工具，从而对学生学习产生显著影响。特校教师掌握系统的学科知识体系促使其能够在教学计划制定与实施中更好地组织学科知识、融合跨学科的技能；而且在与普通教师合作中，能够为各种学业水平的特殊学生提供普通教育课程的教学，也能够有效促进普通教育课程和特殊教育补救课程之间的融合。这一方面既满足当前特殊教育学校对学科教师的需求，另一方面也为转型后特校教师与融合学校中普通教师的有效合作奠定基础。对普通教育学科知识体系的要求也在2015年颁布的《特殊教育教师专业标准(试行)》中得以体现，这也是近年来第一个有关特校教师学科内容知识体系要求的国家级文件，反映出转型时期国家政策层面对特校教师新角色内涵的重新思考。

(三)扎实的循证干预与康复能力

特殊学生的身心障碍往往影响其认知、社会性、学业、行为等各个领域的发展，特殊学生的有效干预是特殊教育领域最核心的问题；特殊学生身心发展特点和需要也决定了教育与干预、康复相结合是特殊教育的重要原则。基于循证理念的干预实践活动是保证特殊教育"最佳实践"的有效途径，也是国际特殊教育实践领域的发展趋势。尤其是当前培智教育成为特殊教育主体，以培智学生为主体的特殊学生对干预、康复的需求显著增加，而特殊学校康复人员不足，专业康复工作者缺乏特殊儿童心理、教育相关知识的现实背景下，特校教师在学校中满足特殊儿童康复需要、承担基本的教育康复责任成为必然。此外，近年来随着我国特殊教育体系的完善，"送教上门"已成为针对重度及多重障碍特殊学生就学的主要形式，特校教师成为当前送教上门服务的核心力量。因此，特校教师具备扎实的循证干预与康复能力是应对转型时期特殊教育实践挑战的重要要求。

(四)丰富的融合教育知、能与经验

特殊教育学校肩负区域特殊教育"资源中心"这一职能使得特殊教育学校将

承担融合教育"资源教室""巡回指导"的功能,特校教师则成为开展"资源教室"补救教学和为随班就读学校提供"巡回指导"服务的人选。作为资源教师,筛查与评估、教学与指导、咨询与沟通、计划与协调等能力对于特校教师而言不可或缺[①];作为巡回指导教师则应定期走访普通学校,负责区域内各学校随班就读工作的督导、教师培训等工作,并且在有需要时介入学校教育,为有困难的儿童提供专业评估与干预,为教师及家长提供专业指导和咨询[②],以协助学校及时解决各种融合教育问题。因此,具备丰富的融合教育知识、能力与经验将是特校教师应对融合教育提出挑战所应具备的能力。

总之,转型时期特校教师新角色的主要内涵以复合型能力结构为主要特征。此外,正如前文所述,近年来特殊教育向两端延伸,尤其是高中及高中后教育中特殊学生的职业教育引起广泛关注。特殊教育学校中职业教育专业教师的需求也愈发迫切,而特殊学生职业教育的需求与普通职业教育的差异的确客观存在,那么对特校教师新角色的重新思考与定位中似乎也无法忽视职业教育能力的这一新的构成。基于此,转型时期特校教师新角色的主要内涵特征体现出随我国特殊教育发展对特校教师的复合型能力结构的要求。(见图7-1)

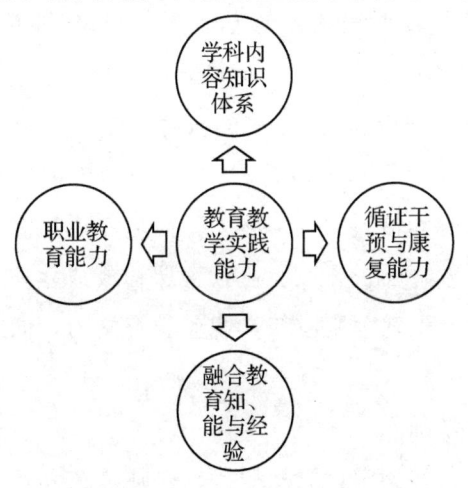

图 7-1 转型时期特校教师复合型能力结构图

---

① 王和平、肖洪莉:《随班就读资源教师工作及其专业培训的思考》,载《中国特殊教育》,2017(6)。

② 王雁、黄玲玲、王悦,等:《对国内随班就读教师融合教育素养研究的分析与展望》,载《教师教育研究》,2018(1)。

三、特殊教育学校教师的角色类型

基于对转型时期特校教师新角色的内涵特征的分析,特校教师的角色不再仅局限于传统意义上的"教书匠",而是根据工作场域的转变承担不同的工作职责、兼具多种能力、转向不同的角色定位和专业发展方向。(见图7-2)

(一)教学型特校教师

特殊教育学校仍然是当前及未来一段时间内特殊学生接受教育的主要场所,因此,教学工作仍然是特校教师的首要职责,教学型教师也是特校教师队伍中的主要群体类型。正如前文所分析,夯实的教育教学实践能力仍是转型时期教学型的特校教师所需具备的核心能力;特殊学生身心发展的特点和需要则决定了教学型教师也应掌握基本的循证干预和康复技能。但是,根据工作场域的不同,教学型教师还需兼具系统的学科内容知识体系或职业教育能力。以学科教学为主的教学型教师必须兼具系统的学科内容知识体系,即了解所教学科的核心概念、结构及研究工具,能够组织知识、具备跨学科知识的技能;能够使用一般学科课程和专业课程知识为特殊儿童提供个别化的教学活动;能够调整学科课程和其他专业课程知识(如策略性、社会性发展、情绪发展、自理能力的各类课程),使其适用于特殊儿童。[1] 因此,以学科教学为主的教学型特校教师应朝着"夯实的教育教学实践能力、基本的循证干预和康复能力和系统学科内容知识体系"复合能力的方向发展,从而更好地为学生提供适合的课程内容和恰当的教学活动。而随着近年来特殊职业教育受到重视,越来越多的特殊教育学校开设职业教育课程或成立职业教育部,因而,承担职业教育任务的教学型教师则应兼具职业教育能力,向"双师型"教师的方向发展。

(二)康复型特校教师

在特校教师的角色转型中,康复型特校教师是在具备夯实的教育教学实践能力基础上,兼具扎实的循证干预和康复能力,以为特殊教育学校中的特殊学生及有需要的随班就读特殊学生提供干预和康复训练的一类专业人员。一方

---

[1] Council for Exceptional Children, *What Every Special Educator Must Know: Professional Ethics & Standards* (7th ed.), Arlington, VA: CEC, 2015, p.23.

面，这是应对当前我国特殊教育学校中学生的残疾程度越来越严重、对干预和康复的需求愈发迫切的现实要求；另一方面，也是应对转型时期特殊教育学校将承担区域特殊教育"资源中心"的职责，为有需要的随班就读特殊学生提供个别化的干预与康复服务。

但是，值得注意的是，承担不同类型工作的康复型特校教师专业能力领域的要求并非一致，而是各有侧重。针对特殊教育学校中特殊学生开展干预与康复服务的康复型教师应往"夯实的教育教学实践能力和扎实的循证干预和康复能力"的复合方向发展；而以"资源中心"特校教师角色为主的康复型教师则承担起"资源教师"之职责，除需兼具扎实的循证干预和康复能力，还应掌握基本的融合教育知识、能力与经验，以在干预和康复训练中充分评估随班就读特殊学生所处环境及发展需要，提供有利于其学校融合的干预训练。

(三) 巡回指导型特校教师

巡回指导型特校教师是特殊教育学校所承担的区域特殊教育"资源中心"中的主要角色，他们是为区域内融合教育学校、教师、学生、家长等提供支持服务的核心力量。因而，这类特校教师必须兼具扎实的特殊教育和普通教育能力，具有丰富的特殊教育和普通教育经验，以为特殊学生随班就读提供有效的支持和指导。夯实的教育教学实践能力、系统的学科知识体系、扎实的循证干预和康复能力，以及丰富的融合教育知、能与经验必不可少，他们还应具有更为广阔的知识、技能，对特殊教育理论和实践有深入研究等。因此，巡回指导型特校教师是以专家型特教教师的发展方向为目标，是为随班就读的特殊学生、教师及学校提供专业支持人员，是随班就读工作的重要指导者，也是在特校教师角色分层中要求最高的一类特校教师。(见图7-2)

那么，"何谓特殊教育学校教师？"这一看似明确的问题却在当前我国特殊教育发展的转型时期、特殊教育学校生态环境发生变化的情境下变得相对复杂。笔者曾于数年前撰文分析融合教育背景下特殊教育学校职能的转变[①]，提出特校教师角色转变这一议题，而后也对近年来相关政策中所提及的"复合型"

---

① 朱楠、王雁：《融合教育背景下特殊教育学校职能的转变》，载《中国特殊教育》，2011(12)。

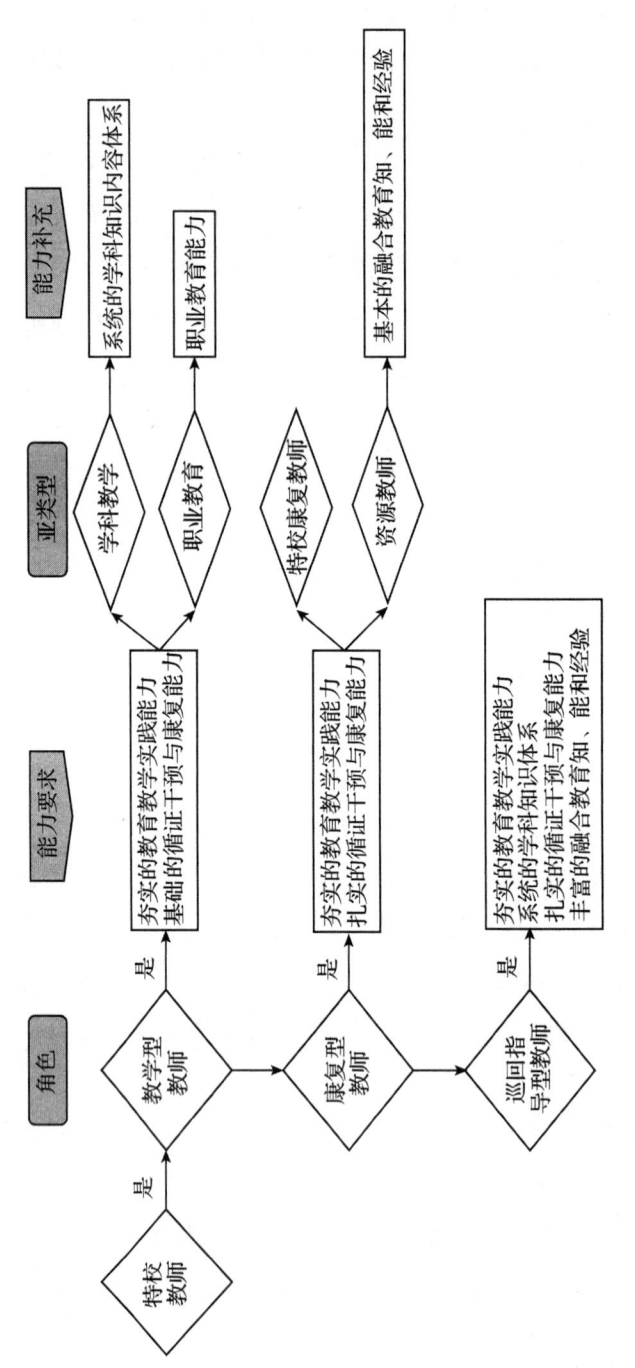

图 7-2 转型时期特校教师的角色类型

特殊教育教师的内涵进行深入探讨①,但是,数年之后再来探讨特校教师角色的变革,似乎愈加难以回答"何谓特殊教育学校教师?"这个问题。特殊教育教师应是由多种层级、多种角色的教师所组成的复合群体,特殊教育学校教师仅仅是其中的一种类型,而在当前我国的现实国情下特殊教育教师队伍建设远不及特殊教育发展之速度和需求之增长,特校教师承担了所有特殊教育教师的角色和职责。因此,特校教师队伍的分层、分类及重新定位,则是解决当下我国特殊教育现实之需的无可奈何之举。

第二节　转型时期特殊教育学校教师专业发展内容的再研究

从历史发展的总趋势来看,教师专业发展及其研究经历了由被忽视到逐渐关注、由关注教师专业群体专业化转到关注教师个体专业发展、由关注专业发展的"外部"环境和对社会专业地位的认可转到关注"内部"专业素质提高的过程。② 因此,近年来,国内研究者对教师"内部"专业素质提高的研究成为教师专业发展研究中的重要领域,同时也是国家政策层面关注的重点。2012—2016年各类教师专业标准相继颁布,成为我国教师专业素质要求的基本准则。对于特殊教育教师而言,由于面对的是复杂、多样的特殊教育对象及复杂多变的教学情境,他们除了应具备一名普通教师所需的专业知识和技能,还需要满足更多独特的专业要求。特殊教育教师的专业发展可以理解为在整个职业生涯中,通过终身专业训练,获得特殊教育专业知识,具备特殊教育的专业情怀及从事特殊教育教学、教育康复实践的专业能力,实现专业自主,成为一个良好的特殊教育工作者的专业成长过程。③

那么,转型时期特校教师角色变革又使得其专业发展的内容发生何种变

---

① 朱楠、王雁:《"复合型"特殊教育教师的培养——基于复合型的内涵分析》,载《教师教育研究》,2015(6)。

② 叶澜、白益民、王枏,等:《教师角色与教师发展新探》,208页,北京,教育科学出版社,2001。

③ 王雁、朱楠、唐佳益:《专业化视域下我国特殊教育教师专业发展思考》,载《现代特殊教育(高教)》,2015(5)。

化？本节将在特校教师角色重建的基础上，以教师能力理论为指导框架，探究不同角色类型特校教师专业结构和专业发展内容上的统一性和特殊性。

一、特殊教育学校教师的专业结构：基于教师专业发展的视角

教师工作的复杂性决定了教师专业结构的复杂性。20世纪末国内研究者对教师专业结构的研究主要来自两个方面，一是对"专业特质"的研究，这类研究是从一般性、专业的角度来考虑，适用于作为专业人员群体所应具有的特质，如有研究者把教师专业所必须具备的核心特质归纳为"专业知识"和"服务理想"[1]。二是对"教师素质"的研究，研究者面向教师个体，从对教师的素质要求或优秀教师所具备素质角度来展开，如有学者从动力系统（思想品德）、知识系统和能力系统三个方面构建教师的素质结构模型[2]。其后，以叶澜等学者为代表的研究者们从教师作为一名专业人员的角度对教师的内在专业结构进行分析，专业知能和专业服务精神两方面成为研究者们的共识。但是，仅有专业知识、专业能力和专业服务态度，仍不足以体现教师作为专业人员的特征，仍可能只是一个"专业级"的"教书匠"。因此，专业理念成为教师专业结构中的第三个结构，即"教师在对教育工作本质理解基础上形成的关于教育的观念和理性信念"，为教师专业行为提供了理性支点。然而，教学是一项极为复杂的工作，要成为一名真正的教学专业人员，需要经过长期的专业学习过程，所以教师自身的专业发展意识在成长过程中显得十分重要。因而，教师作为一名专业人员，其专业结构除专业理念、专业知能和专业服务精神外，还应包括自我专业发展意识维度。总之，从教师专业发展的角度来看，教师专业结构中教育信念、知识、能力、专业态度和动机、自我发展需要意识等因素至关重要。而且，各个维度并非孤立存在，而是相互联系并存在交互作用；作为专业人员的教师所具有的专业特质也不仅仅是教师内在专业结构诸方面的简单相加，专业

---

[1] 曾荣光：《教学专业与教师专业化：一个社会学的阐释》，载《香港中文大学教育学报》，1984(1)。

[2] 马超山、张桂春：《教师素质结构模型初探》，载《辽宁师范大学学报》，1989(4)。

教师的专业结构应是处于不断的流变、革新之中[①]。

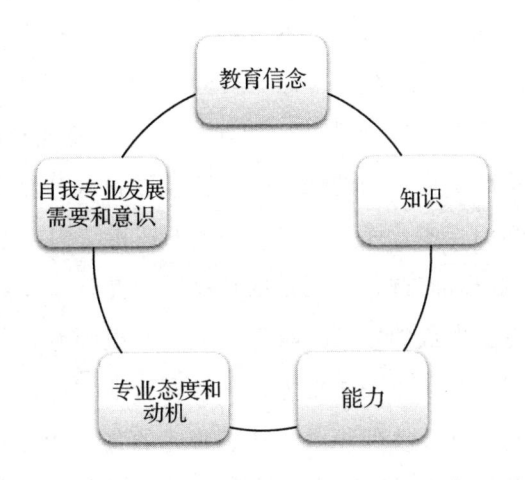

图 7-3　叶澜等学者所提出的教师专业发展的维度（教师专业结构）

学者们对教师专业结构的探讨为特殊教育教师专业结构及专业发展内容的研究奠定了坚实的理论基础。21世纪以来，特殊教育教师专业化及专业发展问题成为特殊教育教师研究的重点和热点。不同学者也对特殊教育教师专业素质、专业结构等做了较为详细的探讨。如有学者提出新时期特殊教育教师基本素质特征包括对以特殊儿童的爱心和对特殊教育事业的忠诚为核心的师德、教学水平、科研能力、心理素质、创新精神。[②] 有学者指出特殊教育教师专业化的内容除了应把教师所应有的共同素质考虑在内，还应把特殊教育职业所特别需要的专业道德、专业知识和专业能力纳入培养目标和专业化的整体建构中，即包括崇高的专业道德和良好的个性品质，精深的、复合性专业知识结构，娴熟的专业能力和技能。[③] 也有学者指出我国特殊教育教师职业素质的基本要素涉及知识要素、能力要素、人格要素三个方面，而其中娴熟的教学能力、一定的科研能力、康复训练的能力、创新能力构成了能力要素，师德和良好而稳定

[①]　叶澜、白益民、王枬，等：《教师角色与教师发展新探》，241页，北京，教育科学出版社，2001。

[②]　兰继军：《论西部特殊教育教师的素质及其提高策略》，载《中国特殊教育》，2004(7)。

[③]　丁勇：《专业化视野下的特殊教师教育——关于特殊教师教育培养目标和培养模式的研究》，载《中国特殊教育》，2006(10)。

的心理素质则是人格要素的主要内容。[1][2] 受融合教育思想的影响,有学者主张打破传统普通教育和特殊教育之间的分隔,突破二者在教师专业素质"线性"排序或"面上"并列的局面[3],创建具有中国特色的融合教育理念下的教师专业素质结构,提出专业理念、专业智能、专业情怀和专业规范四大子系统[4]。综上,近年来通过理论和实证层面的探索,对特殊教育教师专业结构达成了基本共识,即包含专业知识、专业能力、专业态度的三维结构,也成为2015年颁布的《特殊教育教师专业标准(试行)》制定的依据。但是,基于特殊教育发展的规律及特殊教育教师专业发展的现实,有学者强调在教师专业化视域下特殊教育教师专业发展的内容应该着重关注促进特殊教育行业发展之责任、自我发展的意识和能力、创建支持性环境的能力、基于研究的实践能力、合作能力及较强的教育研究能力等关键问题[5],为特殊教育教师专业结构和专业发展的探讨带来新的启示。

  转型时期特殊教育学校功能的转变及生态环境的变化带来了特校教师角色的重新定位,然而,不可否认的是,各种角色类型的特校教师其基本的专业结构首先应是遵循特殊教育教师内在专业结构的维度划分;也需遵守《特殊教育教师专业标准(试行)》对特殊教育教师在专业理念与师德、专业知识、专业能力三个维度和职业理解与认知、学生发展知识、环境创设与利用等领域的基本要求。但是,这里我们无意于再深入探究特校教师专业结构,也不想囊括特校教师专业结构的全部,而是基于我国特殊教育发展转型的时代背景,借鉴已有研究者所提出的教师专业发展的维度,分析特殊教育教师专业发展阶段的主要维度,从教师专业发展的角度探讨一些对于特校教师而言更为核心的因素。

---

[1] 李晓娟、王辉:《特殊教育教师职业素质的基本要素与特征》,载《现代特殊教育》,2014(5)。

[2] 刘全礼:《培智学校教师的专业素养研究》,载《中国特殊教育》,2015(5)。

[3] 陈小饮、申仁洪:《特殊教育教师专业化标准及发展模式的研究述评》,载《中国特殊教育》,2008(4)。

[4] 孟万金:《全纳教育理念下教师专业素质及专业化标准研究》,载《中国特殊教育》,2008(5)。

[5] 王雁、朱楠、唐佳益:《专业化视域下我国特殊教育教师专业发展思考》,载《现代特殊教育(高教)》,2015(5)。

(一)教育信念:坚持循证实践,肩负促进特殊教育行业发展之责任

教师的教育信念是指教师自己选择、认可并确信的教育观念或教育理念。特殊教育工作艰巨而富有挑战性。特校教师面对复杂、多样的特殊教育对象及复杂多变的教学情境,不仅需要具备普通教师要具备的专业理念和师德,还需要教师具备人道主义精神、形成正确的残疾人观和特殊教育理念。不仅如此,特殊教育本身的专业复杂性,要求教师应由传统的经验式、无意识的朦胧教育信念向以知识、系统理论为基础的教育信念不断演进,进而有意识地构建清晰的、理想的教育理念。为特殊学生提供"最适合的教育"是特殊教育的基本原则,国内外特殊教育百余年发展的经验验证了特殊教育的"有效实践"应建立在循证实践的价值基础之上。正如美国特殊儿童委员会在特殊教育教师专业标准的"专业学习和伦理实践"领域要求特殊教育教师理解"特殊教育以循证原则和理论为基础"[1]。坚持循证实践的教育理念应是对特校教师的基本要求,用事实证据、教学数据、研究和专业知识来指导实践,使自己的实践活动始终是基于证据的最佳实践,为学生提供最适合的教育,最大限度促进特殊学生的发展。与此同时,面对我国特殊教育发展的现实,需要特校教师重新审视自己的专业角色,发挥除教学本身之外的重要价值,应通过自身的努力和倡导促进整个特殊教育行业的发展。这是每名特校教师应担当的重任和不可推卸的责任。[2] 值得注意的是,教师教育信念形成之后,在一段时间内保持相对稳定,在专业结构中位于较高层次,统摄着教师专业结构的其他方面,但是随着时代的发展教育信念予以更新是教师逐渐走向专业成熟的一个重要标志[3],因而,特殊教育教师信念的更新与发展也应是与时俱进,因应时代发展逐步更新,这也是教师专业发展的一种深层次体现。

---

[1] Council for Exceptional Children, *What Every Special Educator Must Know: Professional Ethics & Standards* (7th ed.), Arlington, VA: CEC, 2015, p. 27.

[2] 王雁、朱楠、唐佳益:《专业化视域下我国特殊教育教师专业发展思考》,载《现代特殊教育(高教)》,2015(5)。

[3] 叶澜、白益民、王枬,等:《教师角色与教师发展新探》,232页,北京,教育科学出版社,2001。

（二）知识：以特殊学生发展及个体学习差异知识为基础，康复、学科为代表的复合型知识体系

较具代表性的教师知识构成理论多将教师知识结构建构为"学科知识＋教育学知识"的二维结构[①]，但是，专业教师到底应该从哪些方面去构建知识结构尚没有一致的认识。国内学者叶澜等提出多层次复合型教师知识结构，其中最基础层面是有关当代科学和人文两方面大的基本知识，以及工具性学科的扎实基础和熟练运用的技能、技巧；第二层是具备1~2门学科的专门性知识和技能，是教师胜任教学工作的基础性知识；第三层是教育学科类知识，由教师帮助认识教育对象、教育教学活动和展开教育研究的专门知识构成。[②] 特殊教育教师首先是教师，因此其专业知识结构与普通教育教师是具有高度一致性的，从我国颁布的系列教师专业标准中对教师专业知识的领域分类中可见一斑。国内学者也曾指出，与普通教师相比，特殊教育教师应具备高度综合化的知识结构，一方面，要像普通学校教师一样，具有比较广博的科学和人文知识，比较系统的学科专业知识和教育专业知识；另一方面，还必须熟悉特殊教育对象、熟练掌握特殊教育教学知识，如特殊教育理论、特殊儿童心理、康复医学、特殊教育辅助技术等，并能综合运用，以满足残疾学生特殊教育需要。[③] 正如笔者在第一节阐述转型时期特校教师角色内涵时所提及，当前面对特殊教育发展转型时期的新环境，特校教师"复合型"知识体系至关重要。2015年《特殊教育教师专业标准（试行）》的颁布也对特校教师专业知识结构的内涵做出了较为全面的要求。因此，从特殊教育专业实践本身的复杂性和特殊性及我国特殊教育发展的历史局限性出发，笔者仅对当前转型时期特校教师专业发展中专业知识结构的一些特殊因素展开探讨。

首先，有关特殊学生发展及个体学习差异的相关知识是特校教师专业知识结构中的最基础要素。传统上往往将教学法或教学技能作为特殊教育的核心。特殊教育教师需要通过调整一些教学方法以最大限度地帮助特殊学生掌握一些数学、语言、独立生活等相关技能；或者通过掌握一些特殊专业知识和技能促进特殊学

[①] 朱旭东：《教师专业发展理论研究》，69页，北京，北京师范大学出版社，2011。

[②] 叶澜、白益民、王枬，等：《教师角色与教师发展新探》，237页，北京，教育科学出版社，2001。

[③] 丁勇：《以专业标准引领特殊教育教师专业成长——关于〈特殊教育教师专业标准（试行）〉的解读》，载《现代特殊教育（高教）》，2015(9)。

生在普通及特殊教育课程领域的学习，这些教学技能被认为是其最重要、最核心的知识和能力。事实上，作为特殊教育教师在专业发展中最为基础也是最重要的就是理解并尊重个体发展的差异，即在个体发展的差异中尊重特殊学生的发展特点，理解特殊学生的特殊性与其发展和学习之间是如何相互影响。只有建立在尊重、理解特殊学生发展及个体学习差异的基础上，特校教师才能真正意义上实施个别化的教学以为特殊学生提供兼具挑战性和有意义的学习体验。[①] 因而，有关特殊学生发展及个体学习差异的知识将是特校教师专业发展的基石。

其次，特殊学生身心发展特点和需要决定了康复及干预实践贯穿教育教学之中，这就要求特校教师不仅要掌握特殊教育教学的基本理论，还需了解康复、干预实践的基本知识与策略。在美国 CEC 第七版特殊教育教师专业标准中就强调教师需要"掌握问题行为危机预防与干预的策略""符合特殊学生特点及环境需求的基于证据的实践性知识"、有利于促进学生语言发展及沟通交流的"扩大替代沟通策略"等。这些要求无不体现了特校教师专业知识结构中区别于普通教师的特殊方面。

再次，系统丰富的学科内容知识体系及学科教学知识对处于转型时期的特校教师而言至关重要。如前文所述，当前特殊教育学校对学科教师需求及随班就读的推进对特校教师掌握系统学科知识的要求愈发凸显。而这一要求同时也体现出教育者对特殊学生发展观的不断变化。以往教育者对于特殊学生的发展更多关注适应性行为、社会性技能等领域的发展，普通学科内容的学习通常是特殊教育研究及实践中被忽视的领域。但是，随着国际特殊教育理念的引入及更新，国内教育者对特殊学生发展的认识更加客观、全面，特殊学生学业能力发展的重要性被研究者和实践者所关注。而开展学科教学、促进学生学业能力发展的前提必然是教师对学科内容知识体系及学科教学知识的系统把握。因此，学科内容知识体系及学科教学知识成为当前特校教师专业知识结构中必不可少的部分。近年来，特殊教育学校各类课程标准的颁布与实施也是对特校教师掌握系统学科内容知识体系这一要求的呼应。但是，值得注意的是，区别于学科知识体系，最早由舒尔曼所提出学科教学知识被认为是教师独有的一种知

---

① Council for Exceptional Children, *What Every Special Educator Must Know: Professional Ethics & Standards* (7th ed.), Arlington, VA: CEC, 2015, p. 22.

识，也是区分教师与其他领域专家，以及一门学科和另一门学科的重要知识。[①] 它是教师综合运用教育学知识和学科知识来理解特定主题的教学是如何组织、呈现给特定学生的知识；是教师在教学过程中融合学科与教学知识而形成的知识。对于特校教师而言，只有掌握系统丰富的学科知识体系和学科教学知识才有可能进一步与特殊学生的发展知识、特殊教育教学知识等相融合，并综合运用，满足特殊学生特殊教育需要。

（三）能力：以基于证据的实践能力为核心，科学化、规范化的特殊专业实践能力

教师能力是教师专业结构中一个重要组成部分。结构性教师能力理论在国内的教师能力研究中占主流地位，这表现为把教师能力分为多种能力结构，多种教师能力维度共同组成了教师能力。[②] 教师能力应包括一般能力（即智力）和教师专业特殊能力两方面。其中，教师专业特殊能力又可分为两个层次：第一层次是与教师教学实践直接相联系的特殊能力，如语言表达能力、组织能力、学科教学能力等；第二层次是有利于深化教师对教学实践认识的教育科研能力。[③] 特殊教育质量提升是当前我国特殊教育发展转型时期的主要任务，而特殊教育专业实践活动的科学化、规范化是保证特殊教育质量的重要条件，也是当前国际特殊教育研究及实践领域所追求的目标之一。作为特殊教育专业实践活动的主要实施者，特殊教育教师具备循证实践的能力则成为其专业能力发展中最为核心的要素之一。因而，面对我国特殊教育转型时期特殊教育质量提升的主要目标，以循证实践能力（即基于实证的实践能力）为核心的一系列专业能力尤为值得关注。

其一，基于证据的实践能力。如前所述，特殊教育质量提升是当前我国特殊教育发展转型时期的主要任务。美国 CEC 专业标准中尤为强调特殊教育教师专业实践中贯彻循证理念，使用"基于循证的教学策略""使自己的实践活动始终是基于证据的最佳实践"等，突出了特殊教育专业实践的科学化取向，也凸显了特殊教育者致力于追求最佳实践方式来提高特殊教育质量的决心。在我国

[①] 朱旭东：《教师专业发展理论研究》，62 页，北京，北京师范大学出版社，2011。
[②] 同上书，102 页。
[③] 叶澜、白益民、王枬，等：《教师角色与教师发展新探》，237 页，北京，教育科学出版社，2001。

特殊教育转型时期，特校教师专业实践能力的循证取向也将是其专业发展的核心内容之一，选择、调整并使用一系列基于实证的教学策略促进特殊学生的学习是对特校教师实施教育教学的基本能力要求。一方面，特校教师要掌握一系列基于实证的个别化教学策略，并且充分考虑学生的能力、兴趣、学习环境、语言等因素，选择、制定并调整有效的教学策略和环境；使用各种技术支持教学评估、计划及实施；使用扩大替代沟通系统及其他辅助技术促进特殊学生的沟通和学习；并且能够充分与家庭及其他团队合作为特殊学生提供多样的教育和转衔计划。此外，特校教师还应使用策略促进特殊学生语言和沟通能力的发展。[1] 另一方面，特校教师应基于研究展开实践，成为"研究型"教师，这对于特校教师的专业发展尤为关键。特殊教育实践领域的研究仍然是薄弱领域，特校教师具有丰富的实践资源，基于教育教学开展研究不仅有助于教师理解特殊教育相关理论，增进对教育过程的理解，从而改善自身的专业实践，促进专业成长；而且从专业实践的角度来看，教育教学实践活动的科学性和专业性才能得以提高。

其二，学习环境的创设能力。特殊学生的特殊性不仅体现在内部生理条件或疾病，而更多地体现在对发展环境的独特要求上，因此，特校教师应该具备建立安全、包容且反映文化需要的学习环境，从而使特殊学生成为主动、高效的学习者，具有良好的情绪，形成积极的社会交往及自我决定能力。[2] 转型时期，无论是"教学型""康复型"还是"巡回指导型"特校教师都面临着教育环境从隔离走向融合的变化，如何在这种变化中创设有利于特殊学生学习的支持性环境或协助其他教师（如普通教师、资源教师）创设接纳特殊学生的环境并帮助其融入有意义的学习活动中，将是对特校教师专业能力的新挑战。这不仅意味着满足特殊学生独特的学习环境的需求，同时，对特校教师的教育教学设计、组织与管理、创新及反思能力提出要求。

其三，评估能力。评估贯穿特殊教育过程始终，评估能力是特校教师开展有效教学、实施最佳实践的基础。因此，特校教师应能够使用多样化的评估方法和数据资源做出教育决策。使用评估结果鉴别特殊学习需要，监控学生在普

---

[1] Council for Exceptional Children, *What Every Special Educator Must Know: Professional Ethics & Standards* (7th ed.), Arlington, VA: CEC, 2015, p. 25.

[2] Ibid, p. 23.

通学科课程和特殊学业内容上的进步情况进而做出教学调整，利用评估结果支持特殊学生的转衔、项目计划、个别化教育、学习及环境调整等，均是对特校教师评估能力的具体要求。当然，仅仅是掌握基本的评估方法或技术是远远不够的，如前文所述，转型时期特殊教育学校作为区域特殊教育资源中心势必承担区域内特殊学生的评估工作。因此，特校教师还应理解各种评估方法和工具在使用过程中的适应性和局限性，并且能够与家长、其他教师等充分合作，从而避免评估结果的偏误，做出有意义的评价和决策；特别是针对在融合环境中就读的特殊学生，特校教师还应使用评估信息鉴别出个体所需的支持和调整策略，帮助学生适应普通教育课程；评估个别化教育项目、资源教室课程的有效性等也将是部分特校教师需要掌握的专业能力。

其四，学科教学能力。受特殊教育教师培养的传统模式影响，学科教学能力往往是被忽视的领域。然而，正如前文所述，当前转型时期对特校教师"学科教学能力"的需求愈加突出。一方面与当前特殊教育学校对学科教师的需求有关；另一方面也是随着我国特殊教育的发展及融合教育的推进，特殊学生学科教学的需求逐渐受到重视密切相关。这就要求特校教师在系统的学科内容知识体系的基础上，能够有效地鉴别、优化及调整普通教育课程内容以适应特殊学生的学习需要，与此同时将各种适应性课程、社会技能、生活技能等特殊课程与学科课程有效融合，以促进特殊学生的全面发展。这一能力要求在最新修订的美国CEC特殊教育教师专业标准中也被单独列出。

其五，沟通和合作能力。沟通和合作能力一直是教师必备的专业能力之一。在我国系列教师专业标准中，沟通和合作能力作为"专业能力"维度下的一个领域被提出。与普通教育相比，特殊学生的多样化、课程需要的复杂化、科学技术的重要影响、对学生学习效果的更高要求使得特殊教育教师必须进行有效的团队合作来为所有学生提供适合的、具有挑战性的学习和课程，特殊教育教师合作对象类型多、合作领域也更为广泛。尤其是转型时期，特校教师将面临更加开放、多元的教育生态环境，与专业组织、社区等机构，与同事、家长、多学科跨领域的专业人员、教辅人员、社工、志愿者、普通教师、教育行政管理人员的合作更是成为常态。因此，良好的沟通与合作能力对特校教师而言尤为重要。值得注意的是，特校教师不仅是合作的参与者，更在团队合作中扮演核心角色。这就要求特校教师必须能够使用高效的合作理论和实践；还需秉持自身作为特殊学生倡导者的角色；同时作为一种资源，帮助其他合作人员理解相关的政策法律、获得特殊教育相关资源；通过沟通合作提升特殊学生的生活品质。

(四)专业态度和动机：良好的职业心理素质，积极的专业态度和动机

专业态度和动机是教师专业活动和行为的动力系统，是直接关系到教师去留的重要因素。它涉及教师的职业理想、对教师专业的热爱程度（态度）、工作的积极性能否维持（专业动机）和某种程度的专业动机能否继续（职业满意度）等方面的问题。[①] 由于我国特殊教育发展的历史原因，直到近年来随着国家经济和教育事业的发展，特殊教育才受到社会及公众的关注和认可，相关政策的出台为改善特殊教育现状、推动特殊教育行业发展提供了保障，特殊教育教师的社会地位才有所提升。但是，由于教育对象的特殊性，特殊教育教师需要面对更为复杂的工作环境，处理更为烦琐的教学任务，与此同时满足感和成就感在工作中却不易获得。与普通学校教师相比，特校教师承受更大的职业压力[②]，更易出现职业倦怠[③]，职业效能感总体水平偏低[④]，职业幸福感也低于普通学校教师[⑤]，而且，随着教龄增长，特教教师的活力、奉献和专注水平也会降低[⑥]。研究者同时也发现，特殊教育教师的应对方式[⑦]、情绪加工[⑧]、心理资本[⑨]、工作

---

① 叶澜、白益民、王枏，等：《教师角色与教师发展新探》，238 页，北京，教育科学出版社，2001。

② 王玲凤：《特殊教育教师职业压力的调查分析》，载《中国特殊教育》，2009(8)。

③ 班永飞、刘成玉：《特殊教育教师职业倦怠对生活质量的影响：社会支持的中介作用》，载《中国特殊教育》，2012(10)。

④ 周正、韩悦：《特殊教育教师一般自我效能感现状及其与核心自我评价的关系》，载《教师教育研究》，2014(3)。

⑤ 赵斌、黄永秀：《特殊教育学校与普通学校教师职业幸福感比较研究》，《现代特殊教育》，2015(10)。

⑥ 刘旺：《特殊教育教师的积极心理品质及其对结果变量的影响》，载《中国特殊教育》，2007(3)。

⑦ 王姣艳、王雁：《特殊教育教师职业认同调查研究》，载《教育学报》，2012(1)。

⑧ 王滔、武海栋：《职业压力对特殊教育教师离职意向的影响：一个有调节的中介模型》，载《中国特殊教育》，2017(1)。

⑨ 王姣艳、潘威、严茹：《特殊教育教师职业压力与职业倦怠的关系：心理资本的中介作用》，载《现代预防医学》，2018 (5)。

满足感①等在各种职业心理因素中往往起着中介或调节作用，影响着特校教师的态度（如职业认同、职业幸福感）、动机（如职业满意度）等，进而影响教师去留及教师积极专业行为。因此，基于职业心理素质的专业态度和动机的培养将是特校教师专业发展的重要维度，尤其是在转型时期纷繁复杂的教育生态环境，更需要特校教师具备良好的职业心理素质及积极的专业态度和动机，以应对不断发展和变化的职业环境。

（五）自我专业发展需要和意识：保持"自我更新"取向，形成自我专业发展能力

自我发展需要和意识这一维度保证教师如何不断自觉地促进自我专业成长，它是教师自我专业发展的内在主观动力。教师的自我专业发展需要和意识使得在教师发展过程中实施终身教育思想成为可能；自我发展意识还会弥补过去教师教育中只从教师群体一般需要出发，而不考虑教师个人需要的不足；当教师在自我专业发展需要和意识下成为具有自我专业发展需要和意识的教师，才可能有意识地寻找学习机会，成为一个"自我引导学习者（self-directed learner）"②。自我专业发展意识是教师真正实现自主专业发展的基础和前提，增强教师面对自己专业发展的责任感，使自己的专业发展保持"自我更新"取向，并逐渐形成自我专业发展能力，为教师进一步专业发展奠定基础，并成为促进专业发展的新的因素，这正是当前特殊教育发展转型时期，对特校教师专业发展的重要要求。首先，特校教师的专业实践往往跨越各种宽泛的年龄和发展水平，发生在各种多元复杂的教育情境中，这就使得特校教师必须具备可持续发展的基本素养和终身学习的能力，以适应不断变化的复杂的教育教学情境及满足差异巨大的特殊学生的需要。在美国特殊儿童委员会所制订的特殊教育教师专业标准中也始终强调特殊教育教师专业学习的持续性和丰富性，要求特殊教育教师应"积极参与专业活动和学习社区，使特殊学习需要者及其家庭、同事受益，促进自身的专业成长；秉持终身学习理念，定期反思，调整自身实践；

---

① 唐佳益、王雁：《特殊教育教师职业认同感与离职意向：工作满足感的中介作用》，载《中国特殊教育》，2019（2）。

② 叶澜、白益民、王枬，等：《教师角色与教师发展新探》，239页，北京，教育科学出版社，2001。

积极计划和参与促进专业成长的活动,使自己的实践活动始终是基于证据的最佳实践"[①]。足见对特殊教育教师自我发展意识和能力的要求。正如第一节所分析,在当前我国特殊教育发展的转型时期,特校教师面临着职业生态环境的不断变化,更面临着个体角色类型的变革和转型,而只有具有自我专业发展的需要和意识的教师才可能明确自己到底需要什么、今后朝什么方面发展及如何发展等;在此过程中所形成的自我专业发展能力也将成为特校教师自我专业发展路线的调节、监控者,促使特校教师在新的角色定位下朝着积极的专业发展方向形成动态发展的循环。

总之,转型时期不同角色定位的特校教师首先都是特殊教育教师,其在专业结构核心要素上的统一性不容置疑,教育信念、知识、能力、专业态度和动机、自我专业发展需要和意识构成了其专业素质的合理结构,而区别于普通教师及传统特校教师专业发展要求的核心要素凸显了转型时期特校教师专业发展内容的特殊性,同样也成为特校教师角色转型中专业发展的素质基础。(见图7-4)

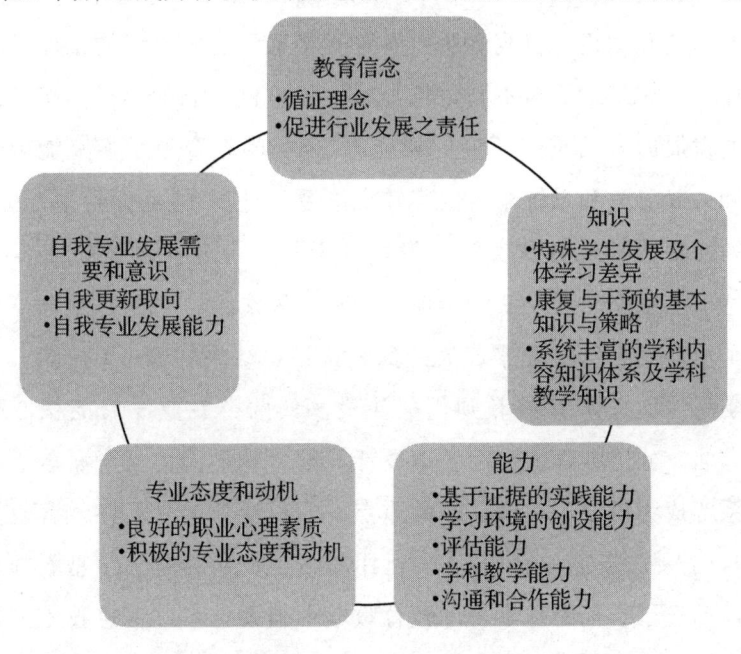

图 7-4 特校教师专业发展的维度与核心内容

---

① Council for Exceptional Children, *What Every Special Educator Must Know: Professional Ethics & Standards* (7th ed.), Arlington, VA: CEC, 2015, p. 43.

二、不同角色类型的特殊教育学校教师的专业发展内容

以教育信念、知识、能力、专业态度和动机、自我专业发展需要和意识为主要结构维度，以循证理念、特殊学生发展及个体学习差异、基于证据的实践能力等为主要核心要素认定了转型时期特校教师专业发展的主要内容。然而，转型时期特校教师面临着新的角色定位的挑战，教学型、康复型、巡回指导型教师的专业发展内容因其工作场域、工作职责的不同必然具有各自的特殊性。

（一）教学型特校教师

特殊教育学校仍然承担着半数特殊学生的教育教学工作。笔者在2018年对北京、上海、南京、广州、武汉、南宁等地特校教师开展的调查[①]中发现，1 121名有效被试中871名教师属于偏重教学的"教学型"教师，占比77.7%，可见，教学型教师仍是特校教师队伍中的主要群体类型。毋庸置疑，教学型特校教师首先是特校教师，其专业结构及专业发展内容必然遵循教育信念、知识、能力、专业态度和动机、自我专业发展需要和意识的主要结构维度及相关核心要素。然而，正如第一节对不同角色类型教师角色内涵的学理分析，教学型特校教师专业发展内容的重点还应更加突出"夯实的教育教学实践能力、基本的循证干预和康复能力和系统学科内容知识体系"为核心的复合能力的发展。

那么，特校教师从自身实践出发，对于其自身专业发展的内容又有何认识？笔者选取北京、上海、武汉三地的7所特殊教育学校的30名教学型教师就教学型教师所需的特殊专业素养展开深入访谈，结果如表7-1所示。可见，教育教学、学科专业素养是被教师们关注最多的两类专业发展的核心要素。其中，教学方法、分层教学能力、教学设计等教育教学能力及学科教学技能、学科知识体系等成为教学型教师关注的重点。值得注意的是，在教育教学中教学资源与辅具的开发能力、辅助技术的运用能力也被认为是教学型教师应发展的能力之一，凸显了当前特殊学生的教育教学中辅助技术、信息技术的发展对教学型教师专业能力的发展所提出的新挑战。

基于学理分析及小范围抽样的调研结果，教学型特校教师专业发展内容的

[①] 本节中所提及的调研结果均来自2018年研究者依托课题项目所开展的调研数据。

重点已然清晰地呈现出来。随着特殊教育学校的转型发展,面对个体差异愈加明显的中重度障碍学生,诸如集体教学与个别化教育的整合能力、教学与康复的整合能力、辅助技术/教学资源等的开发与运用能力、学科整合能力、语言能力等成为满足教学型特校教师自身教学需求的必要技能。针对不同职业生涯发展阶段、处于不同类型特殊教育学校的教师,仍然需要我们进一步探讨其专业发展的具体知识技能,但是以教育教学实践能力、学科专业素养、融入教学的康复/干预能力为主的核心的能力要素对教学型特校教师至关重要,也是专业发展的重点内容。

表 7-1　教学型特校教师专业发展内容关键词编码统计结果

结构维度	核心要素	总频次	具体条目及频次
能力	教育教学实践能力	36	教学理论(2);教学方法(10);分层教学能力(5);教学设计/教学内容选择(5);集体教学与个别化教学的整合能力(1);教学与康复的整合能力(2);教学资源与辅具开发能力(3);辅助技术的运用能力(4);课堂管理能力(4)
	沟通合作	9	语言能力(4);与其他人员(家长/教师)沟通能力(5)
	学科专业素养*	24	学科教学技能(13);学科知识体系**(6);课程知识(2);学科整合能力(2);自身学科素养(1)
	班级管理	4	班主任班级管理能力(4)
	康复/干预能力	5	语言/运动等康复能力(3);康复/干预融入教学的能力(2)
	评估能力	1	评估能力(1)
	专业发展能力	2	学习能力(1);研究/反思能力(1)
知识	特殊儿童心理	6	特殊儿童心理发展知识(6)
	特殊教育理论	4	特殊教育理论(4)
教育理念	特教与普教理念	3	特教与普教的理念(3)
	对特殊儿童的态度	3	耐心爱心(3)
专业态度	职业心理素质	1	良好的心态(1)

　*所调研的 30 名教师中有 2 名教师担任职业教育课程(园艺、针灸),因此这里的学科专业素养包括此类专业学科。

　**为便于分析,此处编码未将"学科知识体系"列入专业知识维度,将其与其他学科相关知识和能力编码为学科专业素养。

(二)康复型特校教师

调研数据显示,在 1 121 名有效被试中 84 名教师属于偏重康复训练的"康复型"教师，占总被试量的 7.5%；此外还有 12 名教师同时兼任教学与康复的工作。研究者对选取的北京、上海、武汉三地的 7 所特殊教育学校的 12 名康复型教师就其所认为的康复教师所需的特殊专业素养展开深入访谈，结果如表 7-2 所示。康复能力成为康复型教师所提及的最多的一类核心要素。其中，专业的康复技能成为康复型教师关注的重点，也反映出当前康复型教师在专业实践中自身的迫切需求。值得关注的是，研究能力、评估能力及其他一些能力也成为康复型教师提及的专业发展内容。康复能力的发展不仅需要掌握专门的理论、策略和技能，更需要积累大量的实践经验，因而，案例经验的积累与反思及个案研究成为提升教师康复实践能力的重要途径；对特殊学生的康复干预更离不开评估，也需要教师在康复干预过程中具备敏锐的观察力、洞察力、发现问题的能力；同时面对差异巨大的特殊学生康复干预需求，需要教师具有创新意识和创造性的康复方案设计能力，以满足不同个体的需要。

表 7-2 康复型特校教师专业发展内容关键词编码统计结果

结构维度	核心要素	总频次	具体条目及频次
能力	评估能力	2	评估能力(2)
	康复能力	15	专门的康复技能(如，言语康复、脑瘫、自闭症康复的技术、艺术治疗等)(8)；康复理论(2)；康复理论在实践中运用的能力(2)；个别化训练能力(2)；康复活动组织能力(1)
	研究能力	5	案例经验积累与反思能力(2)；研究能力(3)
	沟通能力	1	人际交往与沟通能力(1)
	其他能力	3	观察力和洞察力(1)；发现问题的能力(1)；创造力(1)
知识	特殊儿童知识	1	各类特殊儿童的专业知识
	康复知识	3	康复理论(2)；康复方法与策略(1)
	特教理论	1	前沿特教理论(1)
教育理念	对特殊儿童的态度	3	耐心与责任心(2)
专业态度	职业心理素质	1	良好的心态(1)

小样本抽样调研的结果再次印证了康复型特校教师专业发展内容中康复能力的根本地位。诚如前文对康复型特校教师专业发展内涵的学理分析，"扎实的循证干预和康复能力"必将成为特殊学校中康复型教师专业发展的主要方向。

但是，受限于本次调研对象均以服务本校学生为主，调研结果并未呈现出以"资源教师"角色为主的康复型教师的独特需求，而在调研中也发现往往由承担巡回指导的特校教师根据需要对普通学校随班就读特殊学生进行康复训练，这一结果从侧面反映出特校教师角色定位的学理分析与现实状况的差异。而且，2016年《普通学校特殊教育资源教室建设指南》明确规定在普通学校建设资源教室，且资源教室应配备适当资源教师，要求"资源教师原则上须具备特殊教育、康复或其他相关专业背景，符合《教师法》规定的学历要求，具备相应的教师资格，符合《特殊教育教师专业标准》的规定，经过岗前培训，具备特殊教育和康复训练的基本理论、专业知识和操作技能"。在这一政策影响下，各地教育部门开始着力推进普通学校资源教室建设，并通过职后培训等方式对普校教师进行培训，培养专职或兼职资源教师。可见，在我国特殊教育转型时期，不断变化的外部政策环境会使特校教师的角色定位更加复杂和易变。

此外，面对康复需求差异巨大的特殊学生和纷繁复杂康复干预方法与技术，康复型特校教师在专业成长中似乎面临更为艰巨的挑战。访谈中一位老师曾这样说："一个康复老师精力有限，不可能掌握所有的康复技术。……应该将康复型老师分成几大类，如言语康复、脑瘫康复、自闭症康复及其他。每一类康复教师只需要具备相应的康复能力，不需要具备所有的康复能力。比如，言语康复教师需要具备言语听觉康复能力，其实，在教师招聘中我们可以招聘言语听觉系的学生；自闭症康复教师需要掌握ABA、PRT等技术……"

美国CEC对特殊教育教师的分级分类体系为解决这一问题提供参考。美国CEC按照能力水平及不同的专业领域，将教师分为初级/高级特殊教育教师，同时又细分为针对不同障碍类型或不同发展领域的教师及专家（可参见第八章表8-8）。当前转型时期康复型特校教师个体专业发展也应建立在整个教育生态体系中的康复型教师队伍建设的基础之上，基于发展的眼光充分考虑区域内特殊教育学生的康复干预需求，分障碍类别、分领域地培养各具专长的康复型教师，形成区域内康复教师资源有效合作的发展态势。

（三）巡回指导型特校教师

当前，巡回指导型特校教师仍然是特校教师群体中人数最少的一类教师。在笔者所调查的特校教师群体中仅有32名教师承担巡回指导工作，且主要分布于北京（15人）、上海（8人）两地，占调查总教师数的2.9%，此外有5名教师兼任教学与巡回指导、2名教师兼任康复与巡回指导的工作。在对来自北京、上海两地的4所特殊教育学校的5名巡回指导型教师的深入访谈中发现，沟通能力、康复/教学能力、咨询指导能力及普通教育能力被重点提及。（见表7-3）

表7-3 巡回指导型特校教师专业发展内容关键词编码统计结果

结构维度	核心要素	总频次	具体条目及频次
能力	评估能力	1	评估知识与技能(1)
	沟通合作能力	5	协调家长、学生、各区县的特教指导中心、指导随班就读工作的上级领导(1)；与普校领导沟通、老师沟通的艺术(1)；与普校教师、家长等沟通与合作能力(3)
	指导能力	4	对家长教育观念的引导、指导(1)；引导普通学校领导、教师融合教育正确观念(1)；指导普校教师调整教学材料和教学策略的能力(2)
	康复/教学能力	5	问题行为、情绪问题的干预能力(1)；适合不同学段儿童的教学形式(1)；教学中基于对障碍学生的了解建立长期稳定师生关系(2)；教学资源和教材的制作能力(1)
	普通教育能力*	5	普校学科知识、教学流程及办学特色(1)；普通教育学能力(1)；普通教育知识背景(1)；普校教学管理知识(1)；普校教育教学现状(1)
	科研能力	1	科研能力(1)
知识	特殊儿童知识	3	了解学生的问题和障碍表现(1)；了解学生所处学段特点(2)
	康复知识	2	医学基础（视觉障碍相关）(1)；心理学、医学、康复相关知识(1)
教育理念	对特殊儿童的态度	1	站在学生视角处理问题，避免他人（班主任）偏见(1)

* 为便于分析，此处编码未将普教/普校知识与能力单独分开，统一编码为能力维度。

沟通合作能力是巡回指导型特校教师开展巡回指导工作的前提。尽管随班就读政策已推行三十余年，但是访谈中，教师们均提到普通学校随班就读工作的开展仍然面临观念和制度上的困难。一位受访的老师这样说："……如何让普校主管领导认识到随班就读对随班就读孩子、普通孩子带来的影响，让随班就读工作持续、深入地推进，其实还是有很大的困难。……（随班就读）可能会有消极的影响，但也要看到对普通孩子带来的积极影响，比如感恩教育、接纳能力、对社会的全面了解方面等，这是普校教学中缺失的部分。"

因此，顺利开展随班就读巡回指导工作的前提就是首先改变学校教育管理者及教师的观念，这不是政策或制度建设就能轻易改变的。巡回指导型教师进入普通教育工作场域中首先需要对普通教育中相关利益群体的融合教育观念予以引导，正如访谈中老师们提及的要具备"与普校主管领导、相关教师沟通的艺术"。其次，巡回指导型教师在随班就读指导工作开展中获得区县相关行政部门、区县特教中心、普校领导、教师、家长及学生的支持与配合，与各类相关人员的协调、沟通、合作能力至关重要。这与美国CEC特殊教育教师专业标准中对高级教师的合作能力的要求也是一致的，即"与利益相关者开展合作，提高为特殊学生及其家庭所提供的项目、服务和成果"[1]。

普通教育知识、能力和经验则是巡回指导教师在普通教育工作场域中展开巡回指导的基础。无论是沟通能力的发挥，还是对普通教师教育教学调整的有效指导，抑或是对特殊学生康复干预与教学的实施，均离不开巡回指导型教师对普通教育领域中学校教学管理及现状的把握、学科知识体系的掌握、教育教学能力和经验的积累。

对普校学科知识、教学流程、学校办学特色有清晰的认识，将随班就读工作和普校常规的教学工作有机结合在一起，才有利于开展巡回指导工作。

学科知识、普通教育知识背景很重要，还要对普校的教学现状有深入了解，才能做好指导工作……指导老师做好教学材料和教学策略的调整，如对低视力的孩子调整PPT字号大小……

评估能力、指导能力、康复/教学能力也是巡回指导教师专业能力中的重要组成部分。作为为区域内融合教育学校、教师、学生、家长等提供支持服务的核心力量，巡回指导教师应指导学校做好学生"筛查、评估及安置"的相关工作，并根据评估结果，为学生直接或间接提供康复干预、学习资料及辅助设备；为普校教师和家长的咨询与培训工作提供资源支持。[2]此外，对于特殊学生的认识及态度也受到教师们的关注。巡回指导教师对随班就读的特殊学生的评估及指导往往受到其普校教师的影响，因此，避免偏见、公正地评估学生、

---

[1] Council for Exceptional Children, *What Every Special Educator Must Know: Professional Ethics & Standards* (7th ed.), Arlington, VA: CEC, 2015, p. 33.
[2] 张悦歆、王蒙蒙：《随班就读巡回指导教师制度研究进展和建议》，载《中国特殊教育》，2017(11)。

认识学生的障碍表现及发展特点等理念被教师们提及。

毋庸置疑，巡回指导型特校教师是以专家型特教教师的发展方向为目标，是为随班就读的特殊学生、教师及学校提供专业支持人员，是随班就读工作的重要指导者，也是在特校教师角色分层中要求最高的一类特校教师。巡回指导教师的角色可形象地概括为融合教育的支持者和资源提供者、合作者、协调者、督导者[①]。如前文笔者基于转型时期特校教师角色内涵分析时所提出，"夯实的教育教学实践能力、系统的学科知识体系、扎实的循证干预和康复能力及丰富的融合教育知、能与经验"是对巡回指导型特校教师复合型能力的基本要求；而小样本的实证调研又进一步丰富了该类型教师的能力结构，沟通合作能力、评估能力、研究能力等也应被纳入巡回型特校教师的专业发展内容之中。然而，当下我国特殊教育转型时期各种制度仍处于建立、发展、完善的过程中，随班就读的巡回指导工作也处于起步阶段。巡回指导型特校教师往往兼任特校教学、科研等任务，承担着其他特教教师的职责。在笔者调研中受访的5位教师有2位教师兼任教学或康复教师的角色，也有教师提及巡回指导工作也会因为学校人员调整而中断，这些都为巡回指导型特校教师的专业发展带来了不稳定因素，这与西方较为成熟的巡回指导制度及对担任巡回指导工作的专家型特教教师的标准要求必然有所差异，因此，基于我国特殊教育发展现实对巡回指导型教师专业发展内容的探讨仍需继续。

当前我国正处于特殊教育发展与改革的关键时期，"融合教育"已然成为特殊教育发展的走向，教育生态环境的变革必然影响特殊教育学校及身处其中的教师。学校功能的转型、教师角色的重新定位，引发了特校教师专业发展的变革。教学型、康复型、巡回指导型特校教师成为当前特殊教育转型时期特校教师的主要角色定位，而基于教师专业发展视角的教师内在专业结构分析呈现出不同角色类型特校教师在专业发展内容上的"统一性"特征，即围绕教育信念、知识、能力、专业态度和动机、自我专业发展需要和意识的等基本结构维度，以循证理念、特殊学生发展及个体学习差异、基于证据的实践能力等核心要素的专业发展内容。同时，不同角色类型定位又凸显了特校教师专业发展内容的"特殊性"（见图7-5）。但是，正如当前我国特殊教育事业处于发展、提升的过

---

① 李拉：《巡回指导：学前融合教育的专业支持模式》，载《现代中小学教育》，2013(3)。

第三部分 中国特殊教育教师发展热点专题

专业发展核心要素

特校教师

- 教育信念
  - 循证理念
  - 促进行业发展之责任

- 自我专业发展需要和意识
  - 自我更新取向
  - 自我专业发展能力

- 专业态度和动机
  - 良好的职业心理素质
  - 积极的专业态度和动机

- 知识
  - 特殊学生发展及个体学习差异
  - 康复与干预的基本知识与策略
  - 系统丰富的学科内容知识体系及学科教学知识

- 能力
  - 基于证据的实践能力
  - 学习环境的创设能力
  - 评估能力
  - 学科教学能力
  - 沟通和合作能力

角色

教学型教师 —是→
↓否
康复型教师 —是→
↓否
巡回指导型教师 —是→

重点能力要求

教学型教师：
- 夯实的教育教学实践能力
- 融合教学的循证干预与康复能力
- 扎实的学科专业素养

康复型教师：
- 夯实的教育教学实践能力
- 扎实的循证干预与康复能力
  - 评估能力
  - 个别化康复教学能力
  - 基于反思的研究能力
  - 案例经验积累与反思
  - 个案研究

巡回指导型教师：
- 夯实的教育教学实践能力
- 扎实的融合教育知识、能和经验/普通教育能力
- 丰富的融合教育知识
- 灵活的沟通合作能力
- 评估能力
- 指导能力
- 研究能力

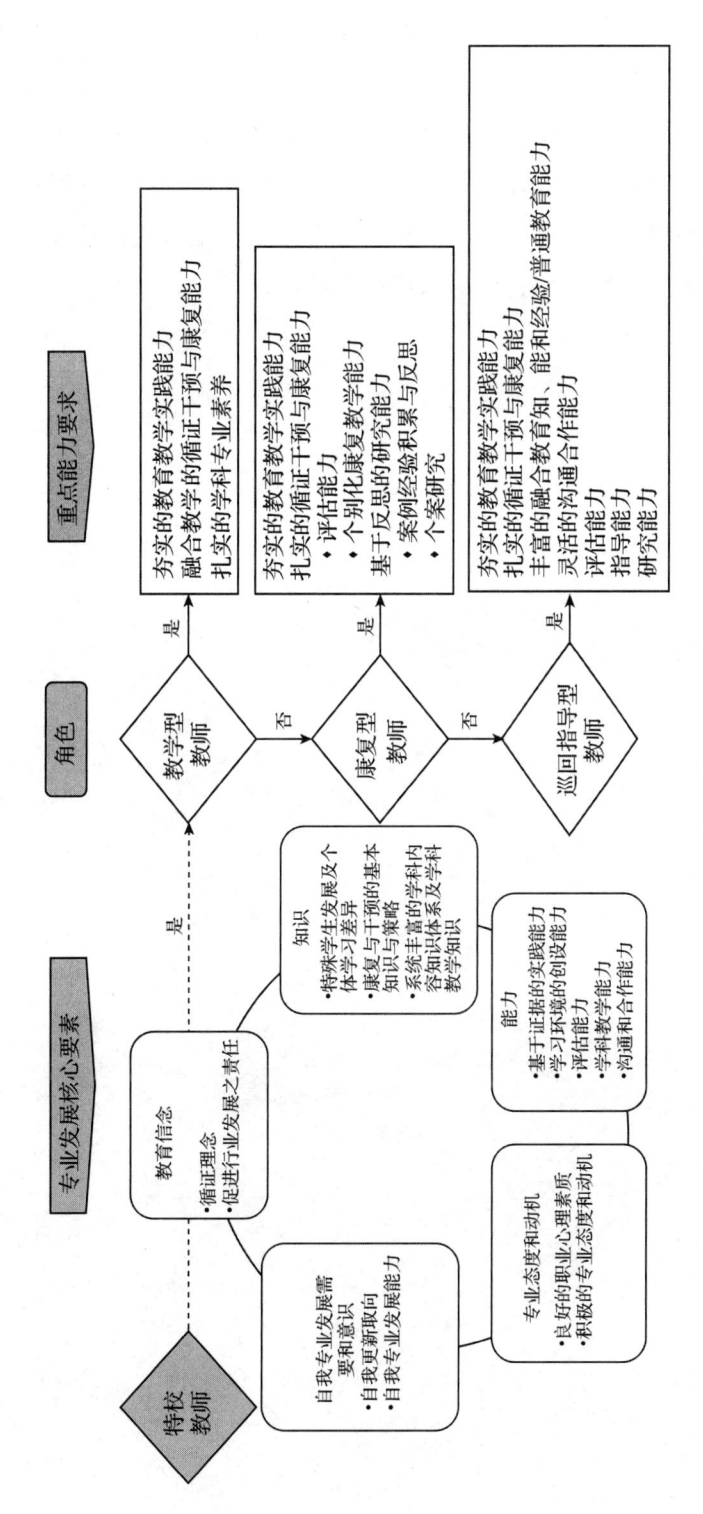

图 7-5 转型时期特校教师的专业发展内容

程之中，对个体而言，特校教师的专业发展也是处于动态过程，角色定位的变化、职业生涯发展阶段的影响、教师自身内在动机及更新能力影响等，都会成为影响教师专业发展的重要因素，专业发展内容必然有所差异和偏重；而对特校教师队伍建设而言，事业发展变化、体制机制的变革、区域发展取向等都会影响整个特校教师队伍专业发展取向和建设方向。转型时期，特校教师专业发展的探讨、特校教师队伍的建设仍然任重而道远。

第八章

国际视野下特殊教育教师专业标准研究

纵观国际领域,教师专业标准被视为提高师资队伍质量的战略途径[①],专业标准导向的特殊教育教师专业发展路径已成各国普遍做法。美国特殊儿童委员会(CEC)所制定的特殊教育教师专业标准是目前在全世界特殊教育领域最具影响力的标准之一,2016年第七版《每个特殊教育者必须知道什么:专业伦理和标准》正式出版。近年来,随着我国特殊教育教师政策的不断发展,《国家中长期教育改革和发展规划纲要(2010—2020年)》《关于加强特殊教育教师队伍建设的意见》和《特殊教育提升计划(2014—2016年)》等政策的相继实施,我国特殊教育教师专业标准建设提上日程,并于2015年9月颁发《特殊教育教师专业标准(试行)》,以期通过专业化的特殊教育教师标准来提升我国特殊教育教师专业化水平,保障我国特殊教育事业稳固发展。本章将分别对中美两国特殊教育教师专业标准的发展特点、标准结构与内容等进行剖析和解读,以期为我国特殊教育教师专业标准体系的发展提供借鉴。

第一节 美国特殊教育教师专业标准的演进及特征

在全球教师教育标准化的发展趋势下,为特殊教育教师建立专业标准,促进特殊教育教师改革和专业化已相应地成为教育发达国家促进本国特殊教育发

---

① 熊建辉:《构建我国教师专业标准的思考:国际比较的视角(上)》,载《世界教育信息》,2008(9)。

展的普遍尝试与共同做法。① 其中，在全世界特殊教育领域最有影响力的当属美国特殊儿童委员会所制定的特殊教育教师专业标准。CEC 早在成立之初便意识到建立特殊教育教师专业标准的重要作用，并在 1922 年的第一次会议中将建立特殊教育教师专业标准作为其主要目标之一。② 最早的 CEC 特殊教育教师专业标准于 1995 年以《每个特殊教育者必须知道什么——有关特殊教育教师准备和资格的国际标准》(*What Every Special Educator Must Know：the International Standards for the Preparation and Certification of Special Education Teachers*)为名称出版，并于 1996 年、1998 年、2000 年、2003 年、2009 年及 2015 年进行了六次修订。值得注意的是，该标准自 2003 年第五版始更名为《每个特殊教育者必须知道什么：伦理准则、标准和指南》(*What Every Special Educator Must Know：Ethics, Standards, and Guidelines for Special Educator*)，并在 2009 年第六版中延伸和提炼出各类特殊教育教师均需要满足的"内容标准"(content standards)，成为美国特殊教育教师任职资格规定中最系统、全面并最具影响力的准则。③

随着特殊教育及教师教育的不断发展，在 2009 版的基础上，最新修订的第七版标准陆续发布，2010 年 1 月新修订的"特殊教育教师伦理准则"(Special Education Professional Ethical Principles)正式被 CEC 理事会采纳，新修订的"特殊教育教师培养标准"(CEC Special Educator Preparation Standards，以下称"培养标准"，与 2009 版的"内容标准"对应)于 2012 年 11 月由美国教师教育认证委员会(The National Council for Accreditation of Teacher Education，NCATE)④正式

---

① 丁勇：《以专业标准引领特殊教育教师专业成长——关于〈特殊教育教师专业标准（试行）〉的解读》，载《现代特殊教育（高教）》，2015(9)。

② Council for Exceptional Children, *What Every Special Educator Must Know：Ethics, Standards, and Guidelines* (6th ed.), Council for Exceptional Children, 2009, p.1.

③ 顾定倩、刘颖：《美国特殊教育教师任职标准的演变和特点分析》，载《比较教育研究》，2014(1)。

④ 编者注：2013 年 7 月 1 日美国教师教育认证委员会(NCATE)与专门从事教师培训课程认证的"师资培养认证委员会"(The Teacher Education Accreditation Council，TEAC)合并，组建了美国教师培养认证委员会(The Council for the Accreditation of Education Preparation，CAEP)。NCATE 与 TEAC 于 2016 年 9 月 22 日停止运作。

审核通过，正式取代 2009 版本中的"内容标准"，为新形势下全美的特殊教育教师培养工作及特殊教育教师素质的内容提供了指导性规定。新的各类初级教师和高级教师的知识技能标准陆续发布，2016 年第七版标准正式出版。本节将对 CEC 特殊教育教师专业标准的演进历程和特征进行梳理，并基于已有的研究基础，着重对第七版标准的变化和发展进行分析，以期为完善我国特殊教育教师专业标准、提高特殊教育教师专业化水平提供依据。

一、CEC 特殊教育教师专业标准的历史演进和走向

迄今为止，CEC 对标准进行了六次修订，出版了七版。本部分将基于已有文献和所收集到的 CEC 标准原文，采用文本分析的方法，对第一版及最近三个版本的标准加以比较，从结构、内容等方面阐释标准的发展历程和走向。

（一）标准整体结构逐渐丰富和细化

纵观四版 CEC 标准，其结构发生了较大变化，从第一版标准的三个部分细化到第七版标准的七个部分（见表 8-1）。在第一版标准中，主要包括特殊教育教师的伦理准则、特殊教育教师的共同标准和分类别标准及帮助特殊教育教师培养院校和机构实现标准的指南。在 2003 年第五版标准中细化为五个部分，除延续第一版的伦理准则外，新增了第二部分特殊教育教师职业发展规划指南和第五部分专业助手的共同标准和分类别标准；第三部分是对实现标准的指南的扩充，为州工作人员、教师和师资培养项目分别提供使用标准的工具和策略；第四部分是为初、高级特殊教育教师分别制定的共同标准和分类别标准。2009 年第六版标准基本延续了第五版的结构，但新增了一部分详细阐明 CEC 如何帮助个体做好成为一名特殊教育专业人员的准备，包括掌握核心学术学科内容和课程标准、保证有质量的培养项目、确保高质量的资格证、入门和导师支持、可持续的专业发展和资格认证等。2016 年出版的第七版标准在对第六版整体结构基本延续的基础上，发生三个重要变化：其一，将第六版中第二、第三部分简化合并为第七版中的第二部分，并增加第三部分，专门阐述了此版培养标准设置的逻辑，并详细阐释了初、高级特殊教育教师共同标准中领域设置的依据。其二，对第六版中第五部分丰富细化，将初级和高级特殊教育教师的

共同标准和分类别标准分为两个部分,并在每部分之初介绍了在培养项目中如何使用共同标准和分类别标准。其三,将超常教育专家的培养标准单列一部分。四版标准结构上的变化反映出适用群体的扩大、内容的扩充及实践应用和指导功能的不断加强。总之,CEC标准结构的不断演进使得标准的实践性和操作性得以加强,标准更加容易得以实现。

表 8-1 四版标准的结构一览表①

第一版	第五版	第六版	第七版
1. 伦理准则 2. 共同标准和分类别标准 3. 帮助特殊教育教师培养院校和机构实现标准的指南	1. 伦理准则与专业实践标准 2. 特殊教育教师职业发展规划指南 3. 使用标准的工具和策略 4. 初、高级特殊教育教师的共同标准和分类别标准 5. 专业助手的共同标准和分类别标准	1. 伦理准则与专业实践标准 2. 特殊教育教师职业发展规划指南 3. 准备成为一名特殊教育专业人员 4. 使用标准的工具和策略 5. 初、高级特殊教育教师的共同标准和分类别标准 6. 专业助手的共同标准和分类别标准	1. 伦理准则与专业实践标准 2. 对教育者质量的长久承诺 3. 特殊教育教师培养标准 4. 初级特殊教育教师共同标准和分类别标准 5. 高级特殊教育教师共同标准和分类别标准 6. 超常教育专家的培养标准 7. 专业助手的共同标准和分类别标准

(二)特殊教育教师候选人要求由繁至简,要求渐严

对于准备获得专业资格成为特殊教育教师的候选者,CEC标准中先后规定了不同的条件。第一版有七项条件:①至少获得学士学位;②修满师范教育鉴定合格的教师课程取得大学院系必要的学分和评价;③获得教师资格证书;④至少当1年的辅导教师;⑤具备CEC规定的共同核心知识和技能;⑥具备CEC规定的在特定领域或年龄组从事特殊教学工作应掌握的专门知识和技能;⑦每年最少参加25小时的专业继续教育,对知识进行更新。第五版删减了第一版中的②③两项条件。第六版又进一步简化,特殊教育教师的申请人应当从任课的机构获得学士学位、具备适当的教育学知识和技能及掌握适当的核心学科的主要内容。第七版延续了第六版的基本条件,但要求更加严格。例如:

---

① 顾定倩、刘颖:《美国特殊教育教师任职标准的演变和特点分析》,载《比较教育研究》,2014(1)。

申请者需要发展和证明具备适当的教育学技能，并且强调申请者要具有在各个领域的广泛经验和临床实践；同时，申请者应在核心学科领域做好充分准备。[1]

(三)特殊教育教师分类不断细化

1995年制定的标准中仅将所有特殊教育教师按照所教授儿童残疾类别的不同分为听觉障碍教师、情绪和行为障碍教师、智力障碍教师等7类，以及早期干预教师，共计8类，并分别为其制定能够胜任相应工作的专业标准。第五版至第七版在教师类别上进行了大幅度的增加，并将所有教师类型划分为"初级教师"和"高级教师"。前者针对特殊教育的新教师，即并未获得过任何特殊教育教师资格证的教师，包括聋和重听教师、超常教育教师、学习障碍教师、智力障碍/发展障碍教师等；而后者针对的是已经获得了特殊教育初级教师资格证、已经从事多年特殊教育相关工作并愿意进一步深造或从事管理工作的教师，具体包括特殊教育诊断专家、特殊教育管理者、特殊教育科技辅具专家等专业水平和要求更高的教师类型。此外，第五版至第七版增加了专业助手一类专业人员。值得注意的是，相较于第五版和第六版两版，第七版在初级教师中增加盲聋教师、个别化普通课程和个别化独立课程教师2类，在高级教师中增加特殊教育学业干预专家、特殊教育行为干预专家、特殊教育发展障碍和自闭症专家、特殊教育融合专家、特殊教育学习障碍专家5类；此外，将超常教育教师单列一个部分，仍分为初级/高级两种级别，但专业标准要求与其他类别的初级、高级教师所需遵循的共同标准及分类别标准不同(见表8-2)。可见，CEC标准中对教师类别的分类不断细化，从障碍类型、特殊教育专业领域和教师专业水平多重维度划分教师的类别，因应实践需求不断提升教师专业性和针对性，这也是现代特殊教育教师专业发展的重要趋势。

---

[1] Council for Exceptional Children, *What Every Special Educator Must Know: Professional Ethics & Standards* (7th ed.), Arlington, VA: CEC, 2015, p.15.

表 8-2　四版标准中特殊教育教师类别划分情况①②

第一版	第五版		第六版		第七版	
听觉障碍教师 早期干预教师 情绪和行为障碍教师 超常教育教师 学习障碍教师 智力落后及其他发展障碍教师 肢体障碍教师 视觉障碍教师	初级教师	个别化普通课程教师 个别化独立课程教师 聋和重听教师 早期干预教师 情绪和行为障碍教师 超常教育教师 学习障碍教师 智力障碍/发展障碍教师 肢残和病弱教师 视力损伤教师	初级教师	个别化普通课程教师 个别化独立课程教师 聋或重听教师 早期干预教师 情绪和/或行为障碍教师 超常教育教师 发展障碍/自闭症教师 学习障碍教师 肢残和病弱教师 盲和/或低视教师	初级教师	个别化普通课程教师 个别化独立课程教师 聋和重听教师 学前特殊教育/早期干预教师 情绪和行为障碍教师 发展障碍和自闭症教师 学习障碍教师 肢残/病弱/多重障碍教师 盲和视力损伤教师 超常教育教师* 盲聋教师 个别化普通课程和个别化独立课程教师
	高级教师	特殊教育诊断专家 特殊教育管理者 特殊教育科技辅具专家 特殊教育转衔专家	高级教师	特殊教育诊断专家 特殊教育科技辅具专家 特殊教育转衔专家 特殊教育管理者 特殊教育早期干预专家 特殊教育聋和重听专家	高级教师	特殊教育诊断专家 特殊教育技术专家 特殊教育转衔专家 特殊教育管理者 学前阶段特殊教育/早期干预专家 特殊教育聋和重听专家 特殊教育学业干预专家 特殊教育行为干预专家 特殊教育发展障碍和自闭症专家 特殊教育融合专家 特殊教育学习障碍专家 超常教育教师*
	专业助手	一般特殊教育专业助手	专业助手	一般特殊教育专业助手 为盲聋者提供服务的专业助手	专业助手	一般特殊教育专业助手 为盲聋者提供服务的专业助手
共 8 类	共 15 类		共 18 类		共 26 类	

＊第七版中将超常教育教师单列一个部分，仍分为初级/高级两种级别，但专业标准要求与其他类别的初级、高级教师所需遵循的共同标准及分类标准不同。

---

① 顾定倩、刘颖：《美国特殊教育教师任职标准的演变和特点分析》，载《比较教育研究》，2014(1)。

② Council for Exceptional Children, *What Every Special Educator Must Know: Professional Ethics & Standards (7th ed.)*, Arlington, VA: CEC, 2015, p.38, 94.

(四)标准中规定领域不断发展

标准中对于特殊教育教师知识、技能等领域的设计和规定能够反映出不同时期学界对特殊教育教师专业素养结构和内容的基本认识。1995年的第一版标准从特殊教育的哲学历史和法律基础、学习者的特征、评估诊断和评价、交往与合作能力等8个领域对特殊教育教师的知识和技能进行要求。到2003年第五版开始,增加了初级、高级教师类别,并且为了给30多个使用州际评价和支持联合会(INTASC)的核心原则的州提供支持,CEC知识和技能分委员会重组了所有的知识和技能标准,把1995年标准中的8个领域的现行标准调整到与州际评价和支持联合会10个领域相对应的10个领域,从而使得CEC和INTASC标准达到高度的一致性。第六版标准延续了第五版的10个规定领域,但是上述两个版本的标准中对于高级教师的规定领域发生了明显的变化,由10个领域缩减为6个,删除了对于基础知识、个体学习差异、教学策略、教学计划、评估及沟通等与初级教师规定中相近的领域,在第六版中强调领导力和政策、项目发展和组织、研究与调查、个体和项目评估等专业化程度更高的素养,充分体现了特殊教育高级教师的角色特征和要求。

发展至第七版标准,2016年CEC依据美国教师教育认证委员会(NCATE,现为美国教师培养认证委员会,CAEP)对专业协会标准的要求,重新修订原有的10个领域,形成了第七版的共计28个核心条目的7个领域标准,并且将其归入四大领域,即"学生和学习环境""学科知识和专业基础""教学技能""专业化发展与合作"。而且,在第七版的初级和高级教师标准中均增加了"学科内容知识",高度强调了学科知识的重要性。普通教育的专业知识使教育者能够更好地理解学科的核心概念和结构,并且特殊教育教师在教学中只有掌握了学科内容知识才能够更好地满足不同学生学习中的巨大差异,具备跨学科讲授和整合的能力,发展出有意义的学习进程,与普通教师开展更好的合作。[①] 因而,对特殊教育教师学科知识进行严格规定和要求十分必要。(见表8-3和表8-4)

---

① Council for Exceptional Children, *What Every Special Educator Must Know: Professional Ethics & Standards* (7th ed.), Arlington, VA: CEC, 2015, p.24.

表 8-3　四版标准中特殊教育初级教师规定领域的变化

第一版	第五版和第六版	第七版	
1. 特殊教育的哲学、历史和法律基础	1. 基础知识	1. 学生和个体学习差异	学生和学习环境
2. 学习者的特征	2. 学生发展特征	2. 学习环境	
3. 评估、诊断和评价	3. 个体学习差异	3. 学科内容知识	学科知识和专业基础
4. 教学内容和实践	4. 教学策略	4. 评估能力	
5. 教育学环境的设计和管理	5. 学习环境和互动	5. 教学计划和策略	教学技能
6. 学生行为和社交技能管理	6. 语言	6. 专业学习和伦理实践	
7. 交往与伙伴合作关系	7. 教学设计	7. 合作能力	专业发展与合作
8. 职业特征与道德规范	8. 评估能力		
	9. 专业实践和伦理实践		
	10. 合作		

表 8-4　第五版、第六版和第七版标准中特殊教育高级教师规定领域的变化

第五版	第六版	第七版
1. 基础知识	1. 领导力和政策	1. 评估能力
2. 学生发展特征	2. 项目发展和组织	2. 学科内容知识
3. 个体学习差异	3. 研究和调查	3. 项目、服务及成果
4. 教学策略	4. 学生和项目评估	4. 研究和调查
5. 学习环境和互动	5. 专业化发展和道德实践	5. 领导力与政策
6. 语言	6. 合作	6. 专业和伦理实践
7. 教学设计		7. 合作能力
8. 评估能力		
9. 专业实践和伦理实践		
10. 合作		

二、CEC 第七版特殊教育教师专业标准的特征

(一) 第七版标准的总体框架特征

1. 重视从事特殊教育的道德准则与专业实践

当专业人员为有特殊教育需要的个体服务时，需要让公众有特别的信任感。特殊教育从业者应遵守其指定的职业道德准则、操作规范和职业政策，同时尊重特殊

人士及其家庭的各项特质和多种需要。CEC标准从第一版开始就从此角度出发，在第一部分专门叙述特殊教育教师应遵循的伦理准则。第七版伦理准则由所有特殊教育工作者都必须遵守的12条原则组成，相较于第五、六版中的8条，内容上进行了一定程度的合并和归纳，并新增了5条标准（见表8-5）。新增标准充分体现了融合教育、合作取向、家庭参与、循证实践及对特殊儿童身心安全的重视。

从第五版开始，除伦理准则外，标准中还发展出特殊教育工作者应遵循的专业实践标准，并一直延续到第七版。第七版标准在第六版的基础上进行了领域的合并和条目的归纳（见表8-6）。专业实践标准描述了特殊教育工作者在日常工作中如何以专业负责的方式行事，也是每天工作中都要用到的评价原则，它们反映了特殊教育工作者如何衡量自身及同事的专业实践和杰出表现。

表8-5　第六、七版标准中特殊教育教师"伦理准则"的要求

第六版	第七版
1. 特殊教育专业人员应致力于协助特殊人士获得最佳学习效果和最佳生活质量	1. 为协助特殊人士获取最佳学习效果和最佳生活质量，要坚持以挑战性的目标来要求他们。但同时应当尊重他们的人格、文化、语言和背景
2. 特殊教育专业人员应在专业实践中促进和保持高水准的专业能力和操守	2. 保持高水准的专业能力和操守，实施专业的判断，以更好地服务于特殊人士及他们的家庭
3. 特殊教育专业人员应致力于专业活动，使特殊人士及其家庭、其他同事、学生或研究对象获益	*3. 促进和帮助特殊人士融入学校和社区当中，并令他们从中受益
4. 特殊教育专业人员应在专业实践中实施专业的判断	*4. 与为特殊人士提供服务的他人同心协力地开展合作
5. 特殊教育专业人员应在特殊人士的教育中努力提高自身的知识和技能	*5. 在相互尊重的基础上建立与家庭之间的联系，积极地带领特殊人士的家庭及他们本人参与教育决策
6. 特殊教育专业人员的工作应严守专业标准和政策	*6. 用事实证据、教学数据、研究和专业知识来指导实践
7. 特殊教育专业人员应在必要时争取支持和改进与特殊教育和相关服务提供以及专业实践相关的法律、法规和政策	*7. 保护并照顾特殊人士的身体和心理安全
8. 特殊教育专业人员不纵容、不参与不道德或违法行为，不违反CEC的专业标准	8. 不参与也不容忍任何伤害特殊人士的事情发生
	9. 按照CEC制定的职业道德规范、标准和政策从事职业活动；严守与职业相关的法律、法规和政策；呼吁法律、法规和政策的改进
	10. 为获取将会改善特殊人士学习效果的职业条件和资源呼吁
	11. 通过积极投身于专业组织，不懈地促进行业发展
	12. 积极参与专业知识和技能的增进和传播

*为新增条目。

表8-6　第六、七版标准中特殊教育教师"专业实践标准"的领域分布

	第六版	第七版
与特殊人士及其家庭相关	1. 教学职责(8) 2. 行为管理(5) 3. 支持程序(3) 4. 父母关系(7) 5. 支持与倡议(5)	1. 教学与评估(12) 2. 专业证书与雇佣(17) 3. 专业发展(6) 4. 专业同事(6) 5. 专业助手(5)
与雇佣相关	6. 专业证书和资格(1) 7. 雇佣(9) 8. 协议及角色(6) 9. 专业发展(3)	6. 特殊人士父母与家庭(6) 7. 研究(5) 8. 个案管理(5) 9. 非教育支持(2)
与专业及其他专业人员相关	10. 专业(5) 11. 其他专业人员(6)	

2. 注重标准在特殊教育教师职业生涯发展的连贯性和一致性

第七版标准的第二部分分析了专业标准在特殊教育工作者职业生涯中所扮演的角色，包括从培养阶段到初级教师、高级教师的培养，以及获得专业认证和资格证书及职业生涯和专业发展。这一部分不仅向标准使用者提供了高质量的标准如何引导特殊教育工作者在职业生涯中的每一步实践的相关信息，同时也总结和回顾了CEC在国家及州层级的教师标准、教师资格认证中的重要作用，同时也根据各州资格证书的发展变化调整特殊教育教师的分类别标准，从而促进CEC标准在各州教师资格认证中的应用价值。

3. 关注标注制定的科学性和循证依据

第七版标准的第三部分着重阐明了共同标准制定的程序和依据。CEC初级和高级教师标准的制定经历了三个阶段。首先，对各水平各类教师的知识技能系列标准进行严格的论证。这些专业标准均来源于专业知识基础，包括实证研究、学科探索、已有理论及各个领域的专业实践智慧。其次，将所有的专业要求划分为七个专业标准领域。最后，将七个领域进一步细化为28个核心要素。

CEC标准并非对微观层面的循证干预的推行，即不强调一些特定的方法或策略(如某种学习策略或阅读方法)，也不使用强制性、从上至下的态度使标准生效，标准也并非与特殊教育专家的意见完全一致。但是，CEC标准仍然遵循

在循证实践的价值基础。CEC 标准的基本假设就是所有的特殊教育专业人士应基于循证研究进行决策制定。在 CEC 培养标准中也经常使用有效实践(effective practice),即在培养项目中所教授的知识均来自循证和基于研究的实践。此外,初级和高级标准中均强调特殊教育教师资格证的申请者应理解一定特殊教育实践的研究方法,掌握经过验证的循证实践,知道如何评价和调整自身的实践以及致力于循证实践,以提高学生学习。经过过去 30 年的研究与实践,CEC 培养标准经过严格的验证,建立在已有研究和教学法基础之上。CEC 也将继续发展和验证已有标准体系,形成更为扎实的基础,为高质量特殊教育者的培养提供更加严格、综合性的国家标准。因此,在第七版的第三部分详细分析了领域实践和临床实践标准,以及初级和高级特殊教育专业人员标准的制定依据。

4. 明确标准在教师培养和资格认证中的作用

2004 年前,美国教师教育认证委员会和 CEC 使用 CEC 的"知识和技能标准"(knowledge and skillsets)评审申请国家认证的特殊教育教师培养项目。特殊教育教师培养项目需要通过其培养计划证明且课程设置符合所有知识技能标准的要求。2004 年,NCATE 项目的评审程序改变为基于表现的评价,关注仅有的八个候选评估的数据。这就要求 CEC 编制一套单独初级教师和高级教师培养标准,而且这些标准能够在基于表现的证据评价中更加有效。随着 NCATE 要求的变化,CEC 所构建的初级和高级培养标准不再是项目评审的基础,但仍然是特殊教育培养项目制定课程计划、资格认证机构制定认证要求必备的工具。

第七版标准在初级教师培养标准和高级教师培养标准呈现之前,不仅以图表形式清晰呈现标准的结构图,还提供了针对教师教育者如何使用标准构建培养课程体系的信息,以帮助其通过美国教师认证委员会的认证。同时,CEC 着重强调所列的"标准"并非真正的"标准",即并非要求培养机构直接引用单独的知识和技能标准呈现在 CAEP 认证材料中,证明标准被教授过;而是基于表现取向,培养计划必须提供已被评估过的标准及候选人在各项评价中有恰当的表现,CEC 标准作为评估的工具,用于评价培养计划的适恰性。此外,CEC 还说明了特殊教育者、教师培养项目的教师、资格证书部门相关人员、学区相关人员如何使用标准。这使得标准的具体实施更加具有指导性和操作性。

5. 突出超常教育教师的特殊性

第七版标准专门列出一章来呈现超常教育教师的系列标准。CEC 强调超常教育教师的标准包括了超常教育有效实践相关的所有知识和技能，而且延续了对差异的关注；此外，超常教育教师的标准不再细分类别标准。这与国家教师认证委员会新的标准指南保持一致，一方面突出了超常教育教师与其他类别的特殊教育教师的差异性；另一方面也使 CEC 标准的具体使用更加可行、便捷。

（二）第七版"培养标准"的内容特征

如前所述，2016 年第七版标准中的培养标准包括初级培养标准和高级培养标准两部分，并且初级、高级标准中均包括两部分的内容：一部分是所有准备成为初级/高级特殊教育教师所需具备的共同标准；另一部分则是不同类别的特殊教育教师应具备的专门标准。在共同标准部分，从整体内容上来看第七版标准并没有根本性变化之处，但是，相较于 2009 版初级教师的 10 条共同标准，2016 年第七版标准的领域进行了删减、合并与增加，删去了原有的标准中的"基础知识"和"语言"两个独立的领域，将"发展和学习者特征"和"个体学习差异"合并为第七版中的"学生发展和个体差异"、将"教学策略""教学设计"和"语言"合并为第七版中的教学计划和教学策略，将"基础知识"和"专业与伦理实践"合并为"专业学习和伦理实践"，并增加"学科内容知识"这一领域。同样，在高级教师的共同标准部分，相较于第六版增加"学科内容知识"这一领域，并且将原有第六版"个体和项目评价"修改为"评估能力"，进一步强调评估能力的重要性。（见表 8-7 和表 8-8）

此外，标准内容的排布也有了较为明显的变化，第七版初级教师培养标准按照"学生—环境创设—学科内容—评估—专业发展与合作"的逻辑排布，高级教师培养标准也遵循"评估—项目服务—研究调查—个人能力发展"的逻辑排布，不仅突出了对特殊教育教师评估能力和学科内容领域的要求，也更加契合特殊教育实践的逻辑，使标准内部的结构和逻辑更加清晰，对特殊教育教师的培养及专业发展更具指导意义。

1. 重视专业标准与国家要求的统一

作为最具影响力的专业标准，CEC 培养标准是指导特教教师培养的重要依据。因此，为了保证标准在指导特殊教育实践的安全和有效性，CEC培养标准的制定和修订始终与教师资格认证体系保持一致。2001年为了给30多个使用州际评价和支持联合会的核心原则的州提供支持，CEC将所有的知识和技能标准进行调整，与INTASC的十个领域相对应，即第五版和第六版标准的十个领域。发展至第七版，依据美国教师教育认证委员会的要求，重新修订了原有的十个领域，形成了目前第七版的七个领域标准。

2. 突出对特殊教育教师学科内容知识的要求

第七版培养标准的最大变化是要求特殊教育教师掌握丰富的学科内容知识。基于普通教育的专业知识基础能够使教育者理解学科的核心概念、结构及研究工具，从而对学生学习产生显著影响。特殊教育教师能够在教学计划制定与实施中更好地组织学科知识、融合跨学科的技能、使特殊学生取得有意义的进步，以及与普通教师展开有效合作。而且，在与普通教师合作中，能够为各种学业水平的特殊学生提供普通教育课程的教学，同时，在普通教育课程的学科领域，根据其学习及成就表现进行学科课程的调整与修正。而对于特殊教育专家角色的高级教师而言，他们可以基于对普通教育学科内容更深入的理解，促进教育标准与特殊学生的需要之间更好地契合，从而帮助特殊学生达成较高水平的课程标准要求。特殊教育专家也可以利用自己的专业技能有效促进普通教育课程和特殊教育补救课程（如学业、策略、设计技能、转衔、自我决定课程等）之间的融合，从而使特殊学生的学习更具意义和挑战性。对学科内容知识的强调和要求，一方面，凸显了随着特殊教育发展，教育者对特殊学生需求变化的响应；另一方面，也是特殊教育与普通教育相互融合后，以合作为基础的教学模式改革的要求。

3. 凸显教育教学过程的连续性和逻辑性

个别化的决策制定和个别化教学是特殊教育实践的中心，而评估则是特殊教育实践过程中决策制定和教学中必不可少的部分和基础。基于评估开展教育教学实践是特殊教育实践的实施的基本逻辑。因此，第七版初级教师培养标准将原有分散排布于第六版十个领域前、后的第四条标准"教学策略"、第六条标准"语言"、第七条标准"教学计划"、第八条标准"评估"进行了整合和调整，形成"评估能力""教学计划和策略"两大标准，并集中排布于第四和第五两个顺位,不仅凸显了教育教学在特殊教育实践中的中心地位,也体现了"评估—教学"的逻辑。值得注意的是,第七版初级教师培养标准中将语言能力视为教学技能的一个方面,这与第六版标准中将教师促进特殊学生语言发展及沟通技能,以及运用符合学生语言水平和文化背景的沟通方式促进其学习和发展的能力作为单独的领域标准列出是具有较大变化的。

从具体的条目上看,第七版标准中的"教学计划和策略"在沿用原有三个领域的知识和技能的条目的基础上做出一些微调:其一,精简知识的条目数,分别从原有三个领域中各继承一条知识要求,着重突出对循证实践(原"教学策略"领域)、专业助手在教学干预和直接服务中的角色和责任(原"教学计划"领域)、扩大辅助沟通策略(原"语言"领域)相关知识的要求。其二,沿用技能条目,将与"学科内容知识"领域交叉的普通教育课程调整和优化及学科课程与其他技能融合的两个条目删去,充分体现教学技能所需包含的"教学计划""教学策略"及"语言能力"三大核心技能要素。

4. 强调专业学习的持续性及丰富性

与第六版标准相同,第七版初级教师培养标准同样要求教师通过积极参加专业活动和学习社区、开展终身学习促进自身专业成长。但是,第七版在对专业学习的内容上更加丰富。特殊教育教师的实践往往跨越各种宽泛的年龄和发展水平,发生在各种多元复杂的教育情境中,这就要求他们要不断关注法律要求、考量系列专业和伦理问题。CEC专业实践的伦理准则和标准成为了指导特殊教育教师的重要工具。这些原则和标准为特殊教育者的实践提供了基础,也使其能够进行相互的评价和监督。但是,仅仅伦理准则和标准是不够的。CEC强调特殊教育教师应以一种不断变化、改进的理念理解特殊教育这一领域,而且要理解特殊教育是一个不断发展和变化的学科,它以哲学、循证理论为基础,根据各种法令和政策、采纳各种历史观点、参考具有历史影响的特教领域事件,并且持续地影响为特殊学生及其家庭所提供的教育和服务。因此,特殊教育教师需要理解这些因素如何影响专业实践,包括对评估、教学计划、实施及项目评估等方面的影响。特殊教育教师需要在对这些基础知识的理解上建构自身对于特殊教育的理解和哲学,这不仅是专业发展的内容，同时也是促进自身专业发展的基础。因而，在第七版初级教师培养标准中将原有标准中的"基础知识"和"专业和伦理实践"两个领域进行合并，构成"专业学习和伦理实践"领域，使原有标准领域及条目之间的逻辑更紧密，结构更严谨。

此外，相较于第六版标准，虽然第七版初级教师培养标准的具体条目内容并未有变化，但是在对"专业学习和伦理实践"领域的核心要素中着重强调特殊教育教师通过积极参与倡导、指导活动促进整个特殊教育行业的发展，并且能够对教学助手、助教、志愿者等提供指导和支持。可见，第七版初级教师培养标准不仅凸显了特殊教育教师专业学习的丰富内涵，同时更加突出了教师作为专业人员在行业发展中的重要作用。

5. 注重共同知识技能和专业领域知识技能的协承关系

第七版标准延承了前几版将标准分为共同知识技能标准和从事各专门领域工作的特教教师制定的专门知识技能标准两部分。但是，与第六版标准所不同的是，第七版标准将共同知识技能标准作为单独的小节在各类特教教师知识技能标准之前明确列出，突出对所有特教教师核心知识技能的共同要求，同时也清晰呈现出对不同类别特教教师专门领域知识技能的要求，两部分相辅相成，共同规范特教教师的理论和实践。

6. 加强特殊教育教师专业实践的循证基础和全局意识

第七版标准延续了已有标准遵循"循证实践"、贯穿全局化和体系化思想的特征。例如：在"教学计划和策略"领域强调"基于循证的教学策略促进特殊学生的学习"，在"专业学习和伦理实践"领域要求特殊教育教师理解"特殊教育以循证原则和理论为基础"等。而且，第七版标准始终贯穿着全局化、体系化的思想和视野，一方面，对特殊教育者的理解更加宽泛，不仅包括各专业领域的特殊教育教师，还包括各类特殊教育专家、特殊教育教师助手，并为其制定完善了相应的知识和技能标准。另一方面，这种体系化的思想还体现在对特殊教育者的要求上，要求特殊教育者对特教系统有全局意识，不能仅仅局限于自我专业领域，要整合和有效利用各方面资源和支持，以多元、多样的视角认识特殊儿童、理解特殊教育，促进特殊教育发展。

表 8-7 第七版培养标准的领域内容及与第六版的比较

	领域	主要内容	核心要素	知识条目数	技能条目数	与第六版的比较（内容标准）	6th 知识条目数	6th 技能条目数
初级培养标准	1. 学生发展和个体学习差异	理解学生的特殊性与其发展和学习会如何相互使用，同时使用这一知识来为特殊学生提供兼具挑战性和意义的学习体验。	2	15	0	将第六版"2. 发展和学习者特征"3. 个体学习差异"合并： 2. 发展和学习者特征：了解并尊重学生的独特性；理解人类发展的相似性和差异以及特殊学习情况对其发展与普通的影响。理解特殊学习需要对特殊学习需要者的相关知识如何影响及做出回应。理解特殊学习需要者的经历如何影响其家庭及自身的学习、社交互动、社区生活。 3. 个体学习差异：理解特殊的特征对个体学校学习及其整个人生中的影响；理解信念、传统和文化内部及跨文化的价值观对学生、家庭以及学校社区之间关系的影响。积极寻求活动及资源以理解母语、文化、家庭背景与个体的特殊状况对其学业、社交能、态度、价值、兴趣及职业选择的影响。这些将成为特殊教育者为特殊学习需要者提供具挑战性和意义又的学习的基础，以作为特殊学习需要者提供具挑战性和意义的学习。	10	1
							7	0
							3	1
	2. 学习环境	能够建立安全，包容并目反映文化需要的学习环境，从而使特殊学生成为主动、高效的学习者，具有良好的情绪，形成积极的社会交往以及自我决定能力。	3	10	16	对应第六版"5. 学习环境和社会互动"： 积极创建促进文化理解、安全和幸福、个体参与包容差异目理解生活在和诸高效的多元文化之中的环境；塑造环境以鼓励特殊学习需要者独立、自我激励、自我指导和自我维护；帮助普通人有意识到普通教育者在普通教育活动和互动中接纳特殊学生并帮助其融入普通教学干预和教授对特殊学生有学习对现有期望做出有效反馈，对特殊学习需要个体进行危机安全干预所有努力并为专业协助其他人员提供指导。	10	16

续表

领域	主要内容	核心要素	知识条目数	技能条目数	与第六版的比较（内容标准）	6th 知识条目数	6th 技能条目数
3. 学科内容知识	能够同时使用一般课程和专业课程知识为特殊学生提供个别化的教学活动。	3	4	2	—	—	—
4. 评估能力	使用多样化的评估方法和数据资源来做教育决策。	4	5	9	对应第六版"8. 评估"：能够使用多种类型的评估信息进行系列教育决策；使用评估结果帮助鉴别特殊学习需要，依据学生的持续进步情况制定和实施个别化教育计划，调整教学。理解特殊教育的测量与评估相关的文化和语言项目、资格的转介、安置来自不同文化和语言和评估的特殊政策和伦理准则（包括测量理论和实践。关注背景对评估个体）。理解评估的理论和实践。关注评估结果的使用方法及其局限。能够与家庭及其他同事合作确保无偏见、有意义的评估及非正式评估，以进行学习评估、设计、学习，支持特殊学习环境支持学习适应普通课程、参与学校、系统、州的评估项目的成长和发展。定期监控特殊学习者个体所需要在普通课程和特殊课程中的进步情况。使用恰当的技术支持评估。	5	9
5. 教学计划和策略	选择、调整并使用一系列基于实证的教学策略促进特殊学生的学习。	7	3	21	将第六版"4. 教学策略"、"6. 语言"合并 4. 教学策略：掌握和使用这些策略促进特殊学习者的个别化教学策略；选择、调整和使用策略促进特殊教育者在普通和特殊课程中的学习结果，调整其特殊需要满足其需要。促进提高其自我意识、批判思维、问题解决和行为、自我控制、自信和自尊。强调各种知识和技能在跨环境、情境及毕生发展中的不断发展、保持及泛化。	10 1	23 6

初级培养标准

续表

领域	主要内容	核心要素	知识条目数	技能条目数	与第六版的比较（内容标准）	6th 知识条目数	6th 技能条目数
初级培养标准					7. 教学计划：基于普通教育和特殊教育课程制定长期的个别化教学计划，并将其系统地分解为符合个体能力和需要的短期和有效指导目标和教学内容。个别化教学计划应强调直接示范和有效指导与熟练上的教学环境以及文化语言调应短期要求的练习。通过对学习内容的保持和泛化达到掌握的水平。理解基于个体期望对特殊教育者选择、调整、材料制作的影响，以及对有效的教学变量分析进行调整。教学计划应包括基于个体学习进步情况的持续教学调适的使用。特殊教育者应促进教学计划在合作的情境中实施，合作者包括特殊学生、家庭、专业同事及其他适当支持人员。制定系列特殊计划，使用恰当的技术支持教学计划和个别化教学。	5	15
					6. 语言：理解常规及非常规的语言发展，以及特殊情况如何影响个体语言发展。使用个别化策略促进特殊学习需要学者的语言发展，教授其有效沟通技能。熟悉扩大、替代和辅助技术和促进特殊学习者沟通的方法。使用与个体语言精熟水平、文化、语言差异相符的沟通示范。提供有效的语言支持和促进特殊学习者的语言发展。使用沟通策略和资源促进母语非英语的特殊学习者对学科知识的理解。	4	2

— 254 —

续表

领域	主要内容	核心要素	知识条目数	技能条目数	与第六版的比较（内容标准）	6th知识条目数	6th技能条目数
初级培养标准	6. 专业学习和伦理实践	使用该领域基本知识及其专业道德原则和实践指导特殊教育活动，开展终身学习，提高专业水平。	6	14	14	将第六版"1. 基础知识""9. 专业和伦理实践"合并： 1. 基础知识：特教教师应以一种不断变化、改进的理念来理解这一领域，根据各种法令政策、循证原理和理论为基础，具有历史影响的特殊教育领域和历史，采纳各种观点，参考复杂的人类同题对特殊教育实践，包括评估、教学计划、实施以及项目评价；理解人类差异同题对家庭、文化、学校的交互影响以及理解特殊教育组织之间的关系，以及学校提供学校系统以及其他基础部门的组织结构和功能。特殊教育者应以这些知识为基础建构自身对于特殊教育的理解和哲学。 9. 专业和伦理实践：特殊教育者的实践需要持续关注各种专业学习和学术事务。积极参与家庭、同事及其学习社区，使特殊学习者受益，定期反思、沟通自身的专业成长。知道自身终身学习的态度、行为、语言和特殊学习者及其家庭影响各方面的差异，积极计划和参与促进自身实践。理解文化和语言影响特殊性，能敏锐知道自己的实践。理解自身及其家庭成长的各方面的实践活动始终是基于证据的最佳实践。	14	14
	7. 合作能力	能够以符合文化传统的方式与家长、其他教育者、相关服务提供者、特殊学生及社区人员合作，满足特殊学生的不同学习需要。	3	4	11	对应第六版"10. 合作"： 能够以符合文化传统的方式与家庭、其他教育者、相关服务提供者、社区人员开展合作，有效服务于特殊学习者学习期间的需要，以满足特殊学习倡导者的特殊需要。秉持自身作为支持特殊学习和学习者的特殊角色。促进和支持特殊学习者在各种环境和学习经历中的特殊适应。作为一种资源，理解与特殊学习需要者相关的法律和政策，帮助其他合作人员，利用合作促进特殊学习需要者在不同安置环境和服务之间成功转衔。	4	11

续表

领域	主要内容	核心要素	知识条目数	技能条目数	与第六版的比较（内容标准）	6th 知识条目数	6th 技能条目数
高级培养标准 1. 评估能力	使用有效和可信的评估以实践减少偏见。	2	4	4	对应第六版"4. 个体和项目评价"：4. 个体评价：有效的特殊教育者应根据自身角色，设计和实施研究活动以评价教学实践的有效性，评估组织愿景、任务及项目目标的进展；应在项目及个人评估背景、方法、程序及选择评估中使用的所有知识和技能，包括转介前评估与筛查、特殊教育资格评估中，能够在评估介阶段，针对不同评估目的监控与置，普通教育及其他个别化教育计划目标中对学习进步情况的监控与报告。	4	4
2. 学科内容知识*	使用普通和特殊课程知识以提升在教室、学校、社区及系统各个层面的项目、支持和服务。	3	0	0	—	—	—
3. 项目、服务及成果	促进为特殊学生所提供的教室、学校、社区及系统各个层面的普通和特殊教育项目、支持和服务的持续提升。	5	6	4	对应第六版"2. 项目发展与组织"：2. 项目发展与组织：应用认知科学、学习理论和教学技术相关知识促进教学项目。支持连续的教学服务和提供，保为特殊学习需要者提供适当的持续性的教学支持。帮助设计和提供与其角色相适应的循证实践的结果导向的专业发展设计，以支持所有组织层面个体差异及个体差异所产生的影响进行指导。持续扩大和深化自身专业知识，发展有关专业知识、社会、经济差异需要策略，辅助技术的整合理解，利用自身对教育标准与特殊学习需要的整合理解，帮助所有特殊学习需要者达到富有挑战性的课程达成标准。	6	4

续表

领域	主要内容	核心要素	知识条目数	技能条目数	与第六版的比较（内容标准）	6th 知识条目数	6th 技能条目数
高级培养标准							
4. 研究和调查	开展、评估及使用调查研究指导专业实践。	3	1	3	对应第六版"3. 研究和调查"：了解模型、理论、哲学和研究方法以为特殊教育的循证实践提供基础，掌握基本的知识（包括信息检索、数据分析策略）。能够评价研究提高教学技能、提高教学数据方法的适用性。利用教育研究持续性的教学和课程材料。创设有助于持续实施、能够利用文献解决专业实践中的问题，帮助他人理解各种循证实践。	1	3
5. 领导力与政策	利用领导力制定目标和要求以实现高水平的专业期望、支持倡导和循证实践，创设积极有效成效的工作环境。	5	6	4	对应第六版"1. 领导力与政策"：利用对特殊教育历史、现行法令和伦理标准以及新兴事件的深入理解现领导力。促进高水平的专业自我预期，帮助他人理解特殊学习需要者的需求。循证知识颁布所有的教育政策。支持对特殊学习需要者参与循证教育政策，支持所有需要得到高质量教育。倡导恰当地提供资源，确保所有不同群体需要的培养。利用所需要者提供多元化的知识和挑战实践。帮助创设成就性和富有成效的工作环境，尊重所有个体和伦理实践，与同事共同庆祝所取得的成就，指导他人并促进自身，其他专业人员及特殊学习者树立高期望。	6	4

续表

领域	主要内容	核心要素	知识条目数	技能条目数	与第六版的比较（内容标准）	6th 知识条目数	6th 技能条目数
高级培养标准 6. 专业和伦理实践	使用领域基础知识及专业伦理准则和实践标准指导特殊教育实践，致力于终身专业学习，提高专业领导者责任，履行促进其他特殊人士的成功。	7	3	6	对应第六版"5. 专业发展和伦理实践"：特殊教育者有责任促进学习者及其家庭、同事的成功。能够创设支持性环境，保护学生及其家庭的合法权利。示范及促进伦理和专业实践。在示范成人学习理论应用及评估所有组织层面的有效实践的基础上，计划、展示和关注与自身有角色相适的专业发展。以身示范，实现自身承诺，通过参与自身专业发展持续提升自身专业实践水平。	3	6
高级培养标准 7. 合作能力	与利益相关者开展合作，提高为特殊人士及其家庭所提供的项目、服务和成果。	3	2	2	对应第六版"6. 合作"：对特殊教育中各种角色的合作和协商的重要性及中心地位有更深入的理解；基于深入理解促进特殊学习者所提供的各种服务的融合。理解自身技能促进内部和外部利益相关者的合作的重要性，利用自身技能促进他们之间的理解，解决矛盾，达成共识，以为特殊学习者及其家庭提供服务，掌握合作及协商中各个阶段的现有研究知识及伦理、法律问题，深入理解语言、差异、文化和宗教等各种情景因素的影响作用，利用合作和协商增进特殊学习需要者的机会。	2	2

* 高级教师标准中"学科内容知识"的知识技能条目数均为 0，表示在"共同标准"中并未有条目，而是体现在分类别的高级教师标准中。

— 258 —

表 8-8　第七版分类别特殊教育教师标准条目数

	知识/技能	一	二	三	四	五	六	七
初级教师	1. 盲和视力损伤教师(BVI)	6/3	2/2	1/2	3/5	11/8	4/6	2/2
	2. 聋和重听教师(DHH)	9/—	1/5	0/2	1/3	1/10	7/4	1/1
	3. 聋盲教师(DB)	10/—	0/4	0/5	1/4	5/18	10/3	0/2
	4. 发展障碍和自闭症教师(DDA)	9/—	0/4	1/6	4/3	2/16	7/0	1/1
	5. 学前特殊教育/早期干预教师(ECSE)	10/5	1/7	3/4	4/11	0/13	4/7	1/10
	6. 情绪和行为障碍教师(EBD)	4/—	1/0	0/0	0/0	0/6	4/0	0/1
	7. 个别化普通课程教师(IGC)	12/1	3/6	0/0	4/5	11/29	11/2	4/4
	8. 个别化独立课程教师(IIC)	10/—	5/12	0/0	3/6	5/18	10/3	3/5
	9. 个别化普通课程和个别化独立课程教师(IGC-IIC)	13/1	5/13	0/0	4/7	12/30	11/3	4/6
	10. 学习障碍教师(LD)	8/—	0/1	0/0	3/1	8/17	7/2	2/0
	11. 致残/病弱/多重障碍教师(PHMD)	8/3	3/5	3/1	1/3	5/13	3/2	1/6
高级教师	1. 特殊教育学业干预专家(SEAIS)	1/4	—	5/7	2/2	4/5	3/4	4/8
	2. 特殊教育管理者(SEA)	1/3	1/2	2/3	1/2	3/5	5/6	3/8
	3. 特殊教育行为干预专家(SEBIS)	0/3	—	4/5	2/1	3/4	2/2	1/1
	4. 特殊教育聋和重听专家(SEDHS)	1/0	—	2/2	0/3	4/5	1/2	1/1
	5. 特殊教育发展障碍和自闭症专家(SE-DAS)	6/10	2/—	4/14	1/2	1/5	2/6	0/5
	6. 特殊教育诊断专家(SEDS)	12/10	—	4/1	2/1	6/1	3/6	1/5
	7. 学前特殊教育/早期干预专家(SEECS)	2/3	1/6	1/3	0/3	3/4	0/3	2/2
	8. 特殊教育融合专家(SEIS)	0/2	—	1/3	1/3	2/5	4/3	1/7
	9. 特殊学习障碍专家(SELDS)	2/2	—	2/4	1/2	1/1	0/2	1/2
	10. 特殊教育技术专家(SETES)	1/6	2/—	5/9	0/2	2/4	1/7	1/4
	11. 特殊教育转衔专家(SETRS)	1/7	1/8	7/6	3/3	1/7	3/2	3/11

注：(1)因标准中并未对初级/高级特殊教育教师的知识技能要求进行细化，故此表中未做统计。(2)表中标"0"处表示该项要求与共同标准同项目的内容相同，没有额外附加标准；表中标"—"处表示该项不要求任何内容。

三、CEC 特殊教育教师专业标准对我国的启示

正如以往研究者所指出，CEC 专业标准体系中对特殊教育教师分类分级的

制度设计不仅明确了各类教师的职责范围，同时也为特殊教育教师的培养及整个职业生涯的专业发展提供有针对性的规划指导，对我国特殊教育专业标准制定及教师队伍建设具有重要启示。[①] 而从 CEC 专业标准的发展及最新版标准的结构和内容出发，专业标准的动态发展性、可操作性、以循证研究为基础等特征对我国特殊教育教师专业标准的发展及专业实践具有有益借鉴。

（一）促进专业标准的动态发展

CEC 标准的演进和发展处处体现时代性的影子，从标准领域的变化到特殊教育教师分级分类体系的丰富，甚至是特殊教育对象称谓的变化（如第五版的 individuals with disabilities、第六版的 individuals with exceptional learning needs、第七版的 individuals with exceptionalities）等，都反映出对领域发展乃至社会发展的一种呼应。CEC 标准经历了数十年的打磨和数次修改，每次修订都有来自美国国内及国际数千名专业人员的参与，参考和吸收最新的政策和研究成果，不断完善结构体系和标准内容，使标准充分体现特殊教育实践对教师素养的现实需求和未来发展趋势。2015 年我国颁布了首部本土化的《特殊教育教师专业标准（试行）》。但特殊教育的快速发展势必给这一试行版本带来挑战，因此，遵循时代发展规律、满足事业发展需求，以一种动态发展的姿态不断完善我国的特殊教育教师专业标准体系，既是政策制定者、学界等专业人员的责任，也是保障我国特殊教育质量提升的重要途径。

（二）加强专业标准的操作性

CEC 标准的数次修订均充分重视与国家教师教育认证相关机构的要求及各州所使用的资格认证要求保持一致，一方面为特殊教育教师培养机构提供一个具体可参照的标准，突出可操作性；另一方面也使标准在指导特殊教育教师专业发展中具有连贯、一致的参考价值。此外，CEC 整套标准结构完备，除了特殊教育教师的伦理准则、知识技能要求等部分，还花费大量篇幅和章节详细阐述标准修订的历程和依据，以及针对不同利益相关者标准的作用、使用方法等，使整套标准的实施更加便捷。这也为我国特殊教育教师专业标准的修订和完善提供重要借鉴。

---

① 李欢、李翔宇：《中美加特殊教育教师专业标准比较研究》，载《教师教育研究》，2017(6)。

(三)重视专业标准的循证基础

CEC 标准的基本假设就是所有的特殊教育专业人士都应基于循证研究进行决策制定,因此,CEC 标准是建立在循证实践的价值基础之上。这不仅体现在 CEC 标准的制定与修订均使用基于研究的合作程序,从而保证标准是与时俱进、基于研究且充分强调了特殊教育者必须掌握的知识和技能,而且,CEC 标准的发展过程也是建立在已有研究和教学实践的基础上,并且通过循证实践不断对标准内容进行验证和发展,始终保证标准的科学性。循证理念的坚持也可谓是 CEC 标准不断更新发展且一致处于行业领军地位的重要生命力,也是促进专业标准始终引领特殊教育教师专业发展的重要保障。因此,应坚持循证理念,广泛吸收循证实践证据和已有研究成果发展标准内容,并开展循证研究不断探索标准的适切性,以促进我国特殊教育教师专业标准的持续发展与完善。

此外,CEC 专业标准的内容里也尤为强调特殊教育教师专业实践中贯彻循证理念,使用"基于循证的教学策略""使自己的实践活动始终是基于证据的最佳实践"等,突出了特殊教育专业实践的科学化取向,也凸显了特殊教育者致力于追求最佳实践方式来提高特殊教育质量的决心。而我国基于循证理念的专业实践活动仍处于起步阶段,特殊教育教师基于循证研究开展专业实践活动的意识相对薄弱,因此,强调特殊教育教师专业实践中的循证理念,引领专业实践的规范化发展也是特殊教育教师队伍建设的重要内容之一。

(四)突出特教教师学科知识技能

第七版 CEC 标准首次将对学科内容知识的要求单列一个领域,强调特殊教育教师应兼具普通教育课程和特殊教育课程相关知识,以满足特殊学生个别化学习的需要;同时,已有研究也证明特殊教育教师掌握核心学科领域教学内容及相应学科教学策略能够有效提高特殊教育的效果[①]。我国目前大多数师范院校的特殊教育专业主要是从传统教育学分支而来,特殊教育专业的教学模式也大多沿袭教育学的教学模式。在师资培养方面,各师范院校主要以教育学课程、心理学课程和康复医学课程为主要教学内容,特殊教育教师往往具备较好的教育学和心理学理论基础,但大多缺乏"学科背景"。虽然在我国《特殊教育教师专业标

---

① Leko, M. M., Brownell, M. T., "Sindelar P T. Promoting Special Education Preservice Teacher Expertise," *Exceptional Children*, 2012, 44(7), pp. 1-16.

准（试行）》中明确规定特殊教育教师应"掌握所教学科知识体系的基本内容、基本思想和方法"，但实际上由于各种可操作性的原因及传统培养制度的影响，我国特殊教育专业人才培养上学科教育的培养仍然缺乏。因此，我国特殊教育教师培养过程中，强化学科知识的学习及相关教学法的训练，提升特殊教育教师跨学科、跨领域的学科教学整合能力，仍是我国特殊教师教育改革的方向之一。

（五）强调特教教师的体系化意识

特殊教育教师巩固学习专业领域知识技能、开展专业实践的同时，更要对整个特殊教育体系及行业建立清晰的认识，充分整合和有效利用各方面的资源和支持，将自己的工作放在整个特殊教育体系甚至整个社会的宏观环境中去，更好地理解特殊教育、进行专业活动、促进特殊学生及其家庭和其他利益相关者的进步，甚至促进整个特殊教育行业的发展。相较于CEC标准对特殊教育教师应站在事业发展的更高高度开展专业活动和促进自身专业发展的要求，我国对于特殊教育教师的要求仍然停留在较低层次的水平。因此，在未来我国特殊教育教师专业标准的修订与完善中及特殊教师教育过程中，渗透全局化、体系化思想，纳入相关内容，以促进特殊教育教师对特殊教育的深度理解和认知、提高其专业自觉将具有重要意义。

第二节 我国特殊教育教师专业标准的解读

在《国家中长期教育改革和发展规划纲要（2010—2020年）》《特殊教育提升计划（2014—2016年）》及国务院《关于加强教师队伍建设的意见》等文件的指导下，我国特殊教育在政策保障、投入力度、办学条件、体系建设等方面取得了显著的成就。但是大量研究表明我国特殊教育教师队伍仍面临数量不足、水平不高、培训体系不完整等问题[①]，同时特殊教育也面临着区域、学段发展不平衡、基层政府重视力度不够等困难和挑战。在此背景下，继小学教师专业标准、幼儿园教师专业标准、中学教师专业标准和中等职业学校教师专业标准颁布之后，教育部于2015年9月出台了《特殊教育教师专业标准（试行）》（以下简

---

① 王辉、熊琪、李晓庆：《国内特殊教育教师职业素质研究现状与趋势》，载《中国特殊教育》，2012(6)。

称《专业标准》),以期为特殊教育教师培养、准入、培训、考核等工作提供依据,提升我国特殊教育教师专业水平,保障特殊教育事业的稳固发展。

一、《专业标准》出台的背景分析及政策基础

(一)特殊教育教师队伍建设的现实背景

21世纪以来,党和国家把发展特殊教育摆在了更加突出的位置。从党的十七大"关心特殊教育"到十八大"支持特殊教育",体现了从"宏观表态"到"具体行动"的政策信号,为我国特殊教育的改革和发展提供了良好的发展机遇。建立特殊教育教师专业标准是从根本上实现规范特殊教育教师专业发展,建设高质量特殊教育师资队伍,提升特殊教育教育质量的迫切需要和重要途径。

1. 特殊教育事业发展的现实所需

制定特殊教育教师标准是我国特殊教育事业发展的现实需求。发展特殊教育,师资需先行,通过教师专业发展促进特殊教育可持续发展已经成为我国特殊教育发展的重要趋势。随着《国家中长期教育改革和发展规划纲要(2010—2020年)》《关于加强特殊教育教师队伍建设的意见》《特殊教育提升计划(2014—2016年)》的贯彻实施,特殊教育教师队伍建设成为目前特殊教育质量提升的重点。构建客观、科学的特殊教育专业标准体系是特殊教育教师专业化发展的前提和基础。改革开放以来,我国特殊教育教师队伍经过数十年的发展取得了一定成就,但是总体上仍然存在如下问题:特殊教育教师和康复专业人员不足,结构不合理,专业水平有待提高[1];教师数量地区差异化较大[2];普通学校随班就读教师普遍缺乏专业培训,特殊教育教师职后培训不完善[3]等。这些现象充分说明我国特殊教育教师专业化水平上的滞后,提升其专业化水平成为教师队伍建设的重点和发展方向。推进教师专业化,必须加强教师专业标准的建设,这是因为教师质量首先是标准,没有标准就无法衡量教师质量,只有标准建立起来,才

---

[1] 王雁、肖非、朱楠,等:《中国特殊教育学校教师队伍现状报告》,载《现代特殊教育》,2011(10)。

[2] 赵小红:《中国特殊教育学校教师队伍状况及地区比较》,载《中国特殊教育》,2012(8)。

[3] 王雁、肖非、朱楠,等:《中国特殊教育学校教师队伍现状报告》,载《现代特殊教育》,2011(10)。

能够找到教师质量建设的方向,才能够找到教师质量是否达到满足教育要求的根据。[①] 因此,构建客观、科学的特殊教育专业标准体系是特殊教育教师专业化发展的前提和基础,也是加强特殊教育教师队伍建设的迫切需要和重要措施。

2. 国际教育发展的大势所趋

教师专业标准是确立和提升教师专业地位的重要前提,是评价教师教学质量的必要依据,也是促进教师专业发展、提高教育教学质量的重要举措。[②] 从20世纪80年代开始,各国开始从国家战略的高度构建教师质量保障体系,促进教师教育改革,提升教师质量。经过数十年的发展,一系列教师专业标准的制订、实施和完善,成为促进教师发展的一种制度和推动力。世界各国也围绕教师专业标准这一主题在不同维度上展开改革:教师专业性向测试的引入,教师资格证书的更新,教学实践途径的融合。[③] 在全球教师教育标准化的发展趋势下,建立特殊教育教师专业标准成为促进特殊教师教育改革和专业化发展进而促进特殊教育发展的共同做法。20世纪末,以美国、英国、澳大利亚为代表的西方教育发达国家已然开始了特殊教育教师专业标准的研究与建设。例如,美国特殊儿童委员会经过数十年的研究,于1995年出版了《每个特殊教育者必须知道什么——为特殊教育工作者制定的道德规范、标准和指导》,其后近20年不断进行修订,发展至今已经更新至第七版,成为当前最为系统、全面、影响力最大的特殊教育教师专业标准,其影响力波及全球各个国家和地区。英国2007年将施行多年的师范生、初任教师、有经验教师、高级教师的专业标准合成为一体化的教师专业标准体系[④],并要求教师掌握特殊教育技能,对于教授听障、视障、多重感官障碍学生的教师还需取得相应准入资格[⑤]。澳大利亚于2011年颁布了新的全国教师专业标准,将教师的专业发展划分为新任教师、熟练教师、娴熟教师和主导教师四个连续阶段,并将对教师融合教育素养的要求渗透在所有

---

① 朱旭东、李琼:《教师教育标准体系研究》,14页,北京,北京师范大学出版社,2011。
② 顾定倩、杨希洁、江小英:《从政策解读我国特殊教育教师专业标准的建构》,载《中国特殊教育》,2014(3)。
③ 段晓明:《国际教师专业标准改革的新趋势》,载《教育发展研究》,2011(2)。
④ 熊建辉:《构建我国教师专业标准的思考:国际比较的视角(上)》,载《世界教育信息》,2008(9)。
⑤ 李艳、昝飞:《英国特殊教育教师资格准入制度述评》,载《外国教育研究》,2009(7)。

教师专业标准中①。世界各国的实践都表明，建构教师专业标准是提升师资队伍质量进而提高教育质量的重要途径。因此，我国特殊教育教师专业标准的出台是顺应国际教育发展的改革趋势、加强特殊教育教师队伍建设的重要举措。

(二)特殊教育教师队伍建设的政策要求

制定特殊教育教师专业标准是《关于加强教师队伍建设的意见》《国务院关于加强特殊教育教师队伍建设的意见》《特殊教育提升计划(2014—2016 年)》确定的主要政策。②

1. 特殊教育教师队伍建设的规划要求

严格教师资质，提升教师素质，努力造就一支师德高尚、业务精湛、结构合理、充满活力的高素质专业化教师队伍，是《国家中长期教育改革和发展规划纲要(2010—2020 年)》对我国教师发展提出的总体目标与要求。在这一总体规划要求下，《国务院关于加强教师队伍建设的意见》强调围绕促进教育公平、提高教育质量的要求，加强教师工作薄弱环节，创新教师管理体制机制，以提高师德素养和业务能力为核心，全面加强教师队伍建设，为教育事业改革发展提供有力支撑。该意见还明确要求到 2020 年，形成一支师德高尚、业务精湛、结构合理、充满活力的高素质专业化教师队伍。其后，《关于加强特殊教育教师队伍建设的意见》中提出"分类规划、优先建设、突出重点、分步推进"的十六字原则和两步走特殊教育教师队伍建设规划，即"到 2015 年，基本形成布局合理、专业水平较高的特殊教育教师培养培训体系，特殊教育教师职业吸引力进一步增强，教师数量基本满足办学需要。到 2020 年，形成一支数量充足、结构合理、素质优良、富有爱心的特殊教育教师队伍"。这不仅体现了特殊教师教育体系建设与特殊教育教师专业化建设目标的一致性，也强调了特殊教育教师队伍建设中数量、质量和结构要求的协调统一。③ 这一政策的出台也是对当时我国特殊教育师资队伍建

---

① Carrington, S., Saggers, B., Adie, L., et al., "International Representation of Inclusive Education: How is Inclusive Practice Reflected in the Professional Teaching Standards of China and Australia?" *International Journal of Disability, Development and Education*, 2015, 62(6), pp. 556-570.

② 顾定倩、杨希洁、江小英：《从政策解读我国特殊教育教师专业标准的建构》，载《中国特殊教育》，2014(3)。

③ 同上。

设当中结构不合理、专业水平有待提高、区域差异大等问题[①]的积极回应。特殊教育师资队伍的建设和专业化发展成为提升特殊教育质量的关键与核心，构建客观、科学的特殊教育专业标准体系是特殊教育教师专业化发展的前提和基础。

2. 特殊教育教师专业化水平提升的政策重点

2012年6月，教育部印发《国家教育事业发展第十二个五年规划》，它是贯彻落实《国家中长期教育改革和发展规划纲要（2010—2020年）》的配套文件，文件中指出"十二五"期间国家要创新国家教育制度，建立健全具有国际视野、适合中国国情、涵盖各级各类教育的国家教育标准体系，到2015年初步形成国家教育标准体系。这一体系包括六大类别，其中教师队伍建设标准包括校（园）长、教师的编制标准、资格标准、考核标准、教师职业道德和教师教育标准。国家教育标准体系的建立，对于加强和规范教师教育、深化教师管理制度改革、引领教师专业发展具有重要的意义。其后，2012年8月《国务院关于加强教师队伍建设的意见》发布，将"特殊教育教师队伍建设要以提升专业化水平为重点，提高特殊教育教师培养培训质量，健全特殊教育教师管理制度"作为国家教师队伍建设重点任务之一。可见，提升特殊教育教师专业化水平既是重点任务，也是建设目标。在提高特殊教育教师培养质量方面，文件将"完善教师专业发展标准体系"作为首要举措，明确要求"根据各级各类教育的特点，出台幼儿园、小学、中学、职业学校、高等学校、特殊教育学校教师专业标准，作为教师培养、准入、培训、考核等工作的重要依据"。这一文件的颁布开启了我国教师队伍建设走向标准化、规范化和专业化的发展轨道，同时，也是在国家文件中首次明确要求制定特殊教育教师专业标准。

2012年9月，教育部、中央编办等部门联合发布《关于加强特殊教育教师队伍建设的意见》，这是中华人民共和国成立以来第一个专门针对特殊教育师资队伍建设的文件，具有划时代的意义，其中，在健全特殊教育教师管理制度方面，文件提出"完善特殊教育教师准入制度，从事特殊教育应取得相应层次教师资格……将特殊教育相关内容纳入教师资格考试。探索建立特殊教育教师专业证书制度。研究设定随班就读教师、康复类专业人员的岗位条件。制订符

---

① 王雁、肖非、朱楠，等：《中国特殊教育学校教师队伍现状报告》，载《现代特殊教育》，2011(10)。

合特殊教育教师工作特点的考核评价标准和办法"等系列举措。基于此政策，《教育部2013年工作要点》中将研制特殊教育学校教师专业标准作为工作任务之一，标志着特殊教育学校教师专业标准研究制订工作正式启动。2014年，对近年来特殊教育发展具有重大意义的《特殊教育提升计划（2014—2016年）》颁布实施，再次明确提出"制订特殊教育学校教师专业标准"的任务和要求。研制和出台特殊教育教师专业标准成为2012—2015年国家政策的重点任务，我国教师专业标准的制定和实施速度也达到前所未有的状态。

3. 特殊教育教师资格认证制度建立的基础

教师专业标准是对教师师德、专业知识、专业技能的具体规定，是教师准入制度内容的一个重要组成部门，达到教师专业标准的要求方有可能获得教师专业证书。[①] 因此，教师专业标准可谓教师专业资格认证制度的基础。我国早在20世纪90年代的政策文件中，就对特殊教育教师的资格认证制度做出了要求，例如：1994年国务院发布的《残疾人教育条例》第37条就规定"国家实行残疾人教育教师资格证书制度"。1996年，国务院残疾人工作协调委员会秘书处印发的与《中国残疾人事业"九五"计划纲要（1996—2000年）》相配套的《残疾儿童少年义务教育"九五"实施方案》中再次提出"制定特殊教育学校（班）教师资格标准，实行教师任职资格制度"。2001年国务院办公厅转发的教育部、人事部《关于"十五"期间进一步推进特殊教育改革和发展的意见》中再次提出"制定特殊教育教师资格条件有关规定"。2012年《关于加强特殊教育教师队伍建设的意见》及2014年《特殊教育提升计划（2014—2016年）》再次重申探索、建立特殊教育教师专业证书制度，逐步实行特殊教育教师持证上岗。显然，要实现特殊教育教师专业证书制度、资格证书制度，建立并完善特殊教育教师专业标准是重要基础。但是，值得注意的是，特殊教育教师专业标准还兼备引领准入后的教师专业发展的功能，因此，教师专业标准不仅是教师培养、准入的专业要求，也是教师培训、考核等工作的重要依据。

二、《专业标准》的制定主体与适用对象

我国特殊教育教师专业标准的研制经历了三个阶段，每个阶段起主导作用

---

① 顾定倩、杨希洁、江小英：《从政策解读我国特殊教育教师专业标准的建构》，载《中国特殊教育》，2014(3)。

的都是教育部,具体表现在:负责组织协调相关人员编写标准、开展相关讨论,委托教育科学院召开会议讨论修订标准,征求大众意见等。教育部是推动我国特殊教育教师专业标准的主要行政力量,但是标准研制的专业人群主要集中在特殊教育研究领域,以领域内专家学者牵头,组织学界及实践领域的特殊教育工作者开展研制工作。

在标准的适用对象上,标准前言部分专门指出适用于特殊教育学校、普通中小学、幼儿园及其他教育机构中专门对残疾学生履行教育教学职责的专业人员,而且涵盖所有学段、服务于所有障碍类型学生的教师,但尚未包括超常儿童与问题儿童等其他特殊教育需要学生。因此,在约束力上当前我国特殊教育教师的专业标准更多偏重于特殊学校或普通学校及其他教育机构中履行残疾学生教学职责的专业人员,约束范围相对有限,可见,我国特殊教育教师专业标准要走向专业化、精细化、标准化的分级分类体系仍有很大空间。同时,由于在我国目前只有上海实行特殊教育教师需持"教师资格证"和"特殊教育岗位证书"双证制度,特殊教育教师专业标准可以作为教师准入的考核依据,但总体而言,由于特殊教育教师准入、资格认证等制度的缺失,使得专业标准的使用和推行缺乏足够的动力。

三、《专业标准》的内容分析

(一)《专业标准》的内容框架:遵循已有普通教师专业标准体例

《专业标准》在框架体例上与印发的普通教师专业标准基本一致,由基本理念、基本内容和实施意见三个部分组成。其中基本理念包括"师德为先""学生为本""能力为重""终身学习"四个方面;基本内容从理念与师德、专业知识及专业能力三个维度14个领域对特殊教育教师的专业标准进行了说明(见表8-9);第三部分实施意见主要是为各级教育行政部门提供标准实施的建议以促进标准的落实。这种一致性的体例特征:一方面,使教师、教师教育机构及其他相关人员使用专业标准时更易理解,尤其在部分普通教育教师和特殊教育教师转岗时更便捷地使用专业标准;另一方面,这种缺乏变通的框架体例也使特殊教育教师的特殊性无法有效表达,如缺少对不同类型的特殊教育教师知识技能要求的呈现,使得标准的具体实施和操作受到一定限制。

表 8-9　特殊教育教师及普通教师专业标准的基本内容框架

	特教教师	幼儿园教师	小学教师	中学教师	中等职业学校教师
专业理念与师德	（一）职业理解与认识 （二）对学生的态度与行为 （三）教育教学的态度与行为 （四）个人修养与行为	（一）职业理解与认识 （二）对幼儿的态度与行为 （三）幼儿园保育和教育的态度与行为 （四）个人修养与行为	（一）职业理解与认识 （二）对小学生的态度与行为 （三）教育教学的态度与行为 （四）个人修养与行为	（一）职业理解与认识 （二）对小学生的态度与行为 （三）教育教学的态度与行为 （四）个人修养与行为	（一）职业理解与认识 （二）对小学生的态度与行为 （三）教育教学的态度与行为 （四）个人修养与行为
专业知识	（五）学生发展知识 （六）学科知识 （七）教育教学知识 （八）通识性知识	（五）幼儿发展知识 （六）幼儿保育和教育知识 （七）通识性知识	（五）小学生发展知识 （六）学科知识 （七）教育教学知识 （八）通识性知识	（五）教育知识 （六）学科知识 （七）学科教学知识 （八）通识性知识	（五）教育知识 （六）职业背景知识 （七）课程教学知识 （八）通识性知识
专业能力	（九）环境的创设与利用 （十）教育教学设计 （十一）组织与实施 （十二）激励与评价 （十三）沟通与合作 （十四）反思与发展	（八）环境的创设与利用 （九）一日生活的组织与保育 （十）游戏活动的支持与引导 （十一）教育活动的计划与实施 （十二）激励与评价 （十三）沟通与合作 （十四）反思与发展	（九）教育教学设计 （十）组织与实施 （十一）激励与评价 （十二）沟通与合作 （十三）反思与发展	（九）教学设计 （十）教学实施 （十一）班级管理与教育活动 （十二）教育教学评价 （十三）沟通与合作 （十四）反思与发展	（九）教学设计 （十）教学实施 （十一）实训实习组织 （十二）班级管理与教育活动 （十三）教育教学评价 （十四）沟通与合作 （十五）教学研究与专业发展

(二)《专业标准》的内容特征:"复合型"知识技能的特殊教育教师

1. 基本理念:突出教师具备"最适合教育"的教育观

《专业标准》以"师德为先、学生为本、能力为重、终身学习"十六字为基本理念。师德师风是教育工作者的灵魂,《专业标准》强调"师德为先"体现了对中华传统的继承,也是建设高素质教师队伍的内在要求和重要保证,而强调教师应具有人道主义精神、富有恒心、公平公正,则凸显了对特殊教育教师要求的特殊性。"学生为本"是人本主义教育理念在教育教学中的具体运用,以尊重学生个性特点和身心发展规律为前提,充分发挥学生主动性,而面对特殊学生身心发展个体内外差异大的特征,提供"合适的教育",最大限度地开发潜能、补偿缺陷,为其社会适应和融合奠定基础成为对特殊教育教师的特殊要求。"能力为重"是对教师自身能力的要求,"实践能力"及为学生提供最适合教育的能力再次被强调。"终身学习"是当代社会的重要特征,特殊教育学校教师面对个体差异巨大的学生群体,更需具有不断学习、提高自身专业素质的意识与能力。

2. 专业理念与师德:强调教师人道主义精神和正确残疾人观

与各类普通教师专业标准相同,《专业标准》从教师对待职业、学生、教育教学和自身发展四个方面,确定了职业理解与认识、对学生的态度和行为、教育教学的态度与行为、个人修养与行为四个基本领域。但是,特殊教育对象的多样性、复杂性,使得特殊教育教师相较于普通教师可能面临更多的困难和挑战,在教育教学中会遇到更多的挫折和困惑。因此,站在人道主义的高度、具备坚定信念和强烈的职业使命感,树立正确的残疾人观和特殊教育理念是对特殊教育教师专业理念与师德的更高要求。

在职业理解与认识上,《专业标准》不仅强调特殊教育教师要具有普通教师所必备的职业道德,还重点强调特殊教育教师职业的复杂性,要求特殊教育教师具备人道主义精神、恒心和耐挫力。这与特殊教育对象的多样性和复杂性密切相关,特殊教育教师的职业劳动更加艰巨、复杂和困难。在对学生的态度与行为领域,除了强调关爱学生、平等对待学生、尊重人格和个体差异等要求,《专业标准》还要求特殊教育教师理解残疾,引导学生自尊自信、自立自强,始终对学生抱有积极期望。其背后所蕴藏的不仅是公平对待残疾学生、尊重残疾学生之含义,更突出了对特殊教育教师正确看待特殊学生的基本要求。在对教育教学的态度和行为领域,《专业标准》重视潜能开发和缺陷补偿相结合,为每一位学生提供合适的教育,在教育教学中注重教育教学、康复训练与生活实践的整体,充分体现了教康结合的理念。这些要求突出体现了对特殊教育教师正确认识残疾学生、认识残疾现象,形成正确的残疾人观和特殊教育理念的要求。

3. 专业知识:强调教师的"复合型"知识体系的构建

《专业标准》从学生发展、学科、教育教学、通识性知识四个领域对特殊教育教师的专业知识提出具体要求。与普通学校教师相比,特殊教育教师应具备高度综合化的知识结构,一方面,要具备广博的科学和人文知识,比较系统的学科专业知识和教育专业知识;另一方面,还必须熟悉特殊教育对象、熟练掌握特殊教育教学知识,以满足残疾学生特殊教育的需要。[①] 因此,《专业标准》在专业知识领域对特殊教育教师的要求具有如下特点。

第一,突出强调教师要了解和掌握学生发展的群体间和个体间的差异性,以及对学生发展和学习影响,从而用发展的眼光创设合适的学习环境,为学生提供切合实际的、有意义且具有挑战性的学习体验。从根本上来说,特殊教育教师应把满足学生的个别化学习需要放在特殊教育教学的核心位置,从而为学生提供最有效的教育。因此,特殊教育教师首先应当将学生放在人类发展和个体学习差异的大背景中进行深刻认识,了解特殊教育学校学生与普通儿童的发展特点,理解学生的特殊性对个体多个领域发展产生的相互作用,以及最终如何对其在学校、社区和整个生命过程中的学习产生影响。故而,《专业标准》要求特殊教育教师不仅要"了解学生身心发展的特殊性与普遍性规律",还要"掌握学生残疾类型、原因、程度、发展水平、发展速度""了解学生安置和不同阶段衔接的知识"等会对其受教育过程产生影响的学生发展知识。

第二,突出强调教师对学科知识及教育教学知识的整合能力。特殊教育课程综合性特点要求教师要具有多学科知识,并在此基础上掌握所教学科的核心概念、知识体系及讲授方法,进而发展整合跨学科知识的技能,根据学生需要对普通学科课程的学习和活动进行恰当的调整,展现出对所教课程的教学和计

[①] 丁勇:《以专业标准引领特殊教育教师专业成长——关于〈特殊教育教师专业标准(试行)〉的解读》,载《现代特殊教育(高教)》,2015(9)。

划能力。特殊教育课程功能性特点要求教师还应当能够讲授各种专业课程，如文化知识的、策略性的、社会性发展的、情绪发展的及培养自理能力的课程等，为学生提供有意义并且有挑战性的学习活动。因此，《专业标准》要求教师要"了解所教学科与其他学科及社会生活的联系""掌握所教学科的课程标准以及基于标准的教学调整策略与方法""掌握在学科教学中整合情感态度、社会交往与生活技能的策略与方法"。

第三，突出强调教师教育教学和康复能力相结合，满足学生教育教学和康复的需要。特殊教育学校学生身心发展特点和需要决定了教育与康复相结合是特殊教育的重要原则，也是对特殊教育学校教师的基本专业要求。《专业标准》要求教师不仅要掌握教育教学知识，也要注重教育与康复相结合，掌握教育教学和康复知识的组织、整合的策略和方法。同时，还要求教师要重点掌握特殊教育评估、问题行为危机预防与干预的策略与方法，熟悉支持与促进语言发展、沟通交流的方法。这些知识都是顺利开展特殊教育教学活动的必备条件。[①]

4. 专业能力：突出教师应具备"最佳实践"能力的趋势

特殊教育者致力于追求最佳实践的方式来提高特殊教育质量，是国际特殊教育发展趋势。尽管当前我国特殊教育教师基于循证理念的专业实践活动尚处于起步阶段，但是强调专业实践的规范化发展也是我国特殊教育教师队伍建设的重要内容之一。《专业标准》从环境的创设与利用、教育教学设计、组织与实施、激励与评价、沟通与合作、反思与发展六个领域对特殊教育学校教师的专业能力提出具体要求。特殊教育教师除了具备普通教师所需掌握的教育教学能力、教育组织管理能力、交际沟通能力、运用现代化教育教学手段的能力、开展教育科学研究和反思实践的能力，《专业标准》还突出强调特殊教育教师的环境创设和利用能力、评估和个别化教育能力、康复能力、课程整合能力、沟通合作能力及辅助技术的应用能力。标准中对特殊教育教师专业能力的特殊要求，正是凸显我国特殊教育教师对"最佳实践"方式的追求。具体而言，《专业标准》对特殊教育教师专业能力的要求有如下突出特点。

第一，强调特殊教育教师具备环境创设和利用的能力。特殊教育学校教师

[①] 丁勇：《以专业标准引领特殊教育教师专业成长——关于〈特殊教育教师专业标准（试行）〉的解读》，载《现代特殊教育（高教）》，2015(9)。

应当根据学生的个别学习需要调整学习环境，为学生的技能学习和迁移提供环境支持。特殊教育学校教师还应当能够建构合适的环境，培养学生的独立性，教导他们适应不同环境的期望和要求。此外，特殊教育学校教师也能够安全地预防、阻止学生的危险性突发行为，如学生失去行为控制能力的时候，教师应具有妥善处理突发危险事件、保证环境安全的能力。因此，《专业标准》中要求教师能够为学生"创设安全、平等、适宜、全纳的学习环境"，能够"合理利用资源，为学生提供和制作适合的教具、辅具和学习材料，支持学生的有效学习"，而且能够"运用积极行为支持等不同的策略"，预防、干预学生的问题行为。

第二，突出特殊教育教师进行个别化教育教学设计及实施的能力。无论是学科课程的教学还是其他课程的教学，个别化决策和个别化教学处于特殊教育实践的核心地位。在为学生选择、制定、调整课程时，特殊教育学校教师应将学生的能力、兴趣、学习环境、语言等因素考虑在内，选择并调整有效的教学策略和教育环境，从而改善学生在各类课程中的学习效果。因此，《专业标准》要求教师在进行教育教学设计和实施时，要根据学生"已有知识和经验""特殊需要""根据课程和学生身心特点"调整教学目标、教学内容和教学策略。此外，特殊教育学校教师还应能够为学生提供有效的语言示范，使用沟通策略和资源帮助他们理解课程内容，教师所使用的沟通方式应与学生的语言发展水平相匹配。特殊教育教师还应使用个别化的策略，如扩大替代性沟通系统和辅助技术等，支持并加强学生语言和沟通能力的发展。因此，《专业标准》不仅要求教师规范教学语言的使用，也能够运用恰当的沟通策略和辅助技术进行有效沟通。

第三，重视特殊教育教师的评估能力。评估能力是合理进行教育教学设计及有效实施的基础。因此，特殊教育教师应能够使用多样化的评估方法和数据资源做出教育决策。特殊教育教师应掌握多种评估方法实施教育教学评价，跟踪和监控学生的学习效果，对教学进行调整。特殊教育教师应能够使用评估结果在特殊教育领域内做多种决策，使用评估信息来鉴别学生所需要的支持和调整；为满足学生的社会性、语言及学习需要进行策略性调整；为学生制订个别化教育计划等。《专业标准》把评估能力作为区别于普通学校教师的一项特殊能力加以规定，要求特殊教育教师都能够选择、运用适当的评估工具，采取多元的评估方法，跟踪和监控学生发展，服务于有效教学的设计、组织与实施。

第四，关注特殊教育教师的沟通和合作能力。学生的多样化、课程需要的复杂化、科学技术的重要影响、对学生学习效果的更高要求使得特殊教育教师必须进行有效的团队合作来为所有学生提供适合的、具有挑战性的学习和课程。因此，特殊教育教师应具备良好的合作能力，能够与家长、其他教育者、相关服务提供者、学生及社区人员有效合作来满足学生的不同学习需要。故而，《专业标准》中强调特殊教育教师能够为家长提供教育咨询、送教上门的服务；能够与同事及其他专业人员合作、分享，共同发展；能够与普通教育工作者合作，指导、实施随班就读；能够促进学校与社区的合作关系建立，促进学生的社区融合。

此外，由于目前我国特殊教育相关专业人员数量和质量的限制，特殊教育教师不仅要承担教育教学的任务，还需兼具康复训练的职责，因此，基于我国特殊教育现实，《专业标准》还主张特殊教育教师在教育教学过程中能够将康复训练、生活实践结合其中，整合应用现代教育技术及辅助技术，支持学生的学习；能够协助相关专业人员，对学生进行必要的康复训练。

四、总结与反思

《专业标准》是对所有类型、不同学段的特殊教育教师在专业发展上的共同性和一般性要求，是我国特殊教育教师专业发展的参照标准，也是特殊教师教育改革的重要风向标。它区别于以美国为代表的国外特殊教育教师专业标准的分级分类专业化、精细化的特征，以综合性和复合型为主要特点，充分体现了对教师知识和技能要求的广度和跨学科实践能力的要求。《专业标准》既大量涵盖了我国普通学校教师专业标准对普通中小学教师专业知识和技能的要求，同时也增加了因教育对象的特殊性、特殊教育专业实践活动"最佳实践"取向所要求的专门知识能力，体现了对特殊教育教师更高水平的专业素养要求。但是，《专业标准》本身的局限性及实施的可操作性等问题也逐一显现，如何建立和完善专业化、精细化、体系化的标准体系有效指导特殊教育教师专业发展是标准建设中值得思考的问题。

首先，特殊教育教师专业标准应该是一个专业标准体系。特殊教育教师是一个广泛而庞大的群体，仅就狭义而言，不仅包括各类特殊学校直接从事特殊儿童教育教学教师，还包括特殊儿童康复训练的教师、在普通学校中承担附设的各类特殊班教育教学工作的教师，以及承担随班就读辅导的教师及相关训练员。已出台的《专业标准》是解决当前我国特殊教育教师队伍建设主要矛盾、顺应当前我国特殊教育发展需要的时代产物。随着我国特殊教育的发展及随班就读工作的推进，特殊教育教师专业标准的体系也应愈加完整和完善方能满足特殊教育发展需要，并进一步推进我国特殊教育发展。

其次，特殊教育教师专业标准应成为特殊教育教师专业发展的有力助推器。尽管《专业标准》已出台一段时间，但与其配套的特殊教育教师资格、准入、考核等制度仍有待完善，这也是造成《专业标准》实施中效力不高的原因所在。如前所述，从20世纪90年代至今的多项政策文本中反复强调建立特殊教育教师资格证书制度，然则至今制度仍未建立，特殊教育教师仍未有资格证书制度可依，准入与考核基本遵循同系列普通学校教师的要求，这就使得《专业标准》的指导价值更多停留在形式上，强制力不够，推进动力不足。而且《专业标准》在促进特殊教师教育改革中也往往囿于现实、沦为形式。以学科知识的培养为例，《专业标准》中明确对特殊教育教师的学科领域知识做出了要求，而且培养特殊教育教师学科教学能力也是近年来各项政策的一致要求，然而反观近年来我国高等师范院校特殊教育专业的培养方案，对学科知识的关注和重视也仅仅停留在形式上，并未有实质性举措。此外，在融合教育的趋势下，我国政策倡导师范院校和其他高等教育学校在师范专业中普遍开设特殊教育课程，在教师资格考试中纳入特殊教育的相关内容，以期实现教师资格制度的改革，促进融合教育发展。然而，近期与教师资格认证相关的师范类专业认证标准中，已出台的小学教育、中学教育专业的认证标准并未涉及特殊教育课程开设问题，这无疑是对"在教师资格考试中纳入特殊教育的相关内容"这一政策要求的漠视，同时也使《专业标准》在指导普通学校教师特殊教育素养的培养中失去价值。

因此，不断加强特殊教育专业标准建设，形成系统完善的特殊教育教师专业标准体系是未来发展之方向。与此同时，建立一系列标准相配套的特殊教育教师资格、准入、考核及教师教育相关制度，形成有序、良好的教师管理体制机制，将是有力提升我国特殊教育教师队伍专业化水平，促进我国特殊教育整体发展的重要保障。

第九章
随班就读教师融合教育素养及培养研究

第一节 随班就读教师融合教育素养研究

融合或全纳教育是世界范围内教育发展的趋势之一。在融合教育理念的渗透和影响下，越来越多的有特殊需要的儿童得以进入普通学校接受教育。如今，无论是在理论研究还是在实践层面，融合教育已经得到了广泛的推动。我国在普通教育系统中开展的残疾儿童随班就读工作即是融合教育的体现。在近30年的实践中，随班就读始终发挥着安置、教育残疾学生的主体作用，在最短的时间内以最高的效率实现了残疾儿童入学率的提升，同时这种做法正在逐步改变主流社会对于残疾人的态度和观念，促进了社会各界人士对于残疾的理解和接纳，被学术界认为是西方"融合教育"思想在我国的初级实践形式。在实际研究中，有的研究者会将随班就读与融合教育进行比较辨析，有的则混用。尽管随班就读与融合教育在价值基础、政治文化背景、根本目的及体系完整性上有很大的差异，但随着我国随班就读开展的逐渐深入，其"融合教育"的特质越来越明显，甚至在我国颁布的相关文件中，也使用了"融合教育"一词，故在本章中，亦将随班就读视作融合教育的初级形式，不做具体区分与讨论。

一、对随班就读教师融合教育素养研究必要性的认识

(一)核心概念

1. 随班就读教师

随班就读教师就是从事随班就读教学工作的专业人员。从我国随班就读的工作实践来看,面对特殊儿童需求的多样性,实施随班就读的教师队伍是一个多层级的结构,包括:①普通学校里承担随班就读教育教学工作的普通教师,他们既需要掌握普通教育知识技能,又需要具备一定的特殊教育基本知识和技能;②普通学校的资源教师,能够为随班就读的特殊儿童提供跨专业、跨学科特殊教育和辅导,同时为其他教师提供专业咨询,承担校内随班就读教师培训工作等;③来自特殊教育学校或特殊教育资源中心的巡回指导教师,他们具有更为广阔的知识、技能和丰富的融合教育经验,对特殊教育理论和实践有深入研究,负责区域内各学校随班就读实践的督导、教师培训等工作;他们一般在需要时介入学校教育,为有困难的儿童提供专业的评估与干预,为教师提供专业指导和咨询。因普通学校的普通班级是随班就读实施的核心场所,班级中的普通教师是实施随班就读的核心人员,也是随班就读教师队伍中覆盖面最大的群体,以下仅就这一群体进行讨论。因此本研究的随班就读教师,即指承担有残疾学生随班就读的普通班级教育教学工作的教师,包括班主任及科任教师。

2. 融合教育素养

对于教师而言,素养(或素质)主要是指教师从事教育教学活动所具备的基本条件与能力。[1] 叶澜指出教师素质集中表现了当代教师的质量,是教师专业化即专业地位确认的前提。[2] 张辉也认为教师素养是教师为有效完成教育教学活动、实现教育教学目标所必须具备的观念、知识、技能及能力等的总和。[3] 随着随班就读工作的推进,越来越多的特殊儿童进入普通学校,普通学校的教

---

[1] 张焕庭:《教育词典》,753—754页,南京,江苏教育出版社,1989。
[2] 叶澜:《新世纪教师专业素养初探》,载《教育研究与实验》,1998(1)。
[3] 张辉:《新课程理念下中学化学教师专业素养的发展研究》,硕士学位论文,首都师范大学,2007。

育对象与范围发生了变化，随之对普通学校教师（随班就读教师，也称"普通教师"）提出了新的挑战：面对教育环境、教育对象、工作任务等方面的一系列变化；应对多样性的学生特征与学习需求……对教师原有的知识结构提出了补充、调整的需求，即需要具备融合教育的理念、知识、技能等融合教育素养，以满足包括残疾学生在内的所有残疾学生的教育需要。融合教育素养在本研究中是指随班就读教师为满足随班就读特殊儿童的教育需求，所具备的与随班就读相关的理念、知识及技能等方面的素养。

（二）对必要性的认识

教育教学是在一定的教育情境下，教师的教和学生的学共同组成的教学相统一的活动，教育教学质量受到教师、学生、教学环境、教学内容等各方面的影响。而在教育教学过程中，教师起主导作用，通过对教学环境的创设、教学内容的组织等影响学生的学习，因而，教师是教育教学中的关键因素，教师在教育教学活动中表现出的教学观念、知识、技能等素养直接并显著影响学生的身心发展，在一定程度决定了教育教学质量。[1] 国外的研究表明，相对于班级规模、班级结构、物理环境、学生背景等其他因素，教师素养对学生的学业表现有更加重要的作用。[2][3] 在随班就读教育教学中，教师对特殊儿童和随班就读的认识与理解决定了其是否认同随班就读这一形式、是否愿意真正接纳特殊儿童进入普通班学习；教师教育特殊儿童的知识和技能影响着其在随班就读教育教学中能否以有效的方式达到教学目标，顺利组织教学活动，从而使得随班就读学生与全体学生的共同进步。正如国内的相关研究发现一样，"教师缺乏特教专业知识和方法是目前随班就读工作存在的主要困难"[4]；随班就读的成效在很大程度上取决于任课教师对随班就读和随读生的认识和理解程度，取决于

---

[1] 林崇德、辛涛：《智力的培养》，72页，杭州，浙江人民出版社，1996。

[2] Sanders, W., Horn, S., "Research Findings from the Tennessee Valued-Added Assessment System (TVAAS) database: Implications for Educational Evaluation and Research," *Journal of Personnel Evaluation in Education*, 1998, p.12, 3, 247-256.

[3] Savolainen, H., "Responding to Diversity and Striving for Excellence: The Case for Finland," in Acedo C. (ed.) *Prospects Quarterly Review of Comparative Education*, 2009, 39(3), pp. 256-269.

[4] 王洙、杨希洁、张冲：《残疾儿童随班就读质量影响因素的调查》，载《中国特殊教育》，2006(5)。

教师对特殊教育教学技能的掌握程度等。① 由此不难看出，提升普校教师与随班就读工作相关的素养，即融合教育素养是促进我国随班就读质量提升的关键举措。因此加强随班就读教师的研究就显得格外必要，回答诸如"随班就读教师在日常教学和管理中遇到哪些挑战""需要具备怎样的融合教育素养""融合教育素养的现状、特征如何"等问题。

二、随班就读教师融合教育素养的内涵与结构

在以往对教师应具备的融合教育素养内涵与结构的探讨时，研究者们或者从理论层面开展，或者进行实证研究。有的在论述融合教育素养时，仅关注了与随班就读工作相关的素养，并不探讨作为教师应具备的基本教学技能、学科知识等素养。也有的研究者则从随班就读教师具备的整体素养去分析。尽管不同的研究者对随班就读教师融合教育素养结构的认识上略有差异，但大都围绕着教师的专业理念（或态度）与品质、专业知识及专业能力展开。

有的研究者认为，实施全纳教育需要教师形成全纳的态度、价值和期望，树立民主的教育观，现阶段需要教师首先具备教育特殊儿童的知识、技能和情感。② 另有研究者从民主平等的教育价值观等全新的教育理念、知识及能力三个方面探讨了全纳教育对教师素质的要求。③ 还有研究者或从知识、技能、能力、态度四个方面；或从专业理念、知识和能力方面；或从知识、技能、态度方面分析随班就读教师应具备的融合教育素养。孟万金探讨全纳教育理念下教师专业素养结构，提出了专业理念、专业智能、专业情怀及专业规范四个关键系统，不仅包含了理念、知识、技能方面的素养，还包含了专业规范系统及专业情怀系统。其中的专业规范系统是指教师应该在政策法规、教师资格等级证书、学校制度、道德规范、行为规范五个子系统中达到相应的要求；专业情怀系统是指教师在工作中应该关爱和悦纳自己、关爱学生与被学生热爱、关爱及享受工作、关爱同事和被同事欣赏、关爱家长和被家长钦佩。并有研究者认

---

① 马红英、谭和平：《上海市随班就读教师现状调查》，载《中国特殊教育》，2010(1)。
② 郝振君、兰继军：《论全纳教育与教师素质》，载《中国特殊教育》，2004(7)。
③ 王美萍、胡平凡：《全纳教育理念下的教师素质及其培养》，载《当代教育论坛（校长教育研究）》，2008(9)。

为：专业理念是统领教师专业发展的灵魂；专业智能是支撑教师专业发展的核心支柱；专业情怀是教师专业发展的动力和"兴奋剂"；专业规范是教师专业发展的基本守则。专业理念起统率作用，其余三者是基础，四个系统之间相辅相成，成为有机统一整体。① Mu Guanglun Michael 和王雁等通过研究，构建了现阶段随班就读教师四维度的专业素养结构，即专业态度、专业知识、专业技能及获取支持能力。其中的获取支持能力具体指向随班就读教师对支持、资源等的主动寻求及获取。②

三、对随班就读教师融合教育理念与品质的研究

教师作为专门的职业，教育理念是"魂"，不仅直接关系到教师的教育行为，而且还间接影响着未来教育的性质与质量。随班就读教师的融合教育理念是指对融合教育的理解，以及在融合教育背景下教师对教育教学中各个元素的观念与态度。

从理念方面来看，研究者们认为随班就读教师应认同融合教育的思想，即人类对自由、平等人权的追求，"强调参与，拒绝排斥"，承认融合教育背后的价值及意义；真诚接纳的态度，尊重每个儿童特殊的禀赋和需要，接纳学生身上存在的差异性和多样性；树立非功利性、平等积极的教育价值观，民主的机会观、过程观和学生评价观，合作教学观等。③④ 彭兴蓬等认为融合教育教师应具有关怀和关爱的品格，并养成敏感性的关怀品质，在自然情境中实现"零拒绝"的融合教育和满足每个特殊儿童的特殊教育需要，以实现特殊儿童的初级关怀和充分关怀。⑤

研究者们采用问卷调查或访谈的方法，了解随班就读教师对特殊儿童随

---

① 孟万金：《全纳教育理念下教师专业素质及专业化标准研究》，载《中国特殊教育》，2008(5)。
② Mu, G. M., Wang, Y., Wang, Z., et al., "An Enquiry into the Professional Competence of Inclusive Education Teachers in Beijing: Attiudes, knowledge, Skills, and Agency," *International Journal of Disability Development & Education*，2015，62(6)，pp. 1-19.
③ 沈卫华：《全纳：未来教师专业发展的重要课题》，载《教育科学研究》，2010(6)。
④ 唐如前、黄春春：《论全纳教育视域下的教师专业素养》，载《文教资料》，2010(5)。
⑤ 彭兴蓬、雷江华：《教育关怀：融合教育教师核心品质》，载《教师教育研究》，2015，27(1)。

就读的认识及看法,研究发现:随班就读教师在融合教育理念方面,有的是积极的,有的则是消极的,还有的持保留意见,并表现出随着随班就读进程不同而不同及区域性差异等特点。总体而言,在随班就读初期,由于认识不足而更多持消极态度;到融合教育理念的传播,随班就读的观念为大多数人所接受而持积极态度;再到提升随班就读质量及面对随班就读开展中的实际困难,而又对随班就读持理性认同及现实的谨慎态度。

四、对随班就读教师融合教育专业知识、专业能力的研究

具备融合教育教学相关的知识与技能素养是普通教师应对融合教育提出挑战所应具备的能力,是保障教师顺利开展教育教学的核心。国外在实行全纳教育的过程中,最普遍的做法就是:对普通学校的教师进行特殊教育方面的训练。因此,学者们认为随班就读教师应比普通教师有更为宽厚的知识结构,除了具有普通教育的知识、技能外,还应具备基本的特殊教育的知识与技能,即"普通教育+特殊教育"的知识与能力。以下只关注随班就读教师应具备的特殊教育的知识与能力。

从知识层面来看,学者们认为随班就读教师应掌握的特殊教育知识包括融合教育发展的历程与趋势,相关的法律法规,特殊儿童的定义、分类及身心特点,特殊儿童的学习特点及教学策略,特殊儿童的行为管理,特殊儿童的早期发现与早期诊断等方面的知识,甚至提出了作为特定班级的教师,起码应该具备与自己班上的特殊需要儿童有关的基础知识。冯雅静将内容分析、比较及调查法相结合,认为随班就读教师应具备的核心专业知识为:残疾儿童定义、分类及身心特点;残疾儿童的学习和行为特点;特殊教育相关法律、法规。[1]

从能力层面看,需要随班就读教师具备与特殊儿童沟通、交流能力,如手语、盲文等,特殊儿童评估能力,个别化教育计划制订与实施能力,差异教学能力,课程调整能力,与家长、同事及专业人员合作能力,实施合作教学能力,环境创设能力,班级管理能力,获取支持的能力等。[2][3]

---

[1] 冯雅静:《随班就读教师核心专业素养研究》,载《中国特殊教育》,2014(1)。
[2] 同上。
[3] 方俊明:《融合教育与教师教育》,载《华东师范大学学报(教育科学版)》,2006(3)。

对随班就读教师融合教育专业知识及能力现状的研究,大多采用的是调查法。如有研究发现,普通教师不了解特殊儿童的学习特点和教育需求,缺乏对特殊儿童开展课堂教学和课外指导的能力。① 另有研究发现,普通学校随班就读数学教师特殊教育知识与技能掌握整体水平不高,特教知、能结构欠合理,无论是深度还是广度都存在明显的缺失。② 王雁等利用自编的信效度较高的问卷对北京市1 761名随班就读中、小学教师的调查发现,在随班就读教师专业素养四因子中,其均分由高到低的顺序是专业技能(4.029)、专业态度(4.000)、专业知识(3.478)和获取支持能力(3.080),可见随班就读教师专业素养水平不平衡,其专业知识得分显著低于专业技能及专业态度,获取支持能力最差。③ 还有研究发现,随班就读教师对各方面的支持缺乏主动利用的意识,利用度也较低。④ 由此不难看出,当前我国随班就读教师的融合教育专业知识、能力普遍不足,尤其是在支持或资源的主动获取及利用上表现得更为突出。

五、对随班就读教师融合教育素养的影响因素研究

如同对教师专业发展的影响因素复杂、多元一样,许多因素也对随班就读教师融合教育素养有影响。有研究者认为教师身份及待遇,尤其是我国缺乏专门的资格认证,从事融合教育的教师专业身份不明确,待遇不能落实,因而会影响到其对融合教育的积极性。⑤ 另有研究发现,在一定情况下,班级规模越小,教师对融合教育的态度更为积极;普通教育领域主要依据学生的学业水平对教师的相关教学业务进行考核,使得教师在接纳特殊儿童的态度尚呈现比较消极的情况;行政领导等身边人员的融合教育素养影响了其对教师融合教育工

---

① 马红英、谭和平:《上海市随班就读教师现状调查》,载《中国特殊教育》,2010(1)。
② 徐梅娟:《随班就读班级数学教师特教知识与技能掌握情况调查研究》,载《南京特教学院学报》,2011(4)。
③ 王雁、王志强、冯雅静,等:《随班就读教师专业素养现状及影响因素研究》,载《教师教育研究》,2015(4)。
④ 张玉红、高宇翔:《新疆普通学校师生和家长对全纳教育接纳态度的调查研究》,载《中国特殊教育》,2014(8)。
⑤ 李拉:《论随班就读教师队伍的专业化》,载《教育理论与实践》,2014(17)。

作的认识和评价,进而影响了教师对融合教育的态度。① 还有研究发现,有效的、易获得的资源和支持显著影响了普通教师对自身融合教育能力的看法及对融合教育的态度。② 张丽莉通过调查研究发现,随班就读教师所获得的课堂支持与专业素养有着共变关系,领导支持、物理环境调整、融合氛围、专业人员支持、教辅教具配置对专业素养具有显著的预测作用。③

六、对随班就读教师融合教育素养研究展望

(一)科学、整体建构随班就读教师融合教育素养结构

科学构建随班就读教师融合教育素养结构,以便合理界定随班就读教师融合教育素养的组成要素,是推动随班就读软实力提升的关键。纵览上述随班就读教师融合教育素养结构的研究,发现几个应关注的问题。首先,相关概念边界模糊。在现有的研究中,专业素养、专业素质、融合教育素养、全纳教育素养、随班就读教师、普校教师、特教教师等概念边界不十分清楚,出现混用及相互包含但又不完全等同的局面。这些概念的内涵、两两之间的关系等,需要进一步的明晰,以便解决"莫衷一是"的问题及开展同行之间"对话"。其次,在研究方法方面,不少研究者重视理论分析、逻辑推演,通过中外比较,借鉴国外先进的理念,进行融合教育素养模型的建构。而以教师专业发展理论、融合教育理论为基础,结合我国随班就读的实际,遵循问卷编制标准,进行探索性和验证性因素分析系统建构随班就读教师融合教育素养模型的仅有王雁等在2015年开展的研究。再者,有的研究者从融合教育理念下教师整体专业素养视角出发进行分析,而有的研究者则仅从随班就读教师应具备的与融合教育相关素养的角度进行分析,不论何种分析,都体现了随班就读教师应具备的"普通教育素养+特殊教育的基本素养",呈现了"补"或"融入"的特点。未做到"融合"直至"融和",因而也就回答不了"与特殊教育素养的关系"的问题,同样回

---

① 刘春玲、杜晓新、姚健:《普通小学教师对特殊儿童接纳态度的研究》,载《中国特殊教育》,2000(3)。
② 同上。
③ 张丽莉:《随班就读教师专业素养、课堂支持现状及关系研究——以哈尔滨市为例》,硕士学位论文,北京师范大学,2016。

答不了诸如"普通教师需要差异教学能力,当残疾儿童进入普通课堂时,拉大了学生之间的差异度,更需要教师差异教学的能力,那二者的区别到底在哪儿"的问题。

诚然,在中国大陆开展的随班就读试验至今已近 30 年的时间,随班就读教师融合教育素养的"准备"大多也是"补充式",即由于残疾学生进入课堂,而通过培训等补充一些特殊教育的知识和技能等。与国外实施融合教育最普遍的做法基本一致:对普通学校的教师进行特殊教育方面的训练。以往对随班就读教师融合教育素养结构的研究绝大多数都以此为基础进行建构。这似乎有将随班就读教师应具备的整体素养简单分割的二元论倾向[①],仅是将特殊教育素养"融入"普通教育素养,并未体现二者的有机融合,更未达到"融和"的高度。欧洲特殊需要发展局及其成员国提出了融合教育教师素养的四个核心价值,即重视学习者的差异、支持所有的学习者、与他人合作及个人专业发展。围绕教与学的四个核心价值被确定为融合教育中所有教师开展融合教育工作的基础,这些核心价值与教师素养相互对应。每一个领域的素养都包括三个要素,即态度、知识和技能,一定的态度或信念要求、一定的知识或一定水平的理解及技能,以便在实际情况中实施这方面的知识。其使用了"融合教育教师"的称呼,同时是从教师整体素养的角度建构融合教育教师素养的框架。今后的随班就读教师融合教育素养结构的研究,也应立足"整体",强调从教师的整体素养视角考虑未来在面向有特殊儿童进入的大差异课堂时应具备的素养,以突破传统的随班就读教师的普教专业素养与特教专业素养面上"并列"的局面,创建具有中国特色的融合教育理念下的教师专业素质结构。

(二)细化、深化随班就读教师融合教育素养研究

如前所述,随班就读教师是一个由多层次、不同专业背景的专业人员构成的群体的、集合的概念,包括在普通学校里承担随班就读教育教学的学科教师、资源教师及巡回指导教师。虽然都需要他们具备"普通教育与特殊教育"的能力,但身份的不同,也就决定了其工作任务、范围等的不同,更要求了其所应具备的专业素养的差异,尤其是特殊教育素养方面的分层。如承担随班就读

[①] 孟万金:《全纳教育理念下教师专业素质及专业化标准研究》,载《中国特殊教育》,2008(5)。

教学的科任教师，仅掌握特殊儿童教育教学相关的基本理念、知识与技能即可。又如巡回指导教师，应根据专业背景与任务分工，具体分为听障、视障、智障等专业教师，以及康复训练师，心理治疗师等，他们应对随班就读儿童提供更高水平与层次的专业帮助与康复训练，同时承担对随班就读科任教师与资源教师进行指导与咨询服务的任务。由此看来，今后的研究应在已有的"粗放"地将随班就读教师混为一类的基础上进行细化，对都需具备一定的"特殊教育能力"的三类随班就读教师分层次建构融合教育素养上着力。

在已开展的随班就读教师融合教育素养研究中，从研究方法的方面看，则多以思辨、量化为主，缺少有深度的质性研究，更缺少综合运用多种方法的研究。即使是使用比较多的问卷调查法，如何在调查问卷的编制上，既有自上而下的理论建构，又有自下而上的实践经验，而使其有理有据，则是今后开展随班就读教师融合教育素养研究应关注的问题。提倡综合运用多种研究方法进行研究，如通过访谈和课堂观察等方法收集在教学过程中的现实数据。还可尝试使用扎根理论的田野调查法，深入挖掘随班就读教师应该具备的融合教育素养。可见今后的研究不能仅停留在现象学层面，研究的纵深应是趋势。如"差异教学能力"，这一普通学校教师需具备的教学能力，国内、外研究者的研究都提出了其应是教师实施融合教育必备的技能之一。然而需要深入的研究去探讨当有特殊儿童进入普通班级，随班就读教师的差异教学能力与普通教师的差异教学能力的不同。欣喜的是国内有研究者分析了差异教学能力的基本要素和从事随班就读工作所特别要求的差异教学能力要素，得出了随班就读教师差异教学能力的构成。[①] 之于随班就读教师融合教育素养其他内容的研究，也应如此纵深下去。

第二节　随班就读教师融合教育素养现状及与课堂支持的关系研究

本节以北京地区实证调研数据进行案例分析。本节所指的随班就读教师专业素养，即是普校教师需具备的与随班就读工作相关的专业素养，是其整体素

---

① 李泽慧、周珉：《对随班就读教师差异教学能力构成的分析》，载《中国特殊教育》，2009(1)。

养的一部分,与随班就读教师融合教育素养等同,以下不做区分。

一、研究设计

(一)研究思路

教师的专业素养是教师综合素质的集中表现,是教师作为一种专门职业内在的规范和要求,是教师在教育教学过程中表现出来的、决定教育教学效果的、对学生身心发展有直接或潜在影响的品质。[1] 国内研究者提出了教师专业素养由教育理念、专业知识和专业能力构成。[2] 关于普校教师需具备的与随班就读工作相关专业素养具体内容的探讨,不同研究者的认识虽有差异,但基本围绕着专业态度、专业知识和专业技能展开。如有的研究者从专业理念、专业知识和专业能力来分析随班就读教师专业素养及存在的问题。[3] 有的则从融合教育的态度、价值和期望,民主教育观,以及教育残疾学生的知识、技能和情感基础三个层面描述随班就读教师专业素养。[4] 还有的则对随班就读教师的教育教学活动进行跟踪、观察和记录,并从知识、技能、能力、态度四个方面概括随班就读教师所需具备的33项指标。[5]

由于我国从事随班就读工作的普校教师基本上缺乏系统的有关特殊教育实践及融合教育理念的职前培养[6],加之已有调查发现随班就读教师在职培训情况也并不尽如人意[7],因此,一方面,随班就读教师树立自我专业发展意识尤为重要。正如研究者指出的,随班就读教育中的诸多理论困惑与实践问题需要随班就读教师在专业发展的意识下主动去探索和解决,通过能动的实践,获取实践智慧,提升专业水平。[8] 可以说,随班就读教师具备一定的能动性有助于自我专业素养的提升。另一方面,建立和完善随班就读支持保障体系是提升随班就读质量

---

[1] 刘创:《教育智慧:教师专业素养的核心构成》,载《湖南师范大学教育科学学报》,2004(3)。
[2] 叶澜:《新世纪教师专业素养初探》,载《教育研究与实验》,1998(1)。
[3] 李拉:《专业化视野下的随班就读教师:困境与出路》,载《教育理论与实践》,2012(23)。
[4] 郝振君、兰继军:《论全纳教育与教师素质》,载《中国特殊教育》,2004(7)。
[5] 同上。
[6] 彭霞光:《中国残疾儿童随班就读现状和未来发展建议》,载《现代特殊教育》,2012(9)。
[7] 同上。
[8] 同上。

的重要举措。然而,我国随班就读支持保障体系的建设存在不足。结合上述两方面提升随班就读工作质量的路径,我们认为,作为随班就读教师,其自我专业发展意识应充分体现在主动寻求并获取支持上。另外,在对随班就读教师、区级资源中心管理者的访谈中,无不体现了对随班就读教师获取支持能力的认可。因此,将随班就读教师主动寻求并获取支持视为随班就读教师专业素养的第四个部分,即除了专业态度、专业知识和专业技能外,结合现阶段我国随班就读教师的专业素养发展水平,应将获取支持能力纳入随班就读教师专业素养中。本研究首先从专业态度、专业知识、专业技能和获取支持能力四个方面描述随班就读教师的专业素养,并通过因素分析的方法为随班就读教师专业素养的结构提供心理测量学的支持,在此基础上分析随班就读教师专业素养的整体状况及影响因素。

获取支持能力体现着随班就读教师专业发展中的主动性,即寻求资源以应对现有教学环境的过程,与理查德·博亚特兹提出的教师胜任力模型中位于最内层的核心要素——动机相似。在教师专业发展中,再好的外部支持,之于"无动于衷"的个体,很难对其专业发展产生实质的影响。随班就读教师"获取支持能力"即是其素养的一个因子,是否也会起到连接外部支持体系与其他素养因子的作用?基于以上认识,本研究又借鉴中介变量(mediator)这一重要的统计概念,将"获取支持能力"视为自变量"外部支持"与因变量"专业态度、知识、技能"之间中介变量,检验"获取支持能力"在外部支持与专业素养间的中介效应,探讨课堂支持在提升随班就读教师专业素养过程中的内在机制,为"获取支持能力"的合理性存在提供进一步的实证性研究证据,也为提升随班就读教师的专业素养找到切实可行的路径。

编制四结构的随班就读教师专业素养问卷 → 测量随班就读教师专业素养的整体状况及影响因素 → 探讨课堂支持与专业素养的关系:获取支持能力的中介作用

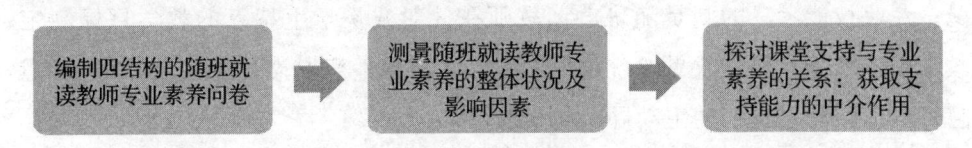

图 9-1 随班就读教师融合教育素养现状及与课堂支持的关系研究

(二)研究方案

1. 研究对象

在北京市各城区内以方便取样的方式选取 1 761 名从事过随班就读工作的中小学教师为调查对象。方便取样的方式包括,在随班就读教师在职培训班上现场发放,联系各区县随班就读工作相关负责人协助发放。剔除填答内容大面积缺失、满分或存在极端值问卷,共得到有效问卷1 703份,占被调查对象总数的96.7%。

根据研究目的,运用SPSS 20.0软件将所获得的1 703份有效问卷随机依近50%的比重分成两份样本。其中,一份样本数据(820份)用于项目分析和探索性因素分析,对随班就读教师专业素养问卷的理论模型进行修正、完善,初步建构随班就读教师专业素养问卷的理论模型。

另一份样本数据(883份)用于验证性因素分析和信度分析,确定正式问卷的结构,并以此数据进行随班就读教师专业素养现状及影响因素研究,同时探讨随班就读教师课堂支持与专业素养之间的关系。具体信息如下:西城区224名,顺义区218名,海淀区130名,东城区97名,房山区92名,石景山区78名,朝阳区44名。小学阶段教师605人,初中阶段教师278名。任教主科(语数外)教师582名,任教非主科教师284名。755名教师所教残疾学生数量在5人以下,80名教师所教残疾学生数介于6~10人,48名教师所教残疾学生数超过10人。

2. 研究工具

(1)《随班就读教师的专业素养问卷》

基于自上而下的理论分析,我们将随班就读教师专业素养构建为一个一阶四因子模型并编制相关题项,其中专业态度8题、专业知识7题、专业技能11题、获取支持能力8题。专业态度描述的是随班就读教师如何看待随班就读工作对残疾学生、教师专业化发展、学校及社会发展的影响;专业知识考察的是随班就读教师对随班就读工作相关的政策法规、理论知识、实践知识的掌握情况;专业技能考察的则是随班就读教师在针对残疾学生特点的教学目标制定、教学内容实施、教学效果评价过程中的具体表现;获取支持能力具体考察的是随班就读教师对支持的主动寻求和获取。

为初步考察自编问卷的结构和检验每一题项的表述清晰性和完整性,在两所随班就读工作积累多年经验的小学中,各征求了8~10名从事过随班就读工作教师的意见,在此基础上,对题项的表述方式和专业化概念进行了调整。开展问卷调查,通过探索性因素分析及验证性因素分析发现,所编制的问卷具备良好的内部一致性信度,四因子的一致性信度介于0.834~0.902之间,问卷整体一致性信度为0.939。该问卷具备良好的结构效度,χ^2/df为3.779,CFI为0.908,

RMSEA 为 0.056(90%置信区间为 0.053~0.059)，SRMR 为 0.051。[1]

(2)《随班就读教师课堂支持问卷》

该问卷由王雁等编制。问卷为二阶六因子结构，其中二阶因子为技术性支持和社会性支持，技术性支持包括三个一阶因子，分别是物理环境调整、教辅教具配置和专业人员指导；社会性支持亦包括三个一阶因子，分别是融合教育氛围、学校领导支持和同事支持。该问卷具备良好的内部一致性信度，一阶因子的一致性信度介于 0.828~0.905 之间，二阶因子技术性支持和社会性支持的一致性信度分别为 0.920 和 0.900，问卷整体一致性信度为 0.917。该问卷具备良好的结构效度，χ^2/df 为 3.367，CFI 为 0.953，RMSEA 为 0.052(90%置信区间为 0.047~0.057)，SRMR 为 0.059。[2]

3. 统计工具、方法

本研究采用 SPSS 20.0 和 Mplus 6 完成数据处理，主要统计方法包括因素分析、信度分析、方差分析、相关分析和潜变量的路径分析等统计方法。

二、随班就读教师融合教育素养现状及影响因素

(一)随班就读教师专业素养现状

采用配对样本 t 检验比较随班就读教师专业素养四维度间的差异。在随班就读教师专业素养四维度中，其均分由高到低分别是专业技能(M=4.029，SD=0.641)、专业态度(M=4.000，SD=0.736)、专业知识(M=3.478，SD=0.771)和获取支持能力(M=3.080，SD=0.849)。配对样本 t 检验结果表明，随班就读教师在专业技能上的得分显著高于在专业知识上(t=26.852，$p<0.001$)和在获取支持能力上(t=35.954，$p<0.001$)的得分；随班就读教师在专业态度上的得分显著高于在专业知识上(t=21.954，$p<0.001$)和在获取支持能力上(t=31.877，$p<0.001$)的得分；而随班就读教师在专业技能和专业态度上的得分差异未达到显著性水平(t=1.408，$p>0.05$)。

---

[1] 王雁、王志强、冯雅静：《随班就读教师专业素养现状及影响因素研究》，载《教师教育研究》，2015(4)。

[2] 王雁、王志强、程黎等：《随班就读教师课堂支持研究》，载《教育学报》，2013(6)。

(二)随班就读教师专业素养的影响因素分析

以背景变量为自变量,以随班就读教师专业素养的四个因子为因变量进行单因子多变量方差分析,即一个自变量多个因变量的检验。在本研究中,随班就读教师的背景变量包括两个部分:第一部分描述的是与随班就读工作无直接关系的背景变量,包括学历(大专及以下、本科、研究生)、职称(初级及以下、中级、高级)、最高学历专业(教育学类、非教育学类)、学段(小学、中学)、任教科目(语数外、非语数外);第二部分描述的是与随班就读工作有直接关系的背景变量,包括随班就读工作年限(3年以下、3~5年、6~10年、11~15年、15年以上)、累计接受随班就读培训时间(未接受、1个月以内、1个月以上)、所教残疾学生总数(5名以下、6~10名、11~15名、16~20名、20名以上)、是否担任残疾学生班主任(是、否)。

方差分析的多变量检验结果表明,在职称(Wilks' Lambda=0.978,$p<0.05$)、学段(Wilks' Lambda=0.959,$p<0.001$)、累计接受培训时间(Wilks' Lambda=0.900,$p<0.001$)、随班就读教龄(Wilks' Lambda=0.948,$p<0.01$)四个背景变量上,随班就读教师专业素养四因子的多变量统计检验结果达到显著性水平,即在四因子中至少有一个因变量在上述四个背景变量上的平均数差异达到显著性水平。而在其他背景变量上,随班就读专业素养四因子的多变量统计检验结果未达到显著性水平。进而,分别以职称、学段、累计接受培训时间、随班就读教龄为自变量进行单因素方差分析。描述性分析结果见表9-1,方差分析结果见表9-2。

方差分析结果表明,当变异源自职称背景变量时,专业态度、专业知识、专业技能和获取支持能力在职称变量上并未表现出显著性差异。当变异源自学段时,在专业技能上,小学随班就读教师的得分显著高于中学随班就读教师的得分;在获取支持能力上,中学随班就读教师的得分显著高于小学随班就读教师的得分。当变异源自累计接受培训时间时,在专业态度、专业知识、专业技能和获取支持能力上,接受培训累计1个月以内及1个月以上的随班就读教师的得分显著高于未接受培训的随班就读教师的得分,即接受过培训的随班就读教师的专业素养优于未接受过培训的随班就读教师。在变异源自随班就读教龄时,在专业知识和专业技能上,教龄在3年以下的随班就读教师的得分分别显著低于教龄在6~10年和教龄在11~15年的随班就读教师的得分,即教龄在6~15年的随班就读教师,其专业知识、专业技能优于教龄在3年以下的随班就读教师。

表 9-1 不同职称、学段、累计培训时间和随班就读教龄在专业素养各因子上的描述统计量摘要表

维度	水平	职称 N	职称 均值	职称 标准差	水平	学段 N	学段 均值	学段 标准差	水平	累计接受培训时间 N	累计接受培训时间 均值	累计接受培训时间 标准差	水平	随班就读教龄 N	随班就读教龄 均值	随班就读教龄 标准差
专业态度	初级及以下(A)	278	3.99	0.74	小学(A)	605	3.98	0.73	未接受(A)	652	3.93	0.75	3年以下(A)	359	3.96	0.76
	中级(B)	483	4.00	0.72	中学(B)	278	4.05	0.75	1月以内(B)	128	4.18	0.63	3~5年(B)	99	3.96	0.79
	高级(C)	73	4.15	0.74					1月以上(C)	103	4.21	0.69	6~10年(C)	134	4.09	0.69
													11~15年(D)	30	4.24	0.65
													15年以上(E)	31	3.90	0.69
专业知识	初级及以下(A)	278	3.52	0.75	小学(A)	605	3.47	0.75	未接受(A)	652	3.34	0.76	3年以下(A)	359	3.39	0.81
	中级(B)	483	3.47	0.77	中学(B)	278	3.50	0.81	1月以内(B)	128	3.76	0.68	3~5年(B)	99	3.43	0.75
	高级(C)	73	3.58	0.76					1月以上(C)	103	3.99	0.61	6~10年(C)	134	3.65	0.72
													11~15年(D)	30	3.88	0.68
													15年以上(E)	31	3.63	0.52
专业技能	初级及以下(A)	278	3.98	0.66	小学(A)	605	4.07	0.62	未接受(A)	652	3.96	0.65	3年以下(A)	359	3.93	0.64
	中级(B)	483	4.07	0.62	中学(B)	278	3.95	0.67	1月以内(B)	128	4.18	0.53	3~5年(B)	99	4.01	0.63
	高级(C)	73	4.09	9.67					1月以上(C)	103	4.29	0.59	6~10年(C)	134	4.14	0.58
													11~15年(D)	30	4.37	0.53
													15年以上(E)	31	3.96	0.58
获取支持能力	初级及以下(A)	278	3.11	0.83	小学(A)	605	3.02	0.87	未接受(A)	652	2.99	0.82	3年以下(A)	359	3.04	0.80
	中级(B)	483	3.03	0.86	中学(B)	278	3.20	0.79	1月以内(B)	128	3.23	0.90	3~5年(B)	99	2.91	0.83
	高级(C)	73	3.25	0.83					1月以上(C)	103	3.49	0.83	6~10年(C)	134	3.17	0.94
													11~15年(D)	30	3.31	0.83
													15年以上(E)	31	3.12	0.93

表 9-2　不同职称、学段、累计培训时间和随班就读教龄在专业素养各因子上的单变量方差分析摘要表

变异来源	维度	SS	df	MS	F	事后比较
职称	专业态度	1.612	2	0.806	1.514	
	专业知识	1.006		0.503	0.866	
	专业技能	1.542		0.771	1.896	
	获取支持能力	3.514		1.757	2.457	
学段	专业态度	0.951	1	0.951	1.755	
	专业知识	0.206		0.206	0.347	
	专业技能	2.556		2.556	6.267**	A>B
	获取支持能力	6.290		6.290	8.805*	B>A
累计接受培训时间	专业态度	11.514	2	5.757	10.856***	C>A；B>A
	专业知识	49.465		24.732	45.898***	C>A；B>A
	专业技能	12.977		6.488	16.366***	C>A；B>A
	获取支持能力	26.389		13.194	19.057***	C>A；B>A
随班就读教龄	专业态度	3.628	4	0.907	1.641	
	专业知识	12.456		3.114	5.339***	A<C；A<D
	专业技能	8.167		2.042	5.299***	A<C；A<D
	获取支持能力	5.790		1.447	2.038	

三、随班就读教师课堂支持与专业素养的关系：获取支持能力的中介作用

(一)数据分析程序

在本研究中，《随班就读教师课堂支持问卷》中的六因子作为自变量，《随班就读教师专业素养问卷》中的专业态度、专业知识和专业技能作为因变量，而《随班就读教师专业素养问卷》中获取支持能力作为中介变量。中介变量是一个重要的统计概念，如果自变量 X 通过某一变量 M 对因变量 Y 产生一定影响，

则称 M 为 X 和 Y 的中介变量。① 参考温忠麟等②和方杰等③推荐的中介效应检验程序完成本研究的数据处理。具体步骤如下：第一步，相关分析。检验自变量、中介变量与因变量之间相关系数的显著性。第二步，中介效应分析。依次检验系数 a(自变量对中介变量的标准回归系数)和 b(中介变量对因变量的标准回归系数)。若 a 和 b 均显著，检验系数 c′(自变量对因变量的回归系数)，如果 c′不显著，说明是完全中介效应，即自变量对因变量的影响都是通过中介变量实现的；如果 c′显著，说明自变量对因变量的影响只有一部分是通过中介变量实现的。若 a 和 b 至少有一个不显著，进行 Sobel 检验($Z = ab / \sqrt{a^2 S_b^2 + b^2 S_a^2}$)，如果显著，说明存在部分中介效应，如果不显著，说明不存在中介效应。最后以 ab/c 计算中介效应 ab 在总效应 c(c = ab + c′)中所占的比例。

(二)相关统计分析结果

本研究中，所考察的各变量间相关系数见表 9-3。有研究者指出，显著性相关是进行中介效应检验的前提。④ 研究结果显示，各变量间的相关系数均达到显著性水平。

表 9-3　相关分析结果摘要表

变量	专业态度	专业知识	专业技能	获取支持能力	物理环境调整	教辅教具配置	专业人员指导	同事支持	融合教育氛围
专业知识	0.561***								
专业技能	0.616***	0.641***							
获取支持能力	0.422***	0.547***	0.474***						
物理环境调整	0.426***	0.509***	0.404***	0.628***					
教辅教具配置	0.371***	0.464***	0.323***	0.609***	0.666***				
专业人员指导	0.305***	0.356***	0.218***	0.561***	0.483***	0.641***			
同事支持	0.391***	0.412***	0.550***	0.366***	0.335***	0.279***	0.302***		

---

① 卢谢峰、韩立敏：《中介变量、调节变量与协变量——概念、统计检验及其比较》，载《心理科学》，2007(4)。

② 温忠麟、张雷、侯杰泰，等：《中介效应检验程序及其应用》，载《心理学报》，2004(5)。

③ 方杰、张敏强、邱皓政：《中介效应的检验方法和效果量测量：回顾与展望》，载《心理发展与教育》，2012(1)。

④ 周宗奎、孙晓军、赵冬梅：《童年中期同伴关系与孤独感的中介变量检验》，载《心理学报》，2005(6)。

续表

变量	专业态度	专业知识	专业技能	获取支持能力	物理环境调整	教辅教具配置	专业人员指导	同事支持	融合教育氛围
融合教育氛围	0.558***	0.442***	0.660***	0.318***	0.321***	0.254***	0.150***	0.506***	
学校领导支持	0.467***	0.514***	0.557***	0.426***	0.404***	0.388***	0.367***	0.540***	0.589***

注：* $p<0.05$；** $p<0.01$；*** $p<0.001$。

（三）中介效应检验结果

本研究中，研究者假设获取支持能力是随班就读教师课堂支持六因子和随班就读教师专业态度、专业知识和专业技能的中介变量。获取支持能力在随班就读教师课堂支持六因子和专业态度、专业知识、专业技能间起到中介作用。这一模型的验证性因素分析发现，χ^2/df 为 2.647，CFI 为 0.921，RMSEA 为 0.043（90% 置信区间为 0.041～0.045），SRMR 为 0.049。该结果表明，模型与数据拟合良好。① 各潜变量（即自变量、中介变量和因变量）间的标准回归系数见表 9-4。

表 9-4　各潜变量间标准回归系数摘要表

系数		获取支持能力	专业性支持(X)			社会性支持(X)		
			物理环境调整	教辅教具配置	专业人员指导	同事支持	融合教育氛围	学校领导支持
获取支持能力(M)	a		0.409***	0.243***	0.171***	0.046	0.028	0.077
专业态度(Y)	b	0.165**						
	c'		0.126	0.019	0.052	0.020	0.457***	0.040
	ab		0.067*	0.040*	0.028*	0.008	0.005	0.013
专业知识(Y)	b	0.337***						
	c'		0.126*	0.087	−0.107*	0.088	0.113*	0.232***
	ab		0.138***	0.082**	0.058**	0.016	0.009	0.026
专业技能(Y)	b	0.317***						
	c'		0.027	−0.025	−0.144*	0.239***	0.425***	0.096
	ab		0.130***	0.077**	0.054**	0.015	0.009	0.024

注：* $p<0.05$；** $p<0.01$；*** $p<0.001$。

---

① 侯杰泰、温忠麟、成子娟：《结构方程模型及其应用》，155—161 页，北京，教育科学出版社，2004。

表 9-4 数据表明,物理环境调整对获取支持能力的标准回归系数达到显著性水平($a=0.409$,$p<0.001$),且获取支持能力对专业态度、专业知识和专业技能的标准回归系数亦达到显著性水平($b=0.165$,$p<0.01$;$b=0.337$,$p<0.001$;$b=0.317$,$p<0.001$)。另外,物理环境调整对专业态度、专业技能的标准回归系数未达到显著性水平($c'=0.126$,$p>0.05$;$c'=0.027$,$p>0.05$),而物理环境调整对专业知识的标准回归系数达到显著性水平($c'=0.126$,$p<0.05$)。研究表明,物理环境调整对专业态度、专业技能的影响完全通过获取支持能力这一中介变量实现。而物理环境调整对专业知识的影响则部分地通过获取支持能力这一中介变量实现,中介效应占总效应的比例为52.3%。

教辅教具配置对获取支持能力的标准回归系数达到显著性水平($a=0.243$,$p<0.001$),且获取支持能力对专业态度、专业知识和专业技能的标准回归系数亦达到显著性水平($b=0.165$,$p<0.01$;$b=0.337$,$p<0.001$;$b=0.317$,$p<0.001$)。另外,教辅教具配置对专业态度、专业知识和专业技能的标准回归系数均未达到显著性水平($c'=0.019$,$p>0.05$;$c'=0.087$,$p>0.05$;$c'=-0.025$,$p>0.05$)。研究表明,教辅教具配置对专业态度、专业知识和专业技能的影响完全通过获取支持能力这一中介变量实现。

专业人员指导对获取支持能力的标准回归系数达到显著性水平($a=0.171$,$p<0.001$),且获取支持能力对专业态度、专业知识和专业技能的标准回归系数亦达到显著性水平($b=0.165$,$p<0.01$;$b=0.337$,$p<0.001$;$b=0.317$,$p<0.001$)。另外,专业人员指导对专业知识、专业技能的标准回归系数达到显著性水平($c'=-0.107$,$p<0.05$;$c'=-0.144$,$p<0.001$),而专业人员指导对专业态度的标准回归系数未达到显著性水平($c'=0.052$,$p>0.05$)。研究表明,专业人员指导对专业态度的影响完全通过获取支持能力这一中介变量实现,但专业人员指导对专业知识、专业技能的影响则部分地通过获取支持能力这一中介变量实现,中介效应占总效应的比例分别为20.9%和27.3%。

同事支持对获取支持能力的标准回归系数未达到显著性水平($a=0.046$,$p>0.05$),但获取支持能力对专业态度、专业知识和专业技能的标准回归系数达到显著性水平($b=0.165$,$p<0.01$;$b=0.337$,$p<0.001$;$b=0.317$,$p<0.001$),因此,进行 Sobel 检验。Sobel 检验并未达到显著性水平,该结果表明,获取支持能力在同事支持对专业素养的影响中未起到中介作用,但同事支

持对专业技能具备显著的直接影响($c'=0.239$,$p<0.001$)。

融合教育氛围对"获取支持能力"的标准回归系数未达到显著性水平($a=0.028$,$p>0.05$),但获取支持能力对专业态度、专业知识和专业技能的标准回归系数达到显著性水平($b=0.165$,$p<0.01$;$b=0.337$,$p<0.001$;$b=0.317$,$p<0.001$),因此,进行 Sobel 检验。Sobel 检验并未达到显著性水平,该结果表明,获取支持能力在融合教育氛围对专业素养的影响中未起到中介作用,但融合教育氛围对专业知识和专业技能具备显著的直接影响($c'=0.113$,$p<0.05$;$c'=0.425$,$p<0.001$)。

学校领导支持对获取支持能力的标准回归系数未达到显著性水平($a=0.077$,$p>0.05$),但获取支持能力对专业态度、专业知识和专业技能的标准回归系数达到显著性水平($b=0.165$,$p<0.01$;$b=0.337$,$p<0.001$;$b=0.317$,$p<0.001$),因此,进行 Sobel 检验。Sobel 检验并未达到显著性水平,该结果表明,获取支持能力在学校领导支持对专业素养的影响中未起到中介作用,但学校领导支持对专业知识具备显著的直接影响($c'=0.232$,$p<0.001$)。

表9-5 Sobel 检验摘要表

中介作用路径	同事支持—获取支持能力—专业素养			融合氛围—获取支持能力—专业素养			领导支持—获取支持能力—专业素养		
	专业态度	专业知识	专业技能	专业态度	专业知识	专业技能	专业态度	专业知识	专业技能
Z值	1.000	0.936	0.938	0.192	0.529	0.563	0.406	1.238	1.263

四、随班就读教师融合教育素养现状及与课堂支持关系分析

(一)随班就读教师专业素养水平一般

研究发现,北京地区随班就读教师专业素养的总体得分处于3~4分之间,处于不太符合到比较符合的程度,说明其融合教育素养的整体水平一般。其中随班就读教师的专业知识得分显著低于专业态度和专业技能。随班就读教师专业知识的提升对专业化培训的依赖性更强是导致这种结果的可能原因。相较于专业知识,专业态度的转变和发展需要随班就读教师接触融合教育的理念,但更多的是在教学实践中逐渐养成的,是在与残疾学生、特殊教育和相关专业人

员,以及与残疾学生家长的互动中逐渐培养的,是在残疾学生表现出正向的、积极的和发展性的特质时逐渐促动和形成的。而对于专业技能,由于随班就读教育对象一般为各类轻度残疾儿童少年,因此,针对普通学生的教学和管理策略会较容易地迁移到残疾学生身上,进而当随班就读教师在面对残疾学生时并不会表现出束手无措。而专业知识包括了随班就读教师在教育残疾学生时所需的政策法规、理论知识和实践知识等,虽然这些内容的某些方面也可以在实践中摸索、积累,但更多的还是需要通过专业化培训来实现。在接受调查的随班就读教师中,有69.5%的被调查随班就读教师报告其尚未接受过特殊教育专业的在职培训,在接受过特殊教育专业在职培训的随班就读教师中,14.5%的教师所接受培训时间不及1个月。缺失或缺乏特殊教育专业的在职培训均不利于随班就读教师专业知识的积累,因此,有必要增加随班就读教师的特殊教育专业化培训,提升随班就读教师专业知识水平。

研究表明,相较于专业态度、专业知识和专业技能,随班就读教师获取支持能力最差。随班就读教师缺乏获取支持能力的原因在于,相较于残疾学生,普通学生才是普校班级的主体。普通学生人数上的优势及由此产生的教育需求必将占据教师更多的精力,进而限制了随班就读教师对支持的主动获取。另外,"拔尖""培优"的培养目标往往使随班就读教师无暇顾及残疾学生的存在。尽管近年来反对片面追求升学率,倡导素质教育的呼声与力度较高,但受制于传统文化中精英教育模式的影响,仍然过分强调竞争、考试、升学率。[①] 在如此教育体制下,残疾学生的全面发展自然被忽视,限制随班就读教师对支持的主动获取。

(二)随班就读教师专业素养在背景变量上表现出差异

1. 在学段因素上表现出差异

研究表明,小学教师在专业技能上的得分显著高于初中教师,而在获取支持能力方面,小学教师的得分却显著低于初中教师。这一研究结果可能与我国传统的精英教育模式,即过于强调竞争、考试、升学率有关。虽然竞争、考试、升学率同样会出现在小学阶段,但与初中教师相比,小学教师教学工作中

[①] 邓猛:《融合教育与随班就读:理想与现实之间》,84页,武汉,华中师范大学出版社,2009。

面临的上述压力相对较小,进而有更多的精力关注班中的残疾学生、学习特殊教育的相关技能,并且在相对较多的弹性空间中实践相关技能,因此,在专业技能上的表现要好于初中教师。相反,初中面临更大的升学压力,片面地追求学生的升学率和学业成就,使初中教师无暇顾及班中的残疾学生,更没有精力学习和主动寻求机会接触与随班就读工作相关的专业技能。如有研究发现,初中随班就读工作在管理制度制定、教师职责制定、教师工作量认定、教师随班就读工作考评、教研活动开展、个别化教育计划制定、与家长的沟通和合作等方面落后于小学随班就读工作[1],一定程度上反映出了初中阶段课业难度加大、竞争等压力加大等对初中随班就读工作及初中教师参与随班就读工作精力的影响。至于初中随班就读教师的获取支持能力好于小学的随班就读教师的原因,则需要进一步的研究探讨。

2. 在随班就读工作教龄上表现出差异

研究表明,从事随班就读的前15年,随班就读教师的专业知识和专业技能得分随教龄的增长而上升,从第16年开始呈下降趋势,教龄6~15年的教师,其在专业知识和专业技能上的得分显著高于教龄在3年以下的教师。这一方面与教师职业发展规律有关,另一方面与随班就读教师的培养、培训有关。

从教师职业发展的规律来看,从事工作3年以内,教师处于职业发展的初期阶段。虽然承担随班就读工作任务对于教师的职业发展来讲可能并不会产生实质性或根本性的影响,但教育对象、内容及所需的知识、技能的变化在一定程度上促使教师再次进入一个相对的适应和转型阶段,因此,专业素养水平相对较低。而进入职业稳定期(从教16~20年)的教师处于职业生涯的高原期,会出现职业倦怠和疲劳现象。[2] 相关研究也表明,教师职业倦怠随着教龄的增长呈上升又下降的趋势,倦怠总分及各维度均在工作16~20年达到顶峰,教师在专业知识的更新、技能的训练等方面都有一定的消极表现。也许随班就读教师在从事随班就读工作后的第16年前后也会进入职业生涯的高原期,职业倦怠影响了其与随班就读工作相关的专业知识、专业技能的持续性发展。在我

---

[1] 于素红:《上海市普通学校随班就读工作现状的调查研究》,载《中国特殊教育》,2011(4)。

[2] Fessler, R. & Christensen, C. J., *The Teacher Career Cycle: Understanding and Guiding the Professional Development of Teachers*, Boston: Allyn and Bacon, 1992, pp. 35-38.

国职前师范教育中与随班就读工作相关知识的缺乏①及职后系统在职培训的不足，使得随班就读教师在应对残疾学生发展中的诸多问题时更多地依靠实践中的摸索和经验积累，虽然随班就读教师的专业知识和专业技能随教龄增长在稳定上升中，但由于缺乏源自外在的专业化培训的支持，促使随班就读教师的专业知识和专业技能的发展趋于缓慢，在从事随班就读工作第6年前后才取得了专业知识和专业技能的显著提升。

3. 接受过特殊教育在职培训随班就读教师的专业素养水平高

研究表明，接受过特殊教育在职培训的教师，其在专业素养各维度上的得分均显著地高于未接受过特殊教育在职培训的教师。虽然仅26.2%的教师报告其曾经接受过特殊教育相关的职后培训，但接受过特殊教育专业培训的教师比没有接受过的教师在专业素养各维度上均有着明显的优势。这一结果充分反映出职后培训在我国随班就读教师专业素养发展中的关键作用。目前，我国普通师范教育职前培养阶段的有关特殊教育或融合教育的课程设置并不尽如人意，从事随班就读工作的教师很少接受过任何特殊教育基本知识、技能的训练，因此，职后培训成为随班就读教师接受特殊教育相关专业培训重要途径。通常，累计接受培训的时间越长，教师接受特殊教育相关的培训越多，对残疾学生和随班就读工作本身的认识就越准确、越深刻，并且越容易掌握随班就读工作所需的专业知识和技能，但本研究并未发现累计培训时间超过1个月的随班就读教师在专业素养上显著优于累计培训时间不足1个月的随班就读教师。原因一方面可能在于与随班就读工作相关的专业培训内容相对缺乏操作性、系统性和连续性，抑或传统的讲授式培训形式无法满足教师学习的需要；另一方面也可能在于本研究所划分的累计培训时间段，即1个月的培训量并不足以促使随班就读教师的专业素养发生显著的提升。总之，需要研究者针对被调查地区随班就读教师已有培训情况做进一步了解。

（三）获取支持能力的中介作用

整体上，技术性支持（即物理环境调整、教辅教具配置和专业人员指导）主要通过获取支持能力这一中介变量对专业态度、专业知识和专业技能产生影

---

① 王雁、肖非：《中国特殊教育教师培养研究》，296页，北京，北京师范大学出版社，2012。

响；而社会性支持（即同事支持、融合教育氛围和学校领导支持）并未通过获取支持能力这一中介变量对专业态度、专业知识和专业技能产生影响。研究表明，不同支持类型在促进随班就读教师专业态度、专业知识和专业技能发展机制上存在差异。

1. 技术性支持与专业素养

研究表明，虽然物理环境调整对专业知识具有显著的直接效应（$c'=0.126$，$p<0.05$），但中介效应（或间接效应）是更为重要的（中介效应比重为52.3%）。因此，可以说物理环境调整和教辅教具配置主要通过获取支持能力这一中介变量发挥对随班就读教师专业态度、专业知识和专业技能的促进作用。与社会性支持相比，技术性支持与主体（即随班就读教师）间缺少社会性联系，其互动具有单向性。在本研究中，调整了的物理环境与教辅教具是客观存在的物理性支持，它们配置于随班就读教师开展随班就读工作的环境中。支持的性质决定了此类支持不具备能动性。因此，只有当随班就读教师主动地感知课堂物理环境的变化或者也能主动进行环境调整，将配置于课堂中的教辅教具应用于随班就读工作中，并认识到这种变化和应用可以为残疾儿童少年参与学校生活提供便利时，它们才可能成为提升随班就读教师专业态度、专业知识与专业技能的源泉。

专业人员指导与随班就读教师专业态度、专业知识和专业技能间变化关系相对复杂。一方面，专业人员指导在随班就读教师专业态度的发展中起到了完全中介作用。另一方面，专业人员指导在随班就读教师专业知识、专业技能的发展中起到了部分中介作用（中介效应比重分别为20.9%和27.3%），即专业人员指导对随班就读教师专业知识、专业技能产生了直接效应。但是，这种直接效应却是负向的，即在考虑获取支持能力这一中介变量的作用时，随着专业指导的增多，随班就读教师专业知识、专业技能反而降低。这可能与现有随班就读教师所获得的专业支持类型少及专业性不强有关，即专业人员的指导并不能满足随班就读教师开展随班就读工作的需要。抑或是随班就读教师认为课堂中残疾学生的问题就应该由专业人员解决，而对专业人员过于依赖。这一结果表明，专业人员指导与获取支持能力之间可能存在着交互作用，获取支持能力在专业人员指导与专业知识之间、在专业人员指导与专业技能之间可能存在着调节作用。因此，在未来的研究中，需要进一步探讨专业人员指导与获取支持能力之间可能存在的调节关系,为获取支持能力存在的合理性提供进一步的实证研究依据。

获取支持能力这一中介变量的呈现,一方面改变了专业人员指导与专业素养之间的正向相关关系;另一方面指出了专业人员指导与专业素养间的关系路径,即专业人员指导完全地通过获取支持能力对专业态度产生影响,而部分地通过获取支持能力对专业知识和专业技能产生影响。专业人员指导在支持源的性质上不同于物理环境调整和教辅教具配置,即专业人员在向参与随班就读工作的普校教师提供专业指导时具备能动性。但从支持源的可能受益者角度分析,专业人员并非随班就读教师固有的社会关系网络成员,他们的联系仅限于随班就读工作中。因此,当随班就读教师未调动自身获取支持的能动性时,专业人员指导与物理环境调整、教辅教具配置均可能成为随班就读教师"视而不见"的支持源。与物理环境调整、教辅教具配置的作用机制一样,专业人员的专业指导若要发挥其促进随班就读教师专业态度、专业知识和专业技能的作用,需要调动随班就读教师的主观能动性。总之,获取支持能力在随班就读教师技术性支持与专业素养之间发挥着完全或部分的中介作用。

2. 社会性支持与专业素养

研究表明,不同于技术性支持对专业态度、专业知识和专业技能的作用机制,社会性支持不需要获取支持能力这一中介变量发挥中介效应来促进随班就读教师专业态度、专业知识和专业技能的发展,即社会性支持对专业态度、专业知识和专业技能的发展具有显著的直接效应。不同于技术性支持,社会性支持源均具备能动性。另外,为随班就读教师提供社会性支持的个体包括了学校领导、同事,以及学生和学生家长,这些个体均存在于随班就读教师日常的社会关系网络中,随班就读教师与上述个体之间存在着天然的互动关系。因此,与随班就读工作相关的支持更容易在此社会关系网络中发挥作用,并进而促进随班就读教师专业态度、专业知识和专业技能的发展。

具体分析,由于随班就读教师与其同事处于相似的专业发展水平阶段,相比于专业态度、专业知识,他们更有可能在专业技能上,即在如何应对残疾儿童少年的教育问题上分享彼此的经验,进而促进随班就读教师在专业技能上的发展。融合教育氛围描述残疾学生与普通学生之间的关系,以及普通学生家长对随班就读的态度。良好的同伴关系可以促使随班就读教师接受融合教育的思想，并更有可能认同随班就读在促进残疾儿童少年身心发展中的积极作用，进而提升随班就读教师的专业态度。另外，积极的同伴互动为随班就读教师开展残疾学生的教育教学活动提供了广泛的可操作空间，在减轻随班就读教师工作压力并取得一定成绩的同时，更有可能促使其发挥主体能动性积极地参与提升专业知识、专业技能的活动中。学校领导的支持体现在学校的有关随班就读工作的制度建设上。相比于同事支持和融合教育氛围，学校领导的支持更具宏观性，理应全面地影响随班就读教师的专业态度、专业知识和专业技能，而不应仅局限于专业知识上。因此，学校领导支持在随班就读教师专业素养发展中的作用值得进一步探讨。

五、基本结论与建议

(一)基本结论

1. 随班就读教师专业素养现状与特征

随班就读教师的融合教育素养整体水平一般。其中随班就读教师的专业知识得分显著低于专业态度和专业技能。相较于专业态度、专业知识和专业技能，随班就读教师获取支持能力最差。

随班就读教师专业素养在背景变量上表现出差异。具体表现如下。

在学段因素上，小学教师在专业技能上的得分显著高于初中教师，而在获取支持能力方面，小学教师的得分却显著低于初中教师。

在随班就读工作教龄上，从事随班就读的前15年，随班就读教师的专业知识和专业技能得分随教龄的增长而上升，从第16年开始呈下降趋势，教龄6～15年的教师，其在专业知识和专业技能上的得分显著高于教龄在3年以下的教师。

在是否接受过特殊教育在职培训上，接受过特殊教育在职培训的教师，其在专业素养各维度上的得分均显著地高于未接受过特殊教育在职培训的教师。

2. 随班就读教师课堂支持与专业素养的关系——获取支持的中介作用

整体上，技术性支持(即物理环境调整、教辅教具配置和专业人员指导)主要通过获取支持能力这一中介变量对专业态度、专业知识和专业技能产生影响；而社会性支持(即同事支持、融合教育氛围和学校领导支持)并未通过获取支持能力这一中介变量对专业态度、专业知识和专业技能产生影响。研究表明，不同支持类型在促进随班就读教师专业态度、专业知识和专业技能发展机制上存在差异。

(二)建议

1. 发挥"获取支持能力"的关键作用，构建以提升"自主性"为核心的在职培训模式

高水平的师资队伍是提升随班就读工作质量的保证。本研究发现，培训是影响随班就读教师专业素养的重要因素。由于随班就读教师在师范教育阶段缺失或缺少与随班就读工作相关的知识与技能储备，因此，通过在职培训以强化随班就读教师与随班就读工作相关的专业素养就变得更为紧迫和必要。在探索随班就读教师在职培训模式中，研究者主张发挥"获取支持能力"的关键作用，构建以提升"自主性"为核心的在职培训模式。理由在于：首先，现阶段我国随班就读教师面临职前培养缺失和职后培训缺乏的尴尬局面，随班就读工作中的诸多实践问题需要随班就读教师在充分利用现有支持的条件下自主探索、自主解决。其次，教师培训活动是由教师内在的自然成长与外向的接受教育训练两部分构成的，其实质就是教师教育者按照教师发展的规律来设计教师教育活动与教师按照自身及实践发展的需要来参与教师教育活动两方面的统一体。[①] 在这一过程中，教师在教师培训活动中的主体性地位得以凸显，而教师是否能主动、积极参与成为教师培训活动成功与否的关键。最后，研究发现体现着随班就读教师专业发展中的主动意识及自主性的"获取支持能力"得分最低；研究还发现随班就读教师课堂支持中的技术性支持更多地通过获取支持能力这一中介变量对专业态度、专业知识和专业技能产生影响，进而提升随班就读教师的专业素养，以使随班就读教师在促进随班就读工作整体发展中发挥积极作用。因此，在强调随班就读教师专业素养提升及随班就读支持保障体系建设的当下，如果不能抓住随班就读教师获取支持能力这一提升其专业素养的关键要素，再好的物理环境支持、教辅教具配备及专业人员指导也可能只是"摆设"而已。可见随班就读教师素养的提升理应触及其核心，即获取支持能力的提升，如此，才能使技术性支持摆脱"摆设"的身份。

[①] 栗洪武：《变革教师培训模式，推进教师教育转型》，载《当代教育研究》，2008(1)。

2. 改善随班就读教师的课堂支持水平

融合教育只有在学校与教师得到足够的人力和物质资源的情况下才有可能获得成功。[①] 课堂是随班就读教师开展随班就读教学实践的"主阵地",随班就读教师能否给予随班就读学生所需要的教育,受随班就教师自身的专业素养及与其所获得的课堂支持之间互动的影响。本研究发现,随班就读教师所获得的社会性支持直接对其专业态度、专业知识及专业技能产生影响;随班就读教师所获得的技术性支持主要通过获取支持能力这一中介变量对其专业态度、专业知识及专业技能产生影响。可见,积极地为随班就读教师提供课堂支持,是基于随班就读教师的视角和需要,有效促进随班就读课堂教学实践的核心策略。已有研究结果显示教师所获得的课堂支持并不乐观。[②] 那么,政府、社会、学校应该如何改善当前这种不甚充足的直指课堂的支持状况,人、物、制度等各层面的支持体系应如何建立,这不仅是基于随班就读支持保障体系建设的感性呼唤,更是基于随班就读教师专业化水平提升的理性思考。

第三节 随班就读教师融合教育素养的培养[③]

一、对随班就读教师融合教育素养培养必要性的认识

从职前培养阶段养成教师的融合教育素养,使其为在普通环境中教育和培养包括残疾儿童在内的所有儿童做好准备,这应是对融合教育给教师教育带来挑战的"回应"。

在教师教育中,如能在职前就进行融合教育素养的培养,对他们崇尚融合教育理念,形成对实施融合教育坚定的信念,接受和支持多样性,公平对待大差异班级中的每一个学生,灵活使用教学方法与教材,提升适应多样化的学习需求和应对由此带来挑战的能力大有裨益。国外有学者指出"普通教育教师在

[①] Lang, G., & Berberich, C., *All Children Are Special: Creating an Inclusive Classroom*, New York, Stenhouse Publisher, 1995, pp. 24-25.

[②] 王雁、王志强、程黎、等:《随班就读教师课堂支持研究》,载《教育学报》,2013(6)。

[③] 编者注:本节所指的"培养",仅涉及职前培养部分。

融合环境中教育残疾学生能力的培养必须从职前阶段开始"。[1] 因此，融合教育理应被了解、重视，并融入教师的职前教育中。教师职前教育必须为准教师们提供必要的知识、能力和价值观，使他们有能力创设和发展融合的学习环境，推动融合教育的开展。

首先，职前培养教师具备一定的融合教育素养，可以形塑其对融合教育的态度，并形成未来实施融合教育的信念。教师如何看待融合教育，是否认同融合教育对其实施有着举足轻重的作用，有人甚至认为是融合教育成败的关键[2]。有研究表明，教师职前培养项目能有效提高教师对融合教育的支持态度，使教师更深刻地理解融合教育。[3] 还有人通过研究发现在融合教育情境下，专业态度积极且自我效能感高的教师更能够有效进行学生的课堂管理。[4] 如果教师在他们接受教师教育之初就接触融合教育，在融合教育的环境中滋养、浸润，不仅可以使未来的教师能够接受多样化，将大差异班级的课堂视为正常，并能为大差异班级的课堂提供优质的教学，以及自如面对课堂上、学校中的社会挑战和教育挑战。同时他们将更有可能把融合教育作为教师的基本职责，更有可能将学生的多样化看作是一种优势而不是一个难题来看待，不会当成额外负担或不会因成为新教育方式的"小白鼠"而感到恐惧。[5]

其次，职前对教师进行融合教育素养的培养，可以提升教师知识和能力，可以使教师具备满足不同文化背景学生的多元需求的能力，并将对其后续的教

---

[1] Singh, D. K., "Preparing General Education Teachers for Inclusion," in *29th Teacher Education Division of the Council for Exceptional Children and the Second Annual Technology and Media Division Joint Conference*, San Diego, CA. 2006, p. 11.

[2] Hodkinson, A., "Inclusive and Special Education in the English Educational System: Historical Perspectives, Recent Developments and Future Challenges," *British Journal of Special Education*, 2010, 37(2), pp. 61-67.

[3] Cameron, D. L. & Jortveit, M., "Do Different Routes to Becoming a Special Educator Produce Different Understandings of the Profession and its Core Concepts?" *European Journal of Special Needs Education*, 2014, 29(4), pp. 559-570.

[4] Main, S., & Hammond, L., "Best Practice or Most Practiced? Pre-Service Teachers' Beliefs about Effective Behavior Management Strategies and Reported Self-Efficacy," *Australian Journal of Teacher Education*, 2008, 33(4), pp. 28-39.

[5] ［英］伊安·卡普兰、因格里德·刘易斯：《推进全纳教师教育：倡导指南》，20页，饶从满、李晓，译，长春，东北师范大学出版社，2015。

育教学工作产生一定的影响。如学习关于融合教育发展、残疾学生特征、融合教育课程与教学等知识，并能熟练运用所学的专业知识满足每个学生的特殊需求。又如获得合作教学、差异教学等能力，以及应对不同残疾类型学生所需特定技能等，并恰当运用各种能力，帮助每个学生都能融入课堂，及时应对各种突发事件。

最后，在教师入职之前对他们进行融合教育素养的培养，比入职之后努力改变他们的态度或行为要更划算，更高效。比起职后教育，教师职前教育还能涉及更多的师范生，对他们的影响也更深刻，可以让更多学校和课堂有可能变得更具融合性。另外，让教师从他们职业发展的第一天开始就一直学习、体验、实践融合教学的方法，对持续的专业发展也是非常重要的，它不仅对未接触过融合教育的职前教师有所帮助，还能促进所有教师持续性改进融合教育。因此，在教师职前教育中培养其具备融合教育的素养是推进融合教育的重要一环，理应处于"重中之重"之位。

二、我国普通教师融合教育素养职前培养的现状

在我国颁布的相关政策文件中，对在职前培养普通教师具备一定的融合教育素养有所倡导。早在1989年，原国家教委、国家计委、民政部、财政部等八部委联合颁布的《关于发展特殊教育的若干意见》中就明确提出，"各地普通中等师范学校、幼儿师范学校的有关专业课，可根据当地需要适当增加特殊教育内容；高等师范院校应有计划地增设特殊教育选修课程"；在此之后的《关于开展残疾儿童少年随班就读工作的试行办法》(1994)、《关于"十五"期间进一步推进特殊教育改革和发展的意见》(2001)、《中华人民共和国残疾人保障法》(2008)、《关于加强特殊教育教师队伍建设的意见》(2012)、《残疾人教育条例》(2017)等一系列法律、法规中均对普通教师职前培养中增加特殊教育相关内容做出了规定和要求。在具有最高强制力的《中华人民共和国残疾人保障法》中规定"普通师范院校开设特殊教育课程或者讲授有关内容，使普通教师掌握必要的特殊教育知识"；在2012年教育部、中央编办等联合颁布的《关于加强特殊教育教师队伍建设的意见》中指出"改革培养模式，……支持师范院校和其他高等学校在师范类专业中普遍开设特殊教育课程，培养师范生具有指导残疾学生

随班就读的教育教学能力",并首次规定"将特殊教育相关内容纳入教师资格考试"。在 2014 年出台的《特殊教育提升计划(2014—2016 年)》中更进一步提出"鼓励高校在师范类专业中开设特殊教育课程,培养师范生的全纳教育理念和指导残疾学生随班就读的教学能力"。2017 年出台的《第二期特殊教育提升计划(2017—2020 年)》中再一次强调了"普通师范院校和综合性院校的师范专业普遍开设特教课程。在教师资格考试中要含有一定比例的特殊教育相关内容"。可见,普通教师融合教育素养的职前培养已经有了一定程度的政策保障。

从政策层面看我国普通教师融合教育素养的职前培养,基本上是倡导采取"独立设课"这一方式,定位于开设特殊教育课程。然而由于政策刚性不足,再加之执行不力,普通师范院校和综合性院校的师范专业特殊教育课程的开设基本缺位,相关的内容在高等师范院校的课堂上基本处于"失语"状态。有研究发现:在所调查的 137 所普通师范院校中,正在开设(包括曾经开设和偶尔开设)特殊教育课程的有 19 所,绝大多数院校(118 所)因不了解相关规定、领导不重视、缺乏专业师资等多种原因从未开设过特教课程(包括选修课或必修课)。[1] 王娟等认为,相比于国外相对成熟的融合教育经验,我国职前教师教育课程中普遍缺少全纳教育的相关内容,普通师资培养课程中没有特殊教育或有关特殊教育需要的基本知识与技能。[2] 即使是近些年为普通师范生开设的融合教育和特殊教育相关课程有所增加,但其选修课的性质决定了该课程在课程内容、实施以及评价等方面本身具有较强的灵活性和较大的自由度。仅由高校专业课教师根据自身对特殊教育、融合教育及随班就读的理解组织课程内容,未真正考虑普通教师在随班就读情境中的现实需要及该课程在教师职前培养中的地位和作用[3]。更不用提在教师培养体系中体现融合教育的理念,将融合教育的理念、知识及技能等全部融入教师培养的课程中。

---

[1] 汪海萍:《普通师范院校特殊教育课程开设情况调查》,载《中国特殊教育》,2006(12)。
[2] 王娟、王嘉毅:《我国职前教师教育中全纳教育的现状及对策研究》,载《中国特殊教育》,2009(12)。
[3] 冯雅静、李爱芬、王雁:《我国普通师范专业融合教育课程现状的调查研究》,载《中国特殊教育》,2016(1)。

三、美国普通教师融合教育素养职前培养的经验

美国是融合教育发展水平较高的国家,在 20 世纪五六十年代率先在教师教育领域有所变革,即开始对普通教师的特殊教育能力的培养进行了规定和要求。从职前就开始培养普通教师要具备一定的融合教育素养,很好地回应残疾儿童加入、教育对象差异增大给普通教师素质和教师培养工作带来的挑战和需求。当然也走过了从早先仅开设一门特殊教育的课程,到将融合教育的理念、知识及技能融入教师教育课程的历程,不断变革,不断探索,经历了"独立设课"及"独立设课"与"项目层面融合——普教教师与特殊教育教师合并培养"方式并存时期,形成较为稳定、完整的融合教育教师职前培养课程和模式。

(一)独立设课方式:从"知识补充"走向"技能提升"

独立设课,即在普通教师的职前培养方案中加入一门针对融合教育或特殊教育的专门课程以培养职前教师胜任融合教育的能力,是普通教师融合教育素质职前培养中可操作性较强、较为便利的方式。无疑,美国在教师教育改革之初也选择了这种方式,且直至现在,独立设课的方式在美国教师职前培养项目中仍然存在,但已经经过了一系列发展、深化和变革,不断体现出融合教育实践发展的直接需要,更加强了对教师融合教育实践技能和情感的培养。

1975 年,美国《所有残疾儿童教育法(PL 94-142)》(Individual with Disabilities Education Act,IDEA)正式颁布,这一法律在保障美国残疾儿童基本受教育权利方面具有划时代的重要意义。该法案规定,所有残疾儿童均有权利进入"最少受限制环境"中接受教育,而这种"最少受限制环境"对于大多数残疾儿童来说均为普通教室。大量残疾儿童的加入给普通教师带来了前所未有的挑战,教师教育本身必须予以回应。面对这一现实,教师教育者最初认为,教师面临的挑战主要源于"无知",即教师职前培养中知识体系的空缺和不完整[1],导致职前教师缺乏特殊教育和特殊儿童的相关知识,加上当时整个教师教育课程受到"技术理性"取向的深刻影响,因此,在职前培养中以单独设课的方式对特殊教育和特殊儿童相关知识进行补充,在当时成为普通教师融合教育素质培养的

---

[1] Ganschow, L., "Preservice Teacher Preparation for Mainstreaming," *Exceptional Children*, 1984, 51(1), pp. 74-76.

主要途径，这一要求也逐渐体现在国家和州层面的教师专业标准及教师教育项目标准中①。1989年，S. D. 琼斯对全美普通教师教育项目中的融合教育课程进行了大范围调研，其结果表明，这一时期融合教育课程的"知识补充"定位非常明显。②

在"知识补充"型的融合教育课程越来越多地出现在普通教师培养课程方案中的同时，人们开始关注这一变革带来的效果，即这样的课程能否真正满足普通教师在融合教育环境中素养需求，有效提升职前教师入职后对于大差异课堂的应对能力和对特殊儿童的教育效果。在此之后的相关研究均表明，即使在职前阶段接受过特殊教育相关课程培养的教师，在融合班级中仍然显得"无奈、焦虑和束手无策"③，并表示自己仍然不具备在普通班级中对特殊儿童提供恰当教育和指导的基本素养。这样的结果使人们不得不开始重新思考，普通教师在融合教育情境中究竟需要什么样的素养？职前培养阶段的融合教育课程应当如何为培养这种素养做出努力？现有的以"知识补充"为出发点的融合教育课程是否能够真正帮助职前教师为胜任融合教育教学工作做好准备？有学者则明确指出，"融合教育的本质就在于它的灵活性、多样性和不确定性，当前课程存在的最主要问题便是它的'系统性'和'确定性'，过于强调学生对于残疾儿童单一群体的系统了解，包括每类儿童的身心特点、分类、鉴别及诊断标准，甚至病因，最多包含这些内容对于教学的启示，这显然脱离了融合教育课堂本身的大环境，难以为一名基本身份为普通教师的教师所用。很多教师在修习这样的课程之后误认为自己必须和特殊教育教师一样精通所有特殊需要的相关知识，为每一类、甚至每一个残疾儿童发展出完全不同的教学策略，但工作后发现这显然不可能。真正有效的课程，是教会这些教师能够在大差异背景中回应特殊

---

① Hartle, H., *Teaching Handicapped Students in the Regular Classroom: State Preservice Certification Requirements and Program Approval Standards*, Washington, DC, Special Education Programs, 1982.

② Jones, S. D. & Messenheimer-Young, T., "Content of Special Education Courses for Preservice Regular Education Teachers," *Teacher Education and Special Education*, 1989, 12(4), pp. 154-159.

③ Welch, M., "Teacher Education and the Neglected Diversity: Preparing Educators to Teach Students with Disabilities," *Journal of Teacher Education*, 1996, 47(5), pp. 355-366.

儿童需求的教学技能，以及帮助教师在学校的结构体系中为自己和学生争取到更多的支持，而不是仅仅知道每一类孩子的'标签'和含义"。[1]

基于对融合教育素质需求的重新思考、调研和定位，加上舍恩"反思性实践者"思想在整个教师教育课程改革领域发挥着不断深入的影响，这一时期，普通教师培养中的融合教育通识课程从内容和实施方式上均表现出了明显的"实践"转向：内容上不再拘泥于特殊教育本身的学科逻辑和知识体系，而按照融合教育教师素养的现实需求安排较多技能性内容[2]，如团队合作与分享能力；又如针对残疾儿童的现代科学辅助技术及应用等。同时，课程的实施更注重职前教师与融合教育实践的直接互动，强调教师在与真实教学情境的互动中通过自主探究、体验感悟的方式建构自己的个性化知识，最终实现实践能力的提升。基于此，课程中越来越多地包含长时间参与融合教育一线实践、大量小组合作项目、在教学实践中进行行动研究和自主探究、以小组为单位进行融合教育课程设计与点评等实践性环节，以期有效地帮助职前教师应对融合教育课堂做好准备。[3]

（二）独立设课方式与项目层面融合方式并存

21世纪以来，随着融合教育的发展及教师教育的变革，普通教师融合教育素养培养的变革直指普通教师培养与特殊教育教师培养的藩篱，尝试将原有的项目合并，并将项目直接命名为"融合的教师培养项目"（inclusive teacher education programs），体现了普通教师培养与特殊教育教师培养的交融。实现了融合的项目使所有想要从事教师职业的学生参加完全相同的课程，将融合教育的理念、知识和技能融入所有课程中，而不仅仅为学生提供一门独立的融合教育相关课程。达到毕业要求后，学生可同时考取普通教育教师和特殊教育教师双

---

[1] Peterson, M. & Beloin, K., "Restructuing the Mainstreaming Course in Teacher Education," *Teacher Education and Special Education*, 1998, 21(4), pp. 306-318.

[2] Lombardi, T. & Hunka, N., "Preparing General Education Teachers for Inclusive Classrooms: Assessing the Process," *Teacher Education and Special Education*, 2001, 24(3), pp. 183-197.

[3] Nowacek, J. & Blanton, L., "A Pilot Project Investigating the Influence of a Collaborative Methods Course on Preservice Elementary Eduation Teachers," *Teacher Education and Special Education*, 1998, 19(4), pp. 298-312.

重从业资格，依据学校工作的实际需要和个人意愿担任普通学校中的普通教师或特殊教育教师，故又称为"双证式教师职前培养项目"（dual licensure preservice teacher education programs）。① 如此，普通学校的教师已经不再有"普通"和"特殊"之分，同一名教师可以在两种角色间进行切换，直接体现了融合教育教师培养的最根本要求。② 与在已有项目中进行的单独设课相比，项目层面的改革和交融毕竟涉及更大范围的变革，需要更多的人力、物力、财力投入和教师教育管理者先进理念的引导和创新精神，同时受教师教育机构本身的体制机制和潜在文化的影响较大，因此，目前美国融合教育教师培养中单独开设融合教育通识课程这一方式仍大量存在，与"项目层面融合—普通教育与特殊教育教师合并培养"一起，共同服务于融合教育师资培养和质量提升。

四、普通教师融合教育素养职前培养的策略

（一）在教育领域的有关法律和文件中，明确提出培养普通教师融合教育素养的要求

职前培养普通教师具备一定的融合教育素养要想取得成效，就必须制定一些清晰而有意义的政策来指导、支持及保护这项工作顺利开展。迄今为止，对普通教师职前培养融合教育素养要求的表述都出现在特殊教育领域的政策中，这就大大限制、削弱了政策的执行范围及力度。这既与特殊教育与普通教育隔离的传统有关，也与融合教育实施之初主张在隔离式特殊教育学校被安置的残疾儿童回归到普通学校接受教育的做法有关。也就不难理解长期以来我国的特殊教育师资培养与普通教师师资培养的二元并行体系，即特殊教育的师资主要由师范院校的特殊教育专业进行培养，而普通教育的师资主要由师范院校的非特殊教育专业培养。看起来残疾儿童随班就读及与残疾儿童随班就读相关的师

---

① Susan, B., "Inclusive Early Childhood Education Programs at the University of Tennessee," in: *Unified Teacher Preparation Programs for General and Special Education: Emerging Practices*, St. Petersburg, Florida Comprehensive System of Personnel Development Project, 2000, p. 2.

② Florian, L. & Linklater, H., "Preparing Teachers for Inclusive Education: Using Inclusive Pedagogy to Enhance Teaching and Learning for All," *Cambridge Journal of Education*, 2010, 40(4), pp. 369-386.

资培养是特殊教育领域的事情，以至于我国的融合教育倡导及实践常常是特殊教育领域内的人在推动。其实不然，融合教育的开展及相关的师资培养绝不能仅限于特殊教育领域，普通教师职前融合教育素养的培养与整个教师教育领域的改革和教师素养的全面提升密切相关。为融合教育培养教师，意味着要重构师范生的角色、态度、知识及能力，使他们变得更具有包容性，掌握多样化的教学方法等。显而易见，这是涉及整个教师培养体系的重要问题，仅靠特殊教育领域的文件进行规定，太"势单力薄"，效果也可想而知。因此，应站在教育发展的高度，以教师教育变革为载体，将普通教师职前培养融合教育素养的要求写进教育或师资队伍建设的相关政策中，以提高教师教育领域对普通教师应具备一定融合教育素养的"知觉"，并在改革和实践中"行动"。另外，在对普通教师进行职前融合教育素养培养要求的政策语言表述中，大多使用了"鼓励""应当""支持""有计划"等倡导性词语[①]，显得"软弱无力"，使得大多数教师教育机构，尤其是未设立特殊教育专业的普通教师培养未能对接这一政策而有所行动。因此，应在相关政策中使用"必须""必要"等强制性较强的词语……再者，以往政策性的文件中，都倡导开设"特殊教育课程"，而特殊教育的对象更多是指向残障儿童，并不能包含融合教育整体性的理念，即包括所有学习者。融合教育并不完全等同于残疾人教育。尽管我国的随班就读相对于西方的融合教育来说尚处于初级阶段，但我国在近些年颁布的相关文件及地方性的文件中，已经使用"融合教育"一词，并且随着随班就读实践近 30 年的不断推进，其越来越接近融合教育的本质。因此，建议在政策性文件中拓展"特殊教育课程"至"融合教育课程"。

（二）将融合教育课程纳入教师教育课程标准中，加大从业要求中融合教育素养的力度

教师教育课程标准体现国家对教师教育机构设置教师教育课程的基本要求，是制定教师教育课程方案、开发教材与课程资源、开展教学与评价，以及认定教师资格的重要依据。我国教育部于 2011 年 10 月发布实施了《教师教育课程标准（试行）》，对教师教育课程的目标及课程设置等进行了全面的规定，直

---

① 冯雅静：《我国关于普通教师特殊教育素养培养的政策支持》，载《中国特殊教育》，2017(3)。

接指导了教师教育机构课程方案的制定。纵观整个《教师教育课程标准》，遗憾地发现：在教师教育课程目标的要求中，未体现融合教育素养培养的要求；在教师教育课程设置的要求中，仅是在幼儿职前教师教育课程设置中，涉及"特殊儿童的发展与学习"，而在小学职前教师教育课程设置及中学职前教师教育课程设置，均未有任何与融合教育相关课程的设置要求。这就不难理解我国目前大多数教师教育机构的课程设置中没设特殊教育或融合教育相关课程的现实。更不难理解少数开设了相关课程的师范院校，其课程的选修课地位及其课程目标均强调了"使职前普通教师具备对特殊儿童进行教育的相关知识和策略，单纯直接指向特殊儿童本身"这一事实。

所有的准教师，不分学校层次、专业、就职区域，都应将对教育多样性的理解与回应作为基本的学习目标，很明显，教师职前教育应适时变革和建构自己的课程，帮助所有的准教师普遍将融合教育作为自己的学习目标。若要达成上述的目标，所有教师教育机构在教师教育课程中要嵌入融合教育信息并开设专门的课程，使所有的准教师接受融合教育理念的浸润并形成对融合教育的积极的态度及获取一定的知识与技能。包括特殊儿童教育在内的融合教育课程应作为教师教育的核心课程传授给准教师，以养成其融合教育的素养。为此，作为制定教师教育课程方案等依据的教师教育课程标准中，应充分体现融合教育的理念，在教师教育课程目标设置中应从融合教育的视角入手，有对准教师融合教育素养培养的要求；在教师教育课程设置中，应明示融合教育课程的占位。

在2012年由教育部、中央编办等联合颁布的《关于加强特殊教育教师队伍建设的意见》中，首次明确要求"将特殊教育相关内容纳入教师资格考试"，这标志着特殊教育素养正式列为普通教师的从业要求之中，真正从教师准入资格的角度对普通教师的特殊教育能力进行规定。但普通教师的特殊教育素养并不能完全涵盖融合教育的素养，特殊教育师资队伍建设的文件对普通教师资格准入的约束力也不够。因此，应克服融合教育即残障儿童教育的局限，在普通教师队伍建设等文件及准入标准中，提出对普通教师融合教育素养的要求，以"倒逼"教师职前培养课程的变革。

(三)定融合教育课程"必修"之性质，拓展课程内容的宽度

为了在职前培养教师具备一定的融合教育素养，需要将融合教育纳入职前教育的核心课程。但我国目前在政策层面仅是对普通师范院校设特殊教育相关课程进行鼓励和倡导，没有对应开设哪些课程、课程的性质及内容等做出规定。实践层面也没有成熟的、经过实践检验的方案和模式，一些教师教育机构虽然已经意识到了培养教师具备融合教育素养的重要性，但也因不知道开设哪些课程、如何开或学校缺乏特殊教育专业教师等现实问题而无从开起。一些教师教育机构是"摸索"着开设了特殊教育或融合教育相关课程，选修课的性质及"让普通教师掌握一定的特殊教育知识和技能"为主要目标的课程，无法培养出准教师未来应对大差异课堂所带来挑战的能力。为此，应定融合教育课程必修课之性质，使其成为所有教师职前教育的必修课。

融合教育开展较早的美国等国家在职前教师教育融合教育素养的养成方面，大多也是采用独立设课这一方式，直到现在，独立设课依然是教师职前教育融合教育素养养成不可替代的课程设置方式。相较于将融合教育相关内容以模块载入其他课程，独立设课有其优势。独立开设融合教育课程，可以使学生加强已有经验和新知识的连接，使融合教育理念的渗透、知识的传授及技能的形成保持连贯和系统。独立设课更有可能引起学习者的关注，可以保证教学内容和教学方法的一致性，并因有课程时间的保障，可以更好地保证融合教育课程的有效计划、执行和评估，同时也因比载入其他课程中更容易检验效果，授课者更能把课程教好。

一直以来，将融合教育等同于特殊教育的误解普遍存在，并还将有持续之势。有研究发现，在我国师范院校开设的与融合教育相关的选修课中，重视特殊教育领域内相关知识的普及和传授，如特殊教育发展历程、基本概念及各类特殊儿童身心发展特点等内容，这是对普通师范专业学生特殊教育相关知识的有效补充。[1] 当然，关于残疾儿童本身的知识及教育他们的技能等是普通教师融合教育素养中的重要组成部分，但融合教育课程内容绝不仅是特殊教育和特殊儿童本身相关的内容，还包括平等、无歧视等融合教育理念，特殊需要教育、弱势群体教育等内容，与融合教育课程的目标定位一致。为此，需跳出"特殊教育课程"的局限，拓展课程内容，体现为所有学习者提供支持的变化过

---

[1] 冯雅静、李爱芬、王雁：《我国普通师范专业融合教育课程现状的调查研究》，载《中国特殊教育》，2016(1)。

程，而不只是为残障儿童提供帮助支持，以培养准教师能驾驭未来的大差异课堂的能力。

另外，在职前教师教育中，若要培养所有准教师融合教育的理念，仅靠开设融合教育课程或模块等还不够，融合教育需要渗透到教师教育的方方面面。为此，每门课程均需提倡平等和全纳的理念，体现融合式教学实践。每门课程都需鼓励准教师思考怎样使所教的每个科目、每项内容均适用于不同背景的学习者。

（四）课程实施突出实践导向，倡导基于实践的学习

职前融合教育素养培养的教师教育课程设置中普遍存在的一个问题就是重理论知识传授而轻实践体验。正如联合国教科文组织曼谷办事处对教师教育的评论报告中指出的"（教师教育）课程的重点似乎在于传授内容，而非培养教师能力"[1]。另有人指出"在一些国家，（教师教育）过于关注全纳教育的理论学习，结果，新教师在课程中所学到的知识与他们在课堂中所面对的实际完全脱节"[2]。从目前我国开设了融合教育相关课程的师范院校所实施的课程来看，大多是以特殊教育学科体系和内部逻辑为依据组织课程，与特殊教育教师培养中的《特殊教育概论》或《特殊教育导论》等通识性专业课程大同小异，而脱离了随班就读的现实情境，在科学性和有效性上存在较大局限。[3] 课程在实施时大多是以教师为中心的讲授式的教学模式，虽然包含了准确的融合教育信息，但没有以学习者为中心。课程设计本身就没有鼓励教师教育者向准教师示范以学习者为中心的教学方法，也没有鼓励他们亲身实践。显而易见，这种从内容上未跳出"知识补充型"框架，在实施上未突破理论讲授为主的模式，以及在课程计划中未为学生提供接触融合教育教学一线机会的做法，很难培养出准教师在实践中应对大差异课堂带来挑战的能力。

---

[1] Frgacs, R., *Strengthening Teacher Education to Achieve EFA by 2015. Cambodia, China, Lao PDR, Mongolia, Nepal, Thailand and Viet Nam* (2008—2011), UNESCO Bangkok, 2012, p. 31.

[2] [英]伊安·卡普兰、因格里德·刘易斯：《推进全纳教师教育：倡导指南》，75页，饶从满、李晓，译，长春，东北师范大学出版社，2015。

[3] 冯雅静、李爱芬、王雁：《我国普通师范专业融合教育课程现状的调查研究》，载《中国特殊教育》，2016(1)。

学习融合教育最好的方式就是亲身经历。美国教师的融合教育素养职前培养课程在从早先的"知识补充"转向"技能提升"的同时，在实施方式上就特别强调准教师在真实的融合教育情境中的学习，如在相关课程中为准教师提供的在真实情境中进行实践和感知的机会和相应的要求均有所增加，在教师教育项目的整体要求下，有的课程的实践课时达到总课时量的一半[1]。期望准教师们在真实情境中寻求理论与实践的"平衡"，并在与特殊教育教师、特殊儿童本身及其家长的直接互动中进行感悟、体验和反思，培养其对残疾儿童和融合教育的积极情感。

为此，建议我国普通教师职前融合教育素养培养的课程设置上应突出实践导向，倡导基于实践的学习。首先，在课程计划上增加实践教学的课时比重，保证准教师在融合教育素养的养成上不脱离"现场教育"。其次，在授课方式上打破单纯的理论讲授方式的限制，理论教学与实践教学相辅相成。准教师需要理解或见证理论指导实践的过程，并能够用所学的理论对实际经验进行分析。问题解决等能力不是仅通过讲授或阅读书籍就能被教会的，而是一种需要通过实践来发展并逐步提高的技能，如果只通过理论讲授，就会缺乏实效性。最后，要建立优质校外融合教育实践基地，为准教师观察、感知融合教育实践情境和与残疾儿童及其家长、社区互动的机会；为开展大量的教学实践活动，关注多样化群体学习者的需求，提升问题解决等能力提供支持，以帮助准教师通过实践真正获得未来驾驭大差异课堂的技能并培养开展融合教育的积极情感。

总之，随着融合教育理念的不断渗透及融合教育的不断演进，对所有教师应具备融合教育的素养提出了必然的要求。而普通教师融合教育素养的养成必须从职前开始，因此，教师教育机构必须对此保持"敏感"，并做出积极的"回应"，即为融合教育培养教师，这就需要整个教师教育体系的变革，以积极应对融合教育的开展对教师教育带来的挑战。尽管我国当下开展的随班就读仅是针对残疾儿童进入普通班级学习的事实，但教师教育机构必须站在"为融合教育培养教师"的高度，将融合教育渗透到教师教育的方方面面。

---

[1] Wang, M., Fitch, P., "*Preparing Pre-service Teachers for Effective Co-teaching in Inclusive Classrooms*," in: Forlin, C. *Teacher Education for Inclusion: Changing Paradigms and Innovative Approaches*, London, Routledge, 2010, pp. 112-119.

参考文献

[1]陈云英.随班就读师资培养初步研究[M].北京：教育科学出版社，1993.

[2]邓猛.融合教育与随班就读：理想与现实之间[M].武汉：华中师范大学出版社，2009.

[3]顾明远，檀传宝.2004：中国教育发展报告——变革中的教师与教师教育[M].北京：北京师范大学出版社，2004.

[4]华国栋.特殊儿童随班就读师资培训用书[M].北京：华夏出版社，2014.

[5]华国栋.特殊教育师资培养问题研究[M].北京：华夏出版社，2001.

[6]侯杰泰，温忠麟，成子娟.结构方程模型及其应用[M].北京：教育科学出版社，2004.

[7]雷江华，方俊明.特殊教育学[M].北京：北京大学出版社，2011.

[8]林崇德，辛涛.智力的培养[M].杭州：浙江人民出版社，1996.

[9]柳树森.全纳教育导论[M].武汉：华中师范大学出版社，2007.

[10]王雁，肖非.中国特殊教育教师培养研究[M].北京：北京师范大学出版社，2012.

[11]叶澜，白益民，王枬，等.教师角色与教师发展新探[M].北京：教育科学出版社，2001.

[12]曾晓东.中国中小学教师发展报告（2012）[M].北京：社会科学文献出版社，2012.

[13]曾晓东.中国中小学教师发展报告（2014）[M].北京：社会科学文献出版社，2015.

[14]张焕庭.教育词典[M].南京：江苏教育出版社，1989.

[15]张健.中国教育年鉴（1949—1981）[M].北京：中国大百科全书出版社，1984.

[16]朱旭东，李琼.教师教育标准体系研究[M].北京：北京师范大学出版社，2011.

[17]朱旭东.教师专业发展理论研究[M].北京：北京师范大学出版社，2011.

[18]祝怀新.封闭与开放——教师教育政策研究[M].杭州：浙江教育出版社，2007.

[19][英]伊安·卡普兰，因格里德·刘易斯.推进全纳教师教育：倡导指南[M].饶从满，李晓，等译.长春：东北师范大学出版社，2015.

[20]班永飞，刘成玉.特殊教育教师职业倦怠对生活质量的影响：社会支持的中介作用[J].中国特殊教育，2012(10).

[21]陈方.近年来我国教师专业化研究综述[J].中小学教育管理，2005(2).

[22]陈小饮，申仁洪.特殊教育教师专业化标准及发展模式的研究述评[J].中国特殊教育，2008(4).

[23]丁勇.以专业标准引领特殊教育教师专业成长——关于《特殊教育教师专业标准（试行）》的解读[J].现代特殊教育（高教），2015(9).

[24]丁勇. 专业化视野下的特殊教师教育——关于特殊教师教育培养目标和培养模式的研究[J]. 中国特殊教育，2006(10).

[25]段晓明. 国际教师专业标准改革的新趋势[J]. 教育发展研究，2011(2).

[26]方杰，张敏强，邱皓政. 中介效应的检验方法和效果量测量：回顾与展望[J]. 心理发展与教育，2012(1).

[27]方俊明. 融合教育与教师教育[J]. 华东师范大学学报（教育科学版），2006(3).

[28]冯雅静，李爱芬，王雁. 我国普通师范专业融合教育课程现状的调查研究[J]. 中国特殊教育，2016(1).

[29]冯雅静，王雁. 随班就读任职教师职业适应与社会支持的关系[J]. 中国特殊教育，2013(5).

[30]冯雅静. 国外融合教育师资培训的部分经验和启示[J]. 中国特殊教育，2012(12).

[31]冯雅静. 随班就读教师核心专业素养研究[J]. 中国特殊教育，2014(1).

[32]冯雅静. 我国关于普通教师特殊教育素养培养的政策支持[J]. 中国特殊教育，2017(3).

[33]冯元，俞海宝. 我国特殊教育政策变迁的历史演进与路径依赖：基于历史制度主义分析范式[J]. 教育学报，2017(3).

[34]傅王倩，肖非. 随班就读儿童回流现象的质性研究[J]. 中国特殊教育，2016(3).

[35]顾定倩，杨希洁，江小英. 从政策解读我国特殊教育教师专业标准的建构[J]. 中国特殊教育，2014(3).

[36]郝振君，兰继军. 论全纳教育与教师素质[J]. 中国特殊教育，2004(7).

[37]华国栋. 残疾儿童随班就读现状及发展趋势[J]. 教育研究，2003(2).

[38]惠中，韩苏曼. 论我国中小学教师队伍建设中的性别结构失衡问题[J]. 全球教育展望，2011(10).

[39]兰继军. 论西部特殊教育教师的素质及其提高策略[J]. 中国特殊教育，2004(7).

[40]李欢，李翔宇. 中美加特殊教育教师专业标准比较研究[J]. 教师教育研究，2017(6).

[41]李拉. 论随班就读教师队伍的专业化[J]. 教育理论与实践，2014(17).

[42]李拉. 巡回指导：学前融合教育的专业支持模式[J]. 现代中小学教育，2013(3).

[43]李拉. 专业化视野下的随班就读教师：困境与出路[J]. 教育理论与实践，2012(23).

[44]李晓娟，王辉. 特殊教育教师职业素质的基本要素与特征[J]. 现代特殊教育，2014(5).

[45]李艳，昝飞. 英国特殊教育教师资格准入制度述评[J]. 外国教育研究，2009(7).

[46]李泽慧，周珉. 对随班就读教师差异教学能力构成的分析[J]. 中国特殊教育，2009(1).

[47]栗洪武. 变革教师培训模式，推进教师教育转型[J]. 当代教育研究，2008(1).

[48]刘创. 教育智慧：教师专业素养的核心构成[J]. 湖南师范大学教育科学学报，2004(3).

[49]刘春玲，杜晓新，姚健. 普通小学教师对特殊需要儿童接纳态度的研究[J]. 中国特殊教育，2000(3).

[50]刘全礼. 培智学校教师的专业素养研究[J]. 中国特殊教育，2015(5).

[51]刘旺．特殊教育教师的积极心理品质及其对结果变量的影响[J]．中国特殊教育，2007(3)．

[52]卢谢峰，韩立敏．中介变量、调节变量与协变量——概念、统计检验及其比较[J]．心理科学，2007(4)．

[53]马超山，张桂春．教师素质结构模型初探[J]．辽宁师范大学学报，1989(4)．

[54]马红英，谭和平．上海市随班就读教师现状调查[J]．中国特殊教育，2010(1)．

[55]孟万金．全纳教育理念下教师专业素质及专业化标准研究[J]．中国特殊教育，2008(5)．

[56]牛爽爽，邓猛，关文军，等．北京市同班就读学生发展质量研究[J]．中国特殊教育，2017(5)．

[57]彭霞光．随班就读支持保障体系建设初探[J]．中国特殊教育，2014(11)．

[58]彭霞光．中国残疾儿童随班就读现状和未来发展建议[J]．现代特殊教育，2012(9)．

[59]彭霞光．中国全面推进随班就读工作面临的挑战和政策建议[J]．中国特殊教育，2011(11)．

[60]彭兴蓬，雷江华．教育关怀：融合教育教师核心品质[J]．教师教育研究，2015(1)．

[61]沈卫华．全纳：未来教师专业发展的重要课题[J]．教育科学研究，2010(6)．

[62]唐佳益，王雁．特殊教育教师职业认同感与离职意向：工作满足度的中介作用[J]．中国特殊教育，2019(2)．

[63]唐如前，黄春春．论全纳教育视域下的教师专业素养[J]．文教资料，2010(13)．

[64]汪海萍．普通师范院校特殊教育课程开设情况的调查[J]．中国特殊教育，2006(12)．

[65]王和平，肖洪莉．随班就读资源教师工作及其专业培训的思考[J]．中国特殊教育，2017(6)．

[66]王红霞，王秀琴，王艳杰，等．融合教育教师对区级特殊教育资源中心职能期望的调查研究[J]．中国特殊教育，2018(12)．

[67]王辉，熊琪，李晓庆．国内特殊教育教师职业素质研究现状与趋势[J]．中国特殊教育，2012(6)．

[68]王姣艳，潘威，严茹．特殊教育教师职业压力与职业倦怠的关系：心理资本的中介作用[J]．现代预防医学，2018(5)．

[69]王姣艳，王雁．特殊教育教师职业认同调查研究[J]．教育学报，2012(1)．

[70]王娟，王嘉毅．我国职前教师教育中全纳教育的现状及对策研究[J]．中国特殊教育，2009(12)．

[71]王玲凤．特殊教育教师职业压力的调查分析[J]．中国特殊教育，2009(8)．

[72]王美萍，胡平凡．全纳教育理念下的教师素质及其培养[J]．当代教育论坛(校长教育研究)，2008(9)．

[73]王滔，武海栋．职业压力对特殊教育教师离职意向的影响：一个有调节的中介模型[J]．中国特殊教育，2017(1)．

[74]王雁，黄玲玲，王悦，等．对国内随班就读教师融合教育素养研究的分析与展望[J]．教师教育研究，2018(1)．

[75]王雁，王志强，程黎，等．随班就读教师课堂支持研究[J]．教育学报，2013(6)．

[76]王雁，王志强，冯雅静，等．随班就读教师专业素养现状及影响因素研究[J]．教师教育研

究，2015(4).

[77]王雁，肖非，朱楠，等．中国特殊教育学校教师队伍现状报告[J]．现代特殊教育，2011(10).

[78]王雁，朱楠，唐佳益．专业化视域下我国特殊教育教师专业发展思考[J]．现代特殊教育，2015(10).

[79]王洙，杨希洁，张冲．残疾儿童随班就读质量影响因素的调查[J]．中国特殊教育，2006(5).

[80]温忠麟，张雷，侯杰泰，等．中介效应检验程序及其应用[J]．心理学报，2004(5).

[81]肖非．中国的随班就读：历史·现状·展望[J]．中国特殊教育，2005(3).

[82]熊建辉．构建我国教师专业标准的思考：国际比较的视角（上）[J]．世界教育信息，2008(9).

[83]徐梅娟．随班就读班级数学教师特教知识与技能掌握情况调查研究[J]．南京特教学院学报，2011(4).

[84]杨克瑞．改革开放40年我国特殊教育政策的顶层设计与战略推进[J]．中国教育学刊，2018(5).

[85]杨希洁，徐美贞．北京市随班就读小学资源教室初期运作基本情况调查[J]．中国特殊教育，2004(6).

[86]叶澜．新世纪教师专业素养初探[J]．教育研究与实验，1998(1).

[87]于素红．上海市普通学校随班就读工作现状的调查研究[J]．中国特殊教育，2011(4).

[88]曾荣光．教学专业与教师专业化：一个社会学的阐释[J]．香港中文大学教育学报，1984(1).

[89]张茂林，王辉．国内特殊教育教师职业素质现况调查与分析[J]．中国特殊教育，2015(7).

[90]张玉红，高宇翔．新疆普通学校师生和家长对全纳教育接纳态度的调查研究[J]．中国特殊教育，2014(8).

[91]张悦馨，王蒙蒙．随班就读巡回指导教师制度研究进展和建议[J]．中国特殊教育，2017(11).

[92]赵斌，黄永秀．特殊教育学校与普通学校教师职业幸福感比较研究[J]．现代特殊教育，2015(10).

[93]赵小红．中国特殊教育学校教师队伍状况及地区比较[J]．中国特殊教育，2012(8).

[94]周正，韩悦．特殊教育教师一般自我效能感现状及其与核心自我评价的关系[J]．教师教育研究，2014(3).

[95]周宗奎，孙晓军，赵冬梅，等．童年中期同伴关系与孤独感的中介变量检验[J]．心理学报，2005(6).

[96]朱楠，王雁．"复合型"特殊教育教师的培养——基于复合型的内涵分析[J]．教师教育研究，2015(6).

[97]朱楠，王雁．融合教育背景下特殊教育学校职能的转变[J]．中国特殊教育，2011(12).

[98]Cameron, D. L. & Jortveit, M.. Do Different Routes to Becoming a Special Educator Produce Different Understandings of the Profession and its Core Concepts? [J]. European Journal of Special Needs Education, 2014, 29(4).

[99] Carrington, S., Saggers, B., Adie, L., et al.. International Representation of Inclusive Education: How is Inclusive Practice Reflected in the Professional Teaching Standards of China and Australia? [J]. International Journal of Disability, Development and Education, 2015, 62(6).

[100] Council for Exceptional Children. What Every Special Educator Must Know: Ethics, Standards, and Guidelines (6th ed.) [M]. Council for Exceptional Children, 2009.

[101] Fessler, R. & Christensen, C. J.. The Teacher Career Cycle: Understanding and Guiding the Professional Development of Teachers[M]. Boston: Allyn and Bacon, 1992, pp. 35-38.

[102] Florian, L. & Linklater, H.. Preparing Teachers for Inclusive Education: Using Inclusive Pedagogy to Enhance Teaching and Learning for All[J]. Cambridge Journal of Education, 2010, 40(4), pp. 369-386.

[103] Ganschow, L.. Preservice Teacher Preparation for Mainstreaming[J]. Exceptional Children, 1984, 51(1), pp. 74-76.

[104] Hartle, H.. Teaching Handicapped Students in the Regular Classroom: State Preservice Certification Requirements and Program Approval Standards[M]. Washington, DC: Special Education Programs, 1982.

[105] Hodkinson, A.. Inclusive and Special Education in the English Educational System: Historical Perspectives, Recent Developments and Future Challenges[J]. British Journal of Special Education, 2010, 37(2), pp. 61-67.

[106] Jones, S. D. & Messenheimer-Young, T.. Content of Special Education Courses for Preservice Regular Education Teachers[J]. Teacher Education and Special Education, 1989, 12(4), pp. 154-159.

[107] Lombardi, T. & Hunka, N.. Preparing General Education Teachers for Inclusive Classrooms: Assessing the Process[J]. Teacher Education and Special Education, 2001, 24(3), pp. 183-197.

[108] Main, S. & Hammond, L.. Best Practice or Most Practiced? Pre-Service Teachers' Beliefs about Effective Behavior Management Strategies and Reported Self-Efficacy[J]. Australian Journal of Teacher Education, 2008, 33(4), pp. 28-39.

[109] Mu, G. M., Wang, Y., Wang, Z., et al.. An Enquiry into the Professional Competence of Inclusive Education Teachers in Beijing: Attiudes, knowledge, Skills, and Agency[J]. International Journal of Disability Development & Education, 2015, 62(6), pp. 1-19.

[110] Nowacek, J. & Blanton, L. A Pilot Project Investigating the Influence of a Collaborative Methods Course on Preservice Elementary Eduation Teachers[J]. Teacher Education and Special Education, 1998, 19(4), pp. 298-312.

[111] Peterson, M., Beloin, K.. Restructuing the Mainstreaming Course in Teacher Education [J]. Teacher Education and Special Education, 1998, 21(4), pp. 306-318.

[112] Sanders, W., Horn, S.. Research Findings from the Tennessee Valued-Added Assessment System (TVAAS) database: Implications for Educational Evaluation and Research[J]. Journal of Personnel Evaluation in Education, 1998, p. 12, 3, 247-256.

[113] Savolainen, H.. Responding to Diversity and Striving for Excellence: The Case for Finland [J]. In Acedo C. (ed.) Prospects Quarterly Review of Comparative Education, 2009, 39(3), pp. 256-269.

[114] Singh, D. K.. Preparing General Education Teachers for Inclusion. In: 29th Teacher Education Division of the Council for Exceptional Children and the Second Annual Technology and Media Division Joint Conference[M]. San Diego, CA. 2006, p. 11.

[115] Susan, B.. Inclusive Early Childhood Education Programs at the University of Tennessee. In: Unified Teacher Preparation Programs for General and Special Education: Emerging Practices, St. Petersburg: Florida Comprehensive System of Personnel Development Project [M]. 2000, p. 2.

[116] Wang, M., Fitch, P.. Preparing Pre-service Teachers for Effective Co-teaching in Inclusive Classrooms. In: Forlin, C. Teacher Education for Inclusion: Changing Paradigms and Innovative Approaches[M]. London: Routledge, 2010, pp. 112-119.

[117] Welch, M. . Teacher Education and the Neglected Diversity: Preparing Educators to Teach Students with Disabilities[J]. Journal of Teacher Education, 1996, 47(5), pp. 355-366.